海外中国研究文库

清朝内争与鸦片战争

[美]詹姆斯·M.波拉切克（James M. Polachek）/著 李 雯/译

中国人民大学出版社
·北京·

致　谢

　　自 1977 年至 1984 年，笔者在美国、英国和中国台湾为此书辗转进行研究。档案研究主要是在美国完成的，特别是哈佛大学燕京图书馆和哥伦比亚大学东亚图书馆，非常感谢那里的工作人员耐心地应对笔者无休止的和延期的借阅。在海外，很感谢台北"故宫博物院"的工作人员帮助笔者使用嘉庆、道光和咸丰时期的奏折及相关文献。还非常感谢英国公共档案馆允许笔者使用其珍藏的从广东省劫掠来的地方政府档案材料。

　　在个人层面上，特别感谢如下导师和同事在笔者撰写此书的过程中给予的帮助、激励和批评：魏斐德（Frederic Wakeman）教授、孔飞力（Philip Kuhn）教授、西里尔·布莱克（Cyril Black）教授、罗伯特·提格诺（Robert Tignor）教授和韩书瑞（Susan Naquin）教授，此外还有冉玫铄（Mary B. Rankin）博士。

目 录

绪　论 ·· 1
　　鸦片战争政策：一些解释 ······································ 2
　　文人：一种预期的概述 ··· 8
第一章　**文人再度崛起** ··· 13
　　文人是谁？ ·· 15
　　恩庇观 ··· 17
　　对朋党政治的束缚 ·· 21
　　宣南诗社作为文人宗派 ······································· 28
　　作为官僚恩庇朋党 ·· 29
　　作为审美鉴赏家的同业情谊 ································· 33
　　政治上的失败 ··· 36
　　结果：林则徐的北方开垦计划 ······························ 41
第二章　**春禊派的兴起** ·· 44
　　作为个人网络 ··· 45
　　作为一个政治派别 ·· 50
　　仪式和象征 ·· 58
　　文学和哲学 ·· 60
　　清议政治的理想 ·· 65
第三章　**禁烟政治** ··· 70
　　反对禁运的个案 ·· 71
　　1836 年合法化倡议 ··· 78
　　倡议的失败 ·· 83
　　不妥协者掌舵 ··· 86

第四章　广东胜利的神话 ····· 94
　　林则徐和禁烟运动 ····· 97
　　林则徐对抗琦善 ····· 102
　　包围广州 ····· 109
　　三元里 ····· 112
　　准军事的现实 ····· 117

第五章　有关战争的争论 ····· 122
　　琦善和天津谈判 ····· 125
　　台湾姚莹案 ····· 128
　　魏源和防御战策略 ····· 133
　　姚莹和英国在南亚的弱点 ····· 137

第六章　顾祠会祭 ····· 141
　　穆彰阿政府和文人的政治影响 ····· 143
　　顾祠会祭的政治组织 ····· 149
　　礼制和学术 ····· 154
　　寻找政治方案 ····· 158

第七章　满人外交的终结 ····· 162
　　广州人的第二次胜利 ····· 165
　　一决雌雄 ····· 172
　　文翰之信 ····· 174
　　广西的危机 ····· 176
　　召回林则徐 ····· 181

第八章　结　语 ····· 186

注　释 ····· 197
参考文献 ····· 280
索　引 ····· 305

绪 论

本书重新探究了中国现代史学家长期关注的一个问题,那就是,1840年中英战争或鸦片战争中明确无疑的军事失败为何没能促使中国对外交及对外军事策略进行改革。为了寻求对中国与19世纪西方海上强国遭遇的第一个阶段时中国保守主义逻辑的创新解读,笔者将尤其关注自1835年至1850年的这十五年时间。这个时期见证着清帝国第一次与拿破仑战争后英国在东亚的商业利益和军事实力有所增强而导致的一系列问题做斗争,这些问题诸如鸦片和白银非法贸易不断增长,中国抵御西方海军渗透的河防日渐脆弱,以及大多数中国官员和士绅不愿认识到临时和解的策略给中国避免军事耻辱提供了唯一的机会。这个时期的特点还在于,外交政策第一次出现典型的晚清现象,即从严厉排外转变为通敌式的机会主义,然后再回归严厉排外——这种现象此后将令想要成为中国"保护者"和同盟者的外国人感到绝望。对想要重新解读中华帝国对19世纪西方强国"不做回应"这个问题的人而言,"鸦片战争期间"(Opium War interlude)的这两个特点(如果它可以如此归类的话)——也就是,外交关系中新添的"海事"议题的新鲜感,以及晚清政府在外交政策问题上犹豫摇摆的最初预感——合在一起使之成为特别迷幻而且也是成果丰硕的时期。

那么,如何研究这段时期?从哪些特别方面可以看出本书所尝试使用的方法是新的?一方面,读者在随后几页读到的内容似乎一点都不新鲜,而是或多或少地退回到一种更加古老的历史流派:中西外交和军事接触的政治性叙述。诚然,这是以往研究中国"打开门户"的著史形式。笔者之所以再次使用这种形式洞察这个时期,是因为我们所拥有的有关1835年至1850年整个时期的英文著述尚不详尽——至少没有一部著作收编20世纪50年代以来学者所能掌握的所有相关中文档案和已出版的材料。因此,在马士

(Morse)、柯士丁（Costin）、费正清（John K. Fairbank）和张馨保研究鸦片战争时期的学术传统之上重建一种最新的叙述似乎是适宜的，这正是笔者打算实现的目标。

然而，在分析主题而非形式方面，笔者在本书中有意偏离上述著作和其他研究晚清中国保守主义思想和政治根源的较新成果所归纳的观点。上述大部分著作和观点或者主要关注对外关系方面"中国"观的不同寻常的存续，或者主要关注太平天国及其盟友削弱了鸦片战争期间清朝对外政策的影响，笔者则选择另外的关注点。在这本书中，笔者将大部分注意力投入鲜为人知的主题，即中央政府的政治动态对清朝军事和外交决策的影响。更确切地说，笔者关注外交政策的"朝堂政治"——换言之，关注清帝国政府对关键外交政策决策的制定，以及影响这些决策的角逐。笔者尤其认为，一致同意的必要性使清朝审议机制压力过大，而且清朝审议机制太过公开，以致热衷于宣扬个人声名的政治冒险家们无法插手，无法催生出有效的外交政策或战略方针。笔者将进一步指出，到1842年第一轮战败和条约勒索为止，这个国家的统治者逐渐敏锐地意识到一系列问题，尽管他们感知到了，但最终仍然不能克服已看到的弱点，于是导致上文提到的"政策摇摆"现象。何以会发生这种落差——虽然1840年中英交战带来相当可观的变革动力，但中央政府的政治制度或者权力关系却没能重新调整——是笔者在本书中试图回答的首要问题。

鸦片战争政策：一些解释

那么，正如这些初步的评论所清楚表明的那样，本书或多或少并非仅仅更新先前对鸦片战争期间中英相互作用的解读。尽管本书再次讲述了一个众所周知的故事，但是事件和角色往往是陌生的，而且方法也是新颖的，本书使用的方法强调中央政府政治体制的惰性是改变外交政策的主要障碍。也许有人会问，笔者为什么会对鸦片战争的原因和结果尝试做出如此根本不同的解读，特别是，研究这一时期清朝政策的现有文献的哪些缺点或不足促使我们重新阐释对这个问题的观点？要回答这些问题，研究者必须从文献本身开始，在这些文献中，研究者发现两条有些分离的解读线索，一条线索关注清帝国儒家治国观的持续影响，另一条线索则关注"理性的"外交政策转化或歪曲为19世纪中期叛乱大潮爆发的结果。

在第一类学派中，主流观点仍是费正清的观点，他的著作不断强调"朝贡体系"（tributary system）及其象征的"以中国为中心的世界秩序观"（Sinocentric world order）对帝国晚期外交产生的麻痹效应。费正清认为，这种外交关系体系——或者说，这种"意识形态"——使得清政府甚至到19世纪80年代都没能觉察到它需要与海上强国竞争。相反，海上强国（尤其是英国）被视为那种体系里的参与者，是能够提供有效服务的侍从或部属，帮助拥有绝对统治权、同样是外来的满人统治者，但是绝对不会被当作值得效法的同类。[1]根据这种观点，鸦片战争期间及之后中国对制度创新的排斥，源自19世纪以前以中国为中心的世界秩序观的顽固与弹性——这种观念总是太容易吸纳西方"自由贸易"帝国主义的新现象，而无法从中感知任何对中国政治秩序的终极挑战。

第二类对清朝19世纪保守主义的概念决定论解读——尽管研究者主要关注鸦片战争后的发展——稍微（但并非完全）不同于费正清的观点，这种解读将主要论题视为传统的儒家政治理想与19世纪西方治国方略中的国治主义或权力至上精神不相调和。这种范式在史华慈（Benjamin Schwartz）的论著中得到最精湛的表述。依照这种范式，治国方略和精英政治行动的传统理想，于1895年以前在士大夫阶层（scholar-official class）的头脑中占据主导地位，对国家权力那种无与伦比的推崇有着特别强烈的偏见，那种推崇此后在制度迅速变革的时代中逐渐占据改革者们的思想。在早期，在证明任何重大的改革具有合理性的"正统的"儒家治国之道中，国家主义者（或者国家民族主义者）变革的理论依据完全没有得到充分发展——譬如废除科举制度。[2]同样，在经济组织领域内，传统儒学对竞争的厌恶和根深蒂固的忠于家庭的特性不可小觑，甚至在19世纪70年代和80年代中国出现的由政府掌控的"现代"产业复合体里，都不能摒弃这些特性。[3]因此，在中国的政治精英可以自由地从事真正规模宏大的结构改革之前，必须与过去毫不妥协地彻底决裂。而且很自然，这样的决裂不可能迅速发生，也不可能没有较大的破坏。

这些解读强调中国价值观和思维方式的影响，除了这些解读，研究者还会在新近出版的两部著作中找到第二种解读中国19世纪中期惰性的基础——这种解读也许可以被称为分散国内注意力之法（domestic-distractions approach)。笔者在这里指的是魏斐德（Frederic Wakeman, Jr.）于1966年出版的《大门口的陌生人》（*Strangers at the Gate*）以及黄宇和（J. Y. Wong）于1976年出版的叶名琛的传记，这位两广总督是挑起第二次鸦片战争（1856—1860）的"罪魁祸首"。诚然，这两部著作都没像关注太平天国时期中国东南沿海地区的社会问题和行政问题那样关注中外关系。然而，这两部著作将清政府的仇外现象直接与太平天国运动滥觞所导致的官方注意力的转变直接联系起来，确实表明清政府仇外情绪的国内政治起源。事实上，这两部著作都认为，这种向内转变的最终结果将使原本相当开明的官员在回应英国制造的压力时变得更加僵化和呆板。因此，我们必须根据省级政府的压力和注意力的分散，寻找这段时期清政府仇外情绪的根源。意识形态似乎没多少价值。根据黄宇和的分析，总督叶名琛一向是坚持中国中心论狂妄精神的典范，却仅仅成为一个疲倦的管理者，全神贯注于保护和资助其内地前哨的日常问题，而无暇抚慰英国请愿者。

在魏斐德的研究中，同样这些分散国内注意力的事产生或多或少更加复杂的影响，其结果导致一种显然更不合理的外交风格，然而我们仍可从中找到对清政府交涉行为的解释。魏斐德在重构《南京条约》签署（1842年）后十五年内的广东政局时发现，真正重要的行动者正是地方文人士绅，而非官吏。广州腹地这些意志坚强的显要人物拥有全副武装，明显仇外，由于地方秩序几近崩溃，他们是对英谈判中何者可为、何者不可为的真正决断者。务实的调停者，诸如耆英，不能——而且如叶名琛总督那样的煽动民心者不会——强制执行新的条约；因为政府正全力镇压珠江三角洲一带受太平天国运动影响的秘密社团，这样做实际上将毁掉政府拥有的唯一盟友。因此，结果我们发现叶名琛总督不仅由于他激烈的排外情绪听起来像是名地方绅士，而且显然更加相信他自己的主张——这导致灾难性的后果。这也许超出黄宇和的预期，然而这里我们再次看到对地方控制的需要奠定了清朝外交的基调，并将之推到如果不用担忧叛乱它便也许不会到达的方向。

尽管在某些方面也许不全面，但是对笔者而言，上述分析概括了有关19世纪中国官方排外主义论题中已经发表的和仍有广泛影响的阐述式主题。这些阐述式主题将在多大程度上成为我们在本书中所关注的这个时期发生的事件的指南，部分地取决于研究者关于清朝体制内哪里——在地方还是在北京——做出真正重要的决策的假设，甚至更多地取决于研究者认为帝国晚期的儒学有多大影响、观点是否统一。可是，如果研究者没有这两种假设，那么19世纪早期清朝外交政策的保守主义性质显然仍需更多解释。

例如，一旦我们不去假设清朝外交政策行为不可避免地产生于国内固化的思想共识，那么来考虑一些突然想到的可能性：除非先让传统的士大夫阶层对西方的看法变得更加积极，否则清朝无法推行改革或与某个西方强国合作，这种观点一定是正确的吗？在意义重大的制度变革能够发生之前，或者在中国能够改变它与外界的互动模式之前，传统知识分子的儒家乌托邦主义肯定要被一种受外国影响的思想取代吗？通过假设需要这种大规模的思想调整，我们能正确无误地摒弃掉改革能够——诚然，逻辑上应该——贯穿精英主义和实用主义而非乌托邦精神氛围下官僚行动的可能性吗？毕竟，正如日本明治早期外交政策革命所提醒我们的那样，权力集中化以及增强政治团结的实际利益与此后在清末民初主宰改革派思想的更为乌托邦式的构想一样，能够激励中国的变革计划。尽管失败了，倘若早期条约外交事实上使得有如此倾向、追求权力的宫廷改革派核心脱颖而出，那将会怎样（笔者将在后文尝试论证这一命题）？我们需要假设他们所处不利的思想环境导致了这种失败吗，或者，也许存在使他们徒劳无功的意想不到的政治难题？

可能再现鸦片战争年代清朝外交的"传统影响力"（pull-of-tradition）式解读的清单仍不止这些。笔者还要加上另一个更为特殊的可能性，那就是中国对外关系中以中国为中心或者朝贡体系意识形态是否真的如我们假设的那样深嵌于清朝政治精英的思维模式之中？这真的是唯一可能的选择吗？或者说，基于中国早期的历史经验，不存在有关中国在全球中所扮角色的另类想象吗？如果19世纪初期的清朝皇帝或者他们的顾问想要在新方向上开启新征程，那么这种另类想象可以助他们一臂之力吗？有关这一论题，在一篇颇具启发性的文章中，韩德（Michael Hunt）提醒我们，战国时期各国的马基雅弗利主义和大唐帝国早期扩张式的大同主义恰恰构成如此现成的另类想象，而且晚清官方改革者们会有意采用这些想象。近来，卫思韩（John Wills）提出，早期清廷对中外关系的处理与更为人所知的晚清转变完全相反，几乎并未带有多少曾经主导明朝外交的朝贡体系思想，这间接证实了韩德关于模糊多元传统的说法。[4] 当然，这并未否认晚清朝廷妄自尊大的"天朝体制"（Celestialism）给那些将要带领中国更迅速迈进现代世界的人提出一个非常真切的问题。然而，这提醒我们，在对这种特殊态度的秉持方面存在一个选择性因素,进而提出问题,即为什么做出那样的选择——这个问题不能(反复地)仅从意识形态层面来回答。

到目前为止,我们考察了我们研究的这个时期清朝外交政策问题在思想方法上的局限。然而,倘若研究者愿意质疑这样的观点,即条约体系初期省政府而非宫廷领袖掌控中国外交,那么他们对地方史或者分治模式,也能提出同样富有说服力的反对观点。至少在太平天国运动爆发前的几十年时间中,有必要质疑这种假定——尤其本书考察的省份是和广东一样在地理位置上远离清帝国权力中心的一个省。

然而,为什么如此呢?首先,清帝国体系的地方重心不在东南地区。其重心位于中国北部和中东部地区,面对来自海上的威胁时,这两大区域的社会结构和交通系统远比广东的社会结构和交通系统更为脆弱。因此,从逻辑上讲,"中心"应该怀疑广州发来的情报和政策建议,应该为自己保留采取与两广总督的提议很不相同的那些方式对待相同的外交或军事问题的特权。实际上,正如我们将在第四章中看到的那样,这正是鸦片战争期间发生的情况。它几乎描述了1857年到1858年第二次鸦片战争初期将会再次发生的事件,当北京政府同意增开长江沿岸的重要通商口岸和外国公使常驻北京时,这同时激起广州腹地的反抗。因此,以广东为基础或者"地方史"式地解读条约时代初期的排外主义,似乎远不足以解释为何清朝外交朝着其既定的方向发展。

即使广州害怕叛乱的帝国官吏最终确实帮助推动清朝政策向着民粹主义或仇外方向发展,那么我们要想恰当地展现这种模式,在时间上能够追溯多远呢?毕竟,研究者不能忘记,直到1850年以后,清朝在南方的统治权才真正开始瓦解,这时距离中英关系由于鸦片和自由贸易问题变得高度紧张已经超过十六年。至少在鸦片战争期间的最初几年时间内,广东和北京当局在外交政策上做决策时,内忧不会影响其判断或者分散其注意力。如果早期阶段不切实际的强硬和排外尚武存在弦外之音(而且笔者认为有),那么我们将如何解释其存在呢?我们需要更仔细地考察帝国中心外交决策的逻辑,鸦片战争时期的现有文献在这一论题上未给我们多少指导。

我们在简要地回顾了19世纪中期中外关系的研究成果后,将要探讨一系列庞杂的尚未充分探究的解释可能。例如,在我们所研究的这个时期内,英国请愿者曾对清朝官吏的轻蔑感到非常愤怒(并且难以理解),而清朝官吏的轻蔑则很可能反映了一种毫不动摇的以中国为中心的孤立传统。然而，这样的观点并未解释为什么会有这种独特的传统，或者为什么这种传统独占鳌头。更简单地说，这样的观点忽视了这种选择背后运作的政治。同样，如果改革必须等待受西方影响的乌托邦理想在受过教育的中国人中普及，那么这种假设则忽视了实际的官僚政治对权力的迷醉（或者权力的增强）也能促使中国自愿打开国门接受西方影响，因而这带来一个有趣的问题有待探究，即清朝的官僚阶层为何没能诞生出可以领会到这一点并为之付诸行动的领导者。那么，能敏锐地洞察到这种机会的官僚（或者军事）强人在哪里？他们又为何如此软弱，或意志薄弱？最后，我们将如何解释在咸丰年间大叛乱开始前那段相对平静——也就是说，国内比较沉寂——时期中央政府领导层普遍存在的保守主义态度？在广东，国内动乱造成的冰冻效应（the freezing effect）记载详细，正如我们已经指出的那样。至少到 1850 年前，在外交政策和国内政策方面做出重要决策的仍是北京政府，因此仅仅关注遥远的东南地区发生的事件，就很难了解这些决策的动机。相反，我们必须设法解读中央的政治结构。

在本书中，笔者的出发点和方法在相当大的程度上由这几个迄今为止受到忽视的问题来界定，因此我对这段时期的研究试图填补上述思考中提到的一些空白。政治——也就是，对外交政策方面群体间权力竞争的分析——构成我们的一般主题，太平天国运动之前的鸦片战争期间（1835—1850）构成我们的时间段，中央政府的决策（和执行）构成特殊的关注点，19 世纪 40 年代以权力为导向的亲条约派领导层的崛起（和衰亡）构成我们这个故事所要构建并寻求解释的重点叙述事件。我在写一部有关鸦片战争时期新的叙述史的过程中试图把握这些论题，因此有时难免偏向其他问题——最特别的是，广州及其附近地区的地方排外主义（这一主题在本书中足足占据了两章）。本书的开篇还有一些非常重要的题外话，这里我详细地探究了 1835 年前清廷"外围集团"（out-group）派系政治的历史，并且解析了我们研究的这个时期之前和期间一个特殊的政治精英阶层——文人——似乎不断陷入这类行为的原因。

除了这两大段题外话，笔者试图尽可能地让本研究持续关注上述论题：鸦片战争时期宫廷政治的过程与对抗，以及使亲条约派力量微弱而其周围的孤立主义思想家却影响大增的体制问题。笔者希望通过这样做，至少可以彻底消除这样的观点，即19世纪的中国可以被视为一种思想体系。如果笔者更幸运一些的话，这本书将促使学界未来更加关注这样一些问题，诸如处于晚清政治秩序巅峰的领导层的性质，以及20世纪初期外来影响变得极为重要之前这一领导层的发展方向。

文人：一种预期的概述

过多的序言式概论往往不会让历史叙述受益，因此笔者在这里并不想系统地回答前文提出的问题。这些将留到最后一章，届时可以在书中已经描述过的事件背景下考量这些问题。不过，在沉浸于特定故事之前，我们需要解决本研究中一个特殊的理论组成部分。这关系到笔者赋予"文人"的重要政治角色，"文人"是儒家文化精英群体中一个多少有些神秘的次生集团，在本书中他们是反条约运动（anti-treaty movement）的内核。与这种看法相一致，笔者将在本书的开篇（第一章和第二章）讲一些题外话，为的是探究可能促使该阶层坚决抵制条约特许权的所有制度和心理问题。如果我们在这里停顿下来，预测这些题外话所蕴含的文人政治的某些结论，以及考量这些基本问题，诸如"文人"的确切所指、他们关注的范围，以及特殊的政治表现方式——"宗派"（factions），他们通过这种方式坚持自己的特色，那么笔者花费如此之多的篇幅来研究文人立场的原因就会变得更加明晰。

关于这一群体的成员和动机，这里寥寥数语足矣，因为我们将在第一章和第二章中详细谈论这个问题。在将文人界定为更大的儒家文化精英群体的一个独特子集时（貌似随意使用术语），笔者想到一类凭借团体认可和友谊而非恩师或者上司（更为寻常的路径）的赏识和情谊谋求仕途升迁的潜在官员群体。尽管这一特点看似非常主观，或者具有学术背景、最可能当官的人可能会否认存在这一特点（仅仅因为这伤害了他们的自尊），然而实际上，这是一种非常现实的选择，而且并非很多人敢于选择这种路径。笔者认为，对这一特殊行为的意识，非常明确地反映在19世纪学者官员（sholar-officials）对"士大夫"一词的使用上，即并非界定所有的学者官员（其字面意义），而是界定那些做士大夫该做之事的人，特别是与选择良师益友相关。正如我们将会看到的那样，与这种例外主义的自我意识相一致，文人谋职和寻找靠山倾向于刻意的浮夸，有时几乎带有挑衅性，仿佛彰显一种对导致百姓道德水准降低的政治秩序的集体蔑视。

在这一初步论述中，必须立即补充的是，文人理想的追求——假如任何一个重要的汉人士大夫集团共同去做——本就充满争议，甚至是危险的，而且完全违背清帝国的思维。在我们所研究的这个时期内，文人最具争议的政治风格是他们趋向于结成极度排他的宗派（朋党），或者为了提升自封的少数人的影响力，或者为了削弱某些敌人的权力。由于这样的行为既威胁到君主对官僚的惩戒权，又威胁到非汉人的非学术精英（清朝满人统治下的一个主要问题）对权力的获取，因此不可避免地引起帝国最严厉、最激烈的谴责。然而，只要这类宗派仍是可让士大夫或多或少掌控其个人命运的唯一工具，那么参与其间便继续有着强烈的吸引力，随着19世纪的缓缓流逝，这甚至越来越成为（笔者将论证）更具影响力的现象。因而，贯穿我们研究的这个时期，晚清高层政治中的文人与派系政治密切相关，并与本就充满争议的派系政治模式密切相关。

促使文人持续热衷于"宗派"的原因，笔者特别强调两个背景问题。正如上文所提到的那样，第一个问题是学者要求对其晋升官僚阶层的条件拥有更多掌控。在满人统治下，这一要求含蓄地带有某些"与生俱来的"色彩，因为这一问题不单单是个人想要寻求支持的自由，还是整个汉人士大夫"阶层"——此时是追逐官位和权力的几个重要精英群体之一——的集体命运。然而，除了对满人统治秩序的这种类似与生俱来的不满，笔者还想根据文化精英生活的某种持续的心理特征和社会特征阐释"宗派"的吸引力，这些特征绝非满人统治时期所特有的。在第一章中，笔者将详细地探讨文人宗派主义的心理特征和社会特征，笔者认为科举生涯的过度竞争本身往往滋养了一种虚张声势的心理状态和一种身为组织严密的忠诚集团中一员的体验，特别是那些处于事业初期不稳定阶段的士人。这些探讨所勾勒的情形反过来表明，文人阶层的认同常常是过渡性的——在某种程度上，一种暂时假定的角色，在个人事业发展的某些更为艰难的阶段，主要作为心理强化的源泉而颇具魅力，却并不一定能够战胜困境。不过，我们也应该看到，对某些人而言，这可能意味着更多：或者是终生的知己，有助于上司争取其下属的支持；或者甚至是一种终身使命，著名诗人兼派系活动家张际亮似乎就是这样。

在继续往下探讨之前，我们还需说明与19世纪中期文人在清朝政治中的影响问题相关的最后两个要点。一个要点关系到行为特征的确切范围，在本书中，这与文人宗派概念密切相关；另一个要点是，笔者几乎完全注重文人政治参与者的活动，因而会对清朝高层政治的整体形象有所曲解。

在第一要点上，应该强调指出的是，在本书中，文人宗派或党派之争并不与政治机会主义相关，也不假定独立于任何特定阶级或社会基础。至少在研究 20 世纪中国的政治学著作中，那些确实是研究者将会在宗派现象中发现的特征，而且那些特征将宗派与政党区别开来。然而，这里并没有如此的言外之意。事实上，文人宗派不仅在反对条约的宣传中表现得格外非机会主义，而且正如我们将会看到的那样，促使宗派与抵抗运动紧密相关的是一种非常强大的、阶层特有的认同感和价值感。毋庸置疑，在我们所研究的这个时期内，许多其他的不为阶层和阶层观所占据的官僚集团活跃着并发挥着重要影响，不过，我们将很少探究他们——这并非偶然，因为他们在我们所关注的外交政策争论中，如果发挥作用的话，似乎也没发挥多少作用。因此，宗派不会被当成一个贬义词；为了便于理解这一点，笔者特意换个更为中性的词，诸如党派、派系等等。

最后，我们来谈谈省略的问题。由于本书关注的是文人的党派性，那么有没有被我们忽视或者没有充分重视的重要政治集团或者利益集团呢？答案也许是肯定的，首屈一指的竞争者是满人自己。从一些美国学者和中国学者的研究中，我们开始注意到复杂的"满人利益集团"（Manchu interests）在帝国儒家官僚机构背后发挥作用，同时从外部监督着官僚机构，并消解着官僚机构对重要税收和官职任免权的控制。就组织而言，这一满人权力专属区似乎固定于一些密切联系的机构：内务府及其管辖的一些贸易垄断、包税及御用品，控制漕运、监管水道的总督。每当政府的政策转向战争时，所有这些机构就会发现其特权处于万分危险之中，主管这些机构的官员想必位高权重，可以有效地化解任何威胁。

那么，在我们所谈及的高层决策中，为何强大的满人权贵受到最少的关注，而政治上更为边缘化的文人反而受到如此多的关注呢？不太令人满意的原因主要是，资料有限，无法保持平衡。也许所有的历史学家都是机遇的产物，痴迷于那些最容易获得资料的主题，而胆怯于那些资料匮乏的主题。无论如何，这样的考量肯定影响本研究。在我们所研究的这个时期内，描绘故事中文人一方的出版资料比详陈满人利益集团运作方式的资料更丰富，也更易获得，因此本研究结构在很大程度上受到这一事实的影响。[5] 论据的不平衡会导致叙述的不平衡，而根据文人对事件的看法所建构的叙述过于片面。然而，目前我们要想了解19世纪初期清朝政治体制是如何实际运作的，只能主要依靠这些文人资料，除此之外似乎别无他选；因此笔者便这样做了，将探究文人不敢涉足的权力内核的任务留给后来的研究者，如果他们可以的话。

这就是读者将在随后的研究中遇到的问题和反常的方法。在结论中，笔者还将阐释用以编排这些资料的架构。尽管本研究的主要旨趣是不同的政治力量如何影响外交政策方面的决策，但实际上仅仅随后的部分讨论（第三章、第四章和第七章）是在狭义上探究决策政治的话题。在第三章（"禁烟政治"）中，笔者考察了这段时期内第一次也是最具戏剧性的一次外交决策：1838年至1839年为了遏止自印度向中国输入鸦片而禁止英国在广州进行贸易的决策，这项决策引发了1840年至1842年的中英冲突。在第四章（"广东胜利的神话"）中，笔者追溯了1840年鸦片战争期间清廷内部有关军事政策的讨论过程，特别注重考察重要的东南沿海贸易中心广州城的防御战略。最后，在第七章（"满人外交的终结"）中，笔者探究了1850年战后改革派领袖（穆彰阿和耆英）被免职的背景，特别注重国内治安问题在皇帝与改革派的对手结盟过程中所发挥的作用。在上述三个章节中，研究旨趣在于，在官僚和军事机构内部文人舆论领袖——1838年，他们赞成中断贸易；1841年，他们支持使用准军事手段抵御英国人；1850年，他们力主扳倒穆彰阿——与其对手之间的竞争。

本书的其他章节并不直接关系到决策，而是涉及文人对当时重要的政策问题所持观点的形成过程。在首两章（"文人再度崛起"和"春楔派的兴起"）中，我们解决的主要问题是19世纪初的几十年时间内文人为何特别难以在政治上表达自己。除了这一更为宏观的问题，笔者还将探究同一时期内不断变化着的文化精英自我认知的性质。在这个问题上，笔者将格外关注文人如何理性地应对他们自己在清王朝的统治下处于政治边缘的问题。主要的结论是，随着1830年后皇帝越来越依靠文人的政治合作，而文人的不满却在不断滋生，这是颇具讽刺意味的。高度对抗的激进主义便是结果——这种思想倾向将会变得非常重要，因为这是抵抗条约体系及条约体系所代表的妥协主义价值观的动机。

除了这些介绍性的章节，还有两个章节（第五章"有关战争的争论"和第六章"顾祠会祭"）专门论及战后十年文人的观点。在第五章中，笔者探究了有关清廷战败过程中出现的军事和外交问题的种种观点。在第六章中，我们将会看到这种挥之不去的与生俱来的挫败感如何促使文人特别激烈地反对北京的战后议和派，议和派的主要领袖是满人。笔者希望，这两个更短小的章节除了解释1850年穆彰阿"议和派"政府的倾覆外，还有助于阐明19世纪促使文人抵抗条约体系的那股情愫的一般属性。

第一章
文人再度崛起

如果英方重要的主战派、外交大臣帕默斯顿（Palmerston）*提前研究当时清朝的宫廷政治，那么1840年至1842年的中英鸦片战争很可能不会发生。当然，作为一个浮夸的民粹主义辉格党成员，凭借在地中海的十年外交经验，自认为在"东方"受过充分训练，帕默斯顿子爵几乎肯定不是一个认为有必要那样做的人。而且，即使他那样做，他也很可能由于种种困难而放弃，因为在他那个时代，欧洲人对清帝国内部政治和思想生活的了解空前肤浅，有关中国统治者思想的可靠信息几乎不可能被一个外国人获取。然而，如果他或他的同伙能够看穿这层厚厚的面纱，那么他们的发现很可能提醒他们，不要对即将发动的战争期待太多。

有人猜想，尽管自19世纪30年代初期开始国际贸易对中国货币体系造成巨大破坏，但实际上清廷对外交事务本身毫无兴趣，而这一发现极具威慑力。日本幕府谨慎地审视着欧洲的政治运动，即使其自称"不受"它们的影响，与日本幕府不同，清朝的中央政府从未准备搜集亚洲事务以外的信息。这种兴味索然受到儒家知识分子阶层的全力支持，直至19世纪初期，儒家知识分子阶层还认为"西学"不过是数学和天文学的分支，很久以前就从耶稣会士那里学习过。这种氛围甚至很难催生有关外国人的错误思想，更别提驳斥或者修正了，因此清廷的当权派对吸取战败的教训表现得毫无准备，而击败中国的正是帕默斯顿。

然而，即使假设这个问题得到承认并被解决，持久审视清朝的政局将为英国政府的谨慎行事提供另一个理由。那就是，帝国宫廷的权力——其对国家机器的掌控——处于衰落之中，恰在此时，帕默斯顿子爵要以接受充满屈

---

* 又译"巴麦尊"。——译者注

辱的投降和强行实施不受欢迎的新商业条约体系所带来的额外责任加重清廷的负担。在清政府内部秩序受到侵蚀的背后，隐藏的是汉人文化精英对他们与清帝国的关系一直存在不满，而这种不满的根源可能是大多数外国人难以完全理解的，因为他们并不熟悉此前200年清帝国的大政治（high politics）。然而，通过将这些文人的努力与法国路易·菲力浦时期或者普鲁士后奥夫马兹时期（post-Aufmarz）的中产阶级立宪主义者比较，我们可以对他们的不满略知一二；如果身为辉格党人的帕默斯顿子爵想想这些同时代的对比，他很可能对他打算从其手中攫取特权的清政府的政治生存能力产生怀疑。

汉族文人不满的根源在于清政府长期实行的政策，即不让汉人士大夫阶层凭借阶层内部的私人合作寻求政治影响力（一个欧洲人至少会认识到这一点）。在这一点上，清朝统治者相当固执，或者曾经相当固执，至少直到嘉庆皇帝统治时期（1796—1820）。嘉庆皇帝是当时在位的道光皇帝（1821—1850年在位）的父亲。也许，有着文化精英阶层背景的朝廷高官是例外，他们有时可以代表他们的门生陈情，或者将他们的观点上达天听。然而，对于在官僚层级中地位较低的或者仍旧等待初次任职的——换言之，对于绝大多数——汉族文人而言，这样的机会是不存在的。正如清朝皇帝喜欢按例行事，如果这种行为太多，对立的官僚派系之间就会产生无休止的纷争，有效的帝国统治将变得不可能。

这是嘉庆皇帝的祖父雍正皇帝（1722—1735年在位）和父亲乾隆皇帝（1736—1795年在位）的政策，无论如何，这段时期是满人统治最安稳、最有效的时期。然而，如果帕默斯顿子爵假想的密探们能够以某种方式重现此前30多年清朝政局的发展，那么他们就会认识到这一不受欢迎的政策显然逐渐失效，即使在实践中尚未直接被写成律条。当这些密探开始调查时，联系紧密的下级文人集团正在经常挑战着那些资深朝臣或者他们的政策，这样做的目的常常是表达着对此前一个世纪的压抑感到驱之不散的痛苦。一旦被发现，这种新模式的意义是不难被理解的。清帝国由开始丧失理智的君主们统治，并且充斥着文人的异议，不可能有很强的能力维系行政领导权，或者在政策上不断做出调整。不过，恰恰是这些能力——或者这些能力的缺失——将决定着清帝国是否能够在帕默斯顿期盼的同时也是战争即将开启的新"自由"之路上坚守。

1839年底，当帕默斯顿下定决心以武力"打开"中国的国门时，他过于乐观地忽视了这一切,因而导致英国陷入与清廷长达20多年令人沮丧而又几乎无利可图的冲突之中。于是,让历史学家们来揭示中国国内促使英国政策走向失败的政治因素;就广义而言,这是我们贯穿本书始末一直关注的问题。

那么,我们将从哪里开始呢?根据上述分析,似乎应以文人产生不满之前的那段历史作为逻辑起点,在19世纪30年代和40年代外交政策出现危机时期,文人的不满显然催发了清廷领导层的土崩瓦解。然而,如果不追溯所谓的清朝鼎盛时期,那么我们就不能对这一主题做出令人非常满意的研究,在清朝的鼎盛时期,对文人自发的政治行动主义的束缚开始表现为一项既定政策。因此,在第一章中,我们先来考察清朝初期这项保守政策的肇始。清朝文人究竟是哪些人?19世纪前清帝国为何及以怎样的方式限制文人参与朝政?我们将从这些问题转向另一个问题,即19世纪前十年这种束缚为何开始放松。是什么原因导致1800年以后清朝皇帝不同寻常地改变了观点?这种改变又有着怎样的政治后果?在第三章中,我们将以这些问题作为背景,继续分析19世纪30年代清朝外交政策的决策过程。那时,束缚文人的尝试以失败告终,而其后果又是显而易见的。

文人是谁?

如果我们以文人指称所有职级较低的汉人科甲精英,他们关注中央政府事务——就广义而言——或者对中央政府事务有异议,那么我们所说的这个群体到底多大?谁又该被包括在内?

这些问题没有确切的答案,因为清政府既不承认也不准许任何这样的群体存在。不过,可以确定的是,这一群体仅仅代表帝国范围内士人阶层(degree-holding class)中的极少数。尽管时至晚清也许多达100万男子(约占全部男性人口的千分之五)通过科举制三级考试之一入仕——科举考试传统上分为三级(县府试、乡试、会试),但是在这个更加庞大的群体中能够持续参与京城政治生活或者思想生活的人却很少,因为能够背井离乡的人相对寥寥无几。[1]此外,倘若没在北京或者其他重要的文化中心(例如扬州)实际居住过,那么就无法知悉不断变化的思潮范式,无法听闻政治阴谋的传言,而这些是18世纪的主要"新闻",因为到那时为止中国还没有定期出版的刊物传播这类信息。

考虑到大多数学者难以满足这种距离上的要求，似乎可以肯定地说，即使包括潜在的文人行动主义者，也只有不到 25 000 人，当然实际数字会更少。[2] 其中，大部分人是顺利通过各省乡试的举人，举人有权参加每三年一次在首都北京举行的会试，还会受到种种官方和私人资助，以便支付往返京师的差旅费用。再稍稍过于简单化地说，我们也许可以考虑将举人群体定义为更庞大的或者更外卷化（outer）的精英集团，而全国性政治运动中的行动主义者可能正是来自这一集团。

如果我们缩小研究范围的话，不妨关注这一更庞大、更外卷化精英集团内的一个小得多的士人群体，组成这一群体的是那些凭借士人身份和/或社会—业缘关系而长期居于京城的人。至少直至 19 世纪，有一个词汇专门用来称呼这个范围更为有限的亚群体，即南城（Southern City）士人，或宣南士人（南城、宣南指的是北京南边的汉人聚居地，官职较低的汉人科甲精英往往居住于此）。[3] 他们是约 1 000 名进士组成的科甲精英"内嵌"（inner）群体的核心，他们以科考为梯，飞黄腾达，踏上北京官僚机构的一条仕途。

然而，这些进士在北京谋得的官职在很大程度上是虚职或者闲职。（事实上，由于这个缘故，这些官员将其工作形容为清暇，"清闲悠适"。）[4] 因此，这样的官职使他们有可能与旅居京城的同窗、同年、同乡保持联系，不仅如此，还与同省或者同县来京参加三年一次的会试的举人们联系。于是，这些南城"闲"官发挥着桥梁的作用，将渴求门路、搜求信息的京外科甲精英和在北京当权的文化和官僚权贵连接起来。毫无疑问，凭借这一中介角色，他们在试图动员更多科甲精英共同参与 19 世纪的政治行动方面发挥着重要作用。[5]

如果再细分南城旅居官员的核心，我们或许会认为虚职和闲职官员是一个特殊的群体，他们很可能会是科甲精英政治网络的领袖。他们是翰林院（Han-lin Academy）的官员——或称翰林"俱乐部"，正如新近一位研究者称呼的那样。[6] 在清帝国晚期，对在殿试中拔得头筹的进士而言，翰林（就字面意义而言，是"文翰之林"）是颇具声望的仕途驿站。在每三年一次的考试中，只有少数人能够成为进士，作为回报，他们入职翰林院，而后迅速升迁，飞黄腾达，但主要担任非行政性的京官。例如，朝廷专门从翰林院挑选负责各省科举考试的考官。同样，皇帝也从翰林出身的人中任命内阁（Grand Secretariat）学士，内阁是对明朝这一咨政机构和国家档案库的继承。由于翰林官完全凭借科举考试的成功而获得官职，并且由于他们对权力和影响力的最初体验来自被任命为诸如考官的官职，因此他们对当时京师与科考相关的思想和文学潮流，往往比科甲精英内嵌群体内部依照官职界定的其他亚群体更显敏感。与之相应，受任官职使得他们自然而然成为南城政治和恩庇圈的领袖、先导。因为如果其他考生想要寻求幕主或者获悉主考官的喜好，那么他们不可避免地要求助于这些人。

在科甲精英内嵌群体中，除此之外，还有一个同样充当进入科举社交界的渠道的群体是内阁舍人群体。依照清朝的惯例，如果在科举考试中通过低级考试的儒生获得六位内阁大学士中任一位大学士的支持，那么他们就能买到这一官职。由于推荐程序表明了亲密的私人关系，内阁舍人通常被理解为有益的消息来源，因为他们了解学士们在教学和文学上的喜好，而这些学士们在监管京师的科举考试方面扮演非常重要的角色。[7]因此，对于那些想要准确把握思想倾向的局外者而言，内阁舍人和翰林院精英都特别重要。在充斥着传闻的南城仕途生涯中，这两个亚群体（翰林和内阁舍人）仿佛磁铁一般，初来乍到者几乎总是想要去依附他们。

恩庇观

我们看到科甲精英内部的分层，以上对这些层级的概括提出了另一个问题，这个问题关系到职责和忠诚模式，雄心勃勃的儒士在名利场上寻求比他们强的人的帮助时可以借助这些模式。当然，受过良好教育的阶层最热衷于科举考试。由于成功的机会相当渺茫（研究者估计成功率是 1/3000）[8]，而且众所周知，考题的内容容易受到主观臆断的影响，为了扶摇直上，考生们自然要去与学识渊博、颇具声望者建立某种特殊的关系。然而，研究建立这种私人关系时所仿效的模式，不仅仅是出于兴趣，将之视为一种奇特制度的遗迹。我们之所以关注这些模式，还因为它们是构建各类更富雄心的关系网的翻版，当文人展开独立的政治行动时，这样的关系网便开始构建起来。与其说是政治意识形态、阶级纲领或者宗教信仰方面存在共性，不如说是如何提供和接受个人恩庇的观念，往往促使文化精英形成持久的政治联盟。因此，为了恰当地理解19世纪文人政治动员的心理状态，我们就要先来考察主要参与者的人际忠诚模式。

第一点涉及这套体系的消极性，理想主义者经常批评和憎恶这一点，即使他们参与其间。恩庇的获得或者给予并非以深厚或者持久的关系为基础。恰恰相反，至少直至晚清时期，诸如内部信息的分享、向高层考官荐举，甚至用于个人花销的借贷这些恩惠通常倾向于以非常肤浅与短暂的联系为基础。

这种情况最突出的表现是，巧合关系在许多重要的仕途恩庇中显得非常重要。[9]也就是说，恰恰同年考取功名，或者聚会时某人恰是考官；或者恰巧来自同一个府县，或者某位士人的后代由于此等渊源结识另一位科甲精英——这些纯粹的巧合关系也许是最常见的，想要博取功名的考生们期望以此获得帮助。据此寻获支持时，用以拉近距离的常规化的言辞模式恰恰揭示了这些密切关系被认为是何等没有人情味，何等脆弱。于是，新近获得成功的考生在向先前并不相识的同考官（阅卷之官）做自我介绍时，通常自称为"您的学生"；顺利通过同一场考试的士人彼此之间称为"年弟"，而儿子拜访与其父同年登科的同窗时，也许称后者为他的"年伯"。然而，反复提及更亲密的催生恩庇的关系（师生、兄弟、叔伯等等）模式，这相当于承认巧合关系原本便被视为非常牵强的获得恩惠的依据。而且，在更具自我意识的文人眼中，如此约定俗成的虚假亲密的礼数是庸俗而尴尬的，至少当其仅仅用以掩饰这类关系所固有的机会主义之时。[10]

尽管常常存在这些顾忌，但不言而喻的是，大多数通过科举考试的候选者凭借这些人为的依据交换恩惠。为了列举几个例子，我们在19世纪声名显赫的士大夫的文章中找到很多实例，"巧合"的朋友和幕主资助一些基本服务，诸如问诊费、丧葬费，或者渎职所招致的罚款；或者提供颇有裨益的介绍信，收到介绍信的某位官员可以在其权力所及的范围内对候选者委以教职或阅卷之职。[11]假设大部分举人、进士参加并顺利通过许多场考试（每次考试相应产生几百名成功的候选者）；再假设许多成功的竞争者原本就是举人、进士的后裔，那么可能求助的潜在幕主的范围必然格外宽泛。这确实是一个混杂的精英集团。

第二点涉及文字之交作为模式在形成恩庇关系方面的重要性。虽然正如我们已经指出的那样，巧合关系常常在仕途升迁过程中提供用以协商或者请求帮助的关系网，但在更宏大、不带个人色彩的框架内，通常情况是在提供帮助之前必须先建立审美或文学兴趣（无论如何表面化）方面的共识。我们也许可以补充说，这在科考恩庇的公共领域和更加私密的私人援助领域内同样正确。那么，这些关系为何重要？

一种可能的答案是，在清帝国晚期，文化阶层中的飞黄腾达者面对的依附关系范围太过宽泛，以致很难以更精准的亲近关系为基础建立友好关系，这种更精准的亲近关系如道德或者哲学上的同行情谊。根据清朝几个能找到的个案判断，这几个个案完整地保存了科考和任职期间结识的所有私人关系，一位通过科举考试进入官僚机构的士人大概会有三百到六百位"师友"（mentors and friends）——也就是他的恩师和门生。[12]这种随心所欲的联系模式必然赋予所有关系转瞬即逝的特点，而这必然使之难以将这些联系模式概念化为共同践行儒家自省实践的产物。因为至少依照传统标准，这种儒家实践通常需要长期共同致力于对规范或者哲学文本的解读，或者伦理道德上的相互监督。如果所有际遇稍纵即逝，而只有一小部分精英生活经验塑造道德—哲学的友谊模式，那么这种假设似乎有点太过勉强。审美情谊是一种理想，只是更适合汲汲于此者的需要。

除了文学研究结下的友谊在功能上满足帝国晚期精英生活的需要，我们还必须考虑明朝（1368—1644）晚期和清朝某些制度和技术方面的发展，如果没有这些发展，这一独特的交往模式便不会达到它实际达到的那种程度。一种发展是，16世纪后期印刷术用作传布经典答卷的媒介。尽管这种做法也许在开始时仅仅反映出低层考生的不断增多，这是由于16世纪经济的迅速城市化所引起的，但它不久便影响了根基更稳的上层科甲精英的文化。到了17世纪20年代或30年代，前途无量的年轻儒生专为刊印成员范文而组建社或文社，以此促使京城的科考官僚关注他们的"才华"，这显然成为普遍做法。[13]如果与审美主义不是完全一样的东西，这种发展至少将精英交往的语言重新聚焦于风格，而非诠释性的、哲学的或者道德伦理的问题。

也许更重要的是，审美情谊观的发展对19世纪科甲精英文化结构产生了重要影响，这种发展是18世纪中期诗歌在帝国科举考试中重要性剧增的结果。虽然至少自唐宋以降偶尔交换诗文是科甲精英的主要消遣，但是写诗本身从未在帝国晚期的科考体系中发挥重要作用，直到1751年至1760年乾隆皇帝通过开展一系列变革重新将诗歌引入科举考试。[14]这种新导向显然激发了精英备考科目的微型革命；与此相应，也促发了文人交往观的变革。例如，翁方纲（1733—1818）是一位北方汉人士大夫，18世纪40年代他开始攀登科考之梯,据记载,为了掌握"新的"科目,他不得不多学十年;对于长江中下游地区那些受过更好教育、更老练的文人而言,差距可能没有那么大。

随着科举制的重点转向诗歌,乾隆皇帝自觉或不自觉地采取措施完成了科举精英恩庇和友谊模式的唯美主义新定位。自此之后,人际聚合与亲密关系往往最终体现于诗歌的多愁善感和抒发情思,而非散文的说教。18世纪中期精英文化内容诗意化的最佳表征也许是,搜集和记载诗歌的新流派随之出现。自18世纪后期以降,我们开始发现一些尝试创作新型诗集的士人精英,这类诗集完全是从编者的"师友"的作品中精选出诗作编在一起。17世纪晚期的两位美学家提供了这类诗集的初始模式,一位是陈维崧(1626—1682),另一位是王士禛(1634—1711),后者的作品更为著名。然而实际上,王士禛的诗集(闻名遐迩的是《渔洋山人感旧集》)直到1752年才得以刊印传播。这个事实也表明,乾隆皇帝改革科举考试的科目,从而激发了精英对诗歌作为媒介记录日常交往的兴趣,此后这种模式才流行起来。尽管如此,18世纪中期王士禛的《渔洋山人感旧集》出版后,这显然成为一种潮流,到当时为止科举制衍生出的情谊的方方面面和传统上与追求审美情趣相关的更加私密的联系模式逐渐融合。例如,1803年,乾隆朝著名的宫廷文人王昶(1725—1806)出版了一本"诗传",这本集子居然是以科举考试所获功名和年代排序。[15] 显而易见的是,到了19世纪,审美情谊,或者对此时所称的风流、风雅的推崇,成为最具影响力的模式,文人通过这种模式在公共生活的空隙间强化共同的价值观。[16]

上述看法将我们引向第三点,而这第三点更宏大,涉及恩庇观,而恩庇观又激发了19世纪文化阶层的政治行动主义。贯穿我们在本章节及后几个章节始终关注的这个时期,读者会发现界定重要的恩庇关系时会不断寻求更多的排他性。"慎交"的观念在晚清时期仍然具有持久的吸引力,如同较早时期那样。虽然读者也许会问这种观念更经常是文人反抗无法逃避的现实生活的途径,还是行动指南,但在清朝初期和晚期,两者兼而有之,许多人选择接受这种观念,尽管代价是仕途升迁机会将会变少。[17] 毋庸置疑,在某种程度上,这样的行为需要特殊的心理状态,或者其他难以考证的情境压力作为支撑。与此同时,排外观持续存在于精英情谊文化的主流之中——可以说,这是一种长期存在的观念,只要实际生活中真正的恩庇关系继续受到机会主义和非常主观的审美价值观的影响，那么这种观念就注定会发挥作用。

排外主义的观念化还是文化精英心理的一种维度，在整个帝国晚期，这种观念化持续蔓延到政治行动主义领域。例如，17世纪中期，一个非常活跃的苏州文人社团取名为慎交社，他们通过起这样的社名彰显该社团不接纳当地颇具声望的书香门第后裔理所当然地入社。[18]很明显，排斥土生土长的文人入社，被视为塑造更加强烈的忠诚感的第一步，如果想要尝试参与京城的政治竞争，这便是必要的。同样，在19世纪初期，会社政治联盟之风复盛之时，我们可以从即将成为新领袖的潘曾沂（1792—1853）的著作中找到几乎完全相同的想法，即需要限定和深化精英恩庇关系的基础。一天，潘曾沂去拜访他父亲的同僚、内阁大学士松筠，年轻的潘曾沂发现，他所得到的晋升机会，完全是以他父亲和坐在他前面的这位幕主的老"交情"为基础的，这令他非常苦恼（他如此宣称）。潘曾沂在日记中写道："其时方保送章京，公意必因此来谒，不知天下竟有无所求之人。"[19]这里，我们再次看到渴望获得更可靠的恩庇关系与组建朋党（clique）或者宗派的推动力联系紧密，这些朋党诸如宣南诗社，19世纪20年代潘曾沂参与组建了该诗社。

对朋党政治的束缚

如果组建排他性的恩庇朋党的推动力主导着文化精英的政治想象力，那么清帝国在有关这类活动的合法性问题上如何明确其立场呢？

19世纪初期政府遭遇挫折，这开始削弱清朝统治者的自信及其对汉人文化精英的独立性，至少在此之前，清朝统治者一直非常热衷于打压这种结党行为。事实上，禁止科甲精英阶层内部结建朋党是清朝皇帝最经常强调的政治观念之一。在清廷的宣传中，这有助于诠释所谓的满人统治的重要优势之一，并使本朝比前朝即明朝更有优势，因为明朝的统治在很大程度上颇受这种结党行为的滋扰。[20]

当然，清朝皇帝致力于杜绝朋党政治，并非意味着恩庇网络不再在科举考试和任职制度中发挥作用。情况恰恰相反。乾隆皇帝是清中期三位君主中最极力反对文化阶层结党营私的一位，但他似乎一贯"从上层"支持结成恩庇群组，以此种手段限制可能占据优势的官僚权贵。例如，在乾隆朝中期，为了打压具有南方汉人背景、自雍正朝就令人望而生畏的权臣（张廷玉），皇帝扶植一个北方汉族士人朋党执掌科举制。不仅如此，在乾隆朝后期，乾隆皇帝似乎有意默许一个满人主导的朋党（在声名狼藉的和珅的领导下）发展成为科举考试和任职制度内的竞争力量，这也许正是为了抗衡北方士人朋党的影响力。[21]

清帝国为了实现皇帝的意图而默许并利用这样的纵向关系网，它并非真的自相矛盾。相反，这是在确认其理论家始终坚持的东西——也就是说，这类忠诚集团对士人和官僚的吸引力恰恰是为一己之私和卑鄙的动机。正如新近一位研究清朝中期朋党的学者所指出的那样，如此受到扶持的朋党根本没有专属的优越感或者荣誉感。如果某位士人或者官员忽然宣称其亲密团体意识形态的地位更为崇高，超过其他所有团体，正如时而会发生的那样，那么他一定会受到严厉的指责和惩处，以此为戒，谨防重蹈明朝文人所作所为的覆辙。[22]

20世纪的一些学者将清朝对朋党的厌恶视为持续整个清朝打压汉人精英方式的一部分，不过显而易见的是，没有一项重要政策要求政府在这一领域控制文化精英的政治行为。[23]事实上，我们发现三段拟定制度和法令抵制朋党的插曲，这三段插曲没什么关联。第一段插曲发生于清初的九年时间（1651—1660）内，背景是新崛起的满人征服权贵内部之间进行着严酷的政治斗争。在此期间，我们看到禁绝"受明朝影响的"做法的规定迅速增多，这些做法诸如组建地方文社、创办"闲散的"地方书院、生员为挑战地方官而结党结社，或者生员在科举考试期间或者其他任何时间上书陈言政务。有学者注意到，制定这样的法令法规似乎在很大程度上与地方政治情境下文人行为不端所造成的威胁有关。有学者怀疑，颁布这些禁令的原因是皇帝及其满人权贵对手在权力斗争中相互角力，谨防对方在刚刚征服的南方与明朝残余的地方士绅集团相互勾结。[24]

第二段抨击文人朋党实践的插曲始于康熙朝（1661—1722）后期，一直延续到雍正朝，这次抨击的起因似乎是文人在1708年至1723年的皇位之争中站错了队。我们可能会发现，颇具讽刺意味的是，作为一位年轻的统治者，康熙皇帝巧妙地利用南方文人的文社忠诚关系网，削弱了其对手在官僚机构中的影响力，这些对手包括入主中原前汉人合作者中的一名要员及其支持者。[25]然而，1708年，某些重量级的文人领袖拒绝与皇帝联合对抗最有可能继承皇位的胤礽，于是康熙皇帝推行制度变革，以防这种潜在的支持发展成为羽翼丰满的正统派别，与那位不满的前皇位继承人联盟。在这些变革中，更为重要的一项是，废除所谓"会推"，这项制度用于提拔高级官员。会推源于明朝的惯例，此惯例将评估官员的权力分到京城几个竞争的权威机构手中，这项制度使一大群官员得以参与所有这样的晋升决策。不仅各部尚书，还有作为监督机构的都察院的御史，都可以发表观点，可以防止各部为了包庇恶行而相互勾结。然而，1712 年，随着涉及争夺皇位的宗派斗争达到白热化，康熙皇帝突然废止"会推"制。尽管可能没有预见到这项变革会持续下去，但事实上旧制度再也没有恢复；诚然，到了 1730 年左右，雍正皇帝在宫内新设了一个非常机密的秘书机构，称为军机处，这一新机构开始代替各部尚书，负责商酌重要的人事任免事宜。[26]

第三段质疑或者控制文人结党行为的插曲发生于乾隆皇帝在位期间。不过，这一次冲击的既不是地方文社，也不是京城的选官系统，而是监察机构本身。康熙皇帝在位期间，监察机构的权力已经受到一些限制。因此，这里我们需要更为详细地考察监察机构地位的变化，以便更好地理解乾隆皇帝在意识形态上猛烈抨击文人宗派"滥用"监察权力的全部寓意。

在帝国晚期的政治话语中，监察之职常常被描述为体现向君主进献"言路"的观念。[27] 一般认为，如果言路通畅，批评皇帝或者高官政策的言论本该受到重视，却反而遭到帝国行政机构的彻底压制。在这种意识形态的影响下，以"言官"身份侍奉晚清君主的 68 位大大小小的监察官员，受到鼓舞自视为谣言或者风闻——也就是说，他们通过非正式渠道而不是正常官府文书的纵向渠道打探到的有关官员及其行为的信息——的传送者。[28] 君主绝不愿意承认依据所有这些小道传闻弹劾某位政府官员是合理的，有时清朝统治者可能谩骂和惩处那些太过认真履行监察职责揭发丑事的士人。

即使在 18 世纪中期清朝君主的权力和成就处于巅峰时期，他们仍然愿意承认文人传闻网络在这一以监察官员为中介的信息搜集过程中所发挥的重要作用。任命新的监察官员的政策表明了这一作用。尽管大约一半被任命的监察官员是满人（因而这些官员缺乏地方关系，在大部分情况下，甚至还缺乏科举制度造就的关系脉络），但很大一部分汉人监察官员常常直接从翰林院填补。[29] 由于这些官员先前没有接触过常规的官僚行政机构，推测起来，他们在高官中没有"故交"，因此只能借助科举制度造就的朋友或者亲戚之间的私人关系，履行作为帝国监视器的职责。更明确的是，朝廷甚至时常惩处那些没能弹劾地方官员贪腐传闻的汉人监察官员,以此确认科甲精英的亲属和同乡关系网是传闻的合理来源。因此,1742 年,山西布政使萨哈谅及其助手被证实犯有收取下级官吏重贿之罪(因而迫使地方官吏压榨百姓,向百姓征收额外的赋税),此后,山西籍给事中卢秉纯由于没能在丑闻被揭发出来前递交相关材料而遭到惩处。乾隆皇帝认为,卢秉纯作为土生土长的山西人,一定事先知道这些事。因此,他的沉默表明同谋。[30] 同样,1786 年和 1793 年,更多的监察官员遭到撤职或者降级,这是因为他们没能在贪官污吏通过其他方式被揭发出来前,汇报当地和京城同乡中流传的对这些地方官员的风言风语。[31] 此外,皇帝对这些案例的看法表明,他非常清楚地知道,这些缄口不言的监察官员本该听闻了这些情况。乾隆皇帝颇带讽刺地谈到,从家乡来到京城或者与这些监察官员保持书信往来的邻里亲友一定会不断谈论着地方行政机构的阴暗面。那么,这些监察官员如何能够为一无所知找借口?因此,正如监察官员卢秉纯意识到的那样,也许为时已晚,可以预料的是,"言官"借助非正式的科甲精英亲友关系网发挥帝国看门狗的作用。

　　文人信息网络在揭露官僚腐败过程中持续发挥着制度化的作用,这也给清朝中期的君主们带来了一个重要的麻烦。皇帝如何能够不让文人利用这样的渠道为科甲朋党外围集团谋求权力?如果皇帝仍然喜欢运用令恩庇朋党彼此倾轧的策略统治官僚机构,那么是什么因素使得那些失势朋党的领袖无法凭借因科考而受过恩庇的监察官员的代言报复那些剥夺他们荣誉的人?[32] 事实上,正是这一特殊的困境自始至终困扰着乾隆皇帝,促使他陷入无尽无休的宣传攻势,用以压制他宣称在监察机构的攻讦中不断发现的"受明朝影响的"过激行为。因此,我们发现,在乾隆皇帝统治期间,诚如其子嘉庆皇帝统治期间一样,监察机构日益成为严防的目标,每位监察官员不得不接受越来越苛刻的依据标准,甚至不惜以损害言路本身的有效性为代价。

　　这里有几个例子充分展示了皇帝的多疑,而且还体现出这种多疑所带来的某种消极影响。首先,我们来看乾隆皇帝对 1782 年监察御史钱沣参奏山东巡抚满人国泰及其后引发的一系列弹劾的反应。18 世纪 80 年代钱沣就任监察御史时,在皇帝的默许下,和珅一党主导着上层官僚集团。当时北方汉人集团没权没势,数年来屡次试图提出其一位或多位政敌管理不善的证据,却都没能获得成功。最终,1782 年,钱沣设法搜集到了强有力的证据,这些证据是针对山东巡抚国泰的,据说国泰是和珅阵营的人。钱沣和时任都察院左都御史的刘墉紧密配合，成功弹劾国泰，国泰遭到免职，最终被处死。[33]

御史钱沣在京城有几个特别亲近的文人朋友和幕主，他们都是北方朋党的成员，而刘墉是刘统勋的儿子，刘统勋就是北方朋党的元老。如此一来，皇帝并未听信钱沣揭露的线索来源，皇帝担心的是，如果他这样做了，那么他会被那些头脑发热的反对派所利用，而反对派想要对和珅一党展开一场完全是明朝风格的政治迫害。

钱沣的所作所为引起皇帝的担忧，此后不久，这种担忧便被公开表达出来，当时另一位汉人御史秦清大胆地向皇帝进言，国泰因欺压下级官吏而受到惩处，而这种欺压下级官吏的伎俩实际上是普遍存在的，而且这种伎俩导致很多地方官员由于需要迅速获得礼金来源而挪用税款。皇帝直接询问秦清，他有什么具体证据证明这些人犯罪。当事实表明秦清并没有具体证据时，他受到如下连番训饬：

> 所奏全属空言，毫无实际，此风断不可长。从前钱沣参奏国泰一案……已就审实各款，将国泰治罪，钱沣加恩升用。然此事朕本早有风闻，是以一经被参，即行办理，原非仅因钱沣之奏也。至王亶望、陈辉祖各案，想早在人耳目，朕待科道之参奏已久，而总未见其人。……可见汉人科甲官官相护，牢不可破。设使国泰系科甲汉人，想钱沣亦未必即行参奏也。

随之而来，结论必然是如果允许这种不正当的小集团自生自灭，那么这会使清王朝迅速倾覆，如同明朝一样：

> 明季科道陋习，始则撏拾浮词，互相攻击，继且各立门户，伐异党同，甚至置国是于不问，转以廷杖博谠直之名。此即所谓妖孽，非国家所宜有，不可不防其渐。[34]

实际上，乾隆真正想说的是，他认为让诸如钱沣一派的汉人科甲朋党获得事实验证的正义之名比容忍某些满人权贵和汉人廷臣的贪腐还要更加危险。因此，皇帝不允许监察官员将钱沣视为理想主义英雄；因此，皇帝还压制了钱沣参奏行为引发的后继弹劾；因此（尽管我们引用的实录原文未曾涉及），皇帝审慎地避免做出可能催生不必要的为监察而殉道的行为，而这些殉道者滋养着反对派的理想主义。由是，皇帝一直愤怒地拒绝进一步调查和珅关系网的相关事宜，也不深究他们给省府财政造成的消极影响。

另一则有关皇帝如何为了防止监察机构成为科甲朋党教化之战的工具而削弱其效力的案例发生在几年之后，即1799年。也许正如已经被预测到的那样，乾隆皇帝极力避免全面调查和珅的罪行（他唯恐由此引发和珅仇敌的政治迫害），不久之后，这导致受到宽恕的权贵集团的贪腐行为完全失控。在乾隆皇帝去世后不久，也就是1799年，事实表明，和珅将自损名誉的门生安插到省级官僚机构的重要职位上，然后向他们榨取巨额贿赂，以之作为保其平安无事的代价，和珅通过这种方式积聚起庞大的财产，数量相当于两年政府开支。[35]更糟糕的是，对于贪污腐败的蔓延，国家不能再坐视不理，因为这容易招致严峻的叛乱态势，这是乾隆皇帝所不知道的。人们不久便会发现，和珅朋党在朝堂之上的保护链曾使如此之多的地方大员保有官位，也能够阻止皇帝尴尬地发现肆无忌惮的违法乱纪，或者军事镇压反叛者时的无能，或者起义所引发的官员行为失检。白莲教起义曾扰乱四川和陕西这些西部省份长达八年（1796—1804）之久，耗费政府三年财政收入加以镇压，批评家们则普遍认为，这场起义便受到这种情况的影响。[36]

因此，1799年乾隆皇帝的儿子即位后，他发现自己的政治理想面临更为严峻的考验，甚至比其父皇在国泰案中面临的考验还要更为严峻。他应该尊重西部省份地方官员们一再重申的观点吗？这种观点将政府的问题归咎于白莲教的破坏性影响，而且淡化了官员压榨、虐待和包庇的煽动性作用。或者他应该听从监察机构和翰林反对派的话吗？这些反对派的领袖和北方士人朋党的私人联系非常密切，反对派强调应该苛责贪腐盛行的官僚机构。[37]依照这些反对派的观点，只有少数叛乱者才是真正的宗教狂热者。他们声称，大多数人是为地方官所迫，才助叛乱者一臂之力，因为这些地方官是和珅一党，他们屈从于上级官员，无情地压榨着百姓。因此，如果皇帝想要平乱，他就应该大规模地清查官僚机构，这既是为了罢黜有罪的官员，也是为了给那些取而代之的官员发出信号，让他们知道朝廷不会容忍官员道德水准的堕落。[38]为了实现这第二个目标，翰林院编修洪亮吉大胆地采取措施，通过他之前的座师朱珪和其他关系，向皇帝递交了一份弹劾书，其中涉及逾四十名在任及退休高官的名字。他甚至不满新皇帝没能亲自采取措施惩罚弹劾书中的这些人。[39]

尽管宏观背景和岌岌可危的具体问题是新的，然而这次选择并非真的不同于国泰案：宽恕（适度的）贪腐，或者通过彻底查清这些弹劾，给予批评者崇高的道德地位，这会冒着引发激烈的宗派斗争的危险。毫不奇怪的是，鉴于嘉庆皇帝受到传统的熏陶，他选择了前者，尽管多少有些犹豫。嘉庆皇帝武断地认为，如果将洪亮吉的弹劾名单作为调查目标，必然会导致报复，这将重蹈晚明政治破坏性争论的覆辙。[40]更糟糕的是，洪亮吉自觉地将持批评态度的同僚视为文人文化观的真正代表，以此为他支持的清查游说。嘉庆皇帝痛斥道："惟近日风气往往好为议论，造作无根之谈，或见诸诗文，自负通品，此则人心士习所关，不可不示以惩戒，岂可以本朝极盛之时而辄蹈明末声气陋习哉？"[41]于是，嘉庆皇帝将洪亮吉发配到西部边陲，以此警示其他人。嘉庆皇帝还将清查范围缩小到罪大恶极的贪官。[42]

这就是清廷为了预防其所认为的文人宗派主义的内在危险而设定的基本规则。当然，问题仍只是，清廷的宣传如何真正有效地说服文人相信"结党"的方式确实非常不妥。一位现代学者认为，18 世纪后期许多文人默默地接受这样的观念，即排他主义的宗派仅能代表私利或者见不得光的利益。[43]北方士人集团元老——诸如翁方纲或者朱珪——的表述和行为证实了他的这种观点。例如，甚至在和珅集团占据优势地位期间，翁方纲还不断抨击明朝风格的文人对抗政策的假仁假义。[44]在嘉庆朝，朱珪最终组织了对和珅集团覆灭后的官僚机构进行最低限度的清查，在处理少数几个真正受到调查的案例时，他被一再告知要坚持原则，避免道德说教或者恶意报复。相反，他希望尽可能多地前党羽成员留任，同时坚信他们有自我拯救的可能性。这一切似乎表明，乾隆皇帝的说教并非完全没有效果，事实上或多或少阻止文人将晚明政治理想化。[45]

然而，如果我们只关注嘉庆初年官僚机构中这几个特别年长的当权派，那便容易受到误导。在他们的门生中，也不乏观点相左者。例如，自 18 世纪 60 年代以来和翁方纲交好的姚鼐，他也是一位没有官职的文人，19 世纪初期的某一时候，他写了一本广为流传的小册子，在这本小册子中，他痛陈清政府没能激发翰林院士人的直谏精神。[46]

士大大王昶甚至更公开地批评清廷的态度，前文我们谈到他是文人恩庇关系的审美情谊理想范式的出类拔萃的代言人。根据一位为他立传的作者的观点，王昶对 1799 年和珅革职入狱一事的反应是，他对明朝文人道德抗议的传统越来越感兴趣，他向友人及门生抱怨当时文化精英普遍"没有骨气"

和"缺乏性格"。由于心生烦忧，他考虑着手一项编撰东林书院历史的计划，东林书院是南方汉族文人的舆论中心，明朝晚期朋党之争的教育脉络承继于此。由此，他萌生出编纂囊括所有书院的名录的想法，这似乎是科目改革的前奏，以便重燃对东林传统的尊崇之情。[47]

我们不得不做出推断，对于王昶而言，和珅事件表明清廷此时需要更富同情心地重新审视明朝晚期的情形，需要转变对宗派的看法。也许由此会产生出另一种对文人政治凝聚力的更为积极的看法。根据周围其他人对王昶著史计划的感兴趣程度来判断，到了19世纪初期，王昶所持的观点变得非常普遍。也许，这标志着一个新的开始即将到来，宗派行动主义即将再次尝试与道德理想主义及政治合法性相融合。

宣南诗社作为文人宗派

在和珅覆灭之后，正如洪亮吉和王昶的反应如此鲜明阐释的那样，文人宗派的领袖已然开始克服某种恐惧，这种恐惧曾经使得该阶层在清朝统治的全盛期难以采取独立的、理想主义的集体政治行动。因此，随着我们进入19世纪早期，不足为奇的是，在清朝的政治体系内，文人忠诚网络的整体状况开始有所改变，开始呈现出一种更积极、更富理想主义的特性。

文人结社在意识形态上充满自信、在国家政治层面上显露锋芒的第一个例子出现于嘉庆皇帝统治后期（大约为1814—1820年）。位于这场先锋运动的中心的是一个自称为宣南诗社的组织，这是由南城官员和翰林士人组成的一个准文学社团，这些人曾经能对裁定地方大员范围内关键职位的人选施加相当大的影响。在本章的其余内容中，我们主要考察这一关系网及其活动。

在直接分析宣南诗社之前，我们应该谨慎地注意到这样的事实，即诗社只是一种趋势的肇始，本身并非这种趋势的巅峰。直到宣南诗社的影响衰落之后，宣南诗社的具体政治策略和教育理想失去对翰林和低级京官思想的掌控之后，文人行动主义才迎来全盛期，这一文人行动主义在精神上更类似于明朝后期被禁的东林党。19世纪30年代，随着后继团体——所谓的春禊派（参见第二章）——的出现，我们才开始观察到明朝文人行动主义的所有表征：依凭科考制进行朋党扩充；规定范围缩小的研习科目，迫切想加入的人要研修这些科目；最明显的表征是，反对派通过在都察院施加影响发展权力基础。

尽管这些策略仍显得太过谨慎，但是在晚清文人自我觉醒的初始阶段活跃着的士大夫们通过他们的努力——最重要的是，通过他们的失败——为转向第二个阶段更为激进、更具明朝风格的政治动员铺平道路。在这里，关键的环节确实是失败，换言之，相对温和的削减官僚机构的计划失败，19世纪20年代，削减官僚机构是宣南诗社官员的主要政治目标。作为这一挫折的结果，有关独立的文人影响力如何能被用以"振兴"清政府——正如这一目标常被流露出的那样——的观点将会发生一次根本性的转变。于是，宣南诗社的行动主义者原本采取耐心的"参与主义"方式，以地方要员的角色寻求权力，这最终将让位于一种更强烈的对抗策略，这种策略根据旁观者的立场向官僚机构施压。因此，19世纪30年代初期将会形成晚明模式的文人政治行动主义全面复兴的局面。

那么，宣南诗社的长远意义在于，这是一次失败的实验。在我们的分析中，我们将关注这一失败的宏观背景，特别是强调清朝政府系统内的政治障碍如何挫败一位格外顽强的宣南社员，也就是林则徐，从内部改革官僚机构的努力。在第二章中，我们还会继续探讨这一失败的影响。

作为官僚恩庇朋党

我们已经讨论过了宣南诗社恩庇网络的几个极其重要的特征，在19世纪第二个十年的后期和19世纪20年代初期宣南诗社发展到最辉煌时，恩庇网络发挥过重要作用。然而，这里还有必要再次重申这些特征，以便引出如下分析。

作为一个自觉的文人政治宗派，宣南诗社要追溯到1814年，尽管正如我们将要了解到的那样，凝聚成员的结社模式则要追溯到乾隆皇帝统治后期。在这种关系中，参与者使其结社之举在外在表现形式上如同其自我意识，仿效审美情谊圈，至少自18世纪中期以后，审美情谊圈便在清朝科甲精英文化中占据主导地位。然而，就功能而言，这种结社的意图显然是追求名利。这会帮助诗社成员及其友人在调任地方行政机构的中等职位方面受到额外照顾。地方行政机构是清朝官僚机构的一部分，在1813年第二次白莲教起义后陷入混乱状态。

有关宣南诗社，我们需要注意两点，这两点再次关系到当诗社成员在官僚中开始获得较大影响时诗社领袖对集体政治策略所做出的选择。第一，参与而非在道德上谴责地方行政机构被视为清除其腐败势力的最有效的策略。第二，心照不宣地认同于避免卷入科举政治。他们并未致力于树立新的思想正统，也没利用科举制招募新成员入社。实质上，宣南诗社并未计划发展壮大。因此，1827年后，其政治影响迅速衰落，那一年，宣南诗社第一次也是唯一一次与敌对的官僚既得利益集团产生重大冲突。[48]

考虑到文人不断热衷于反对派的事业，在我们所列举出的所有特征中，也许最非比寻常的是其对省府官职的热情。因此，让我们开始考虑那些使这一共同目标看似颇具魅力的因素。

非常有助于解释宣南诗社特性的一种情况是，宣南诗社成员和老一代文臣之间有着一组非常亲密的恩庇关系，我们曾把这些文臣称为北方士人朋党。1814年，13位南城士大夫联合组建了宣南诗社，总的说来，几乎有一半人自认是翁方纲、朱筠或朱珪——他们是早期组建北方汉族文人圈最长寿的三位——的门生。[49]也许，就事件发生的一般过程而言，这种关系没有多少意义，因为凭借帝国支持的文人朋党的影响力很少能延续到创建它们的统治者去世之后。然而，朱珪的北方朋党证实，它显然是这一规则的例外。他们因与和珅进行了长达20年的较量而声名鹊起，在嘉庆皇帝统治期间，德高望重的朱珪及其同伴在朝堂上形成一种半公开的内集团（in-group），当皇帝想要绕开既定的官僚评估机制时，便会习惯性地向他们求援。[50]凭借这种方式，一种亲密的文人友情网络逐渐笼络了许多年轻才俊的忠心，这些年轻才俊初出茅庐，刚开始在常规的官僚机构内大展身手。在这种宏观背景下，同属一个北方朋党恩庇网络的宣南诗社的那些前途光明的年轻才俊自然指望出任地方官职，希望以此更好地实现他们共同的抱负。

我们发现，在时间上，北方士人恩庇网络对地方行政机构内职位分配过程的影响分为两个不同的阶段。第一个阶段是嘉庆皇帝对地方行政机构的"重建"——自1799年至约1805年，嘉庆皇帝适度地重新任命只有翰林资质的文人出任省级行政机构某些关键的中等职位，这些翰林官通过"北方"文人关系网选拔而来。那些年，在一批新上任的文官中，最终形成了一个新的地方大员派系，这些官员的名字现在也许已被遗忘，但是在他们那个年代，他们被视为文人在省级行政机构内占据主导地位的新时代的先驱——这里权且列举几位最知名的，诸如蒋攸铦、阮元、孙玉庭和董教增。[51]

第二个阶段始于嘉庆皇帝在位的最后十年（1810—1820），文人改革家的核心人物赢得充足的官场资历，成为文人恩庇关系网的权力掮客。嘉庆朝重建时代的到来和嘉庆朝第二次重大政治危机的爆发（1813—1814年白莲教起义导致这次危机）或多或少同时发生，最终导致文人网络对地方官僚机构选官程序的影响大大加深。1814年，宣南诗社的组建本身便体现出这种新的影响。

为了简洁，我们跳过这两个阶段的第一段，探究第二个阶段中1799年复职的老将们所采取的领导模式，这些老将在嘉庆朝初期掌权，由此我们可以更好地考察北方朋党权力的逐步形成。这里，我们要特别关注蒋攸铦（1766—1830）这个人，他是这群复职者中第一个被提拔到总督级别的人。1811年，在离开翰林院仅仅11年后，蒋攸铦便被提拔为两广总督——对一个汉人官员而言，他出奇快地攀登着成功的阶梯。[52]而且，担任这一高位后，蒋攸铦立即着手提拔一批南城士大夫成为他的属下，这些士大夫通过北京的师友网络走入他的视线，这个师友网络追根溯源到蒋攸铦自己的座师翁方纲。随着这一独特的招募关系网在嘉庆朝末期开始变得明晰和持久，一小拨翁方纲的南城弟子，在陈用光和吴嵩梁的率领下，组成蒋攸铦在京城的代理人，进而催生了宣南诗社。[53]然而，我们目前所关注的是，使蒋攸铦能够完成如此艰巨任务的一系列背景因素，我们还关注他独特的领导风格对改革思想的影响，宣南诗社成员最终采纳了这一改革思想。

1813年起义所带来的冲击在催生这种选拔人才体系的过程中发挥了特别重要的作用，皇帝随后决定厘清规制方面的混乱状态，依照规制，人事任免权通常被牢牢地掌握在北京各部尚书的手中。我们在此不便过深地讨论清朝任命和提拔体系的技术性，我们可以认为1813年前的做法取决于北京唯规制是从的官员和以任务为导向、反对规制的执行者之间细微的权力平衡，那些反对规制的执行者实地监管地方政府的运作。尽管清朝皇帝们承认律典充斥着大量影响人员管理的规制，但他们仍然喜欢逐个案例地处理豁免请求，而非永久性地削减程序规制的数量。[54]

1813年，第二次大规模的北方汉人宗教起义爆发，这场起义是在第一次起义被镇压后不到十年的时间内发展起来的，这似乎使皇帝认识到持续这种不切实际、苛刻的程序规制所导致的真正危险。对第二次起义的结论是一致的，即如果官员少受一些压力，为了避免与京城残忍的"铁腕"人物发生摩擦而伪造奏折，起义领袖本该被抓获，起义也许甚至可以早些被镇压。[55]嘉庆皇帝承认这一抱怨的合理性，他很快宣布废除一些重要的人员审查标准，同意吏部审查所有规章制度，还要考虑删除更多内容。[56]

此外，随着嘉庆皇帝惊人地放弃了官员评估体系的控制重点，1813 年后他还开始表现出越来越容忍文人关系网对选拔新的南城才俊担任地方要职所施加的影响。清朝中期，任命官员的行政行为，如同评估体系中的行政行为一样，也要让地方行政长官们自己发挥这种影响的可能性最小化。根据传统，南城官员每年只能获得少数几个地方政府中层的初级职位。而且，这种任命资格极为严格，要论资排辈。因此，通常没有多少偏好的空间。[57]然而，在嘉庆皇帝的指导下，在他统治的大约最后十年，这种政策也戏剧性地发生了逆转。此时，每年越来越多的翰林官开始担任各地御史和县官，这些地方官员主导着省府的重要中层职位，并且从这种中层职位迅速升迁为仅次于地方行政长官的最高监察官员。[58]

在积少成多的过程中，一些明白无误的迹象开始浮现出来，即这些新官职的委派要经过与高级官员内集团的秘密磋商，包括在北京任职的蒋攸铦和几个其他北方朋党的门生。[59]我们还不清楚促使年老的嘉庆皇帝赞同选官行为私人化的确切想法到底是什么，因为从未公开表明官员委派政策实际上转向支持文人。然而，似乎非常清晰的是，人员评估体系内的去规则化和省以下官员委派程序的私人化之间存在紧密联系。随着督抚们的酌处特权越来越大，皇帝也许也慢慢接受了担任中等官职的官员的素质将不可避免地对官员体系的正常运转发挥极其重要的作用——正如 1813 年末蒋攸铦向皇帝奏明的那样，因为此时御史和县官将填充评估体系的真空，而正规审查规制的简化制造了这种真空。[60]为了满足这种新的必要性，1813 年后嘉庆皇帝似乎在批准被提名者担任这些极其重要的职务之前要先咨询他的文人顾问。在某一时刻，疲惫的皇帝甚至公开听总督蒋攸铦讲朝廷支持选官体系内部存在许多私人化影响的合理性。根据蒋攸铦的观点，这样的安排至少不要与传统上贬义的"党援"混淆。更确切地说，应该理解为"协恭"，正如蒋攸铦所言，用以确保"择其名实相副者递加超擢，使之分布中外，以收连茹汇征相观而善之益"[61]。在 1813 年以后，清朝似乎甚至将诸如假定文人朋党道德堕落这样一直信奉的信条都抛到九霄云外。

回到宣南诗社,有很多证据将 1814 年该诗社的诞生和蒋攸铦作为南城官职分配体系权威的影响不断扩大联系起来。就事实而言,蒋攸铦成为该体系的无形权威,与翁方纲其他两位门生同时被提拔为高官相关,一位是英和(1771—1839),另一位是曹振镛(1755—1835)。[62] 1813 年末,在北京各部全面改革的过程中,英和和曹振镛都得到重用,曹振镛升任内阁学士。紧随着蒋攸铦升任地方总督之后,英和和曹振镛同在京城担任高官,他们此时形成了一个非比寻常的权力联盟,一位资深文臣(翁方纲)的弟子门生此刻同时在朝廷和地方官僚机构中扮演强大的恩庇角色。由于皇帝本人此时非常想要绕过常规的提拔程序,因此文人网络的构建及其在选官过程中提升影响力的时机是最好不过的。

人们很可能会得出结论,1814 年末宣南诗社的成立,正是为了利用这些机会。更明确的是,宣南诗社成立的目的一定是使京城翁方纲的众多弟子的社会联系系统化,翁氏门生一方面包括 9 位南城官员和翰林中的 5 位,他们事实上从宣南诗社成立伊始便加入了该诗社,另一方面还包括 3 位高官(蒋攸铦、曹振镛和英和),当皇帝决定晋升和调任地方大员时,他们显然参与皇帝的内部讨论。在宣南诗社成立时,翁方纲本人仍然健在,他大概是被效忠的焦点。[63] 可是,我们可以推断,宣南诗社的真正意图是,赋予新的北方朋党门生网络以永久的形态,这种门生网络此时牢牢地盘踞在权力中心。实际上,宣南诗社是这几个因翁方纲的门生脉络而联系在一起的文人搜集青年才俊情况和评价信息的处所,这几个文人是:在广东任职的蒋攸铦,在宫廷任职的英和和曹振镛,身处南城的翁方纲的门生陈用光和吴嵩梁。翁方纲的门生网络使用习俗化的文人交往媒介,诸如题在画作上的赞扬诗句,或者在友人诗集上献辞,在纯文学活动的外衣下,试图知悉更多前途无量的可担任各省官职的南城人选。[64] 于是,宣南诗社的文人处于令人羡慕的位置,享有进入地方大员任官体系内圈的特权。因此,毫无疑问的是,他们显然要依靠帝国官僚机构的这一特殊部分,组成一个忠诚的改革派。

作为审美鉴赏家的同业情谊

到目前为止,我们已经强调宣南诗社的网络功能,我们将之视为一种信息的秘密来源,借助翁方纲的门生关系散布被认可的南城人选的功绩,以助他们未来调任到地方行政机构。然而，宣南诗社不只是一种网络。19世纪初，文人的恩庇活动带有一种理想主义色彩是普遍趋势，顺应这一趋势，宣南诗社的领袖们还特别苦心地经营着一套独特的文化模式，以使他们所从事的活动变得理想化。例如，1814年，他们采取"社"或者"审美联谊会"的形式，这与想要设计一种文人通常应该如何相互影响的特定模式密切相关。而且，将崇高的文人友谊传统理想化的这种需要，似乎也解释了诗社领袖们在选择定期会面的日程表和诗歌主题的议程时的那份关注。

提到宣南诗社网络的北京"中心"如何开展活动并使其活动合法化的问题，我们可以厘清至少两种不同层面的具有自我意识的象征意义。

在最明显的层面上，诗社的章程人为地规定了诗社常规集会包括少数几个固定的宾客，这意味着在此聚集的文人是一个封闭的圈子，他们不太喜欢招募新成员。例如，当查阅宣南诗社成立最初几年若干次集会的花名册时，我们发现仅仅邀请了7位"诗人"参加这几次集会。[65] 1824年宣南诗社的纪念册向我们表明，参加集会的人数到那时已经增加到9位。不过，相比之下，这还不是一次重要的集会，大的集会诸如考官们在明时宣南地区南部的江亭宴请其门生。[66]当然，这些信息留给人们的印象是一种远离科甲恩庇关系、政治上不具威胁性的超然态度——事实上，这种印象似乎与宣南关系网本身的非自我繁殖的特性相符。他们有一种超越庸俗的科甲朋党政治的高高在上的优越感，这种观念在当时使宣南诗社有别于"宗派"。

当我们进一步深入探究宣南诗社的典仪时，我们会揭开第二层象征意义——这涉及一个问题，即文人文化本身，而非任一特定的群体，如何在精英政治内部合理地发挥作用。要想解决这个问题，我们仍要分析特殊的历史人物，而不是直接陈述。不过，选择诗社成员们崇拜的文人英雄，似乎非常自然地联系到乾隆朝北方朋党士人所信奉的学术价值观和个人价值观。这些价值观是合法性的第二种来源。让我们看看是否能发现它到底是什么。

实际上，只有4位文人是宣南诗社经常崇拜或者集体膜拜的偶像。第一位是汉朝士大夫郑玄（127—200），他在清朝被广泛推崇为考据学的创始人。根据一些不同的资料，宣南诗社最初的7位成员之一胡承珙（1776—1832）传授他的诗社弟子，按照习俗，每年夏季要庆祝这位学术巨擘被假定的八月初的诞辰。[67]然而，庆生的目的与其说是使宣南诗社与汉朝的文人文化具体联系起来，倒不如说是使之与18世纪晚期兴盛起来的学术潮流（间接追溯到郑玄）联系起来，这是受翁方纲、纪昀和乾隆皇帝统治后期活跃在朝堂上的其他北方官员的影响。[68]官修《四库全书》和乾隆皇帝从事的其他同样宏大的著述计划和鉴赏活动，促使诸如语源学、古文书学和音韵学等考据学——共同被称为汉学——在这一较早的时期逐渐流行起来。因此，在向郑玄致敬时，宣南诗社的成员们实际上自称为翁方纲及其乾隆朝后期官方考据学家朋友圈的继承者。人们一定会想到，要珍惜这种认同，因为翁方纲及其北方同僚经过和珅一手遮天的漫长岁月后作为"忠诚"派出现，换言之，成为郑玄和汉学的信徒，就拥有荣誉和刚直。

宣南诗社所尊崇的另外三位文人的甄选，也体现了与乾隆朝后期文人反对派所享有的品位和价值观的共鸣：苏东坡（1037—1101），他的诞辰（恰好在春节前）是宣南诗社的另一次重大集会；清朝初年两位才高八斗的诗人朱彝尊（1629—1700）和王士禛（1634—1711），他们的诗集为诗社的许多诗作唱酬提供了主题。无论如何，这三位人物也是翁方纲的偶像——尽管使他们充满魅力的价值观也许与审美的关联比与学术的关联更多。例如，翁方纲的一间书屋就根据苏东坡的姓氏命名为苏斋，而王士禛和朱彝尊在翁方纲的成长过程中是其"博学"或者新古典主义风格诗作的榜样。[69]然而，也许比翁方纲的出身更重要的是这三位人物所表现出的独特人格。我们不禁注意到苏东坡、朱彝尊和王士禛似乎都符合同一种模式。这三个人都是博学之士和兼容并蓄者——早期艺术传统和其他学问形式的集大成者，而不只是醉心于某一种传统。简而言之，他们浅尝辄止，就这个词的最佳意义而言，也就是说，就争论具体问题或者推荐事关对错的精准教条时，他们太过博大，太过灵活。[70]

这里的共鸣与其说与乾隆皇帝统治时期宫廷文人的学术传统相关，不如说与其审美和人格理想相关。换句话说，宣南诗社的成员想要通过祭拜这三位诗人和博学之士，认同他们认为乾隆时期文人文化最有价值的特征：冷静、兼容并蓄原则和审美的通用性。然而，从一种政治的（而非审美的）观点看待同一套理想，不会不注意到另一层更微妙的意涵。诚然，它们似乎想要告诉我们，我们确实优秀，是值得拥有权力和认同的少数派。但是，我们的精神追求不是无所事事的争论或者自欺欺人的虚荣。我们是宽容之人，可以相信我们在运用权力时对那些和我们不同的人报以最大限度的同情。[71]于是，宣南诗社的诗人希望他们的文人同伴以这种方式来理解他们。而且凭借这些独特的理想，他们以这种方式找到了政治合法性，而他们需要以政治合法性抵消他们的诗社与"宗派"的消极关联。

政治上的失败

在传统科甲精英政治的苛刻氛围中，妥协派和兼容并蓄派，正如宣南诗社的文人们公开引以为豪的那样，也许不可避免地会在一片骂声中注定要离开历史舞台。诚然，后来在道光皇帝统治（1820—1850）的最后几年中，批判之声已然不绝于耳，纷纷谴责宣南诗社那代士人所秉持的见多识广和冷静态度。在这样一位批评家，即曾经担任按察史的姚莹（具有讽刺意义的是，他在仕途上的升迁得益于宣南诗社的支持）看来，对考据的强调和对早先儒家道德教育传统的贬低，曾是翁方纲学派的标志，却甚至是 1839 年至 1842 年中英鸦片战争期间清朝抵抗失利的原因。

> 窃叹海内学术之敝久矣！自四库馆启之后，当朝大老皆以考博为事，无复有潜心理学者。至有称诵宋元明以来儒者，相与诽笑。是以风俗人心日坏，不知礼义廉耻为何事⋯⋯而不顾国家之大辱，岂非毁讪宋儒诸公之过哉？[72]

诚然，尽管姚莹和其他人后来将北方朋党时代的流逝描绘为其领袖思想衰败的结果，但事实并非如此。例如，在蒋攸铦失势（1830 年）的紧要关头，德高望重的南城文人程恩泽将这一挫折视为心胸狭隘的小官僚对抗理想主义领袖的结果，而不是（正如姚莹后来所讲的那样）过分倾向于妥协的结果。[73] 根据程恩泽的评论，我们得到线索并进而认为，与宣南诗社有关的官员（诸如蒋攸铦）的改革策略所引发的官僚机构内部冲突是宣南诗社消亡的直接诱因。于是，思想衰败应该被理解为失去天恩的结果，而非原因。

因此，我们不得不将关注点再次转向非常复杂的官僚机构内部改革，这也是道光皇帝统治初期政治议程中的一项议题。为了探究这一议题，我们最好先简要地评论一下 19 世纪初期这场帝国官僚机构改革的重大游戏在思想和政治上实际限制所有参与者的因素。当宣南诗社在嘉庆皇帝统治后期变得日益重要之时，清朝官僚领袖们在如何使国家财政收入符合看似无法控制的财政支出水平的问题上，已然角力了将近 20 年。[74] 他们没能取得任何重大突破，在很大程度上，概念世界的极度狭隘解释了这一点，而所有改革计划都诞生于这样的概念世界。清朝行政体系衰落的根本原因——种种问题，诸如人口过剩、经济凋敝、生态恶化、传统乡村经济吸纳劳动力潜力的枯竭——所有这些问题似乎都未被纳入官僚机构的有效行动的范畴。更确切地说，嘉庆和道光皇帝统治时期典型的官僚活动家似乎由于恐惧而达成共识，以免这些特别棘手的难题使管理精英们陷入绝望，他们往往专注于似乎可能缩减开支的官僚机构内的问题领域。中国历史上这一时期的官僚机构改革家们模糊地认识到国家官僚机构本身过度扩展，因此他们从未认真地探讨过这样一种可能性，即可能需要更多而非更少的政府监管。[75]

19世纪初期清朝政治家们在奋力维系摇摇欲坠的帝国官僚机构时，除了受这些一般概念上的局限，还受其他不太被普遍接受的政治局限；宣南诗社的改革家们正是在应对这些局限的过程中，最终遭遇到了失败。

本质上，这些局限都可被理解为源自国家为了确保中央政府的利益而努力维持政府体系内微妙的权力平衡。这也许是王朝政治长期存在的问题，只是在清朝后期，还要加上满人精英作为官僚消费阶层不对称地聚集在中央层面。在清廷的统治下，北京及其周边地区是几十万几近闲适的满人官员、领俸者和士兵的家园，他们的生计完全或者部分地依靠别人供给谷物和银两，而各省官员的工作则更加辛苦。因而，如何保护"满人朝廷—地方当权派"的利益逐渐发展成一个对清朝统治者来说特别棘手的问题。[76]

为了防止帝国其他权力中心阴谋破坏的危险，清王朝延续着并改进了一套复杂的制度安排，这种制度安排在省级行政机构内提供监察权力的微妙平衡。常规的地方官僚机构在固定的地理单元内履行职责，与这一系统垂直相交的是三个直接向朝廷奏报、功能各异的监管系统。它们分别是漕粮管理系统（负责征收和向北京运送贡粮）、河道管理系统（负责黄河以及大运河交汇部分的维护，漕粮经由这些河道运送）、盐引管理系统（负责向专营盐业的批发商征收盐税，这些盐商凭盐引将官办盐厂生产的盐沿着海岸向内陆地区行销）。[77]

所有这三大系统都需要跨省协作。可是，这也许并非其独立于地方行政系统而持续存在的最根本原因。更重要的一点是，它们所提供的服务对中央而言具有重要的战略利益，因此被认为太过重要，以致无法完全委托给不受约束的地方大员。就漕粮和水路系统而言，情况显然如此，漕粮和水路系统往往需要财政支持，以运输为导向（而非以防洪为导向），这显然与资金短缺、受洪水危害的地方官僚机构的利益相冲突。关于盐政，也是如此，监管盐业的收入往往要满足帝国的需要（诸如战役或者主要河流的管控工程），而非地方的需要，恰恰是盐引管理系统的存在使得组织严密的走私盐贩过上了富足的生活——由于他们不断从事各种各样的犯罪活动，而且惯常卷入反叛运动，因此他们对中国各地的地方行政官员而言是祸害。[78]

很自然，当政府的几乎所有领域的管理负担过重、压力过大时，这种社会和经济代价较大的管理权分配方式容易招致严厉的批判。结果是一系列建议部分或者完全废除所有三个充满问题的管理系统——或者将它们的任务再次分配给常规的地方行政机构，或者（更富戏剧性的是）全部废除它们，全面重建北京政府为征收漕粮和盐税所设计的制度安排。[79]但是在这里，朝廷会特别抗拒变革——在这种情况下似乎如此，因为没有哪个清朝皇帝想把不受约束地掌控这些重要差事的权力给予一条植根于地方省府的指挥链。

另外，嘉庆和道光皇帝统治时期具有改革意识的官僚拥有若干选择，限制这些选择的不全是概念上的因素。政治考量也值得探究。哪里存在政治考量，哪里就存在相当大的分歧。在宣南诗社关系网衰落的过程中，最终有多少分歧出现，是我们现在必须转向讨论的论题。

这一冲突最终导致蒋攸铦被免职，而且还削弱了宣南诗社成员的集体影响力，冲突的焦点是宣南诗社的成员们秘密采取了一项旨在全面或者部分废除监管系统的计划，以便减轻南方各省地方官吏所承受的负担。在19世纪20年代中期和后期的短短几年时间里，一群宣南诗社的成员平步青云，实际控制着江南和江北税收大省的所有官职。然而，雄心勃勃的文人改革家一旦掌握这些权力，便不满足于仅限于人员的改革——北京政府将他们调任到那，授权他们进行人事管理。[80]另外，蒋攸铦和他的同僚越来越主张废除负责通过人工河道向京城运送漕粮的庞大而浪费的监管官僚机构，以有效运用官僚人才和资金获得更显著的收益。凭借他们的官职，他们提议以常规地方大员掌控的私营海运系统取代漕运，减少延误及水路维护费用，节省政府未曾透露过的花费。

推动这种变革已经远远超出了督抚们的能力所及。然而，甚至更冒险的是，改革家采取秘密的、几近阴险的方法实施这个大胆的想法。蒋攸铦和两江（江苏、安徽和江西）官僚机构中的盟友清楚地知道，直接请求皇帝授权推行这些变革是行不通的，于是他们转而以行使通常赋予地方高级官员的支配权为掩饰，偷偷地实现着这些想法。不难理解，当他们的计划不幸暴露时，道光皇帝越来越不信任他们。因此，蒋攸铦和宣南诗社关系网在任官体系的影响力迅速衰减，宣南诗社作为文人集体行动工具的政治前景也随之消亡。

关于蒋攸铦一派如何尝试展开如此雄心勃勃的行动，是一个特别复杂的故事，难以全面叙述。无论如何，也许最重要的诱因是，1820年底新登基的道光皇帝痛下决心，即使呈送北京的奏折继续奏明全部库存银两，他仍要彻底根除迅速增多的将地方政府财政收入中饱私囊的非法行径。尽管大学士英和努力说服新皇帝相信税收不足才是基本问题，但道光皇帝最终还是被蒋攸铦和时任两江总督的孙玉庭说服，认为不可能再增加税收，只有从下层加强管理才能解决问题。然而，一旦道光皇帝准许地方管理自主权的进一步拓展，他不得不聚集最有才干、最忠诚，也是最信得过的中层管理人才，在财政风险较高的江南和其他省份担任高官。伴随着人才的聚集，宣南诗社在两江地方行政机构中的影响不可避免地与日俱增，直到大约1825年，宣南诗社的成员或与他们亲近的翰林师友实际上控制了地方官僚层级的所有关键职位。[81]

19世纪20年代后期宣南诗社官僚日益直接影响着江苏和安徽两省的人员设置，这是对抗漕粮和河防监管系统既得权力的直接背景。这两省位于高度商业化、高税收的长江中下游农业区和南北向人工交通要道的十字路口，该地区的余粮经由这些交通要道北上运往京城。道光皇帝命令蒋攸铦及其追随者填补的财政亏空在很大程度上是内陆运输系统管理者将超支转嫁给了地方政府官员的结果。[82]在这种情况下，一边是常规的省级行政机构，另一边是运输、漕粮监管系统，两者之间必然存在冲突。然而，真正的问题是，新的省府领导层在多大程度上愿意冒险反击运输系统的贪腐，这些贪腐榨干了地方政府的财政收入。

不久以后将会显而易见的是，此时在江苏和安徽做出决策的宣南诗社成员确实做得很彻底——事实上，比任何曾经想要采取行动的前辈做得更彻底。[83]到1827年，蒋攸铦及其支持者制定了包括恢复另一种粮食运输方法的策略，这种运输方法是（正如经常发生的那样）内陆河道系统由于重大修缮而不得不关闭时使用的临时方法。以往,在这种情况下,运往京城的粮食采取海运——在清朝,随着上海、天津和东北之间商船贸易的日趋繁荣,漕粮可以很容易地以委托代理的形式临时改用海运,这种权宜之计变得越来越有吸引力。[84]蒋攸铦很快便被其下属说服,这种方法可以固定下来,即使没有征得北京政府的同意。于是,运河在很大程度上显得多余,下一步则是逐步淘汰由12 000艘船只组成的大型运河船队及耗资巨大的船员。此后是将大量缩减政府每年用于维护黄河和淮河的开支,由于需要协调维护和修复漕粮船队每年北上的航道,黄河和淮河的维护历来更加复杂。[85]

至少在清朝官僚政治的历史背景下,这是一个相当大胆的计划。然而,在1826年和1827年的短短几个月中,无论如何,客观形势似乎有助于这一计划的实施——就此而论,同时强调督抚拥有更多裁定权也有助于这一计划。

首先,到1826年,黄河和淮河已然陷入失修的状态,似乎极有可能沦为永久失修,进而使得南北向的河道系统在很大程度上无法再用,不管南方官吏如何看待采取传统的运河运输方案。1824年,政府轻率地尝试修缮大运河和黄河交汇处附近一个重要的支流水库,却严重地破坏了用以维持运输系统正常运行的水利工程布局,这几乎是无法补救的。[86]自那时至1827年年中蒋攸铦南下调任两江总督,重建旧系统因耗资过大而失败,接连三位行政官员因此失去官职。[87]自1825年至1826年,在这些重建尝试中的某一次,朝廷不得不同意使用沿海路线作为权宜之计,代替运河运输。[88]气候是拖延实施的最佳原因(当然,以谨慎的保守主义的名义),同时解决海运过程中出现的种种问题。我们可以预料到,不久北京政府将不得不接受这一新方法为既成事实。就这一点而言,可以开始从制度上清除令人厌恶的监督管理权。

当时,政治条件似乎还是有利的。北方朋党门生关系网或许稍微受到1820年蒋攸铦和英和斗争的影响,但显然依旧强大,足以在筹划据说是暂时的沿海航运实验时推动中央与地方的合作。(事实上,大学士英和受命专门监管北京的漕运事务,因此极大地帮助推动与漕运地方官员的有效协作。)[89]更重要的是,到那时为止,皇帝似乎对中央与地方管理采取非常开明的态度,这是嘉庆皇帝统治最后几年和道光皇帝统治最初几年的特征。蒋攸铦也许有理由认为,他对更大规模重建河道的疑虑将会受到重视。不久以后,海运船队将会成为更可靠的贡粮运输工具。[90]

然而那时，当所有一切似乎都最有希望获得成功时，事态突然开始急转直下。不知何故，1827年夏黄河下游的淤塞竟然暂时疏通了，这纯属偶然，也难以预见，而且在深秋黄河水位创下历史新低，因此仿佛出现奇迹一般，三年来运河源头的水库第一次开闸放水。[91]然而，蒋攸铦及其下属、江苏巡抚陶澍却没有察觉到这一点，依旧执拗地决定继续执行预定的海运计划，直到十一月初四（12月21日），他们才承认没有理由再去执行他们的计划。在商议的最后阶段，谕旨及回复的奏折在江苏和京城两地往来穿梭，日益明显的是，皇帝越来越怀疑改革者的意图。因此，九月初十（10月29日），道光皇帝公然指责蒋攸铦未经授权便试图将海运变成常规机制；此后，九月三十日，当陶澍试图再次为海运计划争辩时，皇帝面叱他与蒋攸铦"结党营私"。[92]

到改革者最终承认海运方案失败之时，他们失去的不仅仅是一个迅速解决拖累江苏地方政府的种种不合理问题的机会[93]，在很大程度上，他们还失去了身为道光皇帝忠臣的信誉。两年多后发生的事件明白无误地表明了这一点，当时蒋攸铦遇到了一次通常看来是非常小的丑闻，据报在江苏北部被抓的一名走私盐贩逍遥法外——而且，蒋攸铦并非亲自负责这件事。[94]结果，他所受的惩罚远远超过他所犯的过错。蒋攸铦不由分说遭到撤职，被迫告老还乡。蒋攸铦感到非常震惊，深以为耻，在几个星期之内病重身亡。就陶澍和程恩泽而言，之所以突然失去天恩，是因为遭到一些朝臣的算计，这些朝臣代表着腐败的漕运体制既得利益者。[95]尽管如此，宣南诗社成员的目标和清廷的目标也存在严重分歧，尤其是应该在多大程度上冒险保全经由内陆运河将漕粮运往京城的传统体制的问题。1827年冬，这些分歧公开爆发，致使宣南诗社的领袖遭遇挫折，他们再也没能从这一挫折中恢复过来。

结果：林则徐的北方开垦计划

尽管蒋攸铦的失势使宣南诗社关系网的政治势力受到削弱，无法修复，但是奋力反击监管系统的帷幕尚未完全落下。这种想法继续占据着某个宣南诗社成员的思想，19世纪30年代，在蒋攸铦退出官场之后，这个人有幸以某种方式脱颖而出，成为这一事业的孤独斗士——一位诸葛亮式的人物，正如他自己所说的那样。这个人就是林则徐，任江苏巡抚近十年，他还是权力从宣南诗社转向春禊派的过程中一位至关重要的中间人,春禊派的后继者是文人行动主义的领袖。[96]

最终,林则徐的计划同样成为泡影。不过,这第二次失败的结果远比第一次失败重要得多。无论是因为在 1827 年他们受挫时林则徐比他的宣南诗社社友们更年轻、更有活力[97],还是因为 19 世纪 30 年代中期的政治环境更沉闷、更令人绝望,林则徐没有听天由命地接受失败。相反,他以不愿接受政治边缘化的文官历来采取的方式——也就是,政治冒险——加以抵抗。林则徐后来不顾一切地与春禊反对派及其禁烟运动合作,事实上,这似乎源自他在仕途中期对挫折的体味,以及对重新削减政府开支的热望。因此,我们简要地叙述 19 世纪 30 年代林则徐一人为建立更为经济的供给系统而继续战斗的情况,以此作为本章的结语,也许是适宜的。

1832 年初林则徐升任江苏巡抚后不久,便开始忙于解散河运漕粮船队的计划,他所使用的方法比 1827 年尝试的那些方法更为渐进、更少争议。[98] 当然,林则徐的想法比转为采用海运漕粮体制的想法更牵强。然而,相对于早期计划而言,林则徐的想法要有很大的政治优势,改革的推行不会给京城的平稳供给造成任何威胁。毋庸置疑,这就是为什么它如此吸引林则徐的原因。

林则徐并未抨击河运漕粮体制在运输线路南端造成的挥霍无度,相反,他建议在北方——事实上,在北京郊区附近——开辟全新的粮源,再将粮食运往京城。很多历史文献充分表明,以往灌溉农业甚至在干燥、少雨的华北平原上都曾推行过,华北平原恰是京城所在之地。[99] 他的官衙所在地苏州的两位士人(顺便提及,其中之一是宣南诗社的活动家潘曾沂)从事这项工作,林则徐委托他们将这些文献编撰成长篇建议书,这篇建议书完成于 1836 年的某个时候。[100] 我们知道 1837 年初林则徐任职期满,离开江苏,北上赴任湖广总督,按照惯例所有地方大员调任之时准予进京觐见,这篇精心阐述的文章似乎打算在进京觐见之际呈奏皇帝。[101] 此外,从内容来看,林则徐显然考虑过说服皇帝同意在北京东南面的沼泽地实行开垦稻田试验的可能性。如果第一次试验成功,那么政府投给垦荒佃农的钱款将通过赋税得到补偿,并再投入到第二轮的开垦之中,如此继续下去,直到灌溉农田面积大到足以确保本地的粮食供应,数量相当于历来从长江流域各省征纳调运的数量。每一轮,本地税粮新增的数量就是现行南方贡粮限额减少的数量。如此,在不让京城的粮食供应冒丝毫风险的情况下，以一种缓慢而有序的方式削弱充斥着贪污腐败的运输监管系统。[102]

那么，这就是另一次也是最后一次尝试从内部进行改革的总体规划。这一次比第一次更谨慎，以期适应清朝的政治现实，而且仅在北方政权的严密控制之下以缓慢的节奏削弱棘手的河运漕粮体制。[103]然而，甚至这一深思熟虑的折中方案都无法像林则徐曾经预期的那样直达天听。由于满人权贵、直隶总督琦善的游说，琦善显然担心监管系统的裁员会使他失去职务，也许还会失去庇护，1837年林则徐进京面圣期间，他甚至没能向皇帝上奏这一提议。[104]

关于这个问题，我们将从林则徐那里了解到更多细节，但至少在目前，结论似乎非常清楚。曾经激励宣南诗社年轻文人的希望，地方政府体系的官位和权力能够转化成积极结果的信念，此时都是黄粱一梦。现在是探寻文人政治行动新模式的时候了。

第二章
春禊派的兴起

显然，甚至在1827年和1837年失败发生之前，宣南诗社对南城先锋派的吸引力已经开始衰减。[1]仅在1827年失败后的一到两年时间内，一个新的文人派别开始在京城酝酿。1829年以降，这个文人派别每年都在京城举办湛春集，因此其声誉逐步确立。新的春禊派继宣南诗社之后成为文人政治诉求的代表，但在精神上春禊派与宣南诗社完全不同，春禊派从一开始就定位为一个道德上的反对派，满腔热情地坦言钦佩晚明的东林党。19世纪30年代后期，当清朝遭遇第一个"现代"外交和军事危机时，这一更为激进的文人政治理想仍然占据优势，并且深深地影响着政府如何应对危机。按照顺序，我们先来详细地考察这一理想是如何逐步普及的。因此，在本章中，我们的研究旨趣在于，考察政治环境的变化，正是政治环境的变化使得这一立场看似可行、合理，以及探究将要成为其代言人的那些人的自我认知。

在1823年至1824年的那个冬季过后不久，宣南诗社的北京分支完全停止集会。我们仔细地查找了19世纪20年代南城科甲精英残存的文集，却没有找到那时之后曾为苏东坡庆生——宣南诗社仪式活动的独特标志——的7或9位士人中任何几位继续定期集会的记录。[2]在清朝的政治体制内，文人结社史的下一段插曲始于1829年春，当时24位文人受邀参加首次在北京南城（汉人聚居地）陶然亭举办的一系列所谓春禊宴的宴请。此次集会的主人是两位翰林院编修徐宝善（1820年中式后进入翰林院）和黄爵滋（1823年中式后进入翰林院）。直到1838年底黄爵滋离开京城，这两位文人继续定期举办每年一度的春禊宴，以及其他规模稍小一点的仲夏及晚秋集会。[3]

现在，我们转向探讨通过这些活动将参与者凝聚起来的种种关系的范围。我们应该厘清其在个人联系和文学价值观方面与宣南诗社的某些基本连续性。然而，它与宣南诗社的差别似乎更加惊人，我们的分析将主要围绕这些差别。与宣南诗社不同，春禊派从一开始便打算参与科甲精英外围的政治行动，并在刚刚旅居于京城的举人中招募成员。对这些人而言，徐宝善和黄爵滋的关系网有助于提供在京城某些重要的考官兼政治家的沙龙中扬名的途径，在这些考官中，特别是大学士潘世恩。因此，19世纪30年代重建的这一文人政治关系网虽然衍生自宣南诗社，但与其先辈宣南诗社不同的是，它试图在科举制的录取过程（recruitment process）中构建权力，可以说，这是一次复兴晚明政治风格的直接倒退。

与宣南诗社的第二个差别是，这一新网络与北京的一位前途无量、雄心勃勃的资深政治家潘世恩（1793年中式后进入翰林院）的命运紧密相关，19世纪30年代初期，潘世恩在京城的官僚机构内争夺权力。作为这种关联的结果，黄徐派将在很大程度上沦为高层派系政治的工具，尽管黄徐派还远远不止于此。这里，我们再一次暂且不论宣南诗社文人的精神世界，宣南诗社的文人致力于从资深同伴的成功中找寻获益的路径，而非公开寻求扩大那种成功。

与宣南诗社的第三个差别来自意识形态领域。在新派别的审美和哲学话语中，我们发现其文学风格和品位方式比北方朋党的影响日益衰减的那些年盛行的要更强硬、学术性更强。嘉庆皇帝统治后期文人思想世界中普遍蔓延的兼容并蓄原则开始被条理清晰的教条所取代，这些教条的基础恰好是一种独特的审美和文学批判主义，即所谓的桐城学派。因而，与转向科举政治同步的是，19世纪30年代有影响力的文人领袖还从事第三种活动，这种活动容易令人想起晚明时期的高压政治，那就是儒家哲学清流运动。

最后，对文人是政府行为的批评者而非参与者这一观点的评价似乎更为积极。宣南诗社成员将省级行政机构视为其行动主义的逻辑范畴，与宣南诗社成员不同，其后继者春禊派更喜欢扮演官僚机构批评者的角色。与观点上的转变相适应，他们试图凭借他们在监察机构的个人关系，作为反对派施加影响。当然，这也是朝向晚明政治的倒退，是与宣南诗社一代的第四个差别，宣南诗社的风格则更为温和。那么，这些变化是如何产生的呢？

作为个人网络

我们可以通过分析凝聚几位春禊派创始人的非正式的结社模式，更好地了解19世纪20年代后期文人政治参与转向更富挑战性的目标的原因。与宣南诗社前辈非常不同的是，这些人并非因为都与德高望重的座师有关联才开始彼此接触（除了一两个例外）。更确切地说，主导模式是在对失败、不认可或者仕途彻底中断的反应过程中发展出来友好关系。不可否认，1829年在春禊派的羽翼下汇集起来的各种非正式的友好关系之间存在着经验和情绪方面的重要差异。不过，所有这些群体似乎都有着一种共同的感受，因为参与者全都官场失意，都没能得到他们曾经想要得到的仕途通达。面对失望或者适应突然变得冷漠的世事——这似乎就是他们在友谊理想中最经常谈论的主题，使这特殊的一代活动家凸显出来。

这一新派别基本上依靠私人友谊发展壮大，在私人友谊范畴的更趋保守的上端，是三位或许四位翰林由于过早秉持嘉庆皇帝统治时期的审美和文学研究风格而结成的一个小派系。徐宝善是四位文人中最年长的一位，是18世纪后期官员徐鏴庆之子，徐鏴庆曾经多年幕属乾隆皇帝统治后期的著名学者、幕主毕沅（1730—1797）。由于其父的言传身教，年轻的徐宝善在模仿清初名流王士禛和朱彝尊的诗作方面很有才华，他有幸参加了宣南诗社成员吴嵩梁的诗会。[4] 这一翰林审美家集团的第二号人物黄爵滋（1793—1853）曾是个神童，他的叔叔黄锡禖（1802年中式后进入翰林院）曾在翁方纲任江西学政期间（1786—1789）师从翁方纲研习诗歌。通过他叔叔的影响和联系，黄爵滋也被引荐到京城名流吴嵩梁的诗友圈，并被吴嵩梁赞誉为南城最前途无量的年轻诗人之一。[5] 我们所熟悉的这群翰林中的第三号人物是李彦彬（1823年中式后进入翰林院），他同样受到北方朋党审美风格的影响，因为他的兄长李彦章（1794—1836）曾是翁方纲最器重的学生之一，也是翁方纲几本诗文集的编者。[6]

有关这些人的私交，我们所知甚少。不过，有关他们的社会活动，我们却有丰富的资料。这些活动似乎始于1826年左右，徐宝善和黄爵滋首次为走访京城的文人和诗人举办诗会。我们还知道，1826年后这两个人和曾燠（1760—1831）一同定期宴集吟咏，曾燠是一位诗人和典籍编者，也是翁方纲的多年至交，此时在京城以京堂候补，他在人生的最后几年时间内继续从事着毕生热爱的诗文创作，同时帮助那些他认为有资格成为诗人的新秀。[7]

是什么原因促使徐宝善和黄爵滋走出北京社会中这一相对安全的角落，登上文人政治的舞台？当然并非有据可查的对他们秉持的审美和诗作传统的幻灭感。相反，动力似乎来自对命运的焦虑，随着曾燠和吴嵩梁即将辞世，他们独特的诗歌风格前途未卜。没有北京诗坛这些元老的帮助，徐宝善、黄爵滋和李彦彬都面临无法参加诗会雅集的惨淡前景，而正是诗会雅集可以使那些有前途的年轻官员获得潜在资深幕主的青睐。当时，对1826年在翰林院庶常馆学习期满的几位文人而言，由于京城社会及政治领域几位元老的重要家族关系逐渐衰落，他们需要在政治领域有所开拓。[8]

此外，无论如何，对于这一小规模的翰林审美家内部集团而言，春禊派最终还将囊括其他三群非正式的朋友，这些人甚至从来没有机会暂时接近徐宝善、黄爵滋和李彦彬这些曾经为人熟知的南城文人领袖。

其中，第一群是长江中游地区士人——包括管同（1780—1831）、梅曾亮（1786—1856）和马沅（生卒年不详）——的小圈子，出于共同的文学偏见，他们与所谓的古文派结盟。古文派在撰写诗歌、散文时强调功利主义和不要墨守成规的价值观，这在乾隆和嘉庆皇帝统治时期显然并不时兴。结果，这三个人经历了诸多挫败之后才在北京立足，仕途后期得到两位出身名门的安徽官员（陶澍和邓廷桢）的救助。[9]因此，这些友人晚年突然得到长期以来颇为向往的认同，1829年至1832年逐渐折返京城。毫不奇怪，他们抵达京城后安顿下来，成为教授晚辈的古文派学者和老师。春禊派的文学领袖正是出自这一老龄化的文学同道组成的小圈子。有理由相信，多年共同的离乡背井，晚年重获文学殊荣，恰恰强化了某种倾向（常常潜存于古文派的思想中），即醉心于复兴辞章，回归简洁质朴的语言。[10]

最终促使若干离经叛道或者桀骜不驯的文人投身春禊派的另一些文人友谊围绕着一位著名的地方小官，那就是姚莹（1785—1852）。和刚才讨论古文派文人时提到的一样，姚莹的人生和仕途也充斥着失败和自我救赎。不过，在姚莹的个案中，需要澄清的是，并非一位士人在京城的文人社会中寻求官职和声望，而是一位具有理想主义情愫的地方官员决心以一份报酬微薄而却充满危险的工作卧薪尝胆，直到终有一天获得认同。毫无疑问，19世纪初期的中国有很多士大夫都怀揣着同样的梦想。可是，姚莹不只是一位颇具远见的小官，他还是一位相当自信的文学家，因为他和桐城派——推动清朝古文运动的主要流派——有着血缘关系和师承关系。（姚莹是"桐城三祖"之一姚鼐[1732—1815]的侄孙。）[11]他决定在县官任上献身于他的仕途理想，因此拒绝了其他选择。例如，1808年（那年他考中进士），23岁的姚莹执拗地拒绝为了增加入选翰林院的机会而去拜访他叔祖的门生、宣南诗社成员陈用光。[12]结果，他没有进入翰林院，只被列入县官的候选名单，最终于1816

年出任福建平和县知县。[13]

在未来的五年时间里，他在福建和台湾担任了一系列低级官吏。这段仕途经历由于突然遭到免职而终结，至于姚莹被免职的原因，表面上是因为他误判了一起诉讼案，但（根据姚莹自己的观点）实际上是因为他招致心胸狭隘的上级官员的恼怒和嫉妒。[14]此后十年，姚莹在福建厦门与台湾合署而成的台厦道下设的一府三县从事幕府工作，勉强维持生计。[15]

无论如何，任职之余，姚莹设法两次北上京城（1825年至1827年，1830年至1831年），希望能够官复原职。1831年，他的执着终获回报，京城里赏识他的人想方设法帮他谋得江苏北部地区一个负责水灾救助的文职。在江苏，姚莹终于获得高官的力荐，这是一个地方官想要高升所必需的。因此，他得以迅速升迁。到1836年，在他50岁时，他被提拔为扬州盐运使。此后仅仅两年时间内，他受到举荐，擢升台湾兵备道，这是台湾的要职。[16]再一次，坚定不移地坚守原则赢得了回报，并以某种方式催生出一种非常特殊的自尊感，那是作为志向高远的官员的道德楷模的自尊感。[17]

我们在这里之所以对姚莹的漫漫仕途感兴趣，主要是因为在这一过程中他身边聚集的那群朋友、仰慕者、幕僚及追随者。正如我们已经指出的那样，姚莹不只是一位宦海沉浮的小官吏，他还是一位热衷古文运动的文学家。文学家对文友和名望有着无法消除的渴望，姚莹在仕途上不厌其烦地帮助许多艰苦奋斗的儒士，诸如桐城派学者方东树、福建闲散士大夫郑开禧和扬州附近一些颇有前途的当地文人——19世纪30年代，他们都追随姚莹加入春禊派，常常是各省的联系人。[18]

到此时为止，从春禊派的发展史来看，姚莹最重要的发现是一位特别年轻的福建诗人张际亮（1799—1843），19世纪20年代初期，姚莹在福州见到张际亮。[19]事实上，从他们相遇的那一刻开始，这两个人便视彼此为志趣相投的朋友；尽管这也许与其共同的文学品位相关（和姚莹一样，张际亮一开始也是古文派的天才），但真正重要的因素似乎是彼此在精神上的认同，小觑政治失意，希望自己的主张最终赢得赞赏。[20]例如，1823年，在写给张际亮的一封信中，姚莹称赞他的新幕僚是一位才华横溢之人："足下之才可以奇矣，而未致其极。""子之穷，"他继续写道，"天殆以资子也。"[21]有人猜测，姚莹对张际亮的印象也相当接近于姚莹的自我认知，这将某种难得的亲密感注入他们的关系中，众所周知，只有诗歌的自我意象完全相符的人才会这般亲密。因此，毫不奇怪，我们发现姚莹费了九牛二虎之力举荐张际亮赴北京上流社会的诗宴，他先让陈用光注意到张际亮的诗作，然后随着陈用光的诗友越来越关注这位来自福建的不同寻常的青年，1826 年和 1827 年姚莹带着张际亮遍访京城。[22]

步入北京的社交圈后，张际亮不失时机地展示着姚莹相当看重的古怪。首先，他在曾燠为他举办的宴席上公开嘲笑这位诗人显宦；其次，在德高望重的主考官们显然都不想与这样的狂士打交道后，他隐居到北京西山的一座寺庙之中。[23]

然而，一个人虽然在科举考试中落第，但却由此诗名大振，这的确一点也不稀奇。而且，显然是张际亮的挑衅行为使他声名鹊起。到了 1828 年，他迅速成为京城年轻诗人们品位的新标准。在随后的几年中，其独特的情绪化、直率的，也许甚至是原始的诗歌表达方式成为春禊派文人的典范。[24]

在姚莹及其周围不随主流的仰慕者中，我们找到第四群最终与春禊派联合的反叛文人。似乎最好用汉学怪才描述这群文人。他们包括四位或许更多位中年文人，尽管他们在年轻时熟读诗书，汉学精湛，声名远扬，但是他们冲动的个性难以符合通常与那种学术传统相配套的宽容、怀疑、不专横的价值标准。在担任内阁中书舍人的漫长而徒劳的过程中，这些桀骜不驯的士人成为至交，他们给南城同伴留下的印象也许是，太过于野心勃勃地想要运用他们所掌握的学术模式。然而，也许恰恰出于这个原因，他们在春禊派的形成过程中将会受到苦苦反对考据的桐城派士人的热烈欢迎。因为还有什么比在内部挑起一场功利主义的哗变这一事实更能证明纯博学的退化？

在汉学怪才的朋党中，两位年长的奇才有着世袭的家学渊源（正如汉学博闻广识之士的通常情况），另外两位却是自学成材的晚生。龚自珍（1792—1841）和汪喜孙（1786—1847）属于前一类。龚自珍出身于士大夫家庭，植根于复杂的江南文化核心。凭借其父在北京的几次任职机会，龚自珍很早便精通古文字学，稍晚些时候，在其外祖父、著名汉学家段玉裁（1735—1815）的教导下，他还精通语源学。然而，成年后，他运气不佳，屡次会试落第。他将之归咎于大学士曹振镛在学术上一味地"因循守旧"。此后，对声望的追求促使他逐渐转向创作针砭时弊的诗歌和篇幅短小、令人叹服的准学术杂文——诸如他于 1820 年和 1829 年撰写的著名作品，力主将省级行政机构向西延伸到新疆要塞。[25] 同样，汪喜孙或多或少承袭家学，博览群书，他的父亲是著名的目录学家和历史地理学家汪中（1745—1794）。不过，汪喜孙的学术性格也有另一面，起初表现为年轻时醉心诗歌，后来则日益关注当时令清政府头痛不已的财政改革问题。到了 19 世纪 30 年代初期，汪喜孙撰写的有关清帝国如何重建农业基础的精练却往往不切实际的短文在京城中广为流传，成为新兴的反对派运动的宣言。[26]

魏源（1794—1858）和端木国瑚（1773—1837）——另外两位汉学的离经叛道者——所走的方向正好相反，也就是从文学到汉学。然而，他们想将他们在京城发现（和掌握）的沉闷的学术传统，发展成为某种更为重要、更令人信服的信条，这种愿望并未因为他们的姗姗来迟而有所减弱。魏源最初是一位卓越的诗人，在北京研习时，开始热衷于古典文献。不过，他从此很快转向他最终的选择，成为一位元（1279—1368）和清制度史专家。当然，选择这个研究领域的意义在于以古喻今，因为元朝时期和清朝中期是帝国军队取得的军事胜利达到顶峰的时代，与当时政府军事贫弱的情况形成鲜明对比（对魏源而言，这是令人哀伤的事）。[27] 和魏源一样，端木国瑚也在年轻时就成为著名的诗人，此后在幕主阮元*的影响下专攻文献学。然而，到了晚年，他的兴趣再次发生改变，这次转向热衷于古文派散文，在学术旅行之外，钻研《易经》。[28]

与这一汉学研究派别突破传统的特性相一致，古文派通过以个性相吸而非学识相近为基础的个人联系，最终融入规模更大的春禊派。将这一派别与黄爵滋一派联系起来的文人是黄爵滋的至交汤鹏（1801—1844）和姚莹，这两位虽对四派的学术追求都没有特殊的喜好，但却都钦佩他们个性中的"英雄主义情结"。[29] 姚莹于 1826 年北上京城，这是他若干次试图官复原职的第一次，当时他似乎初步介绍了双方。[30] 可是，姚莹并非热衷于考据之人，正如他告诉我们的那样，其实恰恰是这群士人的"离经叛道"使他们似乎有资格做他的朋友。无论如何，这点本身就很有意思。因为这再次提醒我们，春禊派文人之间此时盛行的戏剧般友谊理想和宣南诗社成员曾经展示的更简约、更具仿效性、更正统的友谊模式之间存在多么大的差距。南城文人之间的模式显然处于不断变化之中。现在，让我们来解读一下如此极富差异的文人情谊概念为何能够扎根于 19 世纪 30 年代初期的政治领域。

作为一个政治派别

在分析春禊派的演进时，我们将春禊派描绘成过时的文人学术群体和友

---

* 阮元时任浙江学政。——译者注

好群体的大杂烩，穿插着仕途失意的体验和突破常规的共同倾向。现在，我们要继续探究这一最初特别松散的社会网络逐渐承载的政治功能，此时我们立即面临一种明显的反常现象。到目前为止，我们所观察到的清朝精英政治的标准环境乍看起来似乎不利于如此一群持不同政见、性格过于极端的人干涉有序的政治活动。因为不只是政治体制对文人的政治活动格外难容，而且，政治体制还特别敌视以理论分歧或者道德优越感为基础的结盟。然而，这里有一群具有反叛精神的文人，他们坦率地否定了18世纪精英文化的自我怀疑精神，将"具有英雄主义情结的人"想象为适合文人效法的典范。我们问，这样的派别如何能够维护自己的政治权益，而不用担心自取灭亡？

为了尝试解释这一明显的反常现象，厘清春禊派文人政治家所追求的政治目标的性质，我们在此关注19世纪30年代精英政治舞台上两件特别与众不同的事。第一件是朝堂上的权力之争，这是由道光皇帝器重的汉族官员、首席军机大臣曹振镛（死于1835年）年迈即将致仕所引发的。早在1828年，潘世恩作为两位竞争曹振镛之位的汉族大臣之一，开始寻求新兴的春禊派领袖的支持，作为考官尽力提携他们向他推荐的考生。19世纪30年代中期，潘世恩公开将春禊派文人的道德抗争引向他的政敌及其幕僚，使他们（主要是阮元）感到困窘，于是潘世恩和春禊派的合作甚至日趋紧密。

第二件有助于解释春禊派持不同政见者如何能够公开组织起来寻求政治权力的事是，华南和华中重要的粮产区长达五年的罕见恶劣天气搅乱了官僚机构的运转。自1830年至1835年，长江流域几乎年年饱受洪灾和旱灾的折磨，违法行为随之增多，社会上匪盗横行，官僚机构似乎完全无法应对。忧心忡忡的皇帝尽力维持对严重腐化的省府官吏的监督，因此他必然有理由宽容甚或鼓励新兴的黄徐派的道德说教，以此作为维系官僚责任感的手段。19世纪30年代初期，这两种政治发展趋势相互强化，有力地推动了春禊派势力的发展壮大。同时，政治发展趋势还激励春禊派领袖参与两种典型的政治活动模式：一种是凭借科举恩庇关系征召各省的士人，另一种是使用这一关系网搜集省级行政机构滥用职权的信息。

无论如何，在这一点上，我们有必要再深入探研这两个政治事件的细节。首先，正如我们已经指出的那样，道光皇帝统治时期为春禊派进入政治领域铺路的发展是，皇帝信任的首席军机大臣曹振镛（1755—1835）逐渐年迈，时任江南考官的政治家潘世恩（我们可以称为"文官"）开始竞争即将腾出的空位。正如我们在讨论宣南诗社的兴起时指出的那样，曹振镛是与翁方纲门生关系网有联系、在1813年起义后突然得势的两位资深高官之一。1814年，他成为内阁学士，1820年任军机大臣，在道光皇帝统治的前十年（1820—1830），他是皇帝处理人事任免问题的心腹谋臣，几乎权倾朝野。[31]

无论如何，这种权力的基础主要在于，曹振镛身为乡试和会试考官所特有的格外丰富的阅历。[32]随着汉人翰林和进士在省级行政机构中扮演越来越重要的角色，皇帝能够倚仗身为考官有着如此丰富阅历的官员对要职的主要竞争者的人品提供可靠的判断。[33]曹振镛非常适合扮演这种角色，然而随着19世纪20年代接近尾声（1825年他庆祝了他的七十大寿），他逐渐年老体衰，显然需要有一位后继者接替他的工作。到了19世纪20年代末，真正的竞争者显然只有两位：阮元（时任云贵总督）和潘世恩（时任礼部尚书和翰林院汉人掌院学士）。[34]在这两者中，由于潘世恩的仕途生涯以北京为基础，因此他在科考阅历方面略微领先。（相反，自1810年以来，阮元仅在省府任职。）1828年，在长期休假后返回京城时，潘世恩正是试图利用这种优势。

潘世恩迅速地组建了一个由他自己控制但思想上由其昔日幕僚黄爵滋为主导的科甲朋党，开始公开筹谋夺取即将腾空的职位。1828年秋，潘世恩利用地方学政*之职，令黄爵滋担任江苏和安徽负责地方科举考试的重要职务。[35]此后，从转年开始，潘世恩首次担任殿试考官，他开始搜集黄爵滋和春禊派其他人对黄爵滋在江南科考中发现的新人才及这些人所擅长的诗词文赋风格的建议。[36]同时，1828年，潘世恩的两个儿子——潘曾绶和潘曾莹，开始常伴在黄爵滋的身边；转年，他们出席了春禊派的第一次雅集。[37]这所有的一切表明，从1828年起，潘世恩决定以考官身份帮助黄爵滋和黄爵滋身边若干持不同政见的文人派系。这些人可以推荐科举制外值得钦佩的诗人和文学家，并提请潘世恩关注他们——如果可能的话，他们将在会试中获得帮助。[38]

1829年至1838年春禊派的雅集记录清楚地表明，潘世恩担任科举考试的考官对春禊派实现政治抱负具有非常重要的意义。表1的右侧两列内容是这些雅集的日期和参加人数。在左数第2列，我标出潘世恩在负责会试的官僚机构中职位的变化，也列出潘世恩的对手（阮元和穆彰阿）参与考试管理

---

* 清代学政为京外高官之一，职掌一省科举和学校。——译者注

工作的情况。正如我们立即发现的那样,1829年、1832年和1836年(包括几位重要的进京参加会试的公车*举子)举办大规模的集会时,潘世恩都是担任最能影响考试结果的职务(也就是说,担任主考官,或者是与德高望重的主考官要好的同考官,正如1829年的情况)。另一方面,当没有考试的时候,或者当潘世恩的对手负责主考的时候,便几乎没有集会,或者如果有的话,集会规模显然也是很小的(如1830年或者1838年的情况)。很难说,春禊派集会的意图是否交流如何让潘世恩关注某位考生考卷的建议。在某些情况下(如1829年和1838年),当集会发生在殿试之前时,这很可能是集会的意图之一。然而,在其他一些情况下(如1832年和1836年),集会发生在潘世恩主考的考试之后,也许反而是为了祝贺中榜者,鼓励落第者,回顾考试中写过的文章和诗歌。不过,无论如何,决定春禊派集会的时间和出席者级别的因素,显然是京城的进士科考及公车举子对赢得潘世恩青睐的关注。

表1　春禊派集会和潘世恩在科举考试中的任职(1829—1838)

	潘世恩的职务	穆彰阿的职务	阮元的职务	春禊派雅集的日期、参加人数(资料来源:*HPSW*)
1829(TK 9)	Pa, C#			3/28　24 6/26　16
1830(TK 10)	(没有考试)			4/9　15 9/19　22
1831(TK 11)	(没有考试)			(没有集会)
1832(TK 12)	Pr	Pr		5/29　24(23位出席)
1833(TK 13)	C#		Pr	(没有集会)
1834(TK 14)	(没有考试)			5/1　16(13位出席)
1835(TK 15)	C	Pr		(没有集会)
1836(TK 16)	Pr		Pa	4/4　42
1837(TK 17)	(没有考试)			(没有集会)
1838(TK 18)	Pa, C	Pr		3/30　(未列出人数) 6/15　(未列出人数)

图例:　#　在这些年中,曹振镛是主考官之一。
　　　　Pr　会试主考官(资料来源:《清秘述闻》)
　　　　Pa　殿试考官(资料来源:《大清宣宗成皇帝实录》)
　　　　C　监试官(资料来源:潘世恩:《思补斋笔记》,6:7b-8a)

---

*　对入京应试举人之俗称。本义为官车。汉以公家车马递送应举之人。后因以"公车"为举人应试之代称,又借以指应试之举子。——译者注

春禊派的领袖们显然依靠潘世恩的恩庇,这相应地提出这样一些问题,即这些人自己觉得应该承担何种义务,以及他们如何讨论他们与那位资深政治家的政治合作。提到这个问题,我们往往要重复有助于德高望重的尚书提拔"才俊"入仕的陈词滥调。然而,根据潘世恩和黄徐派之间的多次书信往来,我们有时会发现另一种张力,这种张力涉及这样一种观点,即黄徐派对科甲人才的提携被视为文人批评官僚疏忽或者放纵的一部分。例如,1828年黄爵滋即将起程前往江南担任考官之际,潘世恩之子潘曾绶恳求黄爵滋要特别留意来自洪水肆虐的江苏北部的文人才俊。在此,年轻的潘曾绶认为:"江淮水浩荡,乌蟾相吐吞。"因此,至关重要的是,来自管理不善的帝国一隅的正直的学术精神应该发挥影响,其抗议的声音或许会受到关注。[39]

倘若这一相同的抗议主题(当时这种主题更多)在春禊派领袖的政治哲学中占据重要地位,那么很明显潘世恩提倡恩庇坦率之人,这种提倡流行起来,而且不久以后成为春禊派公认的意图之一。通过如此的言辞,潘世恩想要笼络文人党羽并掌握官僚管理不善的信息,这和春禊派文人冲动的反官僚心理形成共鸣。简而言之,帮助潘世恩寻觅人才,便是对姚莹需要"撼"世之才的回应。

道光皇帝统治中期,政治环境有背常态的其他影响因素是农业和社会危机。尽管潘世恩有着雄心壮志,但如果没有1830年至1835年这糟糕的五年所造成的管理混乱和帝国恐慌,春禊派是不可能直接将其道德之战推向宗派政治的舞台。在社会更加稳定的情况下,人们可以很容易理解张际亮或者姚莹的堂吉诃德式理想也许由于干涉科举制的运转而招致激烈指摘,使整个群体陷入真正的困境。然而,在饥馑遍野、匪盗横行、省级行政机构显然对态势控制乏力的情况下,皇帝似乎愿意相信他别无选择,只能让官僚自律机制高速运转——即使这意味着要冒险重蹈明朝式宗派政治的覆辙。应对这些情况,徐宝善和黄爵滋促使春禊派更有力地痛斥及铲除地方行政机构的"堕落";1835年末,黄爵滋甚至因为这方面的努力而受到嘉奖和提拔。

在这一系列相当惊险的政治变迁的背后,是特别严重的五年自然灾害,尤其是灾难深重的晚清乡村社会。20世纪60年代中国科学家搜集的湖北省水旱灾害历史资料表明,19世纪30年代这十年迎来了四十年格外反常的气候模式,在这一时期的开始,最糟糕的年头到来了。[40]最近,一位名叫黄建华的台湾学者将1820年至1850年实施饥荒救济的情况做成表格,以此了解这些年粮食收成的变化。黄建华发现，就全国奏报重要自然灾害的频繁程度而言，1832年、1833年和1835年是最多的三年。[41]连年收成微薄将会导致比单独一年收成微薄更为严重的粮食短缺，因此似乎足够清楚的是，清朝的乡村社会至少在19世纪30年代的前五年常常在粮食供给方面遭受异常巨大的压力。据奏报，由于长期歉收，有组织的抢粮行为和失业所导致的犯罪或者造反行为急剧增多，毋庸置疑，粮食价格攀升与当时许多人所称的暴力事件攀升之间确实存在联系。[42]

在此，我们关注的与其说是19世纪30年代农业危机所带来的社会结果，不如说是农业危机所带来的政治结果。危机最重要的方面是民政机构特别迟缓和暧昧地应对。官僚机构尽可能地忽视暴力风潮，而民间资料告诉我们，在这段时期，华南和华中的暴力行为达到顶点。官僚机构的回应仅仅是在递交给皇帝的奏折中尽量轻描淡写地陈述动乱的严重性。之所以这样做，首先是因为官僚机构既没有必要的强制手段，也没有必要的经济资源，来采取有效的行动，镇压那些起义者；其次是因为如果据实奏报的话，许多事件所反映出的公然藐视王权有可能会使龙颜大怒，皇帝要逮捕在很大程度上逮不到的"强盗"头子，或者要惩处一些地方官，这些地方官并不比其他地方官更差，却不得不遭到惩罚，杀鸡儆猴。

尽管如此，规避是一种危险的游戏。对许多义愤填膺的地方缙绅及他们在北京的亲友而言，这似乎恰恰促进了社会暴行的专业化及其与民间宗教活动、少数异见派的联合。[43]另一方面，官方的容忍事实上造成更复杂、更大规模的叛乱组织网络，他们越来越可能敢于与政府公开摊牌，于是导致需要派兵镇压，皇帝也会知晓这些事。自1831年至1837年，几乎每年都会爆发起义，显然皇帝每次都会变得更紧张、更不满。[44]与之相应，这种与日俱增的恐惧越来越倾向于鼓励监察机构对官僚机构的批评。1830年，监察御史对不将罪犯绳之以法的官员的弹劾骤增，到30年代末弹劾数量一直史无前例地多，这体现了文人在监督官僚机构的过程中发挥更积极的作用的新趋势。[45]

在本能地反对官僚、政治上杀气腾腾的春禊派文人看来，政府转向鼓励文人有效监督官僚机构必然是好消息。事实上确实如此。例如，1835年，陈方海给黄爵滋（春禊派中首先成为监察御史的两位文人之一）写信，庆祝他荣任一名"言官"，并以惩治地方官僚机构领导层"每个贪官污吏"将惠及帝国广阔疆域的说辞激励他。[46]

也许根据对1833年初徐宝善受罚一事的反应，我们可以最清晰地洞察春禊派对19世纪30年代实行新的自由政策的看法。1832年末，徐宝善和黄爵滋一同被提拔为监察御史，于是春禊派第一次获得进入监察政治舞台的机会。他们被提拔时，朝野对原因不明、看来难以镇压的瑶族民众起义深感忧虑——这场起义于1832年1月始自湘南，因此反对官僚的运动甚嚣尘上。过了春季，政府军队仍旧继续与起义军作战，无凯旋的消息传来，皇帝显然开始变得多疑。4月23日，皇帝派北京的宗室权贵禧恩调查战事。此后，6月20日，京城附近旱灾加重的迹象更使道光皇帝忧心忡忡，他下了罪己诏，为自己没能胜任统治而自责。在中国政治仪式传统中，这种行为相当于鼓励批评统治者及他的高官；事实上，7月6日，当监察御史裘元俊呈上涉及当时国内不靖之处的冗长乏味、在很大程度上毫无价值的奏折时，道光皇帝却表现出少有的热忱。作为回应，道光皇帝紧急颁布诏谕。他声称，要根据"舆情"（当然指的是监察机构）来评判地方官员，要根据地方在这方面做得有多好来评判其上级。[47]

留待解决的问题是监察机构能获许触及多少权力体系。9月中旬，两广总督李鸿宾因在镇压瑶族起义时包庇其士兵消极应战而遭到撤职，这证实皇帝越来越不想包庇高官们了。一个月后，湖南一批前任和现任高官也由于没能早些奏报当地的麻烦而受到惩处，似乎所有官员都是理所当然的抨击对象。[48]

然而，话题回到徐宝善和他的春禊派友人们，我们可以想象到上层官僚第一次声名受损使他们兴奋不已。1832年春，张际亮搜集着他能拼凑到的有关瑶族起义的信息，他充满自信地告诉他的朋友，卢坤（湖广总督）和李鸿宾（两广总督）"皆非阔达大度、有深识远虑可依倚之人"。[49]无疑，1833年1月，徐宝善明显相信张际亮是对的。1833年2月1日，再次受到提拔时，徐宝善递交了一份长篇奏折，弹劾镇压瑶族起义期间地方政府的所有实际行为，既涉及李鸿宾（已被撤职），也涉及他的继任者卢坤。据称几乎每个细节都充斥着谎言和虚报。此外，徐宝善还谈到直隶高官的贪腐行为，直隶新近也发生了小规模的起义。[50]

退一步讲，徐宝善的行为是英勇的，因为宗室权贵禧恩刚刚奏明卢坤并未做什么错事，而直隶高官琦善也许是各省官员中最受尊敬的满人官员，也是未来朝廷要员最有力的竞争者。此外，正如不久后将会看到的那样，徐宝善和他的朋友并没有任何具体证据证明他们的弹劾。如果这一点确定的话，那么徐宝善也许会因为捏造谣言及卷入恶意的宗派政治而受到惩处。

然而，不可思议的是，徐宝善首次公然挑战体制的尝试竟然有一个美好的结局（或者说非常接近有个美好的结局）。事实上，道光皇帝最终对这件事情的处理似乎鼓舞春禊派文人相信时代发展趋势有助于他们成为道德卫士。诚然，皇帝的第一次反应很严厉。1833年2月2日，徐宝善不仅被剥夺了所有职务及头衔，而且他的不端行为受到严厉的批评。不过，令人费解的是，四天后道光皇帝改变了原先的决定，恢复了徐宝善在翰林院的任职——事实上，以稍做降级宽恕了他——皇帝还说，如此严厉地惩罚一名"言官"将是一个糟糕的例子。[51]

我们很快会发现，皇帝的最终决定包含着一丝宽容，这旋即成为徐宝善一派热烈庆祝的原因。例如，潘德舆立即给江苏北部地区的家里写信，庆贺徐宝善得到宽恕，并强调刚刚发生的事意义非凡。潘德舆谈到，这件事情令他"跃然而起，喜满颜色，腹中蕴结者耎然解释，如层冰泮于水，积云散于天，清和晖朗，不可言喻"。潘德舆继续说，有这个例子存在，就一定会有许多更勇敢的人大胆地说出自己的看法。如果不那样做，"是言官负朝廷，非朝廷薄言官也"。[52]因此，徐宝善事件可被视为文人反对派的胜利，以及官僚机构遭遇的极大挫折。皇帝受到自己疑心的驱使，与文人的睚眦必报联合起来。徐宝善和他的朋友们知道这一点。

概括起来，政治大局的两种特性推动了19世纪30年代初期春禊派作为一股充满自信的政治力量而兴起。潘世恩是争夺曹振镛的军机大臣一职的竞争者之一，他提供了冒险涉足科举政治所需的手段和政治支援。紧张不安的统治者被19世纪30年代农业危机期间官僚机构的土崩瓦解吓坏了，采取宽容的态度，使得劝谏渠道前所未有地畅通无阻。

1835年末，皇帝采取了异乎寻常的措施，同时提拔了四位特别坦率直言的谏官担任京城官僚机构中颇有声望的职位，这仿佛是提醒着每个人都要看到北京政局的变化。[53]在这四位中，有潘世恩最得意的门生黄爵滋，这时他是春禊派的实际领导人。几乎同时，1835年2月，年迈的曹振镛终于去世，潘世恩担任了垂涎已久的首席军机大臣一职。[54]作为一个特征鲜明的派别，春禊派自诞生以来仅用六年时间，其成员便稳稳地坐上了权力的宝座。

仪式和象征

到此时为止，春禊派在政治价值观上完全背离宣南诗社，我们很难发现两者在自我合法化的仪式或者象征活动方面存在任何前后关系。不过，春禊派的许多仪式似乎有意模仿翁方纲及其弟子在宣南诗社实行的礼仪。他们定期纪念苏东坡的诞辰，这和翁方纲在乾隆时期开启的传统相一致。他们每年夏季还纪念另一位宋朝诗人黄庭坚的诞辰，黄庭坚同样受到翁方纲的效仿。有时，临时情况也仿照清初文人王士禛和朱彝尊——他们也被翁方纲及其门生视为偶像——推广的礼法。[55]

当我们试图解读这些有点令人惊讶的仪式选择时，两层不同的意蕴显现出来。第一层是追寻所谓的模仿或者联想的合理性。如同宣南诗社，在这些情况下，团体仪式的意义似乎衍生自想要恢复颇受尊敬的前辈文人政治集团的惯例。因此，实际上，春禊派文人表面上遵从宣南诗社的礼仪传统，以此希望被视为继承前辈集团所享有的政治合法性的后辈。在这些承袭的仪式中，重点内容的微妙变化揭示了第二层意义：新近对宋朝文学家、政治家欧阳修的崇拜变得重要，而翁方纲及其门生仅仅偶尔才会纪念欧阳修；取消了对汉学先师郑玄的诞辰庆典；特别关注清初文学"大家"的政治（正如纯文学活动所反对的）活动。通过这些变化，春禊派文人似乎有意调整宣南诗社的礼仪传统，以便使之与春禊派自己对古文文学哲学的偏爱相一致，这种文学哲学不喜欢汉学价值观，对明末清初朋党公然操纵科举制度的政治风格比较怀旧。

在自觉仿效宣南诗社传统的过程中，我们也许会注意到，春禊派借以得名的春季雅集活动源自翁方纲晚年倾尽心力的鉴赏热忱。1803年，翁方纲发表了一篇冗长的考据之作，涉及中国早期最著名的一位书法家王羲之（321—379）353年完成、当时已失传的书法作品的各种现存古摹本。[56]最初的作品名为《兰亭宴集序》，是为纪念该书法家和他的一些廷臣朋友组织的一次诗宴雅集。这幅卷轴失传已久，可是在它失传之前，唐初一位皇帝和他的一名朝臣设法将《兰亭序》刻在石头上。此后，这个摹本被用于制造拓本，拓本广发朝廷宠臣，他们再用这些拓本作为模子，制作了他们自己的石刻，再根据这些石刻制作其他仿真度更低的拓本。制作摹本并再版的循环持续到

18世纪,古玩市场事实上有着很多《兰亭序》的摹本。王羲之"真迹"的精妙书法非常珍贵,第一个文人唯美主义伟大时代的魅力非常大,因此寻找真迹几乎成为每位收藏家和藏书家的天职。在乾隆皇帝这位伟大的艺术资助者的支持下,翁方纲于1803年完成的著作似乎集这项研究的大成。他的结论是,最真实的版本是所谓的"定武本",这是根据唐初朝臣欧阳询(547—631)的摹本复制而成的。无论如何,翁方纲显然从未见过原始的版本。[57]

1824年,龚自珍在南城的一间古玩店发现定武本,随后定武本被买下来安放在城外的一座寺庙内,这为黄爵滋一派举办春禊派首次庆典提供了契机。通过这次庆典,他们承袭了翁方纲精湛的鉴赏水平,从而使春禊派表面上继承了北方朋党朝臣受皇帝赞赏的学术热情。[58]

这也存在着现实的考量。恰在4、5月满树花开的季节适合春禊派活动之前,朝廷公示会试第一阶段的结果。不过,毫不奇怪的是,研究者发现,仅有几份资料提到选择仿效兰亭雅集的这一方面。认同翁方纲,以及认同翁方纲所钟爱的审美结社传统,只有这样是安全的。[59]

在重复北方学者做法的过程中,春禊派仪式的其他若干方面也有其意义。例如,黄爵滋和李彦彬似乎在每年的最后几周都在北京举办庆祝苏东坡诞辰的雅集,这和宣南诗社的成员一样(尽管参与者的数量不再固定)。同样,春禊派的仲夏雅集(参见表1)也被有些不准确地描述为纪念黄庭坚的诞辰,黄庭坚是宋朝江西诗人,1788年翁方纲第一次纪念他的诞辰。[60]

春禊派的仪式结构不只是再现颇受敬重的宣南诗社的传统。宣南诗社的汉学儒士曾经断断续续地纪念郑玄,而春禊派却完全没有夏末纪念郑玄的庆典。取而代之的是热衷于纪念宋朝文学家欧阳修(1007—1072),在古代著名学者中,欧阳修的地位主要建基于领导古文复兴运动所确立的声望。[61]

第二个细微变化是,春禊派追思清初文人所采取的方式,这似乎也体现出重要差异。回想宣南诗社的赋诗雅集,对诗人王士禛和朱彝尊的崇拜催生出许多诗作的主题。在某种程度上,19世纪30年代的雅集继续将王士禛作为审美家典范加以崇拜,一些参与者仍然欣赏王士禛的魅力。可是,朱彝尊彻底消失了,徐宝善说朱彝尊只是一个汉学学究。取代朱彝尊的是,新近对康熙朝重要文臣徐乾学(1653—1694)的推崇。[62]

似乎是徐宝善首先唤起春禊派对徐乾学的兴趣,徐宝善是徐乾学的六世孙,他热衷于仿效声名远扬的祖先,将刚从南方来到京城的年轻儒生请到家中。⁶³1826年，徐宝善更进一步凭借散布一幅画开始将他的祖先变成春禊派仿效和仪典崇拜的对象，这幅画描绘的是1694年春他的六世祖在昆山宅邸附近的遂园举行兰亭赏花宴饮。根据这幅画作为春禊派"艺谈"（art talk）雅集的谈资出现的频率，显然1694年徐乾学的诗宴图很快与最初的《兰亭序》拓本共同成为鼓舞春禊派的来源。⁶⁴

然而，为什么是徐乾学？为了回答这一问题，我们要透过画轴中他作为举办宴会的退隐文人的形象，追溯其在北京飞黄腾达之时。致仕之前，徐乾学曾是新一代南方文人小集团的成员，17世纪70年代，康熙皇帝扶持这一派别，将之作为一个科甲朋党，借以平衡北方汉人政治家和满人政治家组成的更资深的朋党。这个南党在历史上发生过的大事是，1679年清廷开博学鸿儒特科，博学鸿儒直接由这一派别中的重要人物举荐，当然包括徐乾学。有些南方文人家族曾经积极参与明朝的朋党政治，在满人入关之初被排除在官僚机构之外，通过这次考试，许多来自这些家族的文人重新成为官僚精英。⁶⁵

我们无须深入探究徐乾学的南党与春禊派文人所从事的政治计划之间的相似点，也就是说，以科举制作为在官僚机构内构建士人关系网的途径。诚然，相似点也许还更为接近，因为黄爵滋和徐宝善有时提到1679年诏试后的宴集是他们自己相似庆典的榜样，他们若干次表示希望说服道光皇帝再开博学鸿儒科，1835年末，他们竟然为了这一钟爱的计划向皇帝请愿（虽然没能成功）。因此，对徐乾学的崇拜，似乎表达了要区别于宣南诗社将清朝初年视为诗人审美家时代的观点，相反转向关注科举政治。在更漫长的清朝历史中，只有这里能够找到皇帝在精英政治中放任明朝风格的前例。⁶⁶

文学和哲学

透过崇拜徐乾学的外在形式，我们看到晚明文人政治的幻象，这为我们转向下一个论题提供了恰当的主题：春禊派内部流行的明朝风格的文学和政治哲学。在本章的前几个部分中，我们谈到徐宝善、黄爵滋一派的大部分政治能量被投入到动员针对"松弛"和"道德懈怠的"省级行政机构的弹劾，还谈到推动这场改革的急躁情绪往往流露出一种倾向，即一旦有了涉足科举政治的机会时便要吸纳"正直的"文人。为了阐释鸦片战争前几十年文人重申政治权力的历史，我们似乎需要探究春禊派政治活动明显带有的那种抗议精神如何影响了19世纪30年代初文人生活的思想向度。

这一时期，文学和哲学观点真正独特的特性日趋明显，这种特性是这些观点倾向于表明"正统"的地位，不接受其他文学品位或者哲学理想。当然，这与北方士人时代思想领域包罗万象的兼容并蓄原则形成对比。在此，笔者认为，对嘉庆皇帝统治时期前辈们更包罗万象的思想习惯的否定，确实是春禊派文人思想的重要问题之一，这也许最好被理解为试图将对反对主义的同样热衷转化成哲学话语，而这种热衷激发着这些士人的政治想象力。诚然，问题转变为理解19世纪30年代初期在南城思想领域日渐重要的这些更难控制的新精神如何认识——或者误解——即将离开历史舞台的那一代文人的思想价值观，以及他们如何使他们对那一代文人的抨击合理化。

再一次，我们先来简要地介绍一些背景。就主题而言，19世纪初期贯穿几乎所有南城审美讨论的核心哲学问题是，如何将提升品位和文学造诣与文人作为公共生活中的活动家所具有的道德优越感关联起来。对风雅的推崇是一种严峻的性格考验，只有最优秀的人才能达到其严苛的标准？或者，风格也许仅仅体现出植根于别处的个人的伟大？就特征而言，宣南诗社的知识分子对这个问题闪烁其词。他们从桐城学派那里借鉴了一种想法，即文风的优雅主要是在写作中避免使用陈腐、杂乱、不能抒发真实情感的元素。只有真诚的人才能或者将把他们自己的文学修养提升到这个程度，因此，在某种意义上，"文字"从属于品德，而品德的培养可以说是要在义理的非审美领域内不断追求的。[67] 与此同时，翁方纲逐步形成了他自己的品位理论，将诗歌和其他文学形式的掌握与从事考据做类比，从而在某种程度上将之归为和汉学一样的塑造理想性格（忍耐、宽容、厌恶教条主义等等）的美德。[68]

这两种观点能够同时存在，这似乎令人感到困惑。然而，在乾嘉时期更宏大的思想背景下，两种观点均受承认的情况实际上是符合逻辑的。对于这些思想家而言，"学"囊括更广泛的领域，自然而然地分为三个独立的范围：考据、义理和文章。在这三者构成的框架内，宣南诗社的兼容并蓄审美哲学体现于陈述形式，文学作品的道德价值在于作者能够将义理融入他的作品（桐城派的方法），或是作者能够将考据客体的道德感融入他的作品（翁方纲的方式）。最终，由于士人的理想包罗万象，这两种方法都是必要而适宜的，义理、考据和文章都可以持续存在。[69]

19世纪30年代知识分子的反应表明，嘉庆时期坚持义理、考据和文章三者的有效性是老一代文人最典型的缺失。克服这一缺失的出发点是，"学"的所有领域不要同步提高。相反，借鉴（具有讽刺意味的是）另一为18世纪思想家钟爱的概念，19世纪30年代倔强的革新家经常重复这一主题，即学术生活的主导潮流往往不可避免地在某些固定的可能性之间转换，只有认同即将到来的或者开始形成的潮流，士人才能获得真正有力的道德存在。到19世纪20年代末或30年代初，和春禊派相关的几位文人独立地形成了一种相同的看法，即考据（对于某些人来说，文章也是如此）已然失去其合理性，义理将取代考据成为学术关注的主要领域。

因此，19世纪30年代，潘德舆在写给春禊派友人的信中说，至少数十年来，考据和文章之学都没出现任何能够"复兴圣贤精神"的文人。根据潘德舆的观点，考据学的兴起，意在辅助阐释古典文献，但最终深陷琐杂；而文章学倾向于徒然地追逐文风方面的声望和影响。当然，这就使得义理占据优势地位——尽管有意思的是，潘德舆（他本人是一位颇负盛名的诗人）不太愿意彻底放弃文章之学。相反，他屡次坚持认为，义理的复兴应该能够延伸到考据。[70]

与之相似的是，梅曾亮（也是一位严肃的文学家）于1824年提出，乾嘉时期重视考据，此时考据将被义理取代，其原因和18世纪考据最初取代义理的原因完全相同。梅曾亮认为，"有志之士"开始弘扬考据学，是为了回应康熙末年"空虚而狭隘"的学风，当时为了适应流行趋势，对宋代新儒学注解古典文献（义理的核心）的研究仅仅成为"模仿"的东西。无论如何，考据学现在已经沦落到与"风行一时"的粗俗模仿差不多。由此，他得出结论，义理学者现在要继承那梦寐以求的地位，即"不因习尚者"，并即将成为正道的守护者。[71]

因此，这些文人果断地与考据、义理、文章三位一体的兼容并蓄原则决裂，他们确定义理是未来的走向，那么他们如何对付考据派？一般而言，潘德舆的准则——考据和义理的综合——是大部分人所采用的。然而，当需要说明两种方法的融合在实践中意味着什么时，真正的问题便浮现出来。

处理这个问题的一种方式是求助于桐城古文派的准则，根据桐城古文派的观点，文学成就只是作者修身的客观反映。例如，梅曾亮认为诗歌和散文的精妙均内生于作者的"真"；潘德舆有着相似的思路，只不过以"诚"取代了"真"。"诚"立即令人想到宋代新儒学修身的词汇，因此为我们提供了义理和考据之间的联系。[72]

一种略微不同的方式是，声称文章的伟大取决于文本信息的紧要与有效。例如，在赞扬黄爵滋的监察奏折时，他的几位朋友谈到，这些奏折通过痛陈朝廷的弊政及改革的必要性，抓住了文章的实质。我们再看另一个例子，潘德舆一度试图将评判古文派散文的整个问题简化为确定其包含多少"不能不说的"废话——似乎，这再一次意味着，与时务的关联以某种方式赋予写作定式以一种超强的文学强度。[73]

以真诚或者效用为基础判断文学技艺的劝勉并非处理考据学的一个特别重要的子范畴的适当准则。这一子范畴是诗歌。作为一种暗示性的、不合逻辑的媒介，诗歌难以遵循这些相同的标准。因此，我们有必要进一步阐释义理来自文章的准则，这次是在构思讨论理想诗作的用词的情境中。

春禊派的两个人似乎格外热衷于这一任务，他们是著名诗人张际亮和潘德舆。他们共同的出发点是王士禛的文学哲学，王士禛是清初诗人、文学评论家，翁方纲敬佩王士禛对清朝以前诗歌传统的非凡驾驭能力，极力推崇他，因此王士禛广为世人所知。然而，王士禛之所以吸引这两位清朝后期的诗人，并非因为他是一名杰出的编纂者，而是因为他秉持诗以达性的观点。事实上，正如理查德·林恩（Richard Lynn）所指出的那样，王士禛看重直觉在诗歌中的价值，这在很大程度上得益于宋代研究诗歌的专著《沧浪诗话》，该书由严羽（1180—1235）所作，严羽的观点主要来自禅的直观论。在王士禛的详细阐述中，诗歌的主要价值在于定义模糊的神韵说，神韵的言外之意有几分像"以间接、细微的方式表达个人的心境、风格或者情调"。[74] 在严羽的著作中，最接近神韵的词是诗歌的情性或者"直观的洞察力"——这种观点抵消了诗歌艺术的学术层面。[75] 在春禊派诗人哲学家们的话语中，我们立即注意到，"个人情感"或者"直觉"（此时重新描述为性情）与"学"的对比在几乎所有关于诗歌品位和价值的讨论中都是极为重要的，这清晰地反映出王士禛的影响。

然而，这仅仅是一个方面。因为潘德舆和张际亮都自认为是儒家，而不是禅学家，而且他们都渴望在诗歌中找到表达政治热情的方式。因此，他们无法轻易地认同王士禛审美观中的淡泊无为，也无法轻易地认同其细腻表达的理想。因此，他们的做法是保留王士禛对神韵的重视，同时极其巧妙地将宋代新儒学的义理注入这一概念。

潘德舆的《养一斋诗话》及他给春禊派其他文人的诗选所做的序文，也许最充分地（因为是最无意地）体现了王士禛的"神韵"如何再度成为新儒学的义理。例如，在划分鉴定诗歌的价值等级时，潘德舆告诉我们，最佳的诗歌表达了个人的情天。其次是恪韵——诗歌的学术或者研究的形式特征。这种价值等级将新儒学的概念引入王士禛的两分法，可是潘德舆并未就此止步。潘德舆在发扬王士禛最初的神韵说方面走得更远，他接着评论道，这最好的诗歌的特征是，在"阐明和解释道德原则"的同时表达"属于我们内心的那些内容"。[76]

张际亮的诗歌同样也体现出艺术直觉转变为新儒学的道德直觉。例如，严羽的情性在张际亮那里变成性情（人的道德属性及其表达），性情的交流被认为是诗歌的终极目标。[77]或者，张际亮再次仿效潘德舆，根据诗歌所展现的情性的种类将所有诗歌分成三个等级，并将"志人之诗"置于"学人之诗"之上。[78]在此，志人既带有灵感（因此与学人相对）的色彩，又带有积极的道德良知的色彩，如同"志气"一词。[79]从强调艺术直觉开始，潘德舆和张际亮几乎自然而然地转而认为，诗歌表达的实质是能够传达义理。

可是，所有这一切到底在实践中意味着什么呢？诗歌想象的神秘感如何获得道德属性呢？要想知道这些问题的答案，我们最好从张际亮的作品中寻找线索，张际亮是春禊派唯一一位敢于真正超越新儒学模糊的抽象概念而去尝试描述（尽管是隐喻的方式）诗人如何真正体验这种道德直觉的诗人。

通过细究张际亮对这种体验性质的生动的评论，我们会立即发现两个核心概念：第一个是，诗人是野心勃勃却屡屡受挫之人；第二个是"感"，高尚的品格所拥有的一种特殊能力。

也许，张际亮自我表达的核心思想是志士，这个词通常意味着一种侠客品格（士），受其冲动的性情（志）的驱使，会有大多数人不敢为之的某种正义之举。然而，对张际亮而言，诗人同样可以是一种异乎寻常的道德英雄，直面他的命运而获得非凡的名望，由于他的伟大，他拒绝向命运屈服。有意思的是，张际亮没怎么解释为什么有些人应该以这种方式应对挫折，而其他人则不会这样。这就足以表明，只有存在真正伟大的人格，才会有这样的反应。可是，伟大的人格确实存在，而且由于无法获得世俗的认同而备受挫折，仿佛"水之激也，其必有所放也，而后不溃于地"。[80]

现在，我们来看张际亮寻求诗性直觉的道德化理解的第二个重要观点。

张际亮告诉我们，这种挫折感随着时间的流逝而宣泄出来。当这种忧虑蔓延到诗歌时，它便拥有一种几乎是超自然的能力，可以唤起超越时空的移情：

> 其幽忧隐忍慷慨俯仰，发为咏歌，若自嘲，若自悼，又若自慰，而千百世后读之者亦若在其身，同其遇而凄然太息怅然流涕也。

不那么伟大的精神所写的诗歌不会具有如此远距离唤起悲感的力量。[81]

张际亮的论述就到这里，也许这仍不足以使冷静的读者确信，这名年轻诗人的声望必然表明张际亮及其友人们的道德品质使他们适合拥有政治特权。可是，张际亮的话并非写给冷静的读者。这些话是写给参加科举考试的考生们的，他们正在寻找宣泄其困顿感的途径，以及寻找将这种历练与反对派行动主义更高的道德使命相联系的途径。我们可以想象到，对这些考生而言，优秀诗歌的"悲感"标准确实吸引人，因为它为政治抗议提供了一种竞争模式。毕竟，如果春禊派的诗人们如同张际亮一样被赋予表达悲情的天赋，那么他们不也适合根据事实将他们在往来京城的途中周游全国时遭遇的某种"悲伤"或者"悲哀"表达给京城友人吗？那么，北京社会受这些情感的移情影响不是缓解悲感的第一步吗？因为众所周知，帝国民众的悲哀只能被解释为官员的疏忽或者渎职。

假如我们是张际亮的读者，那么我们也许能够更好地理解，至少对于张际亮及其追随者而言，为什么诗性直觉确实可以是一个道德问题，是公共环境的恩主，而不仅仅是主体性或者怪论的表现。我们也能理解，在19世纪30年代更复杂多变的政治环境中，随着反对派实力的增长，为什么这种诗性直觉而不是嘉庆皇帝统治时期流行的更兼容并蓄、更富学术性的观点成为诗歌审美的关键。诚然，当人们准备抨击官僚机构那些洋洋自得的老翁时，有一套新的有效的文学正统思想可供随意使用。

清议政治的理想

我们详细地考察了春禊派文人中的舆论家所关注的问题，最后我们来探究清朝"成例"的论题，如果它可以被如此称呼的话。[82] 19世纪30年代初期南城文人普遍秉持的新信念的核心是，深信当朝不应禁止没有官职的文人的直接政治参与和政治表达。与前辈宣南诗社成员完全不同，春禊派的活动家们渴望直接公开提出这个问题，并尽可能多地取消限制。现在，我们转向他们如何为这种自由化而争论的问题——这一问题并不小，因为利害攸关的问题必然包括重新审视清朝对晚明政治精英恶习的传统观点。

回溯前文对清朝官方在这一问题上的看法的综述，我们知道朋党之争削弱了明朝在政治上的团结，而此前车之鉴经常被用以证明禁止文人直接参与政治是正当的。鉴于明末（以及清初）的经验，清廷制定了多种具体的制度限制和规范限制，使得文人关系网难以或者不可能不依赖正式的官僚机构渠道而施加影响。各省和北京的官办学校或者书院的士人不准抗议官方行为；参加科举考试的儒生不准组织起来撰写文章抨击官员，除非考官特别问询他们的观点；即使是都察院的御史，纵然他们承担批评官吏的责任，但也要受到多种有效的规范限制，以免他们由于与翰林以及高层官员的科甲恩庇关系网相关而致"随意指控""宗派密谋"等。

在春禊派文人的政治话语中，没有一个统一的概念表达这一系列限制。可是，却有一个统一的词汇描述这种清朝体制压抑下的种种政治表达。清议，从字面意义来看，指的是"道德谴责"，这个词的意义衍生于儒家经典著作中的两段话，这两段话主张，当且仅当最高当局"对官员奖惩不公"时，庶人大可直言监察异议。因此，清议涉及明朝时享有、清朝时不复有的文人政治特权的范围。正是希望朝廷能够重新宽容类似晚明的清议之举，春禊派文人不懈努力，猛烈抨击清廷的统治秩序。[83]

为了简洁起见，我们在此忽略这些学者根据晚明政治史的细节所做的大量文献。[84]重要的是，这是一个颇受关注的论题。不过，我们在此主要关注那些热衷于晚明政治文化的人到底如何处理这个棘手问题，即证明直接抨击清朝的政治规制是正当的。我们必须从一开始就强调，这个问题在政治上饱受争议，在思想上同样困难。因为据说这些人与清议政治及其晚明时期典型的表现形式——东林党——存在关联，这些是政治稳定的大敌。明时"士骄"，管同记得曾被如此告知；而春禊派的另一位评论家方东树指出，从他的朋友和长辈那里听说，东林"风气太盛"，没有充分关注受其政策影响的现实。[85]那么，如何能够在不退回到随意的主观主义、"傲慢自大"和宗派分裂的情况下提出恢复清议政治？

最终，无法直接回答这个问题。不过，文人们想出一种迂回的解决方案，这种方案涉及这样的观点，即到嘉庆皇帝统治时期清朝体制的种种限制甚至比宗派主义更危险。三位士人——姚莹、管同和鲁一同——为这种观点做出最详细的论证。通过细读他们的评论，我们发现他们仿效了抨击考证时所采用的论证方法，也就是说，"风格"或者学说（在这个例子中，是指学术精英保留意见和沉默寡言的理想）只适合于有限的一段时间，在历史发展周期中，其注定要被取代。纠正明朝的过度行为时，清朝的体制是适宜的，然而现在，现状使这种体制过时了，是时候向相反的方向回退。

姚莹最令人信服地以循环决定论的方法解读了文人的政治伦理，因此我们先来概述他的观点。仿效古文理论，即"文字"的状态反映了王朝政权的循环模式，姚莹提出所有王朝都依次经过三个阶段。第一个阶段是"开创之天下"，然后是王朝中期"承平之天下"，最后是"艰难之天下"——换言之，政治分裂时期。[86]那么，问题就变成如何判断在这三个时期中的每个时期国家应该鼓励哪类文人才俊。

姚莹省略了开创时期，这个时期似乎与当下没有多少相关性。他提出，在王朝中期政治稳定的情况下，重点应该是培养精英具有宁静和友善的美德。非争论性的集体主义精英人格相应地在无形中对社会其他人发挥着一种有序化的影响，进而有助于维系为时代所青睐的井然有序与和平。

然而，姚莹继续指出，此时清朝显然已经渡过其政治稳定的中期。进入"艰难之天下"的表征是一系列发展，其中许多发展与朝向无法无天和社会动荡的棘手趋势紧密相连。此时，清帝国人口过多，无法生产出充足的粮食；国家的军事机器不再令人敬畏；"民心"是"不安的"；"背信弃义、虚伪奸诈的"社会领袖不会受到惩处；国家税收枯竭；权力陷入"那些地方官员"之手；官员害怕他们管辖的民众；越来越多的人没有稳定的生计。这些是"天下病"的全部表征，使得过去"谨慎"、"得体"和"谦逊"的文人价值观明显过时。现在需要培养一种新型的士大夫人格，也就是姚莹所说的"志士"——这个词的意涵与张际亮在他的诗歌中所尊崇的英雄人格几乎完全相同。[87]

遗憾的是，姚莹的论述到此为止，至于什么是他所提倡的制度变革，留下了一些不确定性。不过，推论似乎是，此时退归东林精神和义人政治参与的清议方式是适宜的，只要相信士人摒弃了被动与保守的旧习。换言之，在"艰难之天下"，士大夫的屈从心理是一种政治冒险。文人更多地参与政治讨论将会成为在未来的官员中发扬志士精神的一种路径。

管同和潘德舆虽然不像姚莹对清初的规制那般恭敬，但对打破阻碍清议复兴的规制障碍提出了一套非常相似的理由。在这两种情况下，关键点似乎是假定社会动荡的代价，这是清王朝此时要为缄口不言、了无争议的士大夫典范付出的代价。在管同看来，当朝禁止清议的最终结果是，士人失去抵抗乡野"田野之奸"和"闾巷之侠"的意愿。[88]因为，如今士人和官员均带有迁就和卑躬屈膝的弱点，他们既无法规劝疏忽的上级，也无法树立公正廉洁的榜样，从而激励或者震慑比他们社会地位低的人。谈到这种趋势如果未加抑制可能导致的结果，管同接着分析了1813年起义的种种细节，指出甚至连廷臣由于缺乏骨气都抵制不住起义领袖的哄骗。[89]因此，为了自救，清廷必须摒除文人和官方文化中此时蔓延着的对谄媚的钟爱及对相互批评直谏的厌恶。管同强调，这样做的唯一方式是重建清议政治，不只允许而且积极要求监察官员、士人，甚至小官吏批评他们的同僚及其上司。

非常相同的警世论断也贯穿于鲁一同对清议问题的处理，尽管鲁一同似乎或多或少更同情"不激之气"而非"不化之习"。[90]仿效姚莹，他同意清朝现在陷入"弊病"时代，这个时代的种种问题交织着士气萎靡以及"不骇之论"，甚至建"不树之帜"。[91]于是，士人不愿"义陈"，这给下层社会带来的影响，被判定是社会不满的重要原因。鲁一同陈诉道，现如今，即使在乡野，即使在亲戚之间，无人胆敢忤逆和批评他们的朋友和长辈。因此，在官僚机构中，下级官员更不可能试图进谏他们的上级，或者进谏皇帝！

鲁一同继续指出，毋庸置疑，卑贱者对尊贵者充满敌意，并且想方设法"表达这种不满"。如果这些情感不能通过正当的陈述或者通过"刚直"加以宣泄的话，那么便会在"邪恶"或者"机巧"中找到发泄途径。鲁一同总结道，好政府的秘密是，找到方法将不满导向"振厉"，"而杜其旁出于阴佞之门"。之所以爆发起义，仅仅是因为没能教导民众如何更好地表达他们对胜于己者的义愤情绪。

由于"那些卑贱者"到目前为止已然适应鬼鬼祟祟、偷偷摸摸、无法无天，"那些尊贵者"理应采取措施恢复一种更为诚实的精神。朝廷理应鼓励部郎、郡守州县吏，以及必然还包括"山野布素之士"大胆直言——或者，更确切地说，斥责不公。胆怯而采取逃避方式的"言官"应该受到惩处，遭到罢官，或者更糟。因此，每个人都会受到"勇"的精神的激励，而且潜在的怨恨导致大规模叛乱的危险终会消除。[92]

大多数人认为，清朝中期士人保守的价值观不仅已经过时，而且在政治分裂和动荡的新时代显然充满危险，只有迅速取消禁止清议的政策，才能挽救局势。对这些人而言，士人能够对官员进行道德谴责，是教诲精英秉持一种新的坚毅忠贞与直言不讳精神所必不可少的。由于清王朝现在不得不在重建文人道德观和王朝消亡之间做出选择，因此此时清议在政治制度中重新获得合法性。至少在这些汉族文人的眼中，明朝政治理想的复兴现在完成了。

第三章
禁烟政治

1840年2月13日,《泰晤士报》(伦敦)发表了一些言论,旨在解释为什么清政府近来一直对英国向中国走私鸦片一事再次采取好斗态度。文章的作者对当时的中国政局认识不清,这在那个年代是普遍情况,该作者认为,近来斗争方向的转变可以解释为皇帝的顾问班子里"甚至连安妮女王(Queen Anne)时代的好人都感到惊奇的一批白发苍苍的托利党人"及其顽固的保守主义新近占据优势地位的结果。[1]

这种类推显然针对英国民众,而且充满辉格党的偏见,其实并不合适。然而,几乎纯属偶然的是,这似乎强调新近掌控朝廷外贸政策的新政治领导者(春禊派)某些更明显的特征——也就是说,如果我们以沃波尔(Walpole)时期的保守党人取代安妮女王时期的保守党人。类似这些保守党人,现在掌控帝国政策的这些人极为确信自己是士大夫,是政府中人格与忠实友情的理想化身。同样类似这些保守党人,他们也许更适合扮演反对派的角色。相反,他们执政时极度不信任他们自己,因此特别倾向于政治冒险和好战,也许以此转移对那时更严重、更棘手的问题的注意力。

那么,我们不便过多强调这种隐喻,只是从中提取有用的一点,作为本章将要详尽论述的论点的前奏,也就是说,是清政府而不是英国政府,在推动1840年事关鸦片问题的外交和军事摊牌过程中真正发挥积极作用;清政府之所以这样做,主要是因为受到内部政治压力的影响,而不是外在经济或者军事威胁。我们将会进一步论证,这种内部压力起因于春禊派想要在清朝政治体系内更为稳固地构建其非正统权力基础的合法性。清政府无法在控制外贸方面制定出满意的政策,这给那些雄心勃勃却又缺乏自信的政治领袖们提出难题,他们觉得很可能值得在此下个大赌注,即使只是为了使其派别的政治合法性日益增长。主要源自这种内部刺激,而不是任何无法避免的外交理由，《泰晤士报》所抱怨的攻击性的贸易限制逐渐显现。这些贸易限制相应地催生了挑衅行为，而挑衅行为给了英国人采取军事行动的借口。在本章中，我们主要探讨如何和为何这些中国的"托利党人"突然插入有关贸易政策的讨论，最终促使中国走向它毫无准备的战争，以及他们参与贸易政策的讨论有着怎样的后果。

反对禁运的个案

在探讨春禊派在1836年至1838年的贸易政策讨论中所扮演的角色时，作为背景，我们最好先来了解外交途径不足以解释清朝决定采取限制性贸易政策的若干论据。

主张"中国是受害者"的理智派历史学家们（最近，张馨保对1839年战争外交背景的卓越研究代表了这种观点）长期以来认为，1839年中国相当勇敢地尝试封锁对外贸易，以此拼死保护货币体系，因为购买鸦片造成的白银外流破坏着货币体系。[2] 如果有证据表明清廷很多官员相信贸易制裁所带来的威胁是解决货币问题的答案，那么这种分析将充分支持这样的观点，即清政府迫于外部压力而走向战争。然而，这样的证据并不存在。事实上，有关这个问题的现有证据恰好反过来表明，直到1838年，负责制定政策的人——受到绝大多数官员的支持，甚至在某种程度上，还受到皇帝的支持——并没将贸易禁运（旨在终结鸦片输入）视为当时中国货币逐步解体的有效解决方法。有些人认为，国内货币改革方案可能更奏效。其他人主张鸦片合法化，以便降低鸦片价格，减少进口数量。还有一些人，包括道光皇帝在内，似乎相信只有严格的贸易管制才能解决问题，可是他们不相信中国拥有针对可怕的海上敌人实施贸易管制的军事影响力。尽管这些不同的参与者（他们合起来组成官僚圈子内的绝大多数）彼此意见不合，但是到19世纪30年代末，他们终于一致认为，中断与英国的贸易并非解决中国白银供应减少所导致的国内财政危机的真正答案。如果他们的观点被广泛接受，那么很可能就不会有鸦片战争了。[3]

让我们进一步探究1836年至1838年讨论前夕官僚精英中蔓延的对清朝外交政策的悲观论调。

首先是确定所谓的银荒在多大程度上确实归咎于购买鸦片所导致的货币

外流。关于这一点，官方看法仍然存在分歧。许多高级官员和政论家直到最后都在强调国内货币管理缺陷的重要影响，因此主张国内货币改革是解决财政危机的关键。

从银荒开始，显而易见的是，在19世纪30年代初期，可用银的数量事实上急剧减少，毫无疑问，这对官营贸易和民间贸易都产生了决定性的负面影响。在19世纪初叶，中国的货币金融体系相对落后和僵硬。货币金融体系有赖于维持铜币和白银之间汇率的稳定，铜币是由朝廷铸造的，在小规模、日常的市场交易中使用，白银未经铸造（接近于纯银），用于更大数额的结算。信贷流通券或纸契发展得尚不充分，"金属至上的"政府理论家往往对其持怀疑态度；此外，值得怀疑的是，民众会相信不太负责的官僚统治者会完全接受政府印发的纸币的面值。因此，当政府逐渐意识到（19世纪20年代中期）银"贵"钱"贱"的趋势时，不得不极其严肃地对待这种发展趋势，因为这种比率的不稳定影响到太多行业的地区间和公私经济运作，以致不能坐视不理。[4]

然而，不太清楚的是，对银价上涨的认知是否使所有官员的目光自动转向以鸦片的非法输入解释这种现象。其一，并不明显的是，鸦片贸易是19世纪20年代末和30年代初银荒的唯一或者甚至是主要原因。政府铸币质量标准的降低和一批批的赝品也加速了铜币的贬值，而且随着铜币的贬值，很自然的是，对银的需求量日益增加，而银的可用量随之减少。此外，中国人还意识到外国铸造的银圆统一，而且使用外国银圆的商人可以节省检测费用，这使外国银币以高于面值的溢价在中国流通，因此促使更纯的未经铸造的中国白银离开本国。正如许多研究者所指出的那样，如果清政府将其精力转向加强对铜币铸造的控制和生产值得信赖的银币，那么这些问题本该在不正面攻击走私鸦片的情况下得到解决，清政府也许还会重新稳定双币汇率。[5]

往往使得清朝官员无法考虑将控制外贸作为解决银价问题的现实方案的第二种考虑因素与中断贸易的口岸监管要求有关。出于理由充足的实际原因，外贸禁运——无论是被视为促使英国自动放弃鸦片贸易的压力策略，还是永久性措施——不能与对中国行商采取强硬行动的政策轻易脱节，正是这些行商在外国人和中国消费者之间贩运鸦片（和运往国外的白银）。如同众多官员提醒皇帝的那样，在没有完全铲除本土走私者的情况下，强行中断贸易，只会迫使走私者和合法商人都要采取非法途径。无论如何，至少到了19

世纪 30 年代中期，这种情况已然开始发生，即使清政府没有采取任何行动限制广州（中国唯一允许接纳欧洲船只的合法港口）的授权贸易，结果海关税收开始大受损失。很明显，在广州施加更多压力只会加速这一趋势。[6]

那么，为什么不追击那些逃税的本土走私者？当清朝的地方大员思索采取这样的措施时，他们便会深陷重重疑虑。截至 19 世纪 30 年代，多数地方大员在协力配合控制非法组织的尝试中已然有着许多不愉快的经历，那些非法组织深嵌于地方社会基础结构之中，迎合那些不愿监管自己的苦主的需要。由于这些遭遇，这些官员知道，由于政府缺乏独立的警力，简直无法有效打击几乎涉及所有商品的走私者。每当高官们试图将这些罪犯绳之以法时，他们不得不依赖于提供消息的民众。可是，证人所提供的信息，很可能是积极投身于同行业的人所贡献的，他们渴望通过法律将他们的对手撵出该领域。因此，追击鸦片贸易中的中国中间商，会将官僚政治的恶行堆积到现存的社会弊病之上。很少有人有兴趣这样做。可是，人们都知道，如果不这样做的话，谈论封锁中国的外贸，将会弄巧成拙。[7]

反对将贸易管制作为解决中国货币灾难的潜在措施的第三种考虑因素是，清朝对有效实施这种管控所需的军事能力缺乏信心。如果实施全面的贸易禁运，那么清朝统治者拥有击退全副武装的外国走私船只的军事手段吗？清廷的陆军能够打败英国海军可能针对中国城市和防御工事采取的报复行为吗？在 19 世纪 30 年代初期，当第一次认真地展开有关批准贸易禁运的讨论时，毫无疑问，没有人知道这些问题的答案，然而，随着时间的推移，首先是广州的官员，然后甚至是连内廷，都开始忐忑地疑惧，英国海军和炮兵也许是不可抗拒的。[8]

由于在 1840 年至 1842 年战争期间和之后这个特殊问题将会重新困扰着"贸易禁运"一方，在这里我们可以暂且偏离主题，交代一下在春楔派介入讨论之前朝廷如何看待军事问题。尽管大部分有关这个问题的公开声明是模糊不清的，但是发生过一件事，无论是话语还是行为，均表明皇帝和他的顾问对他们的军事实力非常没把握。这件事发生于 1834 年，也就是正式开战之前大约五年。可是，由于清廷在此期间没能实现军备的现代化，人们有理由假设，同样缺乏自信继续困扰着皇帝的计谋，因此将一系列消极因素添加到令人沮丧的封锁对外贸易论之中。

我们所谈论的事件肇始于英国外交部决定派遣律劳卑勋爵（Baron William John Napier）作为特派使节前往广州。英国议会中的自由贸易论者（Free Traders）渴望中英双方致力于中英贸易的自由化，正是在这些人的压力之下英国政府采取这种行动。律劳卑将告知中国人，英国政府最近取消英国东印度公司垄断广州和伦敦之间运输贸易的特权；准备将英国此时在广州的代表升级，将中国驻地置于王权的保护之下，而非公司的保护之下；如果有可能的话，试图直接觐见"北京朝廷"，以便恳求开放额外的贸易港口。[9]

结果，这些目标都没能实现，主要是因为英国政府没将迫使清政府在这些问题上做出让步所需的海军和海军陆战队指派给律劳卑。可是，律劳卑有两艘护卫舰——"安德洛玛刻"号（Andromache）和"伊莫金"号（Imogene）——可供他支配，他决定将这两艘护卫舰的效用发挥到极致。

甚至没等中国人给他理由，律劳卑立即开始制造挑衅事件，以便能够尽可能快地给出不无裨益的"火药味"，他相信单单这些"火药味"就能让"中国人"幡然醒悟。1834年7月底，在他抵达广州湾后不久，在没有按照惯例事先申请进港许可证的情况下，他直奔广州郊外的工厂（也就是，外国仓库）区。自然，他这种冲动行为激怒了重视礼仪的总督卢坤，因此律劳卑发现他自己无法谒见卢坤或者其他地方官员。又过了数周之后，由于中国人仍然无视他的存在，律劳卑感到是时候采取行动了。他即刻命令"安德洛玛刻"号和"伊莫金"号试图从虎门港湾驶入，远至黄埔，以便让卢坤感到一点压力。9月7日到8日，令人颇感惊诧的是，两艘护卫舰成功驶进这段危险的浅水滩。此外，对于清廷而言，甚至更为不祥的是，在持续数小时的交火过程中，两艘英国护卫舰重创在途中阻挡它们前进的清廷海滨炮台，这些炮台据称强大无比。[10]

最终，不可否认，律劳卑能从这场"教训"中获取的利益很少，因为卢坤很快猜测到英国在最初取得一些战绩后不能继续采取行动。卢坤聪明地利用禁运的威胁，迫使身处广州的英国商人反对他们的政府代表，通过这种方式，卢坤能够迫使律劳卑耻辱地撤出虎门。到了10月11日，律劳卑在澳门死于热病。

然而，朝廷在这次意外事件发生期间和之后不久采取的行动表明，北京已然相信其军事实力薄弱，甚至是在据称易守难攻的珠江河口内段。皇帝及其谋臣获知9月初虎门内的海战细节后，似乎迅速领悟到，真正的军事摊牌也许险致清廷蒙羞。据记载，皇帝大呼："我们所有的要塞似乎布置得毫无成效。它们甚至不能击退蛮夷的两艘船。多么荒谬！多么可恶！"[11]

与此同时，总督卢坤立即受到严格管束，从而预防任何进一步激怒英国人的风险。他不会"以区区商税为重"，不会"以该夷目一人之执谬，绝商舶之往来"，当蛮邦同意恢复外交原状时，清廷将不再谈论惩罚性禁运。卢坤不会尝试再让英国人为这种威胁做出任何让步。[12]

清王朝直接体验了在实施贸易禁运时也许会遇到的某种军事报复，因此表现得非常不确信它能够控制局势。这是采取行动的第三种障碍，试图以贸易禁运防止白银外流能够带来什么可能利益，在战争中失利只会再次失去这些白银？

当然，针对这些劝诫性的想法，至少有一种顾虑沉重地压在仍然强烈支持断绝对外贸易的皇帝及其谋臣的心中。可是，这种顾虑并非与最初引发讨论的银荒直接相关。这是担心清朝军队将士由于吸食鸦片而变得衰弱，从而使得帝国南方一隅危险地面临民间起义的威胁，对任何组织周密的鸦片分销体系而言，军人必然是帮凶。[13]其实，论及自1813年以来一直活跃着、自19世纪30年代初期农业危机开始以来更加痛楚的敏感问题，这种特殊的忧虑至少表明有一次能够促使皇帝感到极度绝望，以致放弃了前文已然概述的政策讨论的更合理的角度，并且开始认真讨论展开禁运，不论发生什么情况。毕竟，如果不这样做会使得起义无论如何都会发生，而且政府面临某种灾难，那么为何不冒险通过取缔进口网络而激起叛乱？然而，这种支持贸易禁运的特殊理由没能解决银荒问题，正是银荒首先引起了这番讨论。更有甚者，这种多少有点歇斯底里的观点本身无法长期维持朝廷对贸易制裁政策的热衷。

1832年发生的一段插曲，表明这种对军队衰弱的担心，并将这种担心带进有关外贸政策的讨论，这段插曲源自湖南、广东两省交界地区的瑶族起义，我们已然谈到瑶族起义，连同徐宝善的弹劾之争。[14]读者也许会想起，由于两广总督李鸿宾（卢坤的前一任）的军队在进攻广东内陆丘陵地区的瑶族起义军老巢时表现出难以置信的缓慢和被动，因此李鸿宾失去他的官职，前途尽毁。李鸿宾的军队行动相当迟缓、特别不堪一击的原因是，他们由于吸食鸦片而昏沉怠惰——1832年年中，清帝国皇室成员禧恩被派去调查拖延原因时，将这种情况探知无疑。然而，让事态变得更令人恐惧的是，沉迷鸦片的人数之众，不能仅仅被解释为军营生活的凄苦，或者在清帝国荒凉的疟疾大量滋生之地生存和开展游击战的恐惧。李鸿宾的军队中流行吸食鸦片恶习的真正原因是，恰在镇压瑶族起义之前，他们在广州附近，沿着海岸驻防，他们一直有条不紊地敲诈和保护走私贸易，当然，他们自己也沉迷于被禁止的吸食鸦片之乐。同样，皇帝最终获悉这些事。[15]

孟加拉的鸦片如何摧毁李鸿宾军队的故事还有另一个转折点，这个转折点有助于解释清廷对此做出的孤注一掷的回应。李鸿宾本人知道发生了什么事，尽管北京传来旨令，但却无济于事。1829年11月，李鸿宾向皇帝递交了一份奏折，控告英国在广州湾非法从事鸦片贸易，其规模是以前官员提所未提的。[16]1831年7月，一位名叫冯赞勋的监察御史向皇帝揭示，尽管早些时候李鸿宾坦陈这种情况，但是这位总督在任期间并未采取任何措施打击这种非法贸易，或者几乎没有采取任何措施。随着洋面上的外国鸦片船与在厦门、天津和雷州半岛城外经商的本土行商签订新契约，部分贸易开始沿着海岸向内陆扩展。可是，冯赞勋声称，大批非法商品仍然流入珠江。这种非法交易如何能够如此轻易地通过沿岸设立的检查站？只有在巡逻部队也是同谋的情况下，冯赞勋指责这些巡逻部队也在控制陆上鸦片贸易的中国"暴徒"榜上有名。因此，要更加严格地管辖维持治安的人。[17]

朝廷完全同意这种观点。冯赞勋的佐证立即转给李鸿宾，附带训令他必须立即采取行动迫使英国人终止贸易，甚至（如果有必要）借助于全面贸易禁运的威胁。作为回应，李鸿宾允诺更加全力以赴。他确告皇帝，不需要实行禁运，只要更严格地稽查驶抵的英国货轮，对本土"快蟹"采取更严酷的行动，就能完成任务，那些"快蟹"将停泊在广州湾内伶仃岛的外国补给舰上的鸦片运上岸。[18]

然而，此时是1832年，也就是一年后，李鸿宾对于这一切都做过什么呢？很明显，他什么也没做，因为他的大部分士兵现在都是有鸦片瘾的人！对于道光皇帝而言，所有这一切所传递的消息让他感到极度不安。中国士兵公然与不法商贩勾结：获取他们的贿赂，吸食他们的鸦片，暴露国家军队的无能。即使是特别器重、特别信任的官员，诸如两广总督李鸿宾，看起来好像也不愿或者不能采取行动连根铲除这种恶行，傲慢自大的英国蛮夷在海岸附近看不见的地方潜伏，在其迅捷的船只和致命的大炮保护下自鸣得意。

一度，道光皇帝似乎不知所措。或许现在情形看似特别没有希望，以致其他想法几乎算不上什么。不用说，李鸿宾立即遭到罢免。他的继任者卢坤被一连串命令调到广州，无疑，这些命令表明严格控制广东的对外贸易将刻不容缓：

> 朕思鸦片烟来自外洋，实聚于广东。欲清其源，必自广东始。卢坤曾任广东巡抚，自当熟悉情形，俟军务告竣到省，必须查明鸦片烟因何延入内地之由，即可大为防闲。为拔本塞源、一劳永逸之计。冯赞勋两折俱著钞给阅看，如有可采用之处，即著认真查办。倘另有正本清源之策，亦著卢坤熟筹妥议条奏，朕必见之施行。**毋似李鸿宾苟且目前，全不以国计为重！**[19]

显然，在如何将鸦片船驱逐出广东海岸的问题上，卢坤仍旧保留一些自行决定的自由。可是，文中提到"拔本塞源"和"一劳永逸"，这就清楚地表明，现在任何风险都被认为是正当的，即使最终全面封锁所有对外贸易。

可是，皇帝将会支持这个可怕的命令多久呢？作为其中之一，卢坤似乎从一开始就相信，不久朝廷中头脑更加冷静的人将占上风。因此，他以极为缓慢的速度采取行动，一方面以海量文件奏报他在镇压貌似无尽无休的内地起义军窝点过程中所取得的成功（因此也许军队毕竟没有失去其锋芒！）；另一方面，尽量少或者不触怒英国人——很明显，希望皇帝及时意识到实施贸易制裁所包含的巨大危险，并且不要再这样做。[20]

当然，最终事实表明他完全正确，尽管随着时间的推移，会有一些可怕的时刻。[21]我们已经注意到1834年夏末遭遇"安德洛玛刻"号和"伊莫金"号使朝廷变得冷静多了。同样，我们还想起发给卢坤的第一批命令中有一条是警示要不惜一切代价避开贸易制裁的威胁。我们首先回顾律劳卑事件时，就卢坤刚刚使用这种威胁促使英国商人反对他们爱发脾气的使节所获得的成功而论，这种命令也许听起来特别不合适。可是，仅仅为了确保恢复律劳卑之前的外交原状而暂停贸易是一件事，挑衅性地使用同样极度危险的武器，为的是迫使英国人放弃他们在印度鸦片进口贸易中取得的丰厚利润这样更富雄心壮志的目标，则是另一件事。这样的尝试，朝廷似乎并未参与，纵然这意味着帝国士兵吸食鸦片的恶习将会继续蔓延。仿佛表明朝廷重新找回理智，同年晚些时候，总督卢坤获准将他的控制限于一种时而针对本土鸦片走私贩采取的象征性行动，以便至少向他们施加"一些约束感"。[22]

那么，问题的关键是公共利益即使不可抗拒，正如维护帝国军队的名誉和声望所表明的那样,但却不足以压倒官僚反对贸易禁运的广泛共识。基于他们在作战过程中吸取的教训,在1836年前的若干年中,省府有影响力的官员越来越倾向于摒弃贸易制裁可望恢复清帝国财政和金融健康的观点。尽管也许皇帝从未完全相信,可是到了1834年,皇帝本人也被争取过来,他也认为贸易武器不是答案。即使面对鸦片问题正在侵蚀他的南方军队的种种迹象,道光皇帝只是瞬间热衷于禁运,这种热衷很快便被律劳卑的枪炮所驱散。

1836年初,当有关对外贸易和鸦片政策的大讨论认真展开时,简而言之,不再有任何显要支持贸易制裁——至少在官僚机构内部。鸦片贸易惊人的破坏性影响——在社会上,在经济上,甚至在军事上——却没能提供一个足以迫使清政府为了政治意图冒着发动战争的危险停止通商的动机。因此,我们的结论只能是,1839年最终转向贸易战的动力来自主流官僚观点之外——也就是来自文人——并且表达了一种思索对外政策问题的模式,这种模式未被赋予风险与利益的传统观念。我们记住这一点,接下来将要更仔细地考察1836年到1838年的讨论本身——解决这场讨论将激发终结中英贸易的最后一轮也是成败攸关的一轮热潮。那么,是什么促使文人舆论领袖从事这一不受欢迎的事业呢?除了缓解鸦片消耗量增加所导致的金融和军事衰落之外,他们还有什么目标?(无疑,他们心里一定还有其他原因促使他们秉持已然被广泛摒弃的立场。)他们又如何能够说服皇帝给他们机会尝试他们的主张?关于19世纪30年代末的清朝政治结构,是什么使如此边缘化的群体可能越过根深蒂固的官僚层级的顶层实现上达天听?当我们将关注点转向实际决策过程时,这个过程是1839年决定性地回归限制主义的先导,这些是我们现在将要试图回答的问题。

1836年合法化倡议

我们对文人观点如何影响清朝政策朝向严格的贸易管制的研究,始于他们抵抗1836年试行的政策自由化。人们可能预期,官僚越来越对其他选择不抱幻想,这最终将促使清朝统治者考虑将鸦片贸易合法化。除了降低进口价格和鼓励国内取代国外供应来源,这种策略的明显优势是可使清朝军队摆脱掩护走私品的狼藉声名,因此甚至有助于降低军队中鸦片的消耗量。

事实上，1835年末，在卢坤不合时宜地死于任上时，他已然一直力促这样的政策转向。1836年初，卢坤的观点被他的同僚、科举考试恩师阮元继承并发扬，而且卢坤的继任者邓廷桢也强烈支持他的观点。[23]

然而，官僚机构内部这些努力的结果没有像预期的那样。1836年年中，正当提倡鸦片贸易合法化的人似乎处于成功的边缘时，监察机构突然涌现一股有力的抵抗，春楔派是这股抵抗力量的先锋，并受到文人政治家网络所拥有的大量信息资源的支持。反对派巧妙地利用这些资源，以及政治流动性和皇帝在1835年初军机大臣曹振镛辞世后的再次优柔寡断，他们能够阻挠鸦片贸易合法化的实现。经过一段时间之后，反对派甚至能够依靠这最初的胜利，赢得皇帝的支持，再次尝试通过贸易管制解决鸦片问题——这次将辅以首先制裁岸上的鸦片吸食者。

因此，1836年合法化倡议的夭折，为我们探究清廷如何偏离紧随律劳卑事件之后似乎准备采取的更为务实的处理方式，提供了一个适宜的出发点。这标志着北京有组织的文人反对派——这个舆论群体在随后的几年时间内将对外交和军事政策施加甚至更大的影响——有效登上外交政策讨论的舞台。也许更重要的是，这揭示出清朝行政系统内部当权派的相对薄弱（在这种情况下，是省府高官）——这种薄弱在随后的五年时间内还会变得更加明显。我们将后面这种观点作为线索，可以通过首先关注政治环境，有效地开始考察清廷是如何讨论合法化计划的，正是政治环境使文人抵抗可能发挥作用，而且引人注目。接着，我们将转而审视合法化主义者的详情，以及攻击他们的反对派所采用的方法。

在某种意义上，1836年地方大员没能在废除鸦片进口管制问题上赢得皇帝坚定的支持，这是19世纪30年代末期中央政府决策系统所具有的无序和混乱特征的结果。地方官僚机构通常头重脚轻，由一或两个位高权重的大学士及其门生把控，至少从19世纪30年代初期开始，这种制度貌似越来越容易受到南城异己的攻击，这主要是因为道光皇帝越来越专注于叛乱情况，相应不愿干预监察部门对地方大员行为的质疑。然而，1835年初，在曹振镛退出京城政治舞台后，这种包容性趋势和南城文人越来越多地参与政策审议，将获得相当重要的新动力。曹振镛是晚清担任军机大臣一职的最后一位真正可敬的人。曹振镛是不可替代的，他去世后，道光皇帝变得甚至比以前更不愿意信任他的当权官僚，因此——至少是此时此刻——愈发下定决心使用京城官僚机构内其竞争对手的网络来加以控制。正当有关东南沿海地区贸易和鸦片政策的讨论再次展开时，削弱既得官僚利益影响力的重点，显然是1835年和1836年道光皇帝做出的人事调整。事实上，官员撤换导致的权力平衡如此完美，广东的行政官员（诸如邓廷桢）及其在京城的支持者（尤其是阮元）没有太多机会抗击南城对手向他们的自由化计划发起的可预测的反攻。简要研究道光皇帝在曹振镛辞世后——正当鸦片问题将被重新审议之时——如何充实京城的咨议官员队伍，将有助于理解1836年合法化主义者面对批评时这场斗争是多么艰难。事实上，这些新咨议官员的任命模式，似乎体现了一种有意识的决定，即授予双方同等地位，一方是广东省级行政机构的大员，另一方是他们在文人主导的监察机构内的对手。

两个新近任命的政策审议团体中的一个由71岁高龄的阮元领衔，阮元是嘉庆"咸与维新"时期参与国事的最年长的地方大员。（1835年1月，阮元担任总督，管辖地处西南的云南和贵州两省。）然而，作为顾问资格，阮元能够凭借的不只是担任地方大员的光荣的长篇记录。他还能回溯担任广东和广西首席行政官（两广总督）的那十年阅历，这使他毫无疑问地成为帝国最有经验的老将，在对付英国人时声名仍然响亮。而且，阮元在担任两广总督时，对沿海走私贸易的复杂性和设计防范海军进攻的防御要塞有着宝贵的切身体验。就来自广东的奏报的真实性向此时缺乏安全感的皇帝提供建议而言，所有这一切意味着相当深厚的资历。因此，在曹振镛辞世后短短数周之内，皇帝永久性地召阮元回京，授予他内阁大学士之职（有实无名的尚书）。[24]

然而，皇帝将阮元召回京城，不仅仅因为他是熟知"夷务"内情的人。有意或者无意（我怀疑是有意），皇帝在贸易问题上向他的内廷会议中引进一种典型的现实主义观点——这种观点在过去的数年时间内对广州官员的影响越来越大。我们已经指出，卢坤在处理广州湾非法的鸦片贸易时缺乏对抗英国人的热情，他还支持鸦片合法化的观点。不过，需要补充的是，一旦被召回北京，大学士阮元就成为总督卢坤幕后的支持者。事实上，卢坤是阮元的众多科举门生中的一位，也许还是阮元施加官僚恩庇的受益者——纵观全局，这意味着在阮元被召回京城晋升为内阁大学士之前，两个人一定周密地商量他们对贸易问题的意见。（诚然，后来阮元向一位南城的旧相识吹嘘，卢坤"仿效"他在广东处理蛮夷问题的方法。）[25]因此，道光皇帝通过将阮元召回京城充当某种非正式的外交政策顾问，也许试图在可能的情况下最直接地倾听（虽然隔着一个人）卢坤的意见和合法化的理由。

不过，与这个"广东通"咨议集团相抗衡的是，第二个有着不同倾向的咨询集团，1835年的晚些时候，皇帝的命令确定了他们在商议过程中所扮演的角色。这个集团的成员全然来自京城的监察机构，1835年10月15日，凭借皇帝颁下的一道特别罕见的谕旨，他们获得评议贸易政策问题的授权。在这道谕旨中，道光皇帝总共特加擢任四位监察御史，他们对过去数年内行政机构贪腐情况的奏报使皇帝对他们的"精确度"和"务实性"印象深刻。为了表彰他们颇受称赞地履行监督官僚机构职责的行为，这四位御史擢任京卿。皇帝命令他们要"勇敢地"毫无保留地批评地方大员及其政策建议。纵观全局，这意味着他们可以随意挑战合法化主义者，尽管这并未被特别声明。[26]皇帝似乎倾向于表明，要继续鼓励文人忠谏以监督地方管理之趋势。此外，同样不可忽视的是，这也表明道光皇帝试图平衡保守的"广东通"舆论群体的影响。

擢升朝廷监察御史的日子和朝廷接到卢坤辞世的消息、任命继任者同时，道光皇帝明确希望通过这位继任者，在朝廷政治风向可能如何吹的问题上激发一种不确定感。[27]而且，在擢任的四位御史中，有三位已经由于评点鸦片和金融问题而博得一些声望。例如，冯赞勋将会作为一位讨厌的监察御史而被牢记，他详细奏报了广州湾持续日久的非法鸦片贸易，因此令两广总督李鸿宾痛苦不堪。曾望颜在为难卢坤方面扮演类似的角色，尽管他也许不太成功。[28]第三位是黄爵滋，他在幕后主导着春禊派。到了1835年，他同样赢得长江流域货币问题监察专家的声名，这最可能是因为他于1828年担任江苏省考官后在江苏科举精英中所获得的广泛联系。[29]

道光皇帝为其特殊的监察任务所挑选的第四位监察御史是金应麟，他看似于1835年前未对贸易政策的讨论做出任何贡献。可是，众所周知，他在刑部担任六年主事，因此他对清朝的司法程序非常精通。有人猜测，这也许是他被包含于四位监察京卿之内的原因，恰在擢任四位京卿之时，在合法化主义者的争论中，在执行针对中国行商的现有法律过程中，公平问题变得越来越重要。然而，还有一种可能性是，皇帝希望他的身边有一位在高度商业化的长江流域（金应麟是杭州人）拥有社会基础的士大夫，那里对银根紧缩的感知最直接，确保贸易问题的货币管制持续受到应有的重视。[30]

因此，在1836年鸦片合法化主义者采取行动前夕，送呈与广州对外贸易相关的政策问题的正常程序突然发生重大变化。道光皇帝在失去敬重的内廷心腹曹振镛后，陷入一种不安全感和优柔寡断，他采取实际行动减弱传统上两广总督在商议贸易政策中享有的自然而然的影响力，两广总督之所以拥有如此的影响力，是因为他对"夷务"的熟悉程度无人可及，而且他还掌握外交文书档案。此时，道光皇帝预见到某种危险，即仅仅为了给他的某些官僚带来方便，他受到下属的操纵做出不明智的决策，为了摆脱这种危险获得一些安全感，道光皇帝在周围设置了谨慎平衡的专家顾问委员会，同时代表官僚和文人监察官的观点。结果，通过监察网络发挥作用的政治局外人在贸易政策中获得比他们在正常情况下能够预期的更具影响力的角色。曹振镛的辞世，在不经意间为黄爵滋及其追随者开辟了利用这种影响力为他们自己的政治意图服务的道路。

然而，在探究春禊反对派如何运用这种力量挫败现实主义集团之前，也许还需要指出一点，这点关涉1836年左右清廷政策审议机制的罕见情况。也就是，京城新近势均力敌的双方与广东省会广州学术圈内的文人广泛建立私交。通过这些联系，与广州城教育机构的更多精英书院相联系的师生们将被直接拉进未来数年的贸易论战。事实上，由于卷入北京关于鸦片合法化的讨论，广州文人的观点急剧两极化，这种两极化持续到1840年到1842年的战争及战后。我们将在下一章再详细探讨这一主题。在此，我们先来简要论述双方是如何寻求这种学术支持的。

在主张鸦片贸易合法化的一方，阮元、卢坤和此后两广总督的继任者邓廷桢显然均与广州四大重要学术团体中最新、最有权威的学海堂密切合作。他们向学海堂寻求有助于其事业的建议和支持。也许需要补充的是，毫无疑问，学海堂是依然存在的北方朋党时期学术价值观最杰出的化身。1820年，学海堂由阮元亲手创建，加之与若干中国著名的外贸商人兼慈善家合作，作为在几乎与世隔绝的地区传播汉学运动的理想和学识的一部分，在该地区，乾隆以前的思想潮流仍然占据主导地位。这项计划取得巨大成功，阮元自然继续亲自参与学海堂的事务，甚至持续到1826年他离开广东之后。而且，19世纪30年代末，正是由于与学海堂持续保持亲密的个人联系，阮元能够借鉴其士人的见解，支持他在外交政策中提倡的通常谨慎的路线。[31]

讨论中的另一方，也就是反对派，聚集在黄爵滋的周围，他们最终能够从大量在广州生活的书院师生那里为他们的论点汲取信息和支持,这些师生对学海堂流行的舶来的思想范式不满(或者,由于其他原因,他们对贸易和鸦片政策的宽松做法感到不安,而那种宽松做法似乎受到学海堂的青睐)。而且,汉学派初来乍到,因认同所谓贪腐的商业利益而声名有点受损,春禊派领袖在广州当地拥有的支持似乎始终胜过京城阮元一派。[32]正如我们将在下文中看到的那样,这一劣势,连同主流官僚在朝堂上的影响力普遍下降,显然将对鸦片贸易合法化运动的前景造成消极影响。

倡议的失败

1836年初,监管英国在广州的贸易利益的商务总监、律劳卑的继任者义律上校(Captain Charles Elliot)开始从可靠的中国商人那里听说,清朝行将做出一项重大决定。向义律提供消息的人说,道光皇帝被阮元说服,将要采取"非凡的"举措,将印度进口鸦片和国内鸦片生产合法化,以此作为缓解白银外流的最务实的政策,而白银外流严重扰乱了全中国的贸易和征税。诚然,北京的想法即将发生改变的证据如此确凿,以至不仅是义律,还有广州博闻广识的学术圈,甚至连总督邓廷桢都认为,皇帝已被导向同意这种观点。[33]确切地说,并非阮元本人,而是一位南城中级官员许乃济于5月17日向道光皇帝上书,请求正式修改法令。不过,这可以解释为保全面子的策略,为了帮助阮元和重视名誉的皇帝不在这种困难的决策中扮演太过明显的角色,因此将这件事归诸从刑部遴选出的判例专家委员会。无疑,下一步将是一份积极的委员会奏报,再然后是批准这种变化的简明谕旨。[34]

最终,预言是完全错误的,可是透露给义律的有关1836年春夏之际清廷讨论的细节似乎大体上是非常准确的。诚然,能够确定的资料表明,由于阮元的鼓吹,或者至少是他的默许,合法化计划成为贸易管制问题的最终解决方案。首先,学海堂最初的方案证明了阮元的参与,许乃济的观点以这套方案作为基础。一位名叫吴兰修(1808年举人)的评论家的文章启发了许乃济,吴兰修是广东本地的举子,是学海堂的学长,在阮元担任两广总督的日子里,吴兰修在学术上长期受到阮元的赏识。在这种情况下,许乃济未经阮元同意便利用"学生"吴兰修对合法化问题的研究几乎是难以置信的。[35]

此外,正如内阁学士及其书院的对手毫不犹豫地指出的那样,政府一直断断续续地从事反对鸦片贸易的战役之所以使阮元和他在广州的同人感到特别紧张，也许存在个人原因。毕竟，学海堂的建设经费及其善款在很大程度上是由广州城的政府授权垄断对外贸易的行商捐赠（或许更准确地说，被挤出来）的。当然，这些人对中断贸易的可能性并不会感到愉快。更重要的是，甚至存在这样的可能性，即对非法经商者的严厉镇压将揭发出卷入鸦片贸易的行商共犯——阮元和他在广州的学术扈从对这种可能性并不期待，而且感到忧虑。著名的行商富豪伍秉鉴曾经非常慷慨地"捐助"学海堂和总督阮元的其他慈善事业，他事实上已经牵涉这种非法贸易。使事情看起来更加困难的是，阮元自己受到普遍怀疑，他从担任总督开始便对英国在伶仃岛的库存熟视无睹。[36]

因此，根据大学士阮元的观点，有很好的理由坚决摒弃贸易管制的愚蠢想法——在任何可能损害大人物声名的事情发生之前，立即这样做。鸦片贸易合法化，除了为任何中意的选择提供最确定的实际利益外，也是确保不再听到中断对外贸易的无聊想法的一种途径。

关于阮元及其盟友提出的支持弛禁的方案，可以预测到，重点落在了管理功能紊乱，这些紊乱是由于试图执行现存法律，省府官员对现存法律已经抱怨数年。然而，也许进一步超越这些单纯注重实效的考虑，阮元一派似乎正在制造一个哲学案例，反对有关人性或政府官僚机构开展社会行动的能力的夸大不实的观念。由于这些观点此后将有助于证实春楔派相反的观点，我们在此将简要审视鸦片贸易合法化目标的哲学基础。

首先，我们来看反对根深蒂固的鸦片管制旧法的种种实际观点，我们可以暂时引用1833年学海堂学长吴兰修关于这个问题撰写的文章。正是这篇文章启发了许乃济。首先，吴兰修抨击充分讨论过的禁运政策，指出除非禁止所有对外贸易和商人在中国登陆，否则禁运政策无法发挥作用。不然，走私仅仅从英国舰队转移到美国舰队或者其他国家舰队。然而，中国出口贸易的全面停止将威胁成千上万运输工人和小种植者的生计，他们从与外国人的合法（茶和丝绸）和非法（鸦片）交易中赚取微薄的收入。其次，仅向英国船只关闭广州也许恰好鼓励英国人夺取一个或者多个近海岛屿作为新航运网的基地。最有问题的是，"全面的"方法要想获得成功，就要求海岸上有严厉的警力配合，以便破坏非常机动和神出鬼没的本土分销网络。痛苦的经验表明，帝国官僚机构根本没有充分可靠的警力装备追踪这些分销商。吴兰修认为，要被执行的这类规程是"腐败的政府官员手中的玩具"。规程越苛刻，对无辜者的勒索变得越糟糕，而非法贸易本身却丝毫不会中断。负责这些案子的政府代表和士兵仅仅奏报一起或两起逮捕和查封，无论他们没收了别的什么，他们都会再卖掉。[37]

因此，吴兰修对贸易管制持怀疑态度的核心，是对清廷内部执行力的实际局限的深谙世故之感。当然，吴兰修明显忽视了一条摆脱执行困境（enforcement dilemma）的出路，而这条出路在儒学精英中更具理想主义的人看来自然是好的。这是一种可能性，也就是说，社会本身在一群道德维新的士儒阶层的领导下，能够从政府的手中接管监督沿海本地商人停业之责。可是，这一疏忽本身就很能说明问题。正如吴兰修详细解释的那样，其基础是吴兰修从根本上对精英说服民众敌视烟民及其供应商的能力的消极评价。（吴兰修在这本册子的其他地方提出，只有"饱享"和"悔过"的经历——正如孩子通过痛苦的经历学会避免过度饮食、酗酒和性行为——而非自上而下的命令或者感化，能够营造反对吸食鸦片的社会舆论。）

尽管这也许听起来愤世嫉俗，但是即使在这里，吴兰修的立场似乎和汉学倾向促使阮元一代大多数文官阶层接受的假设并不矛盾。如果这种对士大夫阶层社会领导潜力的怀疑的确是官僚机构的主流立场，人们可以理解吴兰修和阮元为何主张执行问题足以彻底压制限制主义者。

这就是鸦片贸易合法化政策背后的想法，1836 年，大学士阮元几乎成功赢得道光皇帝的同意。就是几乎。尽管 1836 年 5 月中旬呈递给皇帝的鸦片贸易合法化计划在朝堂上获得支持，以滔滔不绝的雄辩引出一道命令，命令提交广东政府审核（在这种情况下，这一步实际确保该命令得以执行，因为邓廷桢强烈支持鸦片贸易的合法化），但是其至在 10 月 12 日总督充满热情的认同回到北京之前，整个想法神秘地不再被讨论了。[38]

那么，到底哪里出错了呢？我们没有办法得知，到底在层层防护的寂静的颐和园中讲出的什么话使得皇帝再次转变态度。当然，部分困难确实可以追溯到最终被揭露的真相，将合法化主义者间接牵涉到非法的货币交易，这似乎起源于广州反对学海堂的派系斗争。更重要的是，来自广州的最终攻击似乎受到身在京城的黄爵滋和春禊派士人的鼓励和协调，他们的观点在皇帝的外交政策讨论中逐渐获得无上权力。无论如何，这种策略和黄爵滋从讨论前就一直从事的反对策略完全一致，这适合潘世恩的雄心，还将阮元驱逐出北京。而且，正如我们已经提到的那样，一段时间，春禊派在广州的书院士人中培养其追随者。似乎确定无疑的是，与地方严禁派运动的种种关系提供了渠道，有关非法贸易的破坏性的新披露通过这些渠道抵达京师。

然而，回溯抨击的细节，黄爵滋在广州的友人显然仔细记录公行商人的行为一段时间了，希望找到蛛丝马迹，这些讯息可能会破坏其弛禁派幕主的声誉。运用如此获得的信息，黄爵滋及其反对派追随者能够搜集两份适时的弹劾书，声称"广东通"集团及其钟爱的慈善家伍秉鉴在非法的鸦片贸易和白银出口贸易中狼狈为奸。

黄爵滋本人首先利用这份来自广州的证据着眼于玷污阮元一派的名声。1835年10月30日，整整一年前，黄爵滋上书恳请不要改变政策。为此，他还附加一系列有关浩官家族洋行大规模参与鸦片贸易的陈述（以秘密备忘录的形式）。不知何故，这份奏报似乎从未得到皇帝的关注。可是，九个月后，当身在广州的总督邓廷桢审察许乃济的提议时，另一位春禊派成员姚元之向皇帝上书，这是第二份谴责公行内部违法行为的更长篇的奏折。这份奏折产生了最鲜明的影响。8月5日，皇帝读到姚元之的奏折，对其指控感到震惊，他立即下旨，要求调查和惩处案犯。[39]

不可避免的是，在这些恶劣的真相被揭露出来以后，与公行有关系的阮元一党的声望一落千丈。在随后的数周时间内，监察机构继续出现更多对合法化计划的驳斥，应答谕旨的基调更多地转向批评。[40]实际上，当10月中旬总督邓廷桢肯定许乃济提议的奏折抵达北京时，对这种观点的兴趣已经消磨殆尽了，因此这份奏折甚至未被按照惯例推荐给政务会审议。道光皇帝似乎再次改变了他对贸易管制问题的想法，这次是被越来越协调一致的文人反对运动说服了。因此，曾经让义律满怀希望的"非凡举措"半途而废，再也没能恢复。

不妥协者掌舵

1836年10月16日，邓廷桢，此时坐镇广州的这位持重严谨的官员，接到朝廷的最新指令，他一定感到特别沮丧。道光皇帝甚至没看邓廷桢认真撰写的支持暂停实施反鸦片法的奏折，命令邓廷桢再次对如何从广东"源头"切断鸦片贸易展开讨论。[41]

对于政治头脑机敏的邓廷桢而言（正如对于其他大部分总督而言），这种逆转的意图即刻清晰。皇帝恢复了他于1832年所持的态度，坚持全面取缔广州附近地区的非法鸦片贸易。此时皇帝希望邓廷桢找到将鸦片贸易驱逐出广东海岸的方法，无论有什么后果。作为一个精明的人，这恰是邓廷桢将要着手做的事。[42]

然而，对于和获胜的春禊派有联系的当朝官员来说，下一步将何去何从的问题并不容易解决。禁止通商不是解决更普遍的控制外贸问题的方法。春禊派的行动的确使广东外贸问题将重返宫廷政治，而且寻找控制外贸之可行方法的责任此时将落到反对派领袖身上，他们是黄爵滋、其南城文人追随者，以及军机大臣潘世恩，无疑他一直怂恿着黄爵滋。除非他们想要放弃新近赢得的政治果实，否则这些人必须找到方法克服许多实际困难，数年来，这些困难不断阻碍改变现存海上贸易协议的尝试。

可是，到底如何去做呢？如何能够在不会引起大战的情况下将狡猾危险的英国鸦片快船驱逐出广东海岸？如何能够在不立即发展成危及岸上许多生计的全面停止贸易的情况下向鸦片施加压力？更为重要的是，该要如何控制鸦片分销体系的本土环节？如何在不给腐败的政府官员及其民间帮凶的敲诈欺骗行为制造大量机会的情况下攻击鸦片贸易的这一特殊部分？

总之，这些困难对新获胜的春禊派而言比对大学士阮元肯定更加难以应付。在反对鸦片贸易合法化的运动发生时，黄爵滋在京城的大多数友人当时对外贸所持的观点显然过于简单，没有提供真正的指导。1838年左右，甚至连自称注重实际的龚自珍也只能建议，应该终止所有对外贸易——这种观点仅仅反映了来自中亚政策的观念，即通过切断接近稳定的中国经济的有利可图的贸易惩处行为不端的游牧民族。[43]那么，在这种情况下，在春禊派能够想出他们自己的答案之前流逝了将近两年时间是不足为奇的。

1838年6月2日，黄爵滋呈上一份著名的奏折，谈及贸易管制困境的"新"答案，这个答案肯定给许多人留下深刻印象，因为其作者巧妙而简单地绕过所有旧有困难。没有旁敲侧击，黄爵滋及其同伴（奏折是集体撰写的）从一开始就承认，停止贸易的武器绝对是没用的。[44]实在无法仅仅通过威胁要封锁广州的授权贸易就能阻断英国人利润丰厚的走私贸易，走私贸易的收益远远超过那些合法贸易所获得的。奏折承认，清廷不能指望通过持续打击中国商贩获得许多成功。相反，帝国官僚机构应该通过打击链条上最薄弱的环节——中国消费者——向走私贸易施加压力！通过逐步惩处吸食鸦片的人——这种举措将会由于给不知悔改的消费者判处死刑而变得真正有效——合法进口鸦片的市场会变得很小，价格会下降，英国商贩和中国商贩都不会想继续经营这种有害的行业。[45]

这些想法看似非常符合逻辑。不仅符合逻辑，而且还很公正。正如黄爵滋所指出的那样，除了执行死刑令人不快（这个道德问题本身也许很难使精英感到震惊），在以法律的力量对付消费者而非分销商的过程中，真正的正义是存在的。黄爵滋认为，实际上通过这种改变，强化政府立场的清白，因为吸食鸦片者与商贩不同，以显而易见的征兆向社会暴露了其罪行。那么，执行主要针对吸食鸦片者的法律的话，官员不必再烦恼告密者的可靠性。而且，对那些仍然感觉良心不安的人，黄爵滋补充了一条，也就是，一年内不执行死刑。与此同时，要分发药品，所有使用者都有机会戒掉他们的烟枪和鸦片，重新做人。此时还能剩下什么可能的异议，会妨碍消除鸦片祸因的"决战"？[46]

尽管这听起来极为务实，但是在黄爵滋新提出的计划中有一个虽小却至关重要的细节，这个细节和其他部分很不协调。那就是，假设仅由广东省承担主要的执法措施，由忠诚于春楔派的官员精心策划。不久，事实表明，这位官员是时任湖广总督的林则徐，他热衷于支持黄爵滋的计划（在呈递给皇帝之前安排就绪），最终使得皇帝也支持黄爵滋的计划。随着事情的发展，越来越明显的是，林则徐自愿请缨去广东开展禁烟运动，不久以后，他将成为钦差大臣，被派往广东。[47]

我们已经提出，仅在广东采取集中措施的具体条款给原本看似合理的方案添加了一个多少有点错误的注脚。然而，为什么会这样呢？首先，当然，因为这告诉我们，黄爵滋依旧不相信他找到了多数官僚都会支持的答案——因为，否则的话，为什么需要一位专门的钦差大臣监督禁烟运动呢？

然而，更加令人困惑的是，黄爵滋及其盟友为什么会选择广东呢？相反，为什么不关注例如江苏，或者关注其他吸食鸦片的人已经增长到更多比例的地区？（例如在苏州，19世纪30年代初期，据估计全城250 000名居民中约有40%的人吸食鸦片——人数比东南沿海不太城市化的任何地区的人数要多得多。）[48]而且，即使能够摧毁广东的鸦片市场，假设以北沿海和内陆省份仍然存在巨大的潜在市场，什么可以阻止走私者仅仅改变他们的渗透线路?

研究者要想厘清黄爵滋计划中的这些奇特的反常情况,指望1838年的官方文件是没有用处的。无论是黄爵滋的奏折,还是林则徐的奏折,我们都没发现提及监督广东或其他地方禁烟的钦差大臣。虽然如此,在官僚持续怀疑贸易管制的有效性和1835年后正在努力增强廷议的影响力这更宏大的历史背景下考虑时,这种诉诸地方高调执行禁烟法的策略似乎格外适合春楔派当时的政治和意识形态考量。承袭这种想法,让我们来看看我们能从禁烟举措细节中觉察到什么,这些禁烟举措在根本上有赖于黄林联盟。

正如现在将要更为详细论述的,这种有限的禁烟计划所提出的一个问题是,找到一种打击鸦片进口体系的方式,这种方式并不要求纵贯中国海岸广泛的官方协作。很好理解,这种协作很难达成——在1838年调查死刑过程中被问询的绝大多数官员拒绝支持该法令后,这一点变得明确无误。因此,新法令的执行不得不集中于一个或两个试点省份,并在忠诚于春楔派及其彻底根除进口鸦片之目标的官员的直接领导之下。而且,不得不追求促使鸦片市场瞬间崩溃这样的有限目标,直到走私贸易向北迁移。最终,春楔派希望开启如此前景,即鸦片市场的瞬间崩溃所导致的商业恐慌将给林则徐迫使英国政府牺牲鸦片贸易所需的力量,英国政府为了留住合法商业的利润而牺牲鸦片贸易。这就是林则徐的意图,它使得禁烟之举集中于广东变得意义重大——因为禁烟运动在这个地理位置的对外宣传度最大,因此大概有助于瓦解英国人的决心,并在查明清廷有限的抑制力之前终结整个事件。简而言之,如果清廷必须虚张声势的话,那么广东就是这样做的合理地点。

然而,春楔派对禁烟策略的混乱选择所表明的另一些问题,与其说是起源于实践,似乎更是起源于政治。人们猜测,其中第一点是将禁烟运动作为事业来规划的愿望,这表达了士人阶层直接采取行动的理想——19世纪30年代初期春楔派在南城文人中帮助传播了这种理想。针对吸食鸦片的全面禁烟运动——尽管地方化——具有要求地方科甲精英积极参与的优势,这是禁烟运动取得成功的一个条件,因为科甲精英为清朝官僚机构提供对某些地方社会的中等阶层罪犯任意施压的唯一有效手段,在这些地方社会,滥用鸦片的情况最为严重。根据痴迷于合法性的理论家们的观点,这些理论家支配着春楔派,动员学术精英支持道德意图的机会似乎特别令人振奋,以致可以轻易忽视针对鸦片使用者之策略的缺陷。

接着，我们还应该思考一种可能性，即林则徐本人可能最愿意仅在一个省并在他自己被特别委派的领导下最终取缔进口鸦片。正如我们已经有机会观察到的那样，林则徐在这个问题上与春楔派合作的原因，与他自己在朝堂上寻求日渐增强的个人和政治信誉有很大关系。林则徐通过勇敢地参与其他高官望而却步的讨论，并想出（希望如此）让英国人写下保证书承诺不再参与鸦片贸易这长期寻求的战利品，终获奖赏，升任两江总督。一旦在那里任职，他最终能够着手长期期盼的改革漕粮运输体系的计划。那么，谁敢怀疑他的动机呢？那么，谁敢抵制他为北方农业开垦计划所采取的举措呢？如此，总督林则徐自己的政治考量同样影响他在南方实施地方化管制鸦片政策的选择。

现在，让我们更加仔细地探究这几点中每一点的根据。值得注意的是，尽管春楔派的力量尽在北京，但是春楔派联盟甚至从未尝试力促严格执行反对吸食鸦片的法令延伸到广东和福建这两个东南省份以外。1839 年初，林则徐自请派往广东，接着 1840 年初黄爵滋奉派前往福建南部执行类似任务，这两件事可被视为春楔派决定监督这两个省份尽可能严格执行新的惩办鸦片吸食者法令的标志。[49] 可是，没有迹象表明春楔派领袖在这个遥远的中国海岸线一隅之外进一步努力拓展钦差网络。

毫无疑问，不愿延伸到其他省份的一个更有说服力的原因的确是，大量证据表明官员对处死吸食鸦片者的主张感到不满，1838 年，在讨论黄爵滋的提议过程中这些证据浮现出来。在被征询的 26 位高级省府官员中，有 19 位绝对拒绝支持这项计划。甚至连林则徐的故交兼幕主、年迈的两江总督陶澍都不赞成新法令的"过度严苛"（他很可能如此，考虑到他所管辖的范围内有众多的吸食鸦片者）。其他人，诸如直隶总督琦善，甚至表现得更加无礼，将他们不愿在自己的行政管辖区内强制推行禁烟运动的态度表露无遗。[50]

因此，面对如此强大的反对力量，林则徐及其春楔派支持者别无选择，只能将禁烟运动局限于东南一隅，在那里，林则徐本人能够拥有执行新法令取得全效所需的某种强劲而坚定的领导力。关于林则徐打算如何确保如此有限的努力取得效果，我们可以凭借钦差大臣林则徐接下来的行动合理推断，林则徐抵达广州后就采取这些行动，寄希望于一种可能性，即如果当地对鸦片的需求表现出急剧下降的话，那么英国人能被诱以放弃他们的近海鸦片贸易。如此，在某种程度上，这种诱惑是商业诱惑。首先，随着分销体系的收缩，鸦片的价格会大幅度下降。通过对交出鸦片做出补偿的模糊承诺进行干预，以及确保持续获得茶贸易的利润（条件是许诺不再卷入非法的印度鸦片贸易），林则徐显然相信，他可以给英国商人提供比继续参与衰落的鸦片买卖更好的机会。

可是，林则徐的策略并非仅仅停留于商业动机。在他的考虑中，同样重要的是清廷意外坚决的道德行为会给外国人造成的假定影响。从一开始，林则徐似乎认为，英国人已然窥见清朝官僚精英具有相同的道德胆怯，春禊派特别喜欢谴责这种道德胆怯，因此这种胆怯并非无孔不入的事实具有毁灭性的影响。1839年6月发生的著名的销烟行动，数十名外国见证人出席，也许最显著地象征着林则徐相信他自己的决心会赢得的那种影响力。可是，甚至在销烟行动前，林则徐对他自己的个人道德勇气的影响已经感到非常自信。例如，在他抵达广州的数天时间内，在他的新辖区刚刚安定下来，林则徐自豪地给道光皇帝写奏折，告诉道光皇帝，他即将抵达的谣言足以吓得鸦片"大王"渣甸（Jardine）逃离帝国海岸。在第一批鸦片商人投降并被要求签署不再参与鸦片贸易的保证书后，林则徐所从事的令人难以置信的快节奏的时间表，进一步表明他的计划在多大程度上基于坚决行动对心有所疑的蛮夷观众所产生的可能影响。[51]

然而，春禊派选择的强制策略背后的动力不仅是实用性。政治和意识形态考量同样重要，其中之一是——正如我们所强调的——希望颁布一项政策，全面表达学术道德良知直接参与管理工作的清议理想。在某种意义上，反吸食鸦片的立法主张在本质上邀请学术阶层在当地维持治安——正如我们已经指出的那样，甚至连国家权力机构的最高代表都认为国家权力机构太过薄弱，太过贫乏，以至于无法将广泛执行鸦片法的责任委托给国家权力机构。可是，惩办吸食鸦片者的倡议诉诸文人理想主义的另一种能力——也就是，作为探明学术阶层在道德上适宜充当独立的领导精英的手段。因为显然有太多的吸食鸦片者，以致不可能产生全部逮捕他们的想法，因为使用鸦片的人集中于当地社会的中等阶层，所以春禊派运动领袖从一开始就公认，控诉必须首先瞄准学术阶层罪犯。至少，在这个团体内，罪犯的辨认比较简单，涉及的无非是常见的廪保制的一种延伸，传统上运用这些方法控制进入科举考试和官办学校之路。而且，诸如威胁永久剥夺科举功名身份这样的严厉制裁，有助于确保顺从，而无须立即依靠死刑。

毫不奇怪，根据我们从春禊派痴迷于恢复文化精英的社会权威所了解到的，较低的科甲阶层将要经受考验，这恰是一个千载难逢的机会。姚莹的挚友、桐城派学者方东树于1838年撰写的小册子中的评论，或许完美地揭示出这项事业所能够激发的热情。首先，方东树注意到批评禁烟法的人往往提到罪犯的科甲身份是执行禁烟法的主要障碍，在这里，作为回应，他认为同样可以将这种情况解释为推行这个审议中的法律的最佳理由。方东树主张，限制违反道德的行为，不同于控制暴力犯罪，取决于通过惩处有头有脸的失足者——也就是文人——以儆效尤。而且，一整套降低身份的处罚或者"耻辱的惩罚"便是出于这种目的，惩罚诸如遭到撤职，或者被踢出幕府，或者终身不得参加科举考试。[52]因此，竭力制裁吸食鸦片的文化精英，不仅是适宜的，而且还是可行的。

那么，根据春禊派领袖的观点，新法被解释为解决这个问题的答案，而这个问题不只是终止吸食鸦片的问题。同样重要的是，这还是重建科甲阶层作为社会精英所应秉持的道德规范的问题——这个目标在文人改革议程上长期以来一直很重要。以局部示范执行作为解决方法便完全遵循对这个问题的这种理解，局部示范执行要在春禊派支持的官员的指挥下，得到广州学术圈内通过种种关系精选的一群广州士绅的帮助。正如我们将在下一章中看到的那样，总督林则徐在广东开展禁烟运动所取得的胜利，基于在意识形态上动员当地精英代替承担监察之责的不可靠的地方官员。更清楚的是，第一轮逮捕吸食鸦片者的行动首先针对文化阶层的吸食鸦片者——也就是，他们本该以身作则，却尚未这样做。[53]简而言之，有条不紊地打击吸食鸦片的行动，由于与士绅精英所持社会领导范例的观点发生共鸣而赢得许多有效性。如果说一些春禊派成员对其计划的缺陷有些视而不见，那么这种盲目很可能源自对其计划的象征方面太过依恋。

最后，我们来分析林则徐是如何被说服去支持黄爵滋的计划。我们的分析表明，将林则徐拉过来的是一种隐含的承诺，即如果成功了，他会为自己赢得重新执行北方开垦计划所需的官位和声望。那么，我们来看看这种解释有什么根据。

或许，起初是京城支持死刑的人和林则徐之间达成某种理解。许多巧合表明这种理解的存在，这些巧合加在一起绝非巧合。一方面，有迹象表明，在 6 月死刑提议上呈给皇帝之前，军机处内部（肯定得到潘世恩的支持）准备采取行动免除邓廷桢的两广总督之职。据推测，该行动（暂时没能成功）的目的是为新法通过后任命林则徐代替邓廷桢铺路。另一方面，林则徐曾上书回应皇帝对死刑措施可行性的征询，正如我们已经看到的那样，林则徐积极支持 6 月 2 日黄爵滋请愿书的奏折火速寄出。[54]

无疑，林则徐提前知晓死刑举措，这些消息多半由他的儿子林汝舟传递给他，当时林汝舟在京城参加 1838 年的会试。[55] 此外，除了正式答复死刑征询的奏折，林则徐还附呈一份秘密文书，在这份文书中，他特别指出，就死刑而言，现在已经没有回头路了，因为这个提议已经公开化，而且此时放弃这个提议是给本国和外国犯法者发出明确信号，告诉他们清政府完全缺乏意志力采取行动。[56] 我们从中得出的推论是，林则徐之前接受开展禁烟运动的想法，而此时只不过是在寻找途径使禁烟运动变得更加引人注目。[57]

然而，还有最后一个谜与 1838 年末林则徐所采取的行动密切相关。林则徐通过这次冒险想要得到什么？我们推测，林则徐希望得到两江总督的职位，因为现任两江总督陶澍任期将至，不久将要退隐，林则徐希望得到一个机会处理未竟的漕粮运输事宜。林则徐离开京城回广州后不久所发生的事情表明，1839 年初林则徐觐见皇帝时达成某种协议。尽管官方记载并未提及这些，显然林则徐对迅速解决鸦片问题所持的乐观态度给道光皇帝留下深刻印象，以致道光皇帝答应立即将林则徐调任。因此，1839 年 4 月 22 日，在林则徐一行人等抵达广州后仅仅数周，林则徐同时被任命为两江总督，一旦广州的事情处理完毕，他便可以走马上任。[58] 此外，同年 8 月 12 日——林则徐仍在广州，而且外交危机日趋严峻——皇帝拿着一份改革漕粮体制的详细计划咨询"两江总督林则徐"，作为答复，林则徐呈上一份长篇奏折，提议恢复沿海运输，并且在北京附近迅速开始一项实验性的开垦计划。[59]

林则徐非常清楚下一步该如何走，于是他临危受命，以皇帝精选的钦差大臣身份前赴广州，负责说服英国人放弃他们臭名昭著的印度鸦片贸易。和黄爵滋一样，林则徐之所以参与外交政策的游戏，是出于国内的政治意图，是为了提高他在清朝政治内部机制中的声誉。诚然，夺取这些内部政治筹码的前景是如此恍惚，如此魅惑，以致他从未充分意识到即将面临的真正危险。因此，春禊派痴迷于即将属于他们的荣誉，他们促使道光皇帝走向他曾被告知绝不会爆发的战争。

第四章
广东胜利的神话

1840 年至 1842 年中英鸦片战争一个更新奇的方面是，清廷的战败和投降最终竟然没能对该政府如何处理其对外关系产生任何持久的影响。文人对帝国经济和军事自足的信心在根本上仍未受到动摇，尽管表面上清朝在军事上的失败是无可争辩的。更有甚者，事实表明，清朝君主政治无法将文人政治主动性长期拒于外交商议过程之外，无论文人在 19 世纪 30 年代后期的政策讨论中所扮演的角色多么不负责任。

为什么会这样？在本章和接下来的三章中，我们将探究若干内部政治发展，这些政治发展所产生的影响合在一起导致这种独特的结果。不过，我们先来关注战争事件。更具体地说，我们想要了解这些事件如何促使文人相信 1842 年战败并非现存政治和军事体系破产的真凭实据。

我们所采取的解释方法多少有些偏离战争的主要舞台，因为正如文人他们自己后来理解的那样，这实际上是两种冲突，这两种冲突的结果完全不同。在长江和中国中部沿海地区，一场败仗接着一场败仗。可是，在东南沿海地区，尤其是在广州，我们故事这部分的主要行动便在广州展开，结果被认为是清廷一方更加积极。诚然，1842 年 8 月最终的和谈在南京进行时，来自帝国各处的强烈抗议开始涌向北京，这些抗议主张"忠诚的"清朝臣民在广东取得所谓的胜利，因此无须让步，清廷应该继续交战。此外，接下来数年间，清廷在广东的胜利被忽视了的说法，对那些想要废除新条约的士人继续充满号召力。事实表明，存在抵抗的手段，广州的胜利号召文人勇往直前，再与蛮夷抗争。[1]

对当时的英国观察员而言（的确，正如对许多满人一样），所有这些看似非常复杂。他们惯于预期，负责任的政府能够承认他们在战争中遭遇失败，他们还确信英国近来展现出的夺取长江交通要塞的能力已然证实清朝无力继续应战,但他们无法解释清廷在东南沿海地区取得胜利这一有背常理的说法。[2]可是,由于现在我们把握了清朝高层政治背景,或许我们可以更好地理解这种看法是如何蔓延的。当然,真正至关重要的因素是,文人在政治上参与东南沿海地区军事行动的特别程度,反过来,这种情况直接起因于在广东、福建两省集中开展禁烟运动和派遣林则徐前去监督的决定。

这些努力并未促使义律及其政府改变预期的方式。到了 1839 年底,林则徐不得不全面严控广州的贸易,这反而促使英国从印度派遣一支大规模的远征军。因此,无论他们预见到这支远征军与否,林则徐和他在广州当地的士绅同伴发现他们要掌管一场全面战争。更确切地说,如果不是完全掌管,那么至少要为之负责任。

事实上,责任问题确实是极其重要的问题。诚然,战争期间(至少是清朝一方)广州发生的许多事,只有被理解为林则徐及其支持者想要洗刷他们声名的结果,才能讲得通,他们很可能被归咎为不负责任地好战。一旦战争真正爆发,唯一要做的是获胜:至少在文人积极分子掌控的地方(广州和厦门)避免太过明显的挫折。因此,几乎从子弹出膛的那一刻开始,人们在广州看到最不寻常的军事调动,这要使更多清朝政治精英相信,无论发生什么,清廷在珠江三角洲并未输掉这场战争。需要补充说明的是,广州出现的失败仅是总督林则徐在官僚机构内的主要对手、"胆怯的"满人官员琦善的过错。由此可知,如果林则徐留下负责广州的防务,那么这些临时溃败(据说地方军队迅速从溃败中恢复过来)甚至根本不会发生。

不用说,那些选择相信这种故事版本的人同样没有注意到英国刚刚打赢的这场战争的某些基本特征。回顾往事,众所周知,对于皇帝的一些宫廷顾问而言,英国舰船从未瞄准珠江河口,以之作为主要目标。相反,根据来自伦敦的明确命令,英军决定忽略广州,向北进攻,封锁中国重要的运输要道长江,长江是清帝国供给线最易受水上进攻的地方,而且这里的战后贸易前景是最令人向往的。[3]最终,以一种模糊的方式,东南地区在英军作战中的这种边缘化,成为清军将领的共识——这解释了为什么 1841 年 5 月后清朝总是将最精锐的绿营派到长江下游和天津。可是,对林则徐及其崇拜者而言,英国人自始至终是另一种"海寇",无法持续渗入帝国内部堡垒,出于他们自己对金钱和补给的直接需求,他们依赖走私者所支配的东南沿海地区。他们没能成功夺取并占据广州(或者这一区域内的任何其他大城市,就此而论),

因此毫无疑问地表明，如果恰当地组织和领导防御，那么中国的海岸固若金汤。

不只是文人的自负，或者是近乎误解英国的战略，为广州抵抗传奇赢得如此众多的文化精英追随者。这个传奇还有另一种魅力——事实上，我们要用本章的大部分篇幅详加阐释。也就是，它在表明地方精英有必要接管军事力量的过程中所发挥的效力，此前，军事力量由官僚机构和皇室垄断。正如我们不久将会发现的那样，广州的"胜利"从未作为清帝国军队的胜利出现在政治舆论中。相反，这个传奇始终归因于地方乡绅的热忱，正当官员和将领使这个城池处于危难之际，地方乡绅集结忠诚的准军事力量支持清廷的事业。

为了理解为什么战争的这一维度本该在"广州未被征服"神话的流传过程中发挥重要作用，就要多重分析 1841 年广州城内外发生的种种事件，这太过复杂，无法在此轻易总结。如果只是简要概括的话，或许，仍然可以预料我们理解的梗概。诚然，一个最重要的因素是，强加给几乎所有重要沿海城市的意外压力，这种意外压力源自主要由满人贵族指挥的精锐之师被迅速调往那些沿海城市。在浙江和江苏，和在广东差不多，对当地民众而言，这些"外来"军队与英国人相比更是一种灾难。准军事、民众担纲的抵抗运动的神话，在常规军遭遇失败的地方，成功挑战了英国人，这暗含着一种教训，即朝廷应该放弃从外部派遣快速的、人力密集的军队的传统偏好，应该将军事筹备留给地方精英。

在这种背景下，广州的儒将（scholar-generals）做出卓越的贡献。因为确实只有广东存在有助于不受官僚机构约束、士绅担纲大规模军事动员的社会条件。为了有效，这种民间动员需要事先存在精英控制的财力基础，不仅能资助民间自卫力量，而且还能在维护治安方面得益于自卫力量的部署。也许，珠江三角洲以外的中国沿海地区都不具备这种社会条件。虽然这是真实的，但是广州的民众动员能力对其他地方颇具吸引力，表明作战无须那些可恶的常规军。

因此，这就是存在两场战争和广东战役取得胜利的观点的另一种夺目魅力。在广州，士绅率领的乡勇被认为成功抵御了英国人，而且，凭借这种论调，他们自然而然地促使其他地方精英相信，不该允许"将军们"打这场仗。

林则徐和禁烟运动

我们的开场白清楚地表明，在 1840 年至 1842 年战争期间，在广东发生的种种事件真正不同寻常的特征是，广州士绅格外突出的作用。由于地方精英参与广东军事（就此而言，和外交）事务的深度，广东舞台上我们的战争史分为两个单独的故事，最终这两个故事才合而为一。首先是官方层面，林则徐和他的继任者（琦善、祁𡎴、奕山）作为战场统帅，名义上负责战事——自然要配合朝廷。可是，最终，广东事态发展的方向将同样取决于地方科甲精英的行动。在战争的第二个层面上，活跃分子是学院掌教及其门生——广州最杰出的城市士绅。考虑到对总督林则徐的极度忠诚，以及后来日益想要使他们的故乡免遭英军和清军的蹂躏，这些士绅置身于最激烈的地方外交和军事协商。而且，一旦扎下根来，他们不会轻易遭到驱逐，战后数任总督将会沮丧地认识到这一点。因此，我们讲述的广州抵抗的故事，自然以这些人如何设法参与国家间战争——严格地说，这不是他们参加的事务——的问题作为出发点。

正如我们不久将要看到的那样，恰恰在 1841 年 3 月到 5 月广州被围期间，正规的军事领导权开始逐渐转到民间士绅手中，这主要是由于当时该地区政府的正规军四散奔逃，而且随后需要填补清朝一方的军事真空。我们还会看到，当时机成熟的时候，广州士绅为他们的机会做好充足准备。士绅指挥的团练已然参战。此外，团练的领导者已在广州城的书院体系内拥有一种特别的组织基础，顶端是一个特殊的协调各方的局，位于大佛寺。

这个潜在的组织模型提醒我们注意，广州学术精英逐渐进入公共事务领域，甚至在战争的爆发加快他们进入的速度之前。而且，这还表明，我们要将这种参与的起始至少追溯至 1839 年初的禁烟运动，从禁烟运动开始，大佛寺绅士公局开始成为当地精英组织的中心。

当然，动员广州士绅参与禁烟斗争的观点是钦差大臣林则徐的灵感，实际上，从林则徐踏进广州的那一刻开始，这种观点就开始显露出来。在林则徐抵达广州（1839 年 3 月 10 日）后的两周时间内，林则徐的日记透露，他开始与那里被描述为士绅领袖的人商量。从这些讨论中，林则徐直接转向创建独立的、由士绅综理的禁烟运动，总部设在城内的大佛寺。我们从表 2 注意到[4],成员几乎完全来自当时在广州城各书院中扮演领导角色的士绅阶层。

表2

姓名	教职
张维屏	学海堂学长
蔡锦泉	当时惠州的学术领袖
邓士宪	越华书院山长
陈其锟	羊城书院山长
姚华佐	未赴湖南上任的官员,请假在家

林则徐签发了一份解释这一非官方团体确切属性的长篇声明,根据这份声明,大佛寺绅士公局的任务是接收城内罪犯交出的鸦片和烟具,向那些上缴存货的人分发药品。与此同时,局的领袖负责监督通过教学活动结识的地方科甲阶层成员,在每一个郊区推荐诚实的士人监管他们附近的同类活动,促使所有科甲士人参加宣誓绝不吸食鸦片的团体,并且将他们自己阶层内的罪犯移交朝廷。换句话讲,通过自上而下动员学术团体的领袖,林则徐希望赢得科甲精英自愿执行禁烟令。推测起来,由于文人似乎构成罪犯的一个主要类别,这将迅速减少当地对鸦片的需求量。[5]

同样需要士绅援助的禁烟行动的第二个方面,包括识别中国销售者、搜获容忍走私活动的水面巡逻部队和其他地方政府机构的腐败行为的证据。从政治上来说,这是比逮捕吸食鸦片者更为棘手的行动——因为嫌疑人没有表现出明显的征兆,而且众所周知,过去那些被逮捕的人往往是无辜的,由于敲诈勒索,或者转移对真正罪犯的注意力,他们遭到陷害。林则徐想要迅速打垮鸦片市场,因此绝对有必要进攻这些中间商。由于无法信任政府官吏执行这一任务,林则徐发现他不可避免地要号召士绅。[6]毫无疑问,其他更谨慎的官员将会避免采取这一步。可是,这里我们必须记住,此时林则徐和春禊派密切合作,而春禊派狂热地推崇一种看法,即士人适宜——实际上,需要——扮演负责的社会管理角色。事实上,林则徐在此只是奉行禁烟论从一开始就潜存的假设。

如此,接受吸食鸦片者交出的东西,监督士人内部的集体承诺,以及搜罗非法走私贸易中的狡猾掮客和政府内部那些帮助掮客的人的可靠信息这些重要任务都落到士人的肩上。

然而,分担管理工作只是林则徐意义更为深远的尝试深入广州所谓学术政治的一个方面。在寻求士大夫援助的同时,林则徐为他自己和他的事业逐渐赢取一种认同和忠诚,这种认同和忠诚超越了禁烟的直接问题。在大佛寺绅士公局扮演重要角色的一群士绅之所以被拉进这些活动,不仅是因为反对鸦片的热忱,还是因为钦差大臣林则徐敏锐地将他的运动和推动上层学术精英的兴文运动相联系。

毫无疑问,林则徐这样做有很充分的现实原因。正如我们所指出的那样,林则徐向地方士绅索取的这种效力,需要具有真正价值的非常高水平的诚实正直。与之相应,这要求正在蓬勃发展的运动与学术或者文学"革新"——精英道德乐观主义的永恒源泉——尽可能紧密地联系起来。可是,不管他有什么理由(也许,有人猜测,林则徐的灵感中也有一定程度的文人虚荣心),将禁烟举措和地方学术风格革命联系起来的决定所带来的结果比产生这些结果的运动持久。无意间——或者也许不是那么无意——林则徐借此在重要职位安插一些特别忠诚的人,从此以后,这些人将充当广州学术界的领袖和维持钦差大臣林则徐作为决策者的声望联系起来。正如以后的发展,这是地方精英卷入外交和军事领域——卷入外交和军事领域将是士绅决心阻挠那些试图诋毁林则徐政策的和事佬的产物——的真正缘由。

可是,我们多少有些偏离我们目前的关注点,这里仅是评述广州学术界的意识形态和人员变化,这种变化是由钦差大臣林则徐和他的禁烟运动一同带来的。让我们看看能否更加准确地重建禁烟和文学复兴的关联在实践中的真正状态。

起点是迅速概括林则徐到来前广州的不同思想倾向——因为学术"革新"在广州和在北京一样,不可避免地意味着不同学派相对地位的重新调整,与之相应,这种调整带来新的文学全盛期的活力。我们已经顺便详述这样一种趋势,即语言实证主义者或者汉学派。我们注意到,19世纪20年代初前任总督阮元将这种学术思潮引介到广州。当然,其机构是学海堂,尽管汉学学者们从未完全垄断那里课程的设定。

诚然,正如我们注意到的那样,即使在阮元担任总督期间,汉学在争取广州学究阶层的学术忠诚方面有劲敌。19世纪30年代末,思想潮流的演变席卷整个京城,这些彼此竞争的学派在新的官方支持下开始合并形成一股激烈批判汉学正统的逆流。结果,林则徐仅仅为这种转向献上他自己的个人祝福(并且通过书院内部额外的人事变动巩固这种转向),以便成为复兴主义者。

囿于目前的研究意图，我们可以将这些彼此竞争的有影响力的学派归为两派，尽管显然还有大量土生土长的小学派，它们也和新的汉学学派存在某种张力，却不太能够挑战汉学学派。[7] 第一个学派是翁方纲诗歌美学学派的地方变体，即所谓的白云山学派（White Cloud Mountain [Pai-yun-shan] school）。无疑，在北京，翁方纲学派与汉学联系紧密。然而，在广东，最初翁方纲在任广东学政期间并未明确培育这种联系。翁方纲此时和此后吸纳的一批广州追随者修改了他的观点，并最终将翁方纲的观点简化为差不多是对北京兴起的规模更大的诗坛风潮的新认识，这股诗坛风潮必然集中于研究王士禛的作品。也许，一切看似非常不合逻辑。可是，白云山学派作为北派审美理想本地化的继承者，在广州学术界仍然扮演独特并且非常自豪的角色。张维屏（1780—1859）是白云山学派最著名的拥护者，甚至在阮元担任总督期间，他在当地是一位颇受尊敬的鸿儒，因此受聘为学海堂学长。同时，至钦差大臣林则徐来清整广州之时，也就是 1839 年初，与白云山学派颇有渊源的另外两位士人黄培芳（1779—1859）和谭敬昭（1817 年中进士）已在当地学界有些不满地浮浮沉沉了十多年。[8]

自 1834 年起掌教越华书院的陈鸿墀（1805 年中式后入翰林院）也与这个现存的北派审美团体有交往，如果是间接交往的话。陈鸿墀为人有点古怪，作为重要的北派文人朱珪的门生，他本来前途远大，但不知何故，却中途而废。而且，到他抵达广州时，已经决定（原因不明）不赞成这种"冷血"的治学之道，而这却是学海堂学风的标志。正如一位传记作家的记载，在他作为广州学界领袖地位不断衰落的岁月中，陈鸿墀养成个习惯，他的身边始终要有几个特别钟爱的学生陪着：

> 辩论书史，淋漓酣畅，或述乾隆、嘉庆时名臣硕儒，言行感愤时事，声情激越，每托之于诗。[9]

毫无疑问，这种方式背离了客观主义，而是转向学术谱系之"言辞激进"的一端——如此确实更加类似于桐城学派的精神，而非汉学学派的精神。

第二种思潮准备挑战主流。在广州，汉学流派实际上就是古文派（或者桐城派）。古文派在广州的发展壮大，主要源于方东树（1772—1851）的努力。方东树是桐城人（顺便说一句，他和姚莹是至交），19 世纪 20 年代，在阮元本人多少有些不情愿的恩庇下，方东树在广州讲学数年。可是，方东树从不认同阮元的思想传承，因此入阮元幕府的时间不长。故 1837 年初，方东树重回广州时，心情一定特别热切，因为他这次来广州是应总督邓廷桢所邀，邓廷桢也师从桐城派，因此方东树可以长期佐幕这位总督。[10]

现在，我们要回到 19 世纪 30 年代末广州官方学术恩庇模式的重组，林则徐的文学革新由此滥觞。恰在 1836 年鸦片贸易合法化提议遭到摒弃之后，似乎出现一种明显的转折，也许以 1837 年总督邓廷桢决定招募方东树重回广州开始，名义上让他参与编修《粤海关志》。而且，几乎同时，邓廷桢还逐步将陈鸿墀纳入他的核心集团——首先（在 1836 年）和他商议鸦片管控问题；其次，让陈鸿墀挑选一名他赏识的门生担任邓廷桢儿子的家庭教师；最后，在 1838 年，任命陈鸿墀的另一位爱徒陈澧为学海堂学长。[11]

如此，1839 年 3 月初，甚至在林则徐颇富戏剧性地进入"羊城"之前，官方的学术喜好已然开始明显转变。邓廷桢开启的事业，林则徐将之推向深入。林则徐开始采取象征性的措施，将他的行辕设于越华书院（直到此前不久，越华书院一直由陈鸿墀领导），而非人们所期待的学海堂，以此作为针对当地汉学对手展开的首项举措。在选择越华书院后不久，林则徐宣布举行一项特殊的考试，旨在"了解当地的学术氛围"。这种考试是新到任的地方大员就职仪式的常规部分。可是，这种考试（1839 年 8 月 20 日举行）不寻常的地方在于，林则徐将学海堂的学生排除在竞争之外，仅仅邀请该城其他三所顶级书院的学生参加。在考试中，林则徐设法与反对汉学的力量联系。诗歌主题涉及唐朝伟大的古文学家韩愈，和林则徐相似，韩愈曾被"流放"到疟疾横行的岭南边疆，而且人们期待他的存在会"一夜之间令瘴雾……消散"。[12]

林则徐打击汉学所采取的最终方式是，同时提升白云山学派两位名士（黄培芳和张维屏）担任广州城学术机构的要职。1838 年末，恰在林则徐抵达广州前，邓廷桢已然将这两位名士提拔为学海堂学长，同时任命黄培芳为越华书院和羊城书院没有薪水的名誉掌教。[13]林则徐似乎决定继续如此行事。1839 年初，林则徐初抵广州时，在当地士人中，这位钦差大臣首先会见了张维屏和一位友人；在 1839 年乡试中，林则徐唯独努力举荐张维屏之子；此外，1841 年林则徐离开广州时，张维屏是唯一一位受到林则徐私访的当地士人。无须多言，张维屏也是最初在大佛寺设立绅士公局的成员之一；同样，黄培芳不久也应邀加入绅士公局。相反，只要林则徐在任，广州城内仍活跃的阮元一派的在世鸿儒（诸如张芍、曾钊、樊封）都不会被邀加入绅士公局。[14]

书院掌教的匆忙变换和官方学术立场的新信号如何影响当地士绅的信念，这是一个需要某些推测的问题。可是，我们肯定会观察到多数获益士人所富有的极大热情的外在表现。越华书院新监院梁廷枏所记录的1839年底他和林则徐之间的交谈，已经清楚地表明这种情愫是怎样发展的，适逢林则徐准备将他的行辕从越华书院迁到总督衙门。当林则徐以致歉的方式开始告别时，他为久居广州期间给书院诸生所带来的不便而致歉，梁廷枏立即打断他的话。梁廷枏回答："诸生望之久矣。"[15]然而，1840年底，当琦善最终签订合约促使朝廷将林则徐调离广州时，林则徐为自己赢得的忠诚甚至更惊人地展露无遗。在林则徐离去的前夕，前来慰问他祝福他的人很多很多；林则徐在通常篇幅短小的日记中一个接一个给出所有鸿儒、教谕、新近中举的举人们的名字，他们一同前来送牌八面。[16]卷轴上的话部分地解释了他们为什么全都来了，以"教育兴文"致总督林则徐。[17]至少对于那些参加这次集会的人来说，林则徐这方面的努力似乎和他的其他重要成就相当："公忠体国"和"烟销瘴海"。

因此，除非林则徐策划了一切，否则我们有理由相信，反对鸦片贸易的士人动员确实取得了成功，实际上，在许多人的心中，这种士人动员和文学革新融为一体。一种信念从当地士绅热情的震颤中应运而生，即林则徐开始的战争真的能够进行下去。这种信念相应地变成士绅自己能够防卫广州的观点。

林则徐对抗琦善

如果广州士绅军事化的精神已然潜存于总督林则徐的文化复兴运动和禁烟运动，那么直到长期以来被人遗忘的那些具体情节之后，这种精神的物质表征才会呈现其最终形式。其间，另外一系列事件发生了，这些事件主要在帝国官僚机构的缝隙内，而不是在广州学术政治的范围内展开。主要参与者不是当地士绅，而是地方大员，而且他们所争夺的奖赏比单纯控制地方教职远更重要。在众所周知的1840年到1841年的冬季，当主角——林则徐和琦善——准备要较量时，赌注无疑是控制清帝国的对英政策。

这种较量的结果，甚至进程，为广州的新儒将们带来最直接的结果。恰恰是在这个小插曲展开时，士绅们已被卷入其中，最初是由于林则徐为了挫败满人钦差大臣琦善的议和之举，努力争取四面八方所有可能的支持。这场斗争的结果对林则徐有利，广州突然处于直接的外来威胁之中。广州士绅参与促成英国下令进攻的决定，他们不能置身事外，不会眼睁睁地看着他们的城池被敌人攻破而不抵抗。如此，广州士绅活动家始料不及地迅速由捍卫林则徐的政治动员转向保卫他们家乡的军事动员。

然而，我们的叙述在当下至少先来关注林则徐和琦善在外交政策方面——在某种意义上讲，其他一切问题源自这件事——争论的细节。这种对峙——所有激烈的争论来自此——的动力是钦差大臣林则徐非常想要摆脱他自己最初的轻率所招致的责备。林则徐促使天朝大国陷入一场重大的军事对抗，而这场军事对抗是他直到最后一刻仍不愿见到的，此时他处于必须找到说法——某种说法——的尴尬境地，通过这种说法，他能令自己和其他人相信，战争确实不像大部分人所想的那样对清朝一方而言是特别可怕的冒险。当然，那种说法要借助以往其他海上威胁来考量新的对手，大陆的帝国政府曾经成功抵御那些海上威胁——例如，16世纪中期所谓的倭寇，又如，以台湾为基地、有一半日本血统的郑成功的船队，在17世纪的第三个二十五年中，曾在清朝沿海一带活动。因此，英国被算作容易对付的海盗一类，众所周知，与合法国家不同，海盗缺乏为政治目标而战的耐力，于是仅仅采取拖延战斗的方式，耗尽其物质利益（通过商业或者劫掠），就能够控制他们。[18]

1840年最后几个月，林则徐努力使这种误导性的说法显得活灵活现时，遇到一连串令人讨厌的问题。首先是义律拒绝遵照林则徐的计划行事；其次，北京部分满人权贵认识到林则徐有关英国战略局限性和动机的观点是完全错误的。

可是，这里我们必须转回来探究就在1840年秋林则徐的关键时刻之前外交和军事的发展进程。林则徐的问题始于1839年年中他欲使英国商务总监义律承诺永远不再参与印度鸦片贸易的计划遭到失败。相应地，这一挫折最终导致英国所有贸易和供应的禁运，与此同时，英国决定诉诸武力。尽管许多迹象表明，甚至在承诺一事发生前，伦敦和曼彻斯特的自由主义主战派已然准备发动战争，然而林则徐在处理鸦片贸易协商的具体方面时采取鲁莽的行动，极大地促进了英国商界舆论一致支持强硬的自由贸易游说团和同样强硬的帕默斯顿，这同样也是事实。直至林则徐开始推动实施禁运前，可能包括一项针对所有未来违法者的资本制裁，他在与英国代表的间接协商过程中已经能够取得一些进展。在鸦片价格骤降的压力下（不过，这既是由于中国人鸦片消耗量的减缩，同样也是因为进口商的过度投机），商人们和义律认为，如果林则徐同意有所补偿的话，那么他们同意通过义律交出现存的鸦片储备就是有益的。可是，林则徐在没有澄清他对补偿的看法的情况下，便急切地接受了这一提议，1839年6月，在虎门附近的镇口，他将收缴来的所有20 000箱鸦片予以销毁（他显然没有意识到他正在摧毁英国皇室的财物）。然而，义律根本不会走得比这更远。当林则徐接着要求"自愿具结保证书"（再次无意中与西方的法律习惯相冲突）时，他发现对方越来越难以应付。这只剩下一个选择：予以终止贸易的制裁。因此，1840年1月5日，在林则徐的推动下，朝廷同意颁布必要的法令。即使林则徐积极热心地在地方推行这一法令，然而这一法令所能做的只是促使英国商界的骑墙派投入有战争意图的义律的怀抱。[19]

　　林则徐的困境就这样开始了。也许比不明智地挑衅义律付出更大代价的是，钦差大臣严重误解了英国人会如何采取反击。林则徐相信他正向北京发出的英国立场相对软弱的保证吗，尽管对方在舰船和枪炮方面占据优势？无疑，林则徐似乎相信他所面对的敌人其实还不如帝国时代早期的海盗厉害，并由此推断英国人必然预先考虑集中进攻广州，因为广州是唯一一个"邻近"其"南海"基地的沿海城市，其南海基地的贸易和积累的财富所提供的"战利品"足以支付这场远离家园的战争的花销。相反，林则徐似乎从未将北方海港（例如舟山群岛，位于长江江口，或者天津）视为可能的目标，而实际上英国的海军将领们正在计划攻击那里。（毫无疑问，林则徐的部分问题在于，他对欧洲战争通常所做的财政安排缺乏理解，那种财政安排允许作战时采取的行动远比林则徐自己的战利品资助海战的观念所允许的行动更加自由。梁廷枏是林则徐的一位军事顾问，在其他所有方面，他必定希望将林则徐描绘成值得同情的人，不过，他后来促使林则徐承认他自己在这个问题上所犯的错误，只是为时已晚，再也无法挽回。很可能正是这点疏忽，解释了林则徐为何如此确定广州是敌人的首要军事目标。）[20]

　　林则徐就这样严重误解了战争可能发展的方向。此外，根据这种误解行事（也许同样由于想要避免使北京感到不必要的惊恐），林则徐延缓了向朝廷警告北方受攻击的可能性，直至最后一刻。几乎整整一年（从 1839 年年中到 1840 年年中），林则徐在广州等着敌人来犯之时，他的防御计划完全限于广东沿海地区。林则徐预想敌人试图侵袭广州，或许试图在枪口的威胁下强行重开贸易，因此他在此地做好抵御海盗袭击通常所需的准备。黄埔口拉开链条；纵火船整装待发；虎门附近的防御工事得以改良，甚至包括新型外国样式青铜火炮的某种铸造和开火试验。可是，除了当地的这些举措外，沿海其他地区没做什么准备，林则徐甚至都没事先提醒如此举措可能是必要的。[21]

当然，所有这一切的结果是，在 1840 年的夏季，义律的军队——22 艘战舰、27 艘运输船和 3 600 名苏格兰人、爱尔兰人和"土著人"组成的步兵部队——能够出其不意，攻其不备，突袭了他们预选的两个目标：设防的定海城，位于舟山群岛；大沽，守护通向天津和北京之河流的战略据点。1840 年 7 月 5 日，定海陷落。在大沽，英国远征军的一小队于 8 月 11 日（这是在林则徐最终说出将会遭到进攻仅仅八天之后！）抵达那里，那里负责防御的总督琦善仅仅充当义律和朝廷之间的调停人，希望以此延缓重蹈定海刚刚发生的情形的覆辙。（英国工程师奥脱洛尼〔Ouchterlony〕曾经陪同义律于 8 月抵达大沽，根据他的记录，当英国小舰队逼近时，中国人疯狂放弃那些土木防御工事！）[22]

清朝的抵抗能力也许极弱，但在义律几乎打到北京城外并准备开始强索他的要求之前，却几乎从未受过任何考验。对林则徐而言，这种偶然性使他备感痛苦：首先，因为林则徐一直被归咎于没能预先警示他的北方同僚；其次，还因为正在进行的天津谈判的消息传到广州，日益清晰的是，琦善打算说服皇帝相信，要是林则徐没那么不理智的话，与鸦片有关的整个事件是能够和平解决的。[23]

很明显，林则徐此时没办法再否认他自己的外交手段，因为如果此时这样做的话，那就等于承认他早先所说的英国不堪一击的断言是种误导，即使是自找的。总之，如此他甚至更加顽固地坚称英国人就像海盗，首先努力说服君主，说服不了君主时，就努力说服官僚机构内的私人朋友。现在，自我辩护的大战将要展开。

很自然，第一种办法必然针对皇帝，林则徐仍然明确希望说服皇帝，让皇帝相信继续采取军事抵抗的可行性（明显的战术，因为毕竟到目前为止还没有真正的战事考验）。因此，听到定海失守时，林则徐匆忙写奏折呈报北京，声称那里的英国军队软弱无力，士气低落，易被打败，近岸中国人的偷袭可以轻松夺回岛屿。与此同时，林则徐承诺从海上袭击在珠江口活动的英国小舰队，以此作为将远征军驱逐出北方海港的一种途径。然而，这并未打动道光皇帝，道光皇帝冷酷地指出，林则徐似乎纯粹是在试图掩饰他在广东的"失败"，这一"失败"首先导致定海的陷落。[24]

可是，林则徐还没准备要放弃，10月11日，他雄辩有力、慷慨激昂地请求继续采取他那刚直不屈的外交手腕。现在，道光皇帝得知，林则徐"早就"预料到英国在广州遭遇的失败将导致侵袭沿海其他地方；如此，定海的陷落完全在意料之中，因为这些蛮夷需要销售他们的鸦片，并且购买茶叶，以便支付他们目前正在打的这场仗的花销。然而，林则徐上奏说，敌人在定海的部队软弱无能，不愿合作的民众打击了他们的贸易。"即此时不值与之海上交锋，而第固守藩篱，亦足使之坐困也。"因此，在即将展开的谈判中，不应做出让步。因为维持禁烟之举事关"国家声誉"，而且即将采取的手段要遵从这一更高层次的原则。此时退让只会致使对方提出更多的要求，表现出更多的傲慢。[25]

无论如何，这种观点为时已晚，因为9月28日那天，皇帝（此时听信琦善之言）已经决定要撤换林则徐，并派琦善前往广州，看看是否仍有可能采取非军事的手段解决争端。他是如此评论林则徐的最新建议："汝云英夷试其恫吓，是汝亦效英夷恫吓于朕也。无理，可恶！"[26]

虽然林则徐无法再与朝廷直接联系，但是这并未阻止他继续行动，现在是作为一名反对派，希望获得发言机会，重申战争应该继续打下去的观点。林则徐在政府官僚机构（一些之前的下属此时担任要职）内拥有许多景慕者，而且更重要的是，他还在南城文人中拥有众多追随者，在这种条件下，他充分准备好这样做。此外，由于他的对手琦善此时不得不在北京和突然变得更为咄咄逼人的义律之间进行调停，而琦善这种进退维谷的处境使林则徐赢得更多力量。1840年11月，当双方在广州城外谈判时，林则徐能够通过忠诚的学界友人和昔日的属下获悉义律当时提出的贸易扩张和领土要求——果然不出所料，这些要求远远超出琦善愿意向北京转达的内容。1841年1月，当义律为了保持谈判势头，单方面夺取香港岛，并猛攻外围的虎门要塞时，林则徐还能冷眼旁观。很自然，所有这一切为林则徐采取措施扳倒琦善并恢复战争提供了天赐良机。

如此，1841年1月26日，林则徐（仍然身在广州）写信给他以前的下属、署两江总督的裕谦，抱怨琦善抵达南方主事后南方糟糕的态势。他还悲伤地承认，裕谦肯定听说了数周之前守卫珠江口的关键要塞已被英军攻破，这些情况是真实的。可是，这是因为琦善懦弱地拒绝准备重新开战——一切徒然希望避免招致义律对清廷的恶意猜疑。当然，林则徐继续说，琦善继续将所有麻烦归咎于林则徐对鸦片问题处理不当，可这一切都是无稽之谈。林则徐尖刻地评论道："殊不思逆夷前此所以不敢轻犯者，原因防守严密，众志成城……似此倒行逆施，懈军心，颓士气，壮贼胆，灭国威。"[27] 换言之，如果此时清廷在军事上遭遇挫败，那么不是林则徐而是琦善应受责备：林则徐固守关键要塞的举措是适宜的，如果琦善没有破坏这些举措以"博得"敌人的青睐，那么这些措施是经得起战争考验的。

接着，2月18日，林则徐致信身处北京的座师沈维鐈，谈及当时纷争的"真实"历史——在这段历史中，真正笨拙的自然是琦善，而不是林则徐。林则徐坚持认为，清廷在处理自愿具结保证书问题时犹豫不定，而这向英国人表明"内地人心不一"，其实此前，一切都在控制之中，敌人也不敢傲慢。根据这种清廷内讧的观念，英国人开始探察中国沿海的薄弱环节。自然，林则徐在广州已经预料到这是有可能发生的，他不仅在自己的辖区内修建了"固若金汤的"防御工事，还急切地警示北京关注此时清帝国海上边境各处要塞所面临的威胁。然而，直隶总督琦善拒绝认真对待这些警告。因此，琦善陷入对义律之军毫无防备的尴尬境地。为了摆脱尴尬，琦善决定采取绥靖政策——在广州，（正如林则徐信中所言）琦善依然顽固地执行同一政策，无视一切胜利的希望。就这些英国蛮夷的本性而言，这种安抚只会招致更多的无理要求，正如愚蠢的琦善此后所发现的那样。因此，琦善先是犯下军事过失，后又实行一种判断不当的外交。清朝大业遭受了不可逆转的挫折。[28]

当然，1840年到1841年的冬季，流传着更多这样的辩解，或者直接来自林则徐自己，或者来自仰慕他的北京文人。因为预备交涉在天津才刚刚开始，关于琦善两面派行径的各种残忍的真相就开始呈现在皇帝的面前——它们中的大部分有点实质性的内容。例如，自11月8日开始，并在未来几个月的时间内断断续续地持续着，都察院突然出现一系列奏折（基本来自厦门的黄爵滋），旨在怀疑琦善的论调，即他已经设法引诱英国人离开定海。不仅没有这样的协议，而且（如黄爵滋及其在北京的同伴所强调的）英国人现在实际上正在当地设防，并准备常驻。在这种情况下，原计划在广州举行的会谈不应该被允许进行！[29]

林则徐的活动赢得了春楔派的帮助，然而，比这些帮助甚至更重要的是，它所获取的省府官僚中昔日门生的支持。1841年2月中旬，江苏巡抚裕谦接到林则徐从广州送来的消息，受此影响，他向朝廷呈送一份言之凿凿的弹劾书，批评琦善在从天津的初步会谈到广州目前僵持的谈判中的行为。对林则徐而言，这是一个重要的突破，因为出身蒙古族的裕谦恰是那类如果重新开战便会受命指挥的官员。因此，裕谦对琦善的指责，极大地简化了皇帝考虑下一步该如何走的问题。[30]

另一位忠诚的老部下是时任广东巡抚的怡良，不久之后，他也参与这场论争，他的揭参也许比裕谦的还更强烈。怡良不仅为林则徐的遭遇鸣不平，而且还为琦善绕过他与义律密谈而气愤，于是他决定向皇帝透露琦善正在琢磨以承认香港岛的现状换取英军立即撤出定海的消息。而且，在2月26日呈递给皇帝的同一份奏折中，怡良还附上英方准备好的公告的中文译本，英国将通告香港岛上所有华人，现在他们要服从英国法律！[31]

这最后一点证据显然摧毁了道光皇帝对琦善和广州谈判尚存的那点信心。因为琦善不是已经被明确地警告过在领土问题上不允许有丝毫退让吗？为什么琦善在他的奏折中对英国人决心占据香港岛从不提一个字？因此，接到怡良的奏折后数小时，皇帝下令将琦善革职锁拿，押解回京。[32]仅仅再过数周，面对此时摆在他面前的继续开战的前景，道光皇帝最终松口，勉强原谅了林则徐。林则徐将以"卿"的身份被派往长江下游的前线，在那里协助裕谦（新近被委派督办军务）改善浙江东部海岸一带的防御工事，这些防御工事恰好位于定海对面。由于他在政府机构的朋友们忠心耿耿，林则徐获胜。此时，战争将在它曾经停止的地方再次开始。[33]

不过，在我们转过头来再次叙述广州事态前，林则徐和琦善之争还有最后一点需要谈及。那就是广州士绅在帮助声援林则徐并归咎于琦善的过程中所扮演的角色。他们的援助也许仅仅对这场争斗的结果产生间接的影响，可是这些援助所释放的强度显然表明，林则徐对这群人中的许多人的想象力产生了影响。1841年2月，正当谈判悬而未决之时，广州城内突然爆发士绅领导的抗议，额外增添了最终促使怡良毅然揭发其同僚的压力。抗议的直接背景是，城中传闻琦善私割香港岛，署两广总督不确定是否将这种擅自行动的证据呈报北京。受到这个消息的影响，为了举行力劝署两广总督怡良参劾琦善的请愿活动，一位名叫邓淳的士绅"集郡绅于学"。

那时，这群郡绅前往琦善的衙门。梁廷枏讲道："入见者数十辈，琦善谓款夷出自上意，而诸君未识情形。"然而，在不得人心的琦善将这群不速之客送出官衙之前，他不得不讲了一下午应该如何对付蛮夷的问题。[34]

这仅仅是单纯士绅情绪的一种自发随意的宣泄吗？也许是。不过，人们不可能不注意到，此次事件的组织者邓淳本人是白云山学派的成员，起初林则徐发掘了他，因为他的才华为督办禁烟所需，而且他还是大佛寺绅士公局要员黄培芳的挚友。[35]那么，文官们故意将怡良犹豫不决的信息泄露给士绅，这种情况所激起的抗议更有可能是局内人所为。广州士绅此时表明了他们的立场。那就是支持林则徐，支持战争。

包围广州

根据广州士绅活动家的观点——此时他们几乎要陷入危险的战争洪流之中——推翻琦善和救赎林则徐的消息无疑非常可喜，至少在开始阶段。讨厌的满人钦差终于离开了。他差点就成功地扳倒了他们如此敬重的人，而且还曾无缘无故地凌辱士人，粗暴地说他们并不特别理解这场冲突的关键问题。诚然，林则徐尚未完全得到谅解。同样诚然的是，林则徐不久将要永远地离开广州。可是，林则徐的调令和将琦善"革职锁拿"的命令几乎同时抵达广州，而林则徐的调令至少弥补了部分损失。据说，新总督是汉人，名为祁𡎴，他本人虽然不是翰林，但是他出身于一个翰林家庭，他因在政府决策方面与地方学界领袖密切协商而出名。此外，祁𡎴不久前刚刚任满六年广东巡抚，因此当判断谁是地方精英舆论的代表时，他无须多问。[36]至少，一瞬间，亲林则徐的广州学派仿佛将要在涉及他们的两个问题上如愿以偿：战争将会继续，正如希望的那样，而且广州这里由地方精英而非满人控制。

然而，在此之后，一种新的更加不祥的趋势开始逐渐发展壮大，这种趋势源自英国人和清廷双方所采取的行动，而这完全超出了广州精英的控制。先是在完全没有征求广州地方官员意见的情况下，清廷在北京决定将珠江三角洲转变为与英军对决的重要舞台。此时此刻，满人的军事精神在京城显露无遗，而广州官民所遭受的苦难和丧失自主权的代价确实将会非常沉重。约 17 000 名士兵正在开往广东前线的途中，他们将在那里持续作战，不惜牺牲省府及其民众——更确切地说，直至他们能够攻克英国在香港新近攫取的岛屿要塞。[37] 而且，清廷将珠江战场的最高军事指挥权授予皇侄奕山，而奕山的从政经历仅仅是曾在新疆镇压过穆斯林的起义。[38] 广州士人在与琦善论争期间已经受够了满人的傲慢自大和专横跋扈，对他们而言，这些变化前景不妙。对于他们中那些真正相信这场战争确实能够像打海盗的消耗战那样打的人（例如梁廷枏）而言，整个行动似乎从一开始就是完全愚蠢的。当战斗目标是挫败敌人时，为了谋求一次荣耀而耗费清朝有限的资源能有什么意义呢？

然而，还有更糟糕的消息传来，而这次则是来自敌方。义律并未受到清廷决定在广州展开军事集结的胁迫，1841 年 2 月底，他决定不再继续谈判，而该重新实施军事压力。在虎门附近打了仅仅一周的海战之后，英军已经完全控制要塞外围，这里护卫着通往广州的水路。在清朝临时指挥官杨芳同意缔结茶和丝绸季节贸易的协议后，英军在那里停驻了十周。可是，到了 5 月 17 日，在新买的货物安全运出珠江河道后，英军再次采取行动，慢慢地包围省会。英国似乎要教训清廷，以便永远消除清廷对英国海军实力的任何幻想。[39]

正是在这种突然之间变得万分严峻的背景下，第一批公开行动促使大佛寺绅士公局的士人们直接卷入地方自卫组织。这既是士人们自发的，同样也是总督衙门的想法。根据所有现存的记载，事实上，祁埙似乎才是地方精英准军事动员初期真正活跃的人物。或者因为他完全不相信奕山的军事才能，或者因为他怨恨不得不执政，实际上，作为满人将领的上司，这位新总督从一开始就表现得特别急于和城中林则徐派的学界领袖合作，以便逐步建立起以民众为主的第二条防线。因此，这位新总督委任了三位士人担任他最初的顾问。其中两位是新上任的书院监院：梁廷枏，1840 年林则徐选任他为越华书院监院；黄培芳，1838 年邓廷桢任命他为学海堂学长。第三位余廷槐，他可能是黄培芳的书院门生——我们没有足够的传记材料加以证实。[40] 与之相应，通过梁廷枏，祁埙似乎多少获知解职翰林李可琼以佛山——近郊的制造业重镇，位于广州城西南方约 10 英里处——为基地募集了一支地方精英资助的武装力量。根据推测，如果事实表明放弃省会是明智之举，那么这支武装力量将会在省府撤退时提供保护。⁴¹最终，祁𡎴又一次与书院精英合作，解决保卫广州城的问题。1841年4月底或者5月初的某天，黄培芳安排大佛寺绅士公局的士绅为一支专门在河上作战的"水勇"筹集资金。这支水勇的指挥官是林福祥，他是来自澳门的生员，是黄培芳的门生。通过林福祥，又从珠江三角洲的边远地区招募了约500人，他们不仅熟悉广州城周边的地形，而且还精通河上作战方式。⁴²凭借这支完全来自民间的水勇，祁𡎴实际上获取了在广州近郊展开军事行动的自主能力。祁𡎴将这支水勇驻扎在该城的北部，远离奕山曾经准备在河上全面进攻英军的那条战线，这也许表明祁𡎴看不上奕山的指挥才能。⁴³

与此同时，正当祁𡎴日益促成广州的民事政府机构与大佛寺绅士公局的士绅结盟，并因此为他自己提供了一支以民众为主的后备军时，最高统帅奕山正在变得越来越超然地面对同样这群士绅军事家。梁廷枏有些烦恼地想起，这位满人权贵远离大佛寺绅士公局的事务，始终拒绝为此会见该局的领袖和其他任何学界的军事专家。用他自己的话说，这位将军"太忙于"筹备战事，没有时间听取如此建议。他明明知道这种建议是"纸上谈兵"，"脱离现实"，那他为什么应该听呢？⁴⁴更令人发指的是，甚至在这位清朝宗室、道光帝侄子终于明白他在水上进攻英国舰队的雄图需要某种独立水军运送他的军队和搜集情报后，奕山仍不接受梁廷枏的建议，即利用士人从珠江三角洲的船民中征募一支这样的水军。奕山认为，要是相信广州民众可以扮演这种角色，那么恰恰会为敌人培养出更多密探——毕竟谁能相信珠江沿岸这些总是"背信弃义的"民众呢？相反，更好的办法是从邻省福建雇人，即使这确实需要更多时间。结果，当中英最后的决战来临时，奕山仍然没有他自己的水军。⁴⁵

因此，随着广州之战的临近，指挥层已然明显分为两个不同的阵营。名义上，军事控制权属于"靖逆将军"奕山及其下属隆文和杨芳，还有他从内地带来的由17 000人组成的不受欢迎的"精锐"之师。军事组织新生的第二层显而易见是一支以民众为主的团练，由大佛寺绅士公局的士绅和祁𡎴共同领导。这支团练的领导者也许还不清楚如何使用这支部队，如果战争还要进一步向上游蔓延，这支团练的目标是什么。然而，其指挥者肯定知道一点：他们急切地希望摆脱奕山及其野蛮、费用浩繁、不堪一击的军队。这件事的说法以最确凿无误的形式反映了这一意图。其中，奕山和他的军队（并非不公正）象征着广州防御体系的笨蛋，同样可以预料到的是，士绅的准军事组织（不太准确）看似是他们家乡最后一刻的救援者。广州胜利的矛盾传说即将诞生，不过，这个传说并不怎么同情满人统领的军队。

三元里

在亦悲亦喜的广州之战——1841年5月最后一周爆发，当战争达到高潮时，清政府决定以600万银圆赎回该城——中，最后的情节对恰在此时开始变得严峻的更大规模的中英之争的结果而言，没有多少实际意义。英军离开珠江口，不久整装第二次向北推进，这次进军的目的是深入长江流域的中部地区，清帝国的补给线似乎在那个地方最为薄弱。[46]随着英军展开新的军事行动，英国人距离他们所追求的政治胜利和贸易让步越来越近，广州的事态似乎越来越是次要问题，英军转向更巨大、更重要的战役。

可是，在那些遭遇失败的人们的心中，同样一场战争的记忆不会如此迅速地消除。至少，对清廷而言，英军同意拿着赔款撤退，这很快被认为是义律不知所措的证据。最终（正如故事此时将被断言的那样），他被广州城的"民众"和一大群村民吓倒了，这些人跟随他们的士绅领袖奔赴战场。更令人惊讶的是，同年底，这件事成为一种证据，证明其他地方的战争应该移交给以民众为主的团练。甚至连皇帝都暂时有了就这样做的念头，不过他最终并未完全相信其可行性。

包围广州最后几天发生的事仅仅部分地解释了这将如何发生。我们将立即转向这个故事的其他方面，关于这些方面，我们有必要探究这里和沿海其他地方官员和士人的行为，这些官员和士人为了有力地要求满人统率的常规军撤出战争，决定将这件小事解释为例证。我们要先来看看在战斗的最后几天中广州的实际情况。特别是我们要了解城北发生的特殊事件，当时英军和乡村团练民众发生短暂冲突。这就是所谓的三元里抗英事件——在官员和文人的支持下，这次事件不久在清朝的政治世界里被视为"民众"能够对付敌人的实证。

这次事件发生于1841年5月30日到31日，地点是三元里，这个村庄位于广州城北仅仅几英里的地方，郭富（Gough）将军的军队正在附近等待商谈赔款的结果。关于究竟发生了什么，魏斐德对此次事件的敏锐研究，有助于得出一些有趣的观点。他认为，战场上突然出现约 10 000 名乡勇，他们趁着天气阴雨暂时成功围困住一队印度兵，这并非是广州城内士人或者官员事先安排的结果。郭富不知不觉无意之中遭遇了一种乡村自卫联防的传统。由于听说英国士兵和印度士兵开棺暴骨、奸淫妇女，三元里的村民义愤填膺。他们依照历史悠久的抵御共同的外部威胁的传统做出反应，首先向前进发，希望通过显示大量人力胁迫侵略者。为了实现这个目的，100 多个村民在几个小时内动员了超过 7 000 个初步武装的人。当英军对抗这支武装，并试图用火炮驱散他们时，事情也许比想象的还要难以控制。这时，一个印度雇佣兵连和他们的英国军官在稻田中突然遇到雷雨，无法使用他们湿透了的火枪。乡勇立即攻击这支部队，在援军能够营救这支部队前，约有 15 人受伤，1 人死亡。转天，英国军队仍然顽固地拒绝从该地区撤退，一支甚至更大规模的乡勇开始集结。然而，到此时，广州已经签订了赔款条约，清军指挥官决定不再继续作战，派广州知府余保纯和几个部下到现场，命令乡勇领袖解散他们的部队。[47]

这就是这件事的大致情况——也许除了城内贴出一些神秘而愤怒的告示，警告英国人不要回到三元里。显然，这仅仅表明，愤慨的村民将为保卫他们的家园和村社不会受到潜在威胁而战。当然，义律和郭富都不会非常认真地对待这件事。

然而，实际上，从这件事发生的那一刻起，广州城的儒将和他们在省府行政机构的盟友似乎已经决定，乡勇的进攻已然证明团练能够阻挡英国人，而奕山和他的军队却不能。他们重新将他们听到的这个故事改编成若干不同的版本，不久创作出一系列令人心悦诚服的文告，描述三元里那些默默无闻的乡绅积极威胁要将英国人扔进大海，还有"懦弱的"清朝大臣和"劫掠的"士兵，在最近的斗争中，他们在英军面前溃逃。

事实上，似乎是大佛寺绅士公局的士绅们首先受到这种想法的启迪，即借助三元里团练领袖的声音实现这一系列特殊的宣传意图。他们产生这个想法的原因，可能是一篇短短 300 字的告示，乡民们已经在城市的公共场所张贴了这个告示，以便使"图谋报复的"英国蛮夷不敢如期攻伐。可是，之前的告示（被称为"痛詈鬼子"）曾是乡野之事，都是俗话和"远离我们地盘"的虚张声势，没怎么涉及广州军事政治高层士人对抗官僚的微妙局势。[48] 相比之下，在后来张贴的由城市士人创作的三份告示中，语言变得更为优美，更为古典。抨击的要点亦有所不同，从强调乡民的"勇猛"转向强调将领的不负责任和愚笨。从此，这种论点不可避免地延伸为一种推断，即必须允许"义民"以他们的方式作战——也就是说，无须讨厌的外省绿营兵的毁灭性存在。[49]

如此，《住广州省城并各乡居民申谕英夷示》中说："因仇同愤，何烦长官操戈，振臂一呼，自足歼诸丑类。"[50] 此外，在另一篇名为《珠江之泪》的匿名告示中，作者强调两个不同的情况，政府士兵越来越残忍，他们比"鬼子"或"蛮夷"给当地民众造成更多死亡。接着，它继续控诉广州的当权者使广州市民割舍巨额赔款，"阻拦"乡民自卫（这里提及5月31日知府劝退三元里义勇抗英一事）。[51] 最终，在篇幅最长、最有说服力的一篇城市创作的告示中，作者两次重复（在他们的威胁下），如果战争继续进行下去，不需要省府的"官兵"。相反，"即用我等义民"，"自己出力，杀尽尔等〔英国〕猪狗"。[52]

很明显，后来这些告示所反映的成见，不是乡民义勇的，而是城市士人战略家们的，这些月来，他们一直对奕山军队的所作所为感到恼火。那时，他们只能一直撰写，表达他们对最近事态的叙述，广州的士人们想要将之宣传给更广阔的政治世界。诚然，其中一篇作品（《鲛泣录》）甚至还承认要号召"普天下仁人君子，广布斯文，俾直阁、贤臣、谏台、御史，有能忠心为国，矜悯无辜，得知此段芜文，肯作虞廷之耳目"。[53]

毫不奇怪的是，未来几个月间，三元里义勇的告示确实传抵北京以及其他地方，在那里凭借文人的通信网络和某些官员有力的游说而加速传播，这些官员和祁墡本人一样，苦苦地反对清政府似乎决定要打的那种战争。作为其中之一，白云山派诗人和大佛寺绅士公局领袖张维屏，似乎一直感到非常忧虑，世间应该获悉三元里的真正意义。为了确保如此，他为这件事创作了一首感人的短诗，附和那些广州告示所表达的情绪，这首诗将会通过士人诗歌网络广泛流传。[54] 与此同时，1841年秋，适逢南城文人、广州翰林骆秉章*回乡探亲后返还京城，他向朋友们散发了大量有关三元里和广州其他近况的民谣，所

---

* 骆秉章于道光二十三年（1832年）考取进士，选为庶吉士，不久以编修被提升为监察御史，后历任湖南巡抚、湖北巡抚、四川总督。——译者注

有这些民谣全都颇具说服力地展现出民众的英勇和奕山之军的怯懦。55

甚至在年终前,三元里事件的告示似乎在广东以外地方的士人中赢得广泛的读者群,这表明张维屏、骆秉章等人的努力实现了他们的意图。如此,我们发现方东树(此时再次回到他的故乡桐城)在一篇诗作中记载,他在1841年秋季仔细阅读完一些文献,并且深受感动。同年晚些时候,甚至在浙江,一位暂居故乡瑞安的南城官员孙衣言*在接到相似的素材后提笔赋诗。56

与此同时,当北京和其他地方的诗人帮助传播三元里的捷音时,广东和其他沿海省份的文官也在这样做。这是可以理解的,鉴于1841年秋英国开始入侵长江流域,随之而来的是,清廷突然调派更多清军前往同一地区——数量之多令总督、巡抚大感惊愕,如刘韵珂、颜伯焘(浙江)和梁章钜(江南),他们此时不得不面对恰恰是祁𡎴忍受了几个月的同一问题。很自然,在这种情况下,应该有更多官员对三元里发生的事情感兴趣。即使如此,某些新近才改变想法的热心官员在游说朝廷认可三元里英雄事迹过程中所展现的胆识是有目共睹的。57

广东按察使王庭兰也许是首先试图将官方对三元里的兴趣散布到广东省以外的人。1841年年中,王庭兰致函同窗福建布政使曾望颜,信中谈到三元里战役的整个内幕。曾望颜和他的同僚从王庭兰那里获悉,村民们包围了一支"1 000多人"的敌军,杀死其中"八十或九十人",打伤很多敌兵,要是奕山派去他的援军帮忙的话,肯定消灭全部敌人。可是,这位大将军反而担心,新近签订的停战协议将在英国人的盛怒之下沦为牺牲品。因此,他什么都没做,让一个取得胜利的绝妙良机白白溜走。不过,王庭兰告诉曾望颜,这正是如此无能懦弱之人不出所料会做的事。58

然而,这件事至此并未结束。曾望颜立即将王庭兰的信上呈给他的上司、闽浙总督颜伯焘,颜伯焘转而将这封信和一封热情洋溢的附函直接呈奏给皇帝。当皇帝询问新近署理两江总督的梁章钜他对这个传闻的看法时(我们应该注意到,梁章钜刚从江西调来,而江西紧邻珠江上游,梁章钜在江西能够亲自搜集珠江战场上发生的事件的信息),他得到的答案甚至比王庭兰的信更加热烈颂扬乡勇。实际上,梁章钜特别确信有关这些乡勇的传闻的真

---

* 孙衣言(1814—1894),字邵闻,号琴西,道光三十年(1850年)考取进士,翰林院编修,历任上书房侍讲、安徽按察使、江宁布政使等职。——译者注

实性,而且他还热切地期望皇帝像他那样确信,这位总督甚至冒昧地将一份三元里告示原件放进他的奏折里。[59]

无论如何,仍然是朝廷将要做出的决定对三元里故事的可信性意义特别重大。一位督抚大谈令人惊叹的广东乡勇是一回事。可是,希望皇帝仅仅以这些传闻为基础遏制他的战略冲动,召回他的将领,将他的精锐之师撤出长江门户省份,却是另一回事。可是,道光及其内阁谋臣到底对这所有一切如何理解?如果他们也相信的话,那么他们将会如何做呢?特别是他们会同意祁𡎊近来首开先例地要求朝廷允许将奕山的残军永久撤离,并代之以一支由36 000名当地乡勇组成的团练吗?[60]一个在传统上拒绝和地方士绅阶层分享军权的政府能够接受这种先例吗,即使是在广东?

事实上,朝廷最终并未对这些问题中的任何一个问题做出裁决。不过,至少在两个有限的方面,三元里事件宣传者想要的战略变化确实发生了。第一个方面,也是最重要的方面,朝廷决定不以新的外地军队代替奕山的残军。1841年10月31日,身为满人的京口副都统海龄以最强烈的措辞请求皇帝,立即调集其他省的官兵前往东南沿海地区。海龄认为,这是必要的,以便给广东之战增添新鲜血液(这种想法笼罩着这位将领,因为他自己的军队将要遭受攻击)。此时,长江再次面临英军的攻击,极为重要的是,清廷应该对英国在香港的殿后部队再次施加压力。海龄强调,对于这样的战斗,只有最精锐的北方军队才能胜任。[61]

可是,道光皇帝不允许这样做。于是,皇帝仿佛要为他的拒绝增添更多的战略色彩,六天之后,他下达一份不同寻常的谕令,作为原则问题,他承认应该动员沿海各地的乡勇,不仅在广东,以便缓解更多的调动精锐部队的需要。事实上,这种新命令和决定将战争移交给士绅率领的团练,还是不太一样的。道光皇帝并未提到真正撤离派去的军队。实际上,其真正所指是,朝廷此时特别担心英军可能进攻天津或者东北,因此不能再为南方抽调精锐部队。长江下游文官们的磨难还远远没有结束。[62]

然而,按照广州官员和士绅的视角,11月5日谕令还能以最积极的方式解读。至少,不会再从北方或者内陆调来更多军队。而且,乡勇有益于打击英国侵略者的战争这一"原则"最终得到承认。这是他们取得的重大政治胜利。不过,这依然是广州士人所缔造的那个神话的胜利:三元里"胜利"的神话。

准军事的现实

我们叙述完清廷在东南沿海地区打——或者认为它曾经打过——的颇为奇怪的第二场战争后,这里有必要论及广州将要发生的最后一系列事件。这些事件起因于总督祁塿和大佛寺绅士公局士绅的行为,并非在省外的政治游说领域,而是与重组政府在广州附近地区实际的军事部署相关。1841年至1842年的秋季和冬季,或多或少随着准军事组织在朝廷的战略修辞中声名越来越好,广州的当权者着手将地方精英的忠诚之声和自1841年以来一直令北京震惊的民众自发抗英斗争转变成一支独立实在的军事力量,这支军事力量专门由广州人自己提供支持和控制。在这方面,他们将会取得颇为引人瞩目的成功。到战争结束时,40 000名左右士兵加入军队(相当于省府兵员常规定额的近一半),从理论上讲,这种军力足以抵挡英军发起的另一轮进攻。[63]另外,他们全部集结于省会附近,到了1842年,不再是绿营兵,而是这些新军负责巡查珠江口错综复杂的水湾和溪流。简而言之,广州实际上将独立于军事官僚体系,几乎完全处于地方精英准军事武装的控制之下,这种情况不同于战争期间或者战后帝国沿海其他地方的情形。这是如何实现的,而且,北京如何看待这种转变的战略意义(就它自己的战争目标而言),这两个问题是我们现在必须要解决的。因为这两个问题显然将在战后对北京和广州的当权者如何处理遣散准军事组织的问题产生重要影响——这是战后在中国的这个特殊地区最为棘手的政治问题之一。

1841年6月英军撤出珠江之后,义律和清朝皇室奕山同意的停战协议规定,所有仍在该地区备战的清朝正规军撤出广州约二十英里。[64]那些打着政府旗号的部队因战败而士气低落,加之害怕抢劫和偷盗,这加重了军事调动所导致的军事真空所造成的影响,军事真空使民政当局和地方精英必须做出某种安排,以便维持城市及其周边乡野的治安。[65]换言之,围攻期间佛山和其他地方胡乱建立的特定军事结构,此时将被某种更为系统化的武装控制结构所取代。可是,这到底该怎么做呢?

当然,在理论上,无法解释这为什么不能仅仅通过将这种团练系统化并延伸到所有地区来完成,团练在三元里和省会北部山区散布的其他村庄特别成功。那里的乡村自卫传统根深蒂固,适宜招募一支庞大的乡勇,他们的士气高涨，甚至足以暂时经受住英国火炮的考验。据推测，乡勇可以很容易地解决来自内部的威胁，而且这样做，没有随供养一支完全专业化军队而来的费用或者政治论战。

然而，正如随后的进程将会展现的那样，仅仅像团练这样非官方的乡勇组织方法不足以服务于更为艰巨的地方安保需要，祁墳和大佛寺绅士公局的领袖们意识到这种地方安保需要，并且打算要满足：这种需要包括既保护不受外国人的攻击，又保护不受当地组织良好的匪徒坏蛋的袭击，这些匪盗常常控制着珠江三角洲某些更四通八达的河段。[66]

首先，广州新上任的军事计划者显然确实害怕英国人可能再次对广州进行"劫掠"，并且决定如果英军再次劫掠就给其造成尽可能大的损失。唯有这样的考虑能够解释修建新的河流要塞和在进入珠江三角洲的几乎每个点上设置各种各样障碍（沉石船、打桩、拉锁链等等）的巨大努力。[67]然而，为了控制和巡查这些防御工事，祁墳需要某种常备军，任何时候都可以调用，不仅仅是在紧急情况下调用。再者，还要筹集资金，支持这些新的河防——这些资金几乎无法从乡村攫取，乡村已经受到他们自己义勇的保护。[68]最后，在珠江三角洲的某些地方，地方社区自身无法满足内部安保需要。这些地方包括有城墙的广州城及其卫星城镇，诸如西南十英里的重要制造业中心佛山（人口数量为200 000）。不过，这些地方还包括大片农村地区——特别是珠江三角洲由盐沼开垦而来的河口沙坦。这里的主要居民是短期佃工和船民，而不是定居的乡民。在这些河口地区——顺便提及，许多城市书院在此拥有地产——社区太过零碎，秘密社团掌控的保护集团太过活跃，以致无法将巡查工作委托给地方志愿兵。[69]

所有这些考虑因素促使负责的广州当权者相信，他们必须组建一支完全专业化并颇具集中性的三角洲护卫队，用以补充三角洲上游某些地区存在的三元里式的自卫组织。事实上，广州之围解除后，祁墳向北京汇报军事重组事宜的首份奏折（1841年9月呈送）已然坦承这种必要性。（尽管我们也许会说，假设的解释——在三元里反抗英军的这种乡勇"不愿"离乡背井"作战"——只是故事的一个方面。）[70]在12月，在批准普遍组建团练的谕旨于1841年11月下达后祁墳撰写的第二份奏折中，他能够更加直接地报告他正在进行的部署。北京获悉，此时在册的庄勇逾30 000名，他们募自潮州、香山、顺德和东莞的渔民，合起来组成从几百人至一千人的水勇，负责保卫沟渠遍布的三角洲的各个关键位置。[71]

这支水勇的庞大规模使我们不禁产生疑问,即靠什么养这样一支水勇,因此我们转到下一个问题,涉及它为士绅掌控的拥有土地的集体所有机构(主要是书院)提供的收费服务,这些机构在沙坦拥有带来租金的地产。1841年秋季或者冬季的某个时候,祁𡎴似乎被说服,允许广州的大佛寺绅士公局承担某种类似最高颁证机构的职责,负责批准并监管珠江三角洲下游沙坦的开发。随着这种体制最终得以实施,在这些地区拥有地产的相关城厢组织要从广州这个新的集权化的团练机构购买承认他们拥有地主权力的许可证。凭借这种承认,土地持有机构将有权受到大佛寺绅士公局之水勇的保护——这种保护既针对秘密社团所操纵的强势敌对组织,也针对不守规矩的佃户和养殖者。就其自身而言,大佛寺绅士公局将为许可证收取年费,这笔钱将用于支付水勇。[72]

1842年底,广州的当权者从这一小小的开端肇始,继续推行一项甚至更为艰巨的计划,包括为黄埔河道外围的新围垦工程签发许可证——这些事务同样由广州绅士公局管理,并由其武装巡护。此时,省政府似乎决心要将珠江三角洲地区几乎所有开垦工程的转包和监管交给坐落于省会、一个由士绅单独运营的集权化机构负责。[73]

很显然,问题的关键是诱使珠江三角洲的地主们从口袋里掏出钱来为军事重组集资,同时又要避免因税收过高而招致抗议。考虑到特定的目标,这种安排相当实用,为在外地主如实提供改进的安全管控,以此作为对他们向大佛寺绅士公局支付额外费用的回报。此外,按照省府的观点,无论沙坦巡逻部队如何有效或者无效地与英国人作战,仅仅根据这种体制对内部秩序所做的贡献,就已然可以断定这种体制是合理的。此时祁𡎴至少拥有将近40 000名报酬高、装备精的兵士,维护政府在珠江三角洲三叉河口的权力。与1841年年中就已经存在的危险事态相比——就此而言,甚至与战前就存在的万般混乱的情况相比——这肯定是地方法律和秩序的巨大收益。事实上,这一改进如此重要,也许值得少许夸张地报给北京,以便使皇帝青睐这支新"军"。

所有这些不禁促使我们思索,这个规模宏大的军事重构计划如何被描述给北京,而且,北京就其本身而言倾向于如何看待祁𡎴的这项特别另类的革新。当然,最初祁𡎴打算将他的措施描述为对清政府抵抗英国人所采取的军事行动的重要贡献。这位总督不得不这样做,因为确立准军事组织合法性的一个主要原因是,正如我们所述,让朝廷将客兵撤出广州。在这种情况下,一个必然的结论是新军只能是比奕山大军更难对付的劲敌。实际上,皇帝就是这么听说的。[74]

此外,至少在开始阶段,皇帝似乎真的愿意相信这些话,这或许只是因为(在1841年11月后)除了从外部重建广东军外,确实不存在其他选择。然而,1841年至1842年冬季新"军"表现迟钝,当时,对北京而言,向香港发动某种攻势突然变得极其重要,皇帝对"新"军的惰性深感失望,于是他越来越不愿意相信这些话。决定召集祁𡏾的乡勇进攻英国人在南方的重要基地的背景是,长江下游战场的决战一触即发。清廷为遏制敌军向大运河和南京不停进发做出最后一次努力,下令发起最后的反击。为此,清廷调集了约30 000人的部队(包括来自内陆省份的10 000名土兵),以便从三面大规模地进攻英国人在浙江东部沿海的据点。[75]然而,在北京和前线浙江,有种想法越来越强烈,即如果英国有必要为缓解香港的压力而撤离其舰队或者部分舰船,那样则会大大增加清廷的胜算。广州乡勇应该非常适合做这样的事,因为他们在当地土生土长,而且按照道光皇帝被告知的,他们擅长"水战"。那么,除了让这些勇敢无畏的水军进攻香港岛上的英军外——或许在一次大胆的夜袭中,预先安排维系香港岛运转的华人苦力和仆佣发动兵变,以该岛哗变作为后盾——还有什么更适合的部署呢?[76]

尽管主张、恳请、要求发动如此攻势的谕旨简直如洪水般扑向广州的奕山和祁𡏾,但是这种攻势却从未发生。奕山先是将这解释为地方军事当务之急的问题。广东军队要等到珠江三角洲的防御无懈可击后,才能主动出击。否则,他坚持认为,乡勇无法满怀信心地走(或航)向战场,无法确信他们自己的后方会免遭英国人的反击。不过,到了1842年1月,奕山愿意更热心一点。他承认,广州乡勇确实不想在海上——显然乃至在九龙港埠——对抗英国人。可是,这不该被视为他们对清廷的效用的消极评价,因为在广州成功实施的防御是比直接进攻其最坚固的据点更好的作战方式。此外,至少按照奕山的观点,清廷在香港海湾对面的军事筹备进展迅速,这令新任英国全权代表璞鼎查(Pottinger)颇为担心,并促使他在香港海湾部署更多战舰,这些战舰此时停泊在那里,消耗补给,却无法协助他们的北方战役。[77]

对道光皇帝而言,所有这一切是非常恼人的,因为在他接到此奏折的那一刻,浙江的清军被敌人强大的海军火力击败,仓皇逃散。他渐渐勉强得出两个艰难的结论。第一,不得不再次寻找谈判的机会。为此,满人将领耆英于1842年4月受命前往杭州。第二,广州的乡勇已然证明他们自己毫无价值,将要受到削减。因此,4月13日,奕山——他曾经声称敌军舰船停泊在香港,此时他的这些话被公开痛斥为"绝对的胡说八道"——受命开始采取这些行动。如此,朝廷和广州地方政府在广东新"军"的命运问题上开始产生冲突。[78]

可是,对广州人,甚至对奕山而言,这场争斗似乎尚在遥远的未来。迟至1842年10月,当这位靖逆将军将要启程北上时,他仍告诉皇帝,"阖省士民"感谢他允许"练勇保民",因此"他省多受兵燹之苦,而粤东尚未甚遭蹂躏"。[79]广州人至少还得承认,他们在对英作战中并未赢得"独一无二"的胜利。

第五章
有关战争的争论

本书的主要论点之一——鸦片战争危机期间文人的政治抱负激发了一种内向的思想僵化——看似与1842年文人对战时防御和外交政策兴趣的惊人爆发几乎完全矛盾。在战争的最后几个月，或者《南京条约》签署后几年，居住于北京、热衷于政治的文人的作品集无不为帝国军队的蒙羞撰写苦涩的诗歌，无不撰写激昂的短文提出一个又一个迅速恢复军事自信的良方。

这股突然迸发的讨论和研究"海事"的热情并不囿于应景散文或者诗歌，一旦条约——以及开放新的通商口岸和割让香港的惊人条款——所造成的冲击过去了，这些很快就会被忘记。战后几年，文人出版了一些有关沿海防务和欧洲贸易帝国地理和政治经济的重要著作（尽管认识肤浅），其他一些作品以手稿形式流传。例如，姚莹颇受欢迎的《康輶纪行》和魏源甚至更为广泛引用的《海国图志》都是战败冲击的直接产物，有关军事和地理主题的其他一些散布不太广泛的书籍亦然，诸如黄爵滋的《海防图表》或者徐继畬的《瀛环志略》，后者隐隐地有些亲欧，直到1866年才解禁再版。其后，还有一些针对新近发生的这场战争本身——既作为外交的一个插曲，又作为军事计划的一项个案研究——的精心研究，包括最重要的魏源的《道光洋艘征抚记》和与其竞争、更富失败主义论色彩的黄恩彤的《抚远纪略》。[1]

比较战前几年的政治和思想环境，这本身似乎是一种惊人的变化；在某种程度上，认识到国际军事竞争的棘手现实，或者承认战前洋务大臣在与英的对抗中犯了太多错误，受内政原因蒙蔽，没能充分关注外防问题。和姚莹一样，战前政治舞台上热情洋溢的明朝复兴派文人领袖会说，19世纪30年代的士人太过故步自封——姚莹自己也包括在内。1846年或者1847年，姚莹在写给一位友人的信中，将清廷刚刚遭受的这场灾难明确归咎于政治和思想方面的内倾（introversion）：

> 夫海夷之技，未有大胜于中国也。其情形地势，且犯兵家大忌，然而所至望风披靡者，何也？正由中国书生狃于不勤远略，海外事势夷情平日置之不讲，故一旦海舶猝来，惊若鬼神，畏如雷霆，夫是以偾败至此耳。[2]

姚莹似乎在说，现在是文人全心全意关注外部问题的时候了。

当我们考察19世纪40年代逐渐主导北京政治舞台的政治联盟和论争时，情况也并非是文人的关注点突然发生外转。因为这些联盟和论争似乎也是精英内部对战争和外交的外部事宜意见不一的结果。众所周知，在南京谈判后最初的几年时间内，京城里主要的政治竞争发生于满人军机大臣穆彰阿和汉人军机大臣祁寯藻之间，穆彰阿支持朝廷采取退让政策，而祁寯藻（受到许多追随者的衷心拥护）则是投降政策最坚决的反对派。[3]而且，在这些派系一决雌雄的过程中（1849年至1850年双方的斗争达到顶峰），外交和军事问题发挥了非常显著的作用，我们将在第七章中加以探讨。例如，1849年后，反对派将充分利用这一事实，即对于清廷不容许外国人进入广州城一事，英国人没有诉诸战争（而他们的对手却坚持认为英国人会诉诸武力）。他们认为，这证实了更精通蛮夷事务的士人自始至终所说的那些——英国人在南亚和尼泊尔过分扩张，不敢冒险在遥远的中国引发另一场争端。1850年，当穆彰阿一党最终失宠时，皇帝本人宣称，穆彰阿在处理广州问题时过于胆怯，并将之作为决定将他们革职查办的主要原因。

表面上，文人此时全心全意更加留心他们称之为海事的领域。政治精英对外交政策问题的关注发展到如此程度，以至取代其他问题成为争论的话题，并刺激政治竞争。诚然，这种政治环境似乎和19世纪30年代的政治环境非常不同，比19世纪30年代的政治环境更加外倾，那时非常琐细的官僚机构改革和有关清朝政治体制的争论曾是高层政治的焦点。如果政治环境还不适合进行军事或者经济现代化，那么战争所引发的对外交事务的高度敏感不久一定会开始引导事情向那个方向发展。

结果，事情却并没有这样发展下去。新萌生的文人对外部世界的迷恋，没能导致强烈的自觉意识，也没能激发对使敌人能够获胜的军事和经济制度的积极评价。相反，这种迷恋恰恰导致相反的结果：后退到重新相信林则徐确实是正确的，相信西方海上强国尽管表面上坚不可摧，但只不过是虚张声势，根本不是需要重大体制改革的挑战。虽然战争引起深深的惊慌，但是惊慌最终却促使文人更加紧密地绑缚于中国战略自负的旧思想。

在本章和下一章中，我们将关注为什么这种观点会战胜其他观点。不过，为了实现本章的研究意图，我们将要关注这个世纪中期清朝政治环境的一个特征，这个特征与文人的战争意识及其可能引起的后果直接相关。这就是鸦片战争前春禊派和文人逐步构建的其他忠诚网络所施加的塑造意识的影响。当我们继续去分析战后文人观点的形成过程时，我们将有机会再三探察战前文人派系如何主导有关战争的观点四处传播所依赖的渠道，以及作为结果，为战争负责的文人领袖的自辩热忱如何被插进几乎每一个有关发生过什么的流行叙述版本。无须多言，三元里和乡勇战胜英国人的传说在这些叙述版本中扮演非常重要的角色。因为毕竟这一独特的事件（更确切地说，加于其上的虚假宣传）在某种程度上是决定维护林则徐力主的军事抵抗可行性的产物。

可是，不单单是要求关注在南方受忽视的胜利占据战后文人的政治想象力。在这批文人士大夫的战争论著中，同样重要的是，背叛和内部破坏的主题。例如，林则徐曾经发起大量反对琦善的宣传，这些宣传对事后文人会怎样理解战争产生了重要的影响。此外，还有其他相似的例子，它们曾唤起南城友人和支持者对战时政策进行争论并提出要求，残留的争论和要求向战后评论家提供可靠证据，证明失败的确来自内部——例如，著名的 1843 年台湾案，我们将在下面探讨。我们也不能高估这些极度感情用事的东西对文人愿意相信军事胜利真是能力所及的影响。因为，面对怯懦的满人将领和胆小的官僚大臣玩弄可怕阴谋的情况，广州的胜利受到忽视的说法恰恰貌似更加合理。

那么，我们首先解析战前几年构建的文人忠诚网络如何决定 1840 年至 1842 年中英战争细节的哪类信息会流传得最为广泛，进而试图理解这对战后文人政治意识所产生的影响。官员和将领联合挫败强敌的过程中发生的背叛故事，在这种内在的文人观点中占有重要地位，即使仅仅因为这种私人文学有很多都源自文人领袖对其对手的羞辱。因此，让我们通过尽力重构两个众所周知的背叛传说，审视探究忠诚网络的文献论著，这两个故事一个是直隶总督琦善陷害林则徐，另一个是厦门钦差大臣怡良弹劾台湾守将。

琦善和天津谈判

毫无疑问，流传最广泛、最可信的官僚背叛故事是，1840年底林则徐被革职，身处广州的钦差大臣琦善取代了林则徐。为了简要地回顾这件事情的来龙去脉，我们要回溯到前一章，1840年8月，义律抵达天津附近的大沽，紧随其后的是一支负责支援的海军中队，于是林则徐突遭革职。这个意外之举令直隶总督琦善和朝廷措手不及。尽管无法确定即使在更加有利的情况下，大沽炮台是否能够守得住，但随后的责难之声反而集中于大沽缺乏有效的防御措施是谁的错。[4]

根据琦善的观点，同样也是道光皇帝的观点，首先谁错了似乎毫无疑问。正如我们已经指出的那样，林则徐完全没有留意到英国人也许会进攻北方，事实上，英国人进攻北方时，为时已晚，清廷无法采取任何防御行动。林则徐之所以如此，是因为他仅仅没有预料到英国人的这种做法。

然而，林则徐对此事有（或者不久后产生）其他看法。在他流传最广的一份自辩书（他于1841年2月写给沈维鐈的信）中，他阐明他自己对此事的看法，这里他对发生过的事情，提出两个新的（并且是完全错误的）主张。此时，林则徐坚持认为，实际上他预先提醒过可能会有进攻。如果这些提醒没能得到认真对待，那么要归咎于浙江和直隶地方政府的胆怯或倦怠。第二，义律选择天津作为主要目标，在林则徐重塑的历史中，此时只是"佯攻"或者"吓唬"——寻找清朝防御体系弱点的一次试探——其发生只是因为林则徐挫败了他们的最初目标：夺取广州。这两个主张都没有令人信服的依据。可是，让我们暂停片刻，听听林则徐的说辞，因为这不久将成为反对派的"正式"观点：

> 其时外夷震慑天威，将趸船所有鸦片，尽行奉缴，未尝烦一兵折一矢也……而奸夷即已窥知内地人心不一……此后蜃气楼台，随时变幻，造谣者亦如蜂起。犹幸粤疆严备，屡挫夷锋，而杜绝贸易之旨，先从内出。其窜往沿海各省，本在意中。则徐奏请敕下筹防，计已五次，并舟山之图占，天津之图控……若直省则亦因前次覆奏水师不必设，炮台不必添，迨夷船驶来，恐蹈浙江覆辙，是以别开生面，意在甘言重弊，释

憾快心，即可乘机而了目前之事，却未计及犬羊之欲无厌，即目前亦不得了也。[5]

事实与林则徐的说法相悖。首先，我们根据林则徐的军事顾问梁廷枏的陈述得知，林则徐选择怀疑早先（1840年春）有关英国会从印度派遣一支大规模海军舰队的报告。事实上，1840年4月，林则徐所谓的"提醒"只不过是一些主张，反对过分担忧正在上奏的英国计划派遣一支舰队北上的"谣言"。然而，更重要的是，选择天津而非广州作为痛点的筹谋是在伦敦做出的，而不是在中国前线做出的，而且，早在1839年10月帕默斯顿的信件中就已然显露端倪。[6]因此，林则徐宣称已经"击退"敌人是荒谬的，他认为敌人选择大沽与他们决定寻找远离广州的薄弱地区相关同样也是荒唐的。

可是，钦差大臣林则徐却凭借这两个毫无根据的主张为自己辩护，这些主张不久成为许多文人闲谈此事的基础——显而易见，这表明林则徐的陈述决定了这些人的观点。

让我们来检视这种受林则徐影响、为这位钦差大臣申冤的文人观点的一些具体例子。一个流传广泛的说法出现于1841年春林则徐在战时通信的友人、蒙古族翰林裕谦写给一位同僚的一封常常被引用的信件中。恰恰写于广州解困之后的1841年5月，裕谦分析英国人的策略：

> 前两年广东防守严密，无计可施，遂攻踞定海，而其居心终不能忘情于广东。故又逞其奸计，择可欺者而欺之。遂往赴天津直隶督院处，递词乞抚，并有"中堂若赴广东，我们即可永远和好"之语。督院不识兵机，不知夷性，堕其计中，毅然以为己任。一到广东接署部院，即将兵船水勇概行撤去。[7]

而且，广州城也落入英国人之手。

对于另一位根据裕谦的陈述获悉此阴谋的文人评论家夏燮而言，这不过是实施最基本的军事战略，强攻不下，不如智取：

> 兵法攻其瑕，则坚者亦瑕。观于天津递书，林、邓被议，琦相入粤，虎门撤防，则其视粤也，如探囊而取物矣。义律本无就抚之心，特借琦相以破粤东之扃鐍，缄縢而后为，先战后商之，大言以胁之，虽欲不瑕，乌可得哉！[8]

义律以这种狡猾的方式，成功扳倒两个最强大的对手（林则徐和邓廷桢），清朝一方对转年春天义律夺取虎门炮台惊讶不已，此后不久默许其所有军队撤出珠江口。

　　林则徐自己对这一复杂事件的陈述在此显然是某种催眠术，无论是假设广州自始至终都是义律的首要进攻目标，还是将琦善描述成义律巧妙的迂回策略的牺牲品。同时代许多其他文人活动家——他们中的许多人似乎和夏燮一样，通过裕谦的信件了解到林则徐的故事——的战争奏折也存在这些相同的假设。例如，1842年底，来自广西的一位名为王锡振的年轻士人给他在京城的朋友们散布一封写给军机大臣祁寯藻的信件草稿，正如裕谦和林则徐的陈述，详述了英国的诡计。王锡振诚挚地提醒这位军机大臣，为了在广州"实现他们的图谋"，为了"牵连"林则徐，英国人费尽心机，使尽伎俩，他们的诡计证据确凿。因此，提请现任政府注意，不要再对如此彻头彻尾的欺骗浑然不觉。[9]此外，几乎在王锡振将他的信四处散布的同时，另一位德高望重的南城名士、监察御史朱琦如实回溯天津发生过的事时，得出相同的结论。在一首写于1842年年中的有关战争的动情长诗中，他再次指出，英国人"狡谋竟潜启"，"飞帆扰闽越，百口腾谤毁"，然后在琦善帮助他们除掉林则徐后悍然违背他们曾向琦善许下的承诺。[10]林则徐的话似乎差不多影响了每个人。

　　因此，作为林则徐英勇自辩及其公开化的结果，主导战后文人评论清朝何以在战争的第一阶段就遭遇失败的解释完全是自主的、内向的。义律的第一次北方之战和英国决定试图向琦善要的和议诡计，仅仅证实林则徐广州防务的实力和精巧。这种阴谋之所以成功，显然是因为清朝官僚机构允许许多诸如琦善之流软弱无能的官吏爬上高位。由此差不多可以得出结论，普通官僚故意破坏的也许是整个战争，而不只是战争的开始阶段，这些普通官僚抱定决心要保住他们的职位，躲避他们不想要的战争危险。正如一位深受林则徐影响的南城官员所写的那样，在南京谈判结束后不久，清政府在这场刚刚发生的战争中的所有遗憾表现可以归咎于这类官员的"预谋背叛"。似乎政府——或者至少其大部分官员——仅仅经历着战争过程，与此同时却暗中希望林则徐及其一党尽可能快地自毁前程。由于这种态度不断削弱清朝一方的力量，甚至这些"岛屿蛮夷"的空洞咆哮都可轻易取胜。[11]

台湾姚莹案

如果1840年至1841年林则徐与琦善之争首先使战争因自我拆台式的欺骗而致败的猜疑流行开来，那么第二件闹得满城风雨的文人事件使这种观点甚至变得更加令人确信：1843年试图解救台湾守将姚莹，使之免遭英国和满人对手的报复。在南城文人中，没有多少与战争相关的情节像这件事流传如此之广。同样毫不奇怪的是，我们也许记得，姚莹是继北京早期的春楔派利益集团之后伟大的领军人物之一，到他的生涯赶上（并几乎被毁于）1840年鸦片战争时，这十多年间，他招纳了许多热情洋溢的门生。此外，和林则徐一样，姚莹参与了促成战争的大部分政治策略——这种环境促使他在这件事中采取行动尽力展现他的智慧和荣誉，无论现实的情况可能是什么。[12]最终，姚莹认同古文派的核心价值观，这使其行为招致的争论变得更加激烈。给后世留下关于鲜活的道德榜样的文字，并表现得好似已经置身于"褒贬不一"的历史文本之中——这些价值观对姚莹而言，如同对桐城派的其他人，是士大夫生活的主要理想。[13]这种独特的心态促使姚莹甚至比林则徐更愿意宣传他的自辩。这还确保姚莹牺牲的故事甚至比林则徐在琦善和义律手下遭受的苦楚给战争"因阴谋而自败"的看法带来更多信心。

此时此刻，有必要介绍一下背景。1842年底，姚莹之所以与清政府发生轰动一时的争执，是因为他身为负责防御台湾岛的守将所采取的一系列行动。这些行动肇始于1841年秋季，这是战争进行过程中的关键时刻，当时英国人在新的领导下，向中国沿海和沿河的防御工事展开第二轮也是最后一轮进攻，到来年春季，他们将攻到南京城下。

为了我们当前的叙述，与这场战役相关的几件事，之后回顾时可被视为对台湾案的结果产生重要影响。第一件事是发生于1841年8月26日的厦门陷落，厦门守军没做多少抵抗。厦门是这新一轮战斗中第一座被英军占领的城市，厦门的陷落（与所谓的1840年邓廷桢成功防御相比）使朝廷立即勃然大怒。9月30日，时任两广总督、以好战著称的怡良接到命令调查战败原因。10月19日，他被授予钦差大臣的印信，负责福建防务。9月5日，英军为了避免耗尽进攻主力而撤离，怡良省却了夺回陷落的港口的讨厌任务。可是，一支外国舰队仍然停泊在鼓浪屿附近，在见得到这座城市的地方。英国军队继续使用该岛作为他们进一步向北采取海上行动的中途站和补给基地。[14]

大约在同一时间，一艘名为"纽尔布达"号（Nerbudda）的英国舰船运载着为长江战役而补充的几百名印度兵，被吹离了航线，在台湾的基隆港沉没。许多印度兵沦为清廷的战俘，地方官向北京恳请允许将他们作为侵略者处以极刑。[15]当这个问题在朝廷上被商讨时，第二艘英国舰船，双桅船"安音"号（Ann）航行到附近，在大安港——略微靠南的港口——附近沉没，其船员（这次包括18名英国军官）同样落入地方政府的手中。[16]到1842年6月，台湾的战俘营有149名印度兵和19名"白人"外国士兵。同时，姚莹获得许可，将大部分人处以死刑。1842年8月12日或13日，在完成审讯后，地方当局乖乖地执行这些命令。沉船后被俘者中，只有9名（除2名广东领航员外，大部分是白人）被赦免。[17]

尽管这些事件并不特别对此后将要打的这场战争的结果起决定作用，但是它们合起来使厦门的钦差大臣处于一种困境。依照他稍后递交的一份奏折，英军向厦门发动的8月袭击，导致用于防卫该港及附近澎湖列岛的所有重型战舰损失殆尽。依照这同一份奏折，他有权处置的资金不足以支持甚至如此不思进取的海军建设尝试，原计划用此取代那些重型战舰。[18]不过，将英国人逐出福建海岸——包括鼓浪屿和澎湖列岛——却是对他的预期。来自台湾的消息几乎也无法减轻怡良已然繁重的负担。诚然，北京先后发来的两道谕旨（1842年1月18日和19日到达），称英国海军增援部队预期抵达，以及怡良升任闽浙总督之职，收到这些消息后，这负担变得更重。[19]

可以想象，怡良所受的压力还包括，对其下属成功促使朝廷关注台湾的至少一丝嫉妒。紧随着一连串的军事灾难——包括厦门的陷落（1841年8月26日）、定海的陷落（10月1日）和宁波的陷落（10月13日）——姚莹对"纽尔布达"号"沉没"的奏折唤醒道光皇帝的尚武热忱。看来，皇帝的狂喜很可能是毫无根据的，因为"纽尔布达"号——正如姚莹自己后来承认——的沉没似乎与中国海岸炮台直接击中其后桅（台湾守将声称）无关。然而，道光皇帝对此还一无所知。他在姚莹的"捷报"上批道，"览奏嘉悦之至"。为了展现他的喜悦溢于言表，这位一贯吝啬的皇帝立即从福州拨发300 000两白银，用于增强台湾的防御工事，对抗预期的英国人报复。[20]据说，怡良勃然大怒："台道竟力可回天乎？"[21]

因此，随着战争进入白热化阶段，身处厦门的满人总督怡良（名义上的指挥官）和负责镇守台湾的难以控制的守将之间的紧张状态已然一触即发。然而，直至姚莹独自恳请（并且接到）皇帝许可处决两艘英国失事船只的幸存者时，这两位势同水火的官员才最终一决高下。怡良已经力劝姚莹不要这样做，因为（正如他告诉姚莹）如果这样做，在厦门港口对面的鼓浪屿的英国指挥官就会发现姚莹在做什么，以及威胁要入侵台湾。[22]可是，姚莹不退反进，这无疑令怡良大怒，只是他一时忙于其他事情。因此，随着战争接近尾声，这些问题一直存在。

然而，在这一点上，事态开始逐渐变得明朗，不久使姚莹及其支持者们相信，自从他的首次"胜利"赢得皇帝称赞以来，清廷内部就有针对他的官场阴谋。1842年秋，取代义律担任英国驻华全权代表的璞鼎查将姚莹的"战争罪行"（这在英国人看来是犯罪）一事提交新近签订中英《南京条约》的谈判对手、钦差大臣耆英。作为新兴的和谈派代表人物之一，耆英并非不愿开展璞鼎查要求的调查。就此而言，怡良也并非不愿意。因此，两位满人权贵仓促搜集的所有证据表明，姚莹实际上有意误报获得这些战俘的方式。[23]而且，在这些证据面前，道光皇帝感到不得不让步，1843年1月11日，他下令正式调查有关台湾兵备道姚莹和总兵达洪阿的指控，并不悦地说道："务得实情，毋稍徇隐。"[24]在短短两个月时间内，两人被押送回京，等待刑审——不过，判得非常轻，因为道光皇帝从不真正想要这样做，这样做主要是为了安抚曾经令人担忧的英国人。（最终，姚莹仅在四川西部边陲做了三年左右的小官。）[25]

这就是姚莹自己精心反攻的背景，他想要表明他的行为是可敬的，耆英和怡良才是罪魁祸首。特别奇怪的是，姚莹并未否认击沉敌船的说法是错误的。相反，他的策略是不承认这是他没核实下属报告所导致的失误，同时还坚称出于最崇高、最光荣的考虑，他才倾向于相信下属的报告。姚莹在有关此事的长篇信件中再三强调，极度需要清朝海战胜利鼓舞士气——这种需要超过"纽尔布达"号和"安音"号实际沉没的具体细节。同样，还需要至少一位官员堂而皇之地蔑视英国报复的可能，但愿以继续抵抗的意志影响大陆同胞。[26]

可是，这里让我们允许姚莹为自己辩护。1843年冬，从监牢中被释放后不久，姚莹以下述向一位同情他的友人（福建巡抚刘鸿翱）解释他的行为：

> 鸡笼之夷虽以冲礁，大安之夷虽云搁浅，然台湾擐甲之士不惮于登陴，好义之民咸奋于杀敌，乘危取乱，未失机宜。……其时夷焰方张，蹂躏数省，荼毒我人民，戕害我大将，朝廷屡有专征之命，阃外曾无告捷之师，宵旰忧勤，忠良切齿。郡中得破舟擒夷之报，咸额手称庆，谓海若效灵，助我文武士民，歼此丑类，亟当飞章入告，上慰九重焦愤之怀，且以张我三军挫夷锐气。[27]

因此，姚莹的蓄意而为，其意义在于鼓舞清朝官场萎靡的斗志和该岛忠诚乡勇的士气。而且或许，如果姚莹似乎为了不让人知道这种欺骗才卑鄙杀害那么多战俘，那么到此时全世界必然发现这种欺骗冒着巨大的个人危险，因此只是其意图可敬。

那么，优秀的军事领导主要是保持一种勇敢态度的问题。毕竟，由于台湾的士人和民众从未失去过勇气，因而至少直到这场战争结束为止英军的进攻受到阻挠，难道谎言没发挥作用？

这至少看似姚莹在有关此事的信中提出的另一个暗含的理由。因为，在写给他在北京和大陆其他地方的朋友的信中——这些信在他于1843年被捕前已经使他成为一个英雄——姚莹不断重复这一点，顶多是他自己的个人果勇维持着岛上将士和官吏的勇气，尽管他们面对艰难险阻。例如，在1841年年中写给京中一位春禊派同僚（梅曾亮）的一封信中，姚莹向他的故交提到，台湾局势甚至比大陆局势更加危险。因为在台湾，不仅要担心蛮夷，而且还要担心当地的确可能发生叛乱。姚莹认为："大要在不动声色，静以镇之。"[28] 又或，1843年年中，恰在他被收押之前，姚莹向方东树写道，官场中人鲜能"舍身家性命于度外"，或者以他们的"强毅果敢之力"得兵民心。可是，姚莹显然是个例外。[29]

如果明智的官员领袖如此果敢地保全颜面，并由此尽力将之转变成现实，根据同样的逻辑，怡良和耆英的谨慎现实态度和姚莹自己一样，更愿意相信他们自己的军事力量，不太考虑之前所遭受的挫折，那么谁能说可能会实现什么？

当然，作为一个有原则的人，姚莹自己不会说出任何名字。（只有一次，他似乎暗示怡良对其获得的称赞心存嫉妒，但却再没提过。）[30] 在北京受审期间，他通常不愿谴责满人指控者，反而宁愿承认他的"罪行"，静静地等待着处罚。[31]尽管姚莹沉默寡言，但是这位兵备道的众多南城文人崇拜者不会忽视其对手的不当行为。正是出于这个原因，文人间广为流传的有关1843年和1844年事件的几乎所有二手材料都过分强调迫害姚莹者的阴谋诡计，仿佛含蓄地指出，由于这些人树立的坏榜样，战争确实很可能输。

例如，夏燮有关台湾纠纷的长篇叙述对怡良的怯懦毫不留情，而完全忽视姚莹的果勇可能会给清朝带来更大伤害的可能性：

> 而怡督昔抚粤东，不附合议，一旦升任闽浙，惩厦门之前车，荼然自丧其生平而不顾，袒夷抑民，因而归其罪于官。[32]

因此，当同样软弱的钦差大臣耆英和（满人）军机大臣穆彰阿决定必须撤免姚莹时，怡良是个十足的帮凶。[33]同样，春禊派的鲁一同认为，这个故事的教训显然是清朝像姚莹那样的战争领袖太少，而像怡良那样的人却太多。"使边将皆如莹等，出万死不一顾返之计，纵不百全，胜负之理亦当相较，或未易量。"[34]可是，事实上，没有人像姚莹那样，而太多人如耆英和怡良之流，不敢冒险，不敢虚张声势。因此，结果注定会失败，胜利的可能性微乎其微。

这里引用的例子并非想要详述许许多多赞许姚莹和鲁一同的热心评论者。[35]与其说是仅仅列举更多例子，也许倒不如说是表明姚莹戏剧性事件公认度的一些传奇色彩。例如，当1843年春季身陷囹圄的这位兵备道据说将要被押抵京城时，实际上，所有南城官员似乎都跋涉到城郊迎接他。根据其中一位官员的描述，一位特别年长的南城官员汪喜孙听姚莹讲述事情的经过后悲伤得"几乎失明"。根据同一份记载，在北京，据说怡良的兄弟日夜感到焦虑，担心"千秋公论"一定会指责他兄弟处理这件事的方式。[36]

此外，1843年底姚莹从监狱中被释放出来后，对更年轻、更果敢的南城文人来说，姚莹变得比受审前更加有魅力，因为他此时受邀参加文人雅集，详细叙述他的故事。姚莹并不讨厌这种名人效应，他似乎很享受在这些雅集中发表演讲的机会。冯桂芬是位冉冉升起的才华横溢的翰林，他碰巧参加了其中的一次雅集，他的文集留下一份记录，表明姚莹对其信众所产生的重要影响：

> 先生之出狱也，偕同人觞之邸中。同人以台湾事始末请，先生抑然不自居功，顾胪陈形势战守机宜，颇详尽。酒半酣，忽掀髯奋袂言曰：

"国家不患无人才，诸君子于时事非其职，顾乃意气，勤勤恳恳，如身家所当为。吾曩在京师所见，独林少穆制军有此怀抱，今果能自树立如是。有志者事竟成，岂虚语哉？吾老矣，无能为也，天下事何患不可为？其在诸君子乎！厚自爱！厚自爱！"闻者为之敛容云。[37]

那么，当清朝被自己人迫害的牺牲者如此近在咫尺，如此熟悉，如此富有说服力，并且如此生动感人地自辩时，南城文人如何能够相信这场战争确实是不能取胜的呢？不，只要有更多的英勇之士，一定可以找到出路。没有找到出路，只能解释为此时看似左右皇帝的官僚和朝臣的阴谋诡计。

魏源和防御战策略

林则徐和姚莹将清廷的战败归咎于内部的背叛，在这种观点的影响下，海战事务的评论者倾向于到传统战略规则中寻找有力的合法性，正是这些传统战略规则指导着作战的这些文将。战争结束后不长时间，魏源将林则徐通过防御战清缴"海盗"敌人的观点，以及三元里乡勇"胜利"的假想经验，有力地编织成一套用于消耗战的规则，这套规则几乎完全依靠非西方的军事技巧。而且，此后没多少年，姚莹自己开始编撰一套有关大英帝国南亚"软肋"的文集，在这套文集中，他引证了他自己早先所持的"泰然"等待敌人过分扩张的战时概念是完全正确的。这些作者及其通过战时经历所证实的战略的影响力是巨大的——这个事实并不使我们感到惊奇，因为他们作品中的这些观点和案例材料已然拥有预先经由春禊主战派传闻而广泛传播的优势。同样，魏源和姚莹此时提出的观点，得益于其本身（从根本上）来源于广受文人喜爱的兵书。其中最著名的是，明朝晚期以镇压海盗著称的戚继光（1528—1587）将军的《练兵实纪》、郑若曾（约 1505—1580）的《筹海图编》，郑若曾是另一位在 16 世纪中期与以日本为基地的倭寇作战过程中发挥积极作用的官员。因此，对大部分文人读者而言，从魏源和姚莹著作中收集出的战略真理实际上有种似曾相识的感觉，因此就显得更加合情合理。最终，仿佛确保读者接受，广东和长江下游反击战中满人将领犯错的众所周知的故事表明，清王朝的军事指挥官确实没有留意魏源和姚莹此时提出的经验教训。[38]

现在，让我们继续简要地探讨这两位非常重要的文人战争观集大成者的著作，如我们所做的那样，关注我们提及的各种资料——有关林则徐和姚莹防御计划的奏折，广州乡勇的英雄主义传奇，16世纪清剿海盗的文本，对满人在战争进攻阶段采取策略的愤然批评——如何聚到一起形成令人信服的清廷战略如何能够打败敌人的印象。我们先来看看魏源及其论证有力的观点，即乡勇和防御战是被忽视的实现有效抵抗的关键。[39]

魏源何时、为何决定为1840年鸦片战争撰写他那两部重要著作（《海国图志》完成于1843年1月，出版于1844年；《道光洋艘征抚记》出版于1846年），尚不完全清楚。[40]不过，内部文献清楚地表明，至少《海国图志》意味着一种反驳，针对官场里——特别是广州新的外交领袖中——那些开始质疑战争期间广为流传的三元里故事真实性的人。魏源（他从未去过广州的事实丝毫没能阻止他）的反驳似乎想要证明诽谤者是错误的，东南地区的乡勇的确赢得过重大胜利（并且不只是在三元里！），而且身在别处的清军统帅愚蠢地忽视了曾使乡勇的军事行动非常有效的防御策略，由此解释长江一线战役的悲惨结果。[41]

有关广东乡勇及其在鸦片战争中发挥作用的争论，这里先来解读一些背景。可想而知，自1842年年中以来就在北京和南京主政的"和议"政府决定解散广州乡勇，以此作为确保顺利执行新条约的部分努力时，问题就自然浮现出来，有待推敲。当时负责这项任务的主要代表是一位名叫黄恩彤的官员，1842年底，经清廷"主和派"外交领袖、钦差大臣* 耆英提议，他被从南京派往广州。[42]作为一位在长江下游战场（他曾是南京不成功防御工作的负责官员之一）见过很多军事行动的官员，甚至在抵达广州之前，黄恩彤已经非常怀疑乡勇作战和民间团练的价值。他在广州城的履职经历恰恰强化了他的怀疑，他抵达广州时正赶上一场恶意的标语战，标语战的目的是传播这样一种观点，即解散乡勇的计划是官员想要加快将广州城"售卖"给蛮夷的"诡计"。这种歪曲确实激怒了黄恩彤，他采取一种特别强硬的措施，在北京发起一场宣传反攻，希望揭露乡勇领袖的机会主义的真面目。黄恩彤将自己有关广州乡勇的发现——这些发现与那些受三元里故事感召的南城文人广为

---

* 原文是南京总督。——译者注

流传的说辞几乎完全不符——总结概括,寄给在京城时任监察御史的好友江鸿升。根据黄恩彤的观点,团练首领鼓动张贴对他不利的布告标语,他们不过是"一二粗通文墨,不安本分,不晓事体,不知谁何之人,徒欲假忠义之名,自快一时之笔舌"。从实际的军事意义上讲,他们绝对无法吓退外国人——无论如何,"区区伎俩,早被他族窥破"。通过澄清这些情况,黄恩彤显然希望为迅速恢复政府对广东乡勇的控制扫平道路。[43]

黄恩彤的话主要针对的不是大佛寺绅士公局的士绅们,而是在战争后期跑到广州寻找机会和荣誉的为己谋利的游棍,诸如浙江商人钱江之流。[44]可是,对京城和广东以外地区的多数文人而言,仍然是主战派占上风,这种攻击似乎在挑战非常规战在帝国海防中拥有合法地位的观点。(此外,诚然,在1846年出版的另一本文集中,黄恩彤公开攻击戚继光和明朝其他热衷乡勇者的"陈腐"著作,他认为他们对当时主战派的思想产生了有害的影响。)[45]

然而,回溯魏源的两部著作,显然是为了反驳主和派对广东乡勇和戚继光原则不切实际的含沙射影,魏源决定撰写鸦片战争真实的历史。他撰写了不止一次,而是两次。因为在这两部著作中,魏源花了很大篇幅痛斥他所获得的文人对三元里事件和东南地区其他地方的谣言,并且从中勾勒出一幅民间自卫军和乡勇有效遏制敌军前进的可信图景。

于是,在《道光洋艘征抚记》中,魏源为其读者描绘的三元里故事版本比战时广州流传出的版本更加鼓舞人心。起初不过仅有"八十或者九十",而现在是"逾两百"外国士兵被乡民杀死。甚至连其渠帅伯麦(Admiral Bremer)也不明就里地加入战斗(以一个有点混乱的名字伯麦-毕霞〔Bremer-Becher〕),失去了他的"调兵令符"和双头手炮,以及他的头颅("首大如斗")。[46]不过,还有更多故事将要发生,大佛寺绅士公局的佛山"乡勇"在广州被围的最后几天时间内也加入战斗,他们不仅通过巧妙地使用毒烟而使附近军事要塞的英国驻军"失明",而且还"击毁"一支被派来援救守军的敌方船队。[47]

尽管后一种信息源自靖逆将军奕山的一份奏折,因此也许不完全可靠,但是同一篇文章中的另一种信息的确带有真实性。那必然引自三元里的告示,其中一篇被无删节地引用,魏源以此结束他的叙述。那么,被引用的章节应该展示什么特别的主题呢?那就是英国人的"狡诈"(林则徐镇守广州城时,英国人绝不敢进攻该城,而是哄骗清朝"奸相"拆除林则徐的防御工事);决心"效忠大清"的广州民众,他们据此发誓,如果敌人再犯内河,他们将"沉沙石,整枪炮,截尔首尾,火尔艘舰"。[48]

显然,对魏源而言,这最后一点文献实际上解决了有关乡勇在广州一战中是否对清朝有用的争论。无论如何,在《道光洋艘征抚记》的余稿中,以及在他的《海国图志》有关海防的文章中,魏源不再这么多地关注澄清三元里乡勇的声名,而是表明广东所使用的战略规则具有更为广泛的适用性,不幸的是,身处他方的清朝统帅并未充分理解其真正意义。这种规则是什么呢?在《道光洋艘征抚记》的编后语中,魏源将之简单地描述为"以守为战,以守为款"。[49]他继续指出,如果清朝各地"以守为战",那么清朝不仅可以利用"义民"(诸如在三元里),甚至还可以借助下层莠民和沿海渔民的力量,他们与英国人保持着长期的非法商业活动,因此对英国人的情况一清二楚。毕竟,在类似柔术的撤退战中(或多或少魏源似乎指的是"防"),有各种各样的机会通过欺骗和花招揪出敌人——这恰恰是莠民和秘密社团的"草莽英雄"拿手的本事,而且为了获得更多奖赏,他们会热切地代表政府行事。[50]

在《海国图志》的序言中,魏源同样表明了这种观点。在后来写的这些文章中,魏源描述了一幅广州乡勇和姚莹的台湾乡勇凭借撤退战略令英军陷入困境的最可信的画面,然后开始严厉地遣责长江下游的清军统帅和奕山的领导,形容他们忙于"浪战"。例如,在1841年至1842年中英长江一战初期负责浙江东部战线的蒙古族将领裕谦在这方面尤其受到严厉批评,因为魏源(他曾在浙江东部短暂任职)非常熟悉这位时运不济的指挥官的战略原则,毫不犹豫地向世人揭露,以此作为他相信促使清廷战败的那类军事错误的典型例子。[51]对裕谦而言,正如魏源所指出的那样,按部就班地撤进长江中游的作战方式的可能性从一开始就被排除。由于远洋航行的英国战舰容易航行于长江,这位蒙古族将领决定,不在此战场中实施任何内陆防御行动。相反,裕谦认为,要通过夺取和坚守定海岛与敌人作战——正如奕经后来认为的那样,清朝必须进攻英国在浙江东部海角的海岸基地。当然,奕山也犯了同样的错误,他草率地进攻英军在珠江下游的据点。[52]

魏源继续指出,所有这些都是特别不明智的,因为这将清朝军队直接暴露于敌军的坚船利炮之下。不过,在这种强调进攻的战略战术中,甚至更加致命的缺点是要求集中大量人力、武器和供给，以便获得进攻战所需的人力优势。与之相应，聚集如此庞大的"前线"部队必然要从内陆调来大量外省人力物力，以便避免耗尽清朝仍在坚守的沿海防御据点。在这场战争的几场重要战役中，魏源沉痛地指出，没有真正地用兵，而是徒劳地调兵：

> 夷攻粤，则调各省之兵以赴粤；夷攻浙，则调各省之兵以赴浙；夷攻江苏，则又调各省之兵以赴江苏。[53]

当然，如此浪费的战略战术带来可怕的财政压力，国库和承担赋税的农民很难长期支撑下去。[54]因此，有背常理的是，清朝的消耗战并非对抗战线过长的英军，而是对抗自己，糟糕的是，还没能适当利用它所具有的最重要的有利条件：短补给线。

因此，魏源从再次肯定广东乡勇所取得的成就，无可避免地回归林则徐在战争初期首次提出的同一宏大战略概念。尽管在武器方面拥有颇受吹捧的优势（"坚船利炮"），但是敌人格外易受消耗战的影响，因为它必须在作战的同时进行贸易，必须从地方商业和掠夺的利润中解决他的军费。因此，清朝的战略战术应该利用这个弱点，正如16世纪50年代抗击倭寇的战役一样（魏源经常提及），应该与扩大战争相适应，直至敌人没有更多生意、不再轻易获得战利品来谋取利润。[55]为此，防御战和依靠地方招募、地方供给的准军事力量，显然比将宝贵的清朝税收浪费在昂贵而无能的精锐部队所打的进攻战上更为明智。因此，在首版的《海国图志》中，前两章被恰到好处地命名为"议守"。这是一个被人忽略的方案，本来能够凭借这个方案打败英国人。如果有人不信，清朝不是在东南地区恰恰通过实施这种战略打赢了吗？

姚莹和英国在南亚的弱点

我们对魏源有关1840年中英鸦片战争的两部著作的简要概括，并未恰如其分地展现其全面而丰富的内容。特别是忽视了魏源在《海国图志》中对进攻战问题有趣的处理，其中，他提出重整军备的问题；他主张，依照17世纪沙皇俄国彼得大帝的革新精神，修建造船所和军械库；颇富先见之明的是，他甚至预见到要将海军的发展和海上商业扩张联系起来，以便提供税收基础和受过训练的人力储备。[56]然而，在某种程度上，我们的省略在上下文环境中也是适宜的。之所以如此,首先是因为魏源绝不会将清廷在进攻战中的能力作为应该如何调整外交政策的最终决定因素。只要清廷能够实施有效的防御——魏源认为,在没有海军现代化或军备现代化的情况下,这种要求也能得到满足——他认为,没有理由放弃最初目标,即迫使终结非法的鸦片进口贸易。[57]其次,正如不久将会变得清晰的是,魏源和他的同伴战略家、历史学家姚莹一样都持有一个重要的信念,那就是能够利用英国殖民主义的弱点弥补中国进攻能力的不足。对于这两位作者,特别是对于姚莹,迫使英国人沿着中国海岸撤退的最后努力即将出现,这并非来自清朝军队,而是来自长期以来受到英帝国主义霸权的奴役并对之充满愤恨的南亚和中亚其他被征服或被威胁民众的起义。因此,在这一点上,我们暂时离开魏源,转向姚莹于1846年所写的《康𬨎纪行》,这是鸦片战争引发的研究战略和战略地理的三部著作的一部,这三部著作似乎对文人看待清廷军事困境的视角产生了最重要的影响。[58]

类似我们在该时期文人的战争作品中遇到的许多其他战略妙计,姚莹有关英帝国主义脆弱性的观点要追溯到一种战时主动精神,这种主动精神(和三元里一样)不知何故没能得到本该得到的来自清朝中央政府当权派的认同。而且,在这种情况下,主动精神曾是姚莹自己的,或者至少部分是他的,因此这位作者确信知道他在谈论什么。

显然,仅仅在战争接近尾声的最后几个月时间内,姚莹才逐渐意识到英国像清朝一样,是一个帝国主义强国,拥有属民、种族偏见和喜欢使用士兵作战的所有帝国工具,英国人自己不太愿意作战(诸如在中国作战)。事实上,我们知道姚莹认识到这一点的确切时间;在1842年漫长的春季,当时姚莹的印度战俘和英国战俘在台南备受煎熬,等待着来自北京的死刑判决。也许因为他开始注意到白人军官和他们的黑人士兵及随军人员(在两次沉船事件的第一次,约有240名黑人士兵及随军人员被留下溺水而亡,只有150人登陆)之间的紧张状态,姚莹决定他应该查明黑人士兵及随军人员的更多背景。[59]因此,他开始审问("安音"号的)德纳姆上校(Captain Denham)有关英国统治的细节。也许有人怀疑他听说了多少实际情况,但无论如何,他显然相信确实存在弱点,他相信也许可以利用这个机会。[60]

然而,姚莹的头脑中开始形成有关印度和英国在海洋亚洲(maritime Asia)其他殖民地的新认识,这在战争快要结束之前并不具有战略意义,当时清政府将要开始谈判的消息开始慢慢地传到台湾海峡的另一边。此时此刻，姚莹似乎突然从幸存的战俘那里"听说"尼泊尔人（或者"廓尔喀人"）正在西藏的南侧起义反抗英国人。（事实上，那里没有起义，尽管英属印度驻军向西藏探察引起紧张状态。廓尔喀是清朝名义上的藩属，事实上，1841年2月，他们派使者到拉萨请求帮助抵制侵略者，不过并未得到任何帮助。无疑，后面这件事是姚莹信息来源之一。）姚莹抓住这一点，并运用他对印度地理多少有些不准确的知识，匆忙撰写急件给身在厦门的总督怡良和北京的朝廷，建议清廷立即支援尼泊尔人。姚莹坚持认为，通过这种行为，起义的"火焰"可以迅速蔓延到"毗邻的"加尔各答，英国在印度的权力中心。此时正在南京包围杀戮的英国人将不得不立即将他们的军队调回印度。[61]

怡良从未收到这封姚莹于7月1日匆忙寄送给他的颇具说服力的长篇急件。皇帝同样也没收到这一急件。可是，即使他们收到了，他们是否会很感兴趣则是值得怀疑的。因为朝廷此时打算尽快结束战争，因此不可能对一个恰恰会延长战争的计划很感兴趣。[62]

至少对姚莹而言，不能如此轻易地放弃从脆弱的印度侧翼攻击英国人的宏伟蓝图，甚至在条约签订之后。1844年和1845年，这位前兵备道被发配到四川西部担任知州期间，他越来越对这个想法着迷。他越来越相信，这是解决尚未解决的清朝进攻弱点问题的重要方法。由于这种观点，首先，姚莹和魏源以及此时以英帝国主义过分扩张为主题撰写战争史的其他文人将要发展出一种有力的关联；其次，姚莹将于1846年完成他自己的以中国西藏、尼泊尔、印度民众和地形为主题的著作。[63]

在此，我们可以轻易地省略姚莹"地理观"的细节，因为仅仅就它所提供的有关中国西藏和尼泊尔新近发生的事件的新知识而言，这一汇编是具有开创性的。在其他方面，它所提供的仅仅是重复已经过时的耶稣会资料和魏源的《海国图志》的东西。此外，如同魏源研究英帝国海上部分的同类著作，姚莹的作品也几乎忽视了英国霸权得以滥觞的本土制度。[64]然而，难以忽略的是，姚莹的作品，连同前期的造势及宣传，对南城文人的观点产生的影响。魏源作为其中之一（至少在惺惺相惜的广州学者陈澧［1810–1882］看来），被廓尔喀人起义的想法说服，在此影响下，他构想出在下一场中英之战中将美国人、法国人和俄国人（如同尼泊尔人，同样处于英国人的威胁之下）作为潜在盟友的想法。19世纪40年代，姚莹及其许多京城友人一直和林则徐保持通信往来，林则徐同样受到姚莹观点的影响。而且，作为对姚莹著作引发的浓厚兴趣的恰当品评，魏源于 1847 年出版的《海国图志》第二版，在原版基础上添加了一个新近欧洲殖民主义在印度和中亚扩张和竞争历史的全新章节。[65]

于是，这些素材构成姚莹曾经自诩帮助普及的新知识——崭新地开眼看世界。或者，至少是姚莹、魏源和其他一些人将之视为新知识。实际上，正如人们在读所有这些材料时几乎都会注意到的，在魏源和姚莹的陈述中，没有任何东西可以质疑他们两人下定决心要证实的事实：即便没有新的军事技术，清朝能够并且应该能够和它的海上敌人打成平手。因此，开眼看世界和记述开眼看世界的新著作（或者至少是被读到的著作），只不过是一种辩论，辩论的意图是使春禊主战派领袖避免因其行为导致失败而受到责备。

第六章
顾祠会祭

在本书的前几章中，我们提出这样一个一般性的问题，由于1840年中英鸦片战争而为人所知的清廷在帝国海疆一线的战略弱点的显然不可辩驳的证据，为什么没有更多地打动清廷系统的神经中枢，为什么没有更多地改变此后清廷思考和实施外交政策的方式。尽管我们不得不全面探究那些确实存在的有限的修正措施（本章将解决这个问题），但是到目前为止，部分答案应该是显而易见的。问题的根源在于春楔派及其在官僚机构内的英雄对南城精英信息收集机制的压制。这些人沉迷并相信的战时阴谋故事，以及他们赞许的特定类别海防著作，这些塑造观念的文献是春楔主战派控制或者影响的文人通信网络的产物。这种海防观和外交观生发于高度选择性地接触信息，因此在某种意义上，这是预先决定的。它们必将以最忠诚的方式满足春楔派领袖的政治雄心。

然而，战前科举政治根深蒂固的习惯和忠诚并非仅仅借助激发一种有关中国战略困境的错误观念而对清朝战后外交施加重要影响。它们还将影响外交协商过程，在另一种也许是更加阴险的层面：那就是，为反对此时在京城当权的和议政府提供一种模式和支持。在《南京条约》签署后的六年时间内，正如我们不久将会看到的那样，海运政策将几乎完全被一小撮满人朝臣、前任将军和官僚把持，他们的权力直接源于皇帝及其常常表达出的避免与英国再次交战的担心。在北京，这个集团最根深蒂固，新的满人官僚领袖是首席军机大臣穆彰阿，在战争快要接近尾声时，他设法取代了他的汉人对手王鼎和潘世恩。在各省，尽管满人官员对权力的掌控也许往往更为薄弱，但穆彰阿一党却能够控制新的外交钦差大臣职位的人员安排，此时外交钦差大臣设置在广州、天津和南京，并因此能够确保倾向于其观点的人在地方行政机构内保有一定程度的影响力。[1]因此，从各方面考虑，新政府拥有相当的权力。甚至连主战派官僚都无法轻易地挑战新政府，更不用说在政治上处于边缘地位的南城文人了。

事实上，从1843年底左右开始，文人官僚反对派开始联合起来，并拥有一种非常明显的组织形式：所谓的顾祠会祭。而且，在差不多六年时间内，这一反对派赢得了惊人的胜利。到1850年12月，该反对派成功地革除了穆彰阿及其重要的省府外交代表耆英的职位，并成功地获得一道圣谕，其主要内容是皇帝一直被这些人对外交政策的建议"误导"。

是什么因素使得这些挑战者获得如此出奇的效果？本章的一大半内容和下一章将会充分回答这个问题。更重要的一点是，这将迫使我们不仅细究为什么士人们号召反对穆彰阿议和派的领导，而且还要细究为什么皇帝也这样做。在本章中，我们首先集中研究文人忠诚集团政治理想化的后续影响在战后为反对条约的力量既提供反对行为模式，又在上层文人内部提供学术上多样化的众多追随者，文人忠诚集团政治曾是19世纪30年代政治生活的一个非常重要的特征。日益明显的是，顾祠会祭自觉与组织形式相联系，自觉与战前十年间被春禊派推广的恩庇理想相联系。也许更为重要的是，它通过认同为反对条约运动捕获与"清议"政治的崇高事业——也就是，在清朝政治结构内部争取到一种公认地位的事业——相关联的能力。在穆彰阿当权的那段黑暗而又压抑的岁月中，后一种认同对反对条约运动而言极为重要，因为反对派在外交政策领域内几乎无法直接挑战政府。然而，凭借设法获得第二种品格——继承春禊派成为文人政治利益的维护者——顾祠会祭能够继续在被迫对外交政策保持沉默的冷酷岁月中充当积极力量。与之相应，它能这样做的事实体现了较早集团为同一事业进行宣传所获得的成功。

可是，在19世纪30年代文人忠诚政治的理想化和19世纪40年代反对条约派的弹性之间存在第二条线。这是一种连续性，并非反对派意识形态方面存在连续性，而是新挑战者能够呼吁的支持者存在连续性：支持者将在思想结构方面惊人地多样化。在参加顾祠会祭的反对派中，我们不仅会遇到熟悉的古文派或者新儒学故交。同样著名的是一个就战前学术争论的逻辑而言根本不该是反对派的学术团体。这就是汉学学派。战前，汉学学派由于与广东老将阮元和卢坤的外交现实主义有关联而声名鹊起。可是，这个恩庇集团的代表此时突然之间在林则徐和姚莹政策的捍卫者中异军突起！例如，阮元本人成为顾祠会祭的幕后支持者之一，他的儿子（阮福）和几名亲信（何绍基和张穆）公开积极参与顾祠会祭的活动。[2]然而，在这反常的政治团体背后，隐藏着一种想法，至少在当时，这种想法似乎弥合了战前数十年困扰探索真相者的某些分歧，或者使这些分歧不再相关。这种理解是，除非穆彰阿被革职，科举制内以士人为基础的恩庇思想将要丧失。这种观念是战前政治和思想环境的基本组成部分，当新的首席军机大臣穆彰阿成功地从其汉人同僚手中夺取对科举制恩庇关系的控制时，这种观念便受到打击。在这种情况下，失败者包括所有战前具有学术联系的团体，此时他们继续获得高官恩庇的机会变得渺茫——不仅是春禊派。因此，拯救士人理想主义的事业，除了维护文人的政治特权外，本身还能成为政府反对派作战时的呐喊声。这样，反对条约（更确切地说，反对签订条约）运动的规模便将进一步扩大。

总而言之，对穆彰阿政府的抵制最先是春禊派为反对和谈所做的宣传，很快便发展成影响更广的事件。在清议政治和科甲恩庇思想的影响下，反击不久便转化为一场保守运动，涉及具有各种思想背景的文人。因此，反对条约运动吸引的全面复兴，最终将会把我们带回到探究其与19世纪30年代文人派系政治结构的连续性。有关这些连续性的分析是本章更重要的研究意图，现在让我们更加仔细地分析顾祠会祭如何成为反对条约运动最主要的组织工具。

穆彰阿政府和文人的政治影响

我们初步探究了19世纪40年代文人如何组织反对穆彰阿主和派的活动，这表明政府压制异议及试图操控科举制内的恩庇关系对挑战者动员文人广泛支持的能力产生了很大影响。根据这些观察我们认为，在勾勒战后十年反对派组织如何发展壮大时，按照逻辑，我们首先要探究政府压制的原因和程度。为此，我们先来考察和议过程中满人的优势所在，这似乎是不得人心地打压文人政治特权的根本原因。

长期以来受到公认的是，1840年中英鸦片战争末期清朝的和议外交主要由满人提出并实施。甚至是在南京谈判之时，令英方代表印象深刻的是，在桌子的另一边率领清帝国代表团的人是"鞑靼人"，而非汉人。他们的回忆录总是将这些人执行任务时所表现出的现实主义和灵活性与他们之前打过交道的汉族官员的固执和傲慢进行对比。[3]南城文人也注意到满人官僚在战后外交事务中的支配地位，在林则徐受罚被贬到伊犁期间（1842—1845），南城文人将事态的进展告知于他。因为根据1842年底或者1843年初林则徐从某处获悉的战后政界的一份秘密通告，我们发现此时"除了一个以外"，沿海各省地方大员都是非汉人官员。[4]

当然，这些评价基本上是正确的，尽管促使满人官员插手并取代汉人官员的制度细节和逻辑值得比我们能从这种片面材料中所获得的予以更多评论。在政治重组中，失败一方至少包括三位总督级别的汉人/文人官员。林则徐虽于1840年底被革除两广总督之职，但是直到1841年7月一直留守前线（浙江东部）。可是，当朝廷逐渐相信战争不能再继续下去时，1842年3月他最终被贬到伊犁。他的钦差大臣印先是给了琦善，后又给了伊里布，1843年底最终给了耆英，持有这个印的人称得上是外交钦差大臣。这几个人都是满人。[5]显然，闽浙总督邓廷桢是另一个牺牲品，1840年底，他由于支持林则徐而被革职充军；闽浙总督一职先是由另一位文官颜伯焘担任，此后，1841年底落入满人官员怡良手中。同样，湖广总督周天爵身为林则徐的门生，积极热衷于禁烟运动并主张继续作战，1839年底，他被授予闽浙总督之职，而后，在一次具有政治意图的弹劾后，他悄悄地离开了这个位置。[6]在1841年的大部分时间内，周天爵仍然留在广州，协助祁墡组织广州城防，也许他希望恢复他在福建的职务。（迟至1842年7月，南京城内流言纷纷，传说北派创始人朱珪参加京城的一次会议，建议重新任命周天爵和林则徐！）[7]可是，这是不可能的，因为正如我们所看到的那样，闽浙总督的职位将被姚莹的宿敌怡良掌控。

这种政治重组背后隐藏的另一个值得简略考虑的制度细节包括非常规的职位钦差大臣——此时严格指定满人官员担任——的广泛使用成为进一步排除汉人地方大员参与海上外交的工具。第一次指派钦差大臣用于此途是1842年春将东北的盛京将军耆英派遣到浙江东部，耆英和伊里布（同被任命为钦差大臣）被授权探明谈判的可能性；反复无常的浙江巡抚刘韵珂就没有这样的权限。这种制度安排持续到1842年长江战役达到顶峰，耆英和伊里布——而不是常规的地方大员——牵头和英国人接洽。[8]一种更有意思的情况发生在战争结束后不久的广东。因为广东不同于长江流域各省，在广东这个行政区域，地方秩序的维持和与士绅精英的友好关系显得比所谓的王朝中心的战略利益更加重要。实际上，这意味着朝廷从未想要革除在当地颇受敬重的汉人官员祁𡎴的总督之职（至少只要他尽忠职守）。尽管如此，朝廷却不会将执行条约的责任委托给这个难以捉摸的人。因此，令祁𡎴颇感气愤的是，1842年底年迈的伊里布被派南下担任广东海事钦差大臣。第二年初，伊里布病倒后，其官印不是给了祁𡎴，而是给了耆英。[9] 显然，不能相信具有文人背景的官员会对朝廷新萌生的解决战事、保持和平的关注点完全敏感。皇帝和他的首席军机大臣穆彰阿似乎是这样认为的。

向林则徐提供信息的人抱怨高层官员的免职，然而，高层官员的免职还只是一个开端，这将发展为战后和议政府对文人作为清朝政治中一个有影响群体的更广泛的攻击。紧随林则徐、邓廷桢、周天爵的解职，不久出现一系列进一步的举措，此时，这些举措旨在以更微妙的方式削弱文人精英的影响，以便为新条约体制提供更多的安全保障，抵制可能出现的文人的蓄意破坏。

甚至在战争结束之前，这种悄无声息的内部清查便有了第一批受害者。最先的牺牲品是两位资深的汉人文官，他们是主战派，拥有相当多的科举门生，作为潜在的破坏和谈的力量而变得尤其危险。70岁高龄的大学士汤金钊（阮元的门生）首先受到冲击。1841年5月2日，由于奏留林则徐为广东的清军统领，他被降为京城小吏。[10] 他甚感恼怒，转年请辞所有官位。尽管如此，他继续留在京城——似乎希望最后一刻政策的突然转向也许会使他获得更多信任，官复原职。

1842年6月，王鼎的遭遇则更为惊人（倘若真是这样），这位70多岁的军机大臣（就其监考的场数而言，他在京城所有资深考官中排名第三）在战争后期领导着继续进行军事斗争的事业。尽管年迈体衰的王鼎无疑有时在有关战争政策的朝堂持续争论中输给穆彰阿，但是他顽固地拒绝为恢复健康而请假。显然，他担心他的缺席会使穆彰阿在皇帝廷议时几乎没有直言不讳的对手。然而，工作的压力（或者更阴险的东西？）不久夺走了他的性命；在连续在宫内尽职尽责数周之后，6月8日，他死于任上——据说他留下言辞激烈的遗书，批判重新展开与英国人谈判的决定。遗书的命运不得而知。可是，消息很快传出，称在王鼎能够向皇帝呈上完整的文书前，穆彰阿毒杀了他。据说王鼎的儿子（王沆）受到威胁，他是翰林编修，1840年考中进士，他可能受到很大压力。[11]

两次甚至更加明显的调遣紧随这两位主要的主战派文官的不幸，目的是威吓向这些人效忠的南城年轻文人和地方大员，或者与主战派密切相关的其他原因。

其中，第一次调遣发生于 1843 年初。这是在偶然发现自 18 世纪晚期最后一次彻底清查以来户部的京城银库悄然耗尽逾 900 万两白银（这是当时名义上储量的四分之三，并是官僚机构整个年度预算税收量的约四分之一！）之后发生的。对这些白银储备的监督一直是轮值的查库御史的责任，其中的佼佼者将被视为汉族科举精英的明星。因此，对挪用巨额银两的揭露恰恰是非常适时的，因为这一下子牵连众多经由都察院升任的中层汉人文官，以及甚至更多仍然活跃着的监察御史。破坏这一潜在棘手的官员网络的机会是不会被错过的。1843 年 4 月 25 日，由四位非汉人调查官员组成的清查班子，在蒙古族工部尚书赛尚阿的率领下，完成了一次新的清查工作。5 月 6 日，以定亲王载铨为首的另一个没有汉人的班子提议一份罚款清单，严加议处历任管库及查库之王大臣。[12]猜疑随即席卷了整个南城，即军机大臣穆彰阿正在利用清查实现打击官僚机构内汤金钊的门生的明确意图，因为众所周知，汤金钊阻碍更早地揭露这些赤字。[13]无论事实如何，严厉的惩罚——受到牵连的官员必须付清罚款，才能继续任职——恰好搞垮三位至关重要的中层官员，他们曾经积极陈请继续交战。这三位是春禊派领袖黄爵滋、1835 年都察院的老将曾望颜（鸦片战争期间，他将王庭兰的三元里传奇报告给颜伯焘）、广州学界泰斗并在将三元里一战的种种证据上交到北京的过程中扮演重要角色的御史罗平昌。[14]

几乎在汤金钊的追随者和其他主战的文人被踢出都察院的同时，另一场突发事件极大地打击着文人的政治影响，这次出自皇帝本人之手。其表现形式是，对御史苏廷魁的严厉叱责，苏廷魁是黄爵滋的门生，19 世纪 30 年代在北京的春禊派中相当活跃。1843 年 4 月初，也许由于当时他身边如此之多的文人领袖受到冲击，他深感恼怒，毅然公开表达文人精英对穆彰阿压制他们的愤慨。在两份不同的请愿书中，他提出要将这位令人讨厌的军机大臣革职，提议由皇帝本人下罪己诏。苏廷魁提及一系列近期征兆（在中国宇宙观之天、地、人三领域每个领域内的近期迹象），认为这种相互联系的失序表明天子犯错，因为天子应该是这三者之间的调停人。英国蛮夷近来"横行"，1842 年黄河河堤严重受损，天空出现一个拖着长长尾巴驰向东方的白色彗星——他认为，所有这些迹象预示着世间万物的自然和谐遭到破坏，这该归咎于皇帝。这些迹象还表明,圣君受奸臣所"限",或者圣君受奸臣"蒙蔽"。苏廷魁断言,这表明必须立即将罪魁祸首(穆彰阿)革职查办,同时皇帝应该要求文人向君主"直"谏。[15]

不仅这一系列要求遭到断然拒绝,而且苏廷魁和他的几个同僚受到皇帝的严厉苛责,这表明朝廷不想让文人品评其"蛮夷"政策,不想让文人再多管闲事。道光皇帝坚持认为言路并无壅塞。至少苏廷魁的两位春禊派故交汤鹏和吴嘉宾,幸得皇帝虚怀听纳其对战争的书面条陈,尽管严格说来,他们是本无言责之人。不过,朝廷现在坚称有权反对那些"泥古不化"之言,或者反对"徒托空言,仍于国计民生毫无裨益"。换言之,不得再空谈凭借以往战略解决帝国海疆当前面临的难题。传统的解决方法完全不适用。[16]

根据《清史》的记载,由于这种明确的宣示,"世风日下,文人言路日渐禁遏"。[17]同样,根据林则徐在北京的友人的通信记录(也许有些夸张),甚至在南城的茶社和酒馆,可以看到大大的标识提醒顾客"免谈时事"——当然,在当时的背景下,这意味着政府的外交政策。[18]同样,这也是当时流行的一幅市井图画表达的意思,1843年或1844年的某刻,这幅画从苏州传到京城,显然这幅画曾在苏州大量销售。这幅画勾勒了(前)主战派领袖潘世恩,他的嘴被大锁锁住,他的手和脚被铁钉钉住。[19]由于此时皇帝裁定文人对于外交和军事事务的观点不合时宜,即使是德高望重的潘世恩,似乎也要保持沉默。

可是,即使监察机构此时受到严密控制,无情的穆彰阿仍然不会住手。这位主和派领袖甚至打算消除批评的可能性,他还迫切要求控制科考本身,以便确保上任的汉人在外交政策方面会相当谨慎地游说。从1841年底开始,至少持续到1847年,穆彰阿自请担任翰林院(满人)掌院学士这一要职,而将顺从的潘世恩安插到同等的汉人职位。[20]据此,他显然至少能够控制出身于翰林院的文官(文人精英中最为自信的人)的仕途。据说那些不愿受他控制和笼络的人担任省级考官——所有新入翰林院的"门生"都急切地寻求这一非常重要的奖赏——的机会非常渺茫。

一则秘闻清晰地表明,对翰林恩庇体系的公然干预——来自一位并非士人出身的满人——所引起的愤怒,这则秘闻在战后传遍整个南城,事关所谓的惩办翰林罗惇衍,革除其考官之职:

顺德罗椒生尚书（惇衍），泾阳张文毅公（芾），云南何根云制府（桂清），三人同年登第，入翰林，年皆未弱冠，且同出汤海秋农部房。海秋为之狂喜，赋《三少年行》者也。时道光末造，穆鹤舫相国（彰阿）执政，炙手可热，张、何两公皆附之，独椒生尚书绝不与通。散馆后，初考试差，三人皆得差。命既下，尚书往谒潘文恭，文恭问："见穆中堂否？"曰："未也。"文恭骇然曰："子未见穆相，先来见我，殆矣。"尚书少年气盛，不信其说，亦不竟往。次日，忽传旨："罗惇衍年纪太轻，未可胜衡文之任，著毋庸前往，另派某去。"人皆知穆所为也，其权力回天如此。[21]

当然，也许有人怀疑，罗惇衍的貌视是他失去职务的唯一或者甚至是主要原因。然而，重要的是，罗惇衍的南城同伴情愿相信穆彰阿是罪魁祸首。据猜测，这种意愿源于众多在 1842 年以前入翰林院的士人们的共识，他们和罗惇衍一样，凭借学术造诣和严谨态度给京城的高级文官留下良好印象（例如，罗惇衍给潘世恩留下良好印象），而登上科举制的顶峰。可是，随着穆彰阿决定控制翰林恩庇体系的内部过程，这种学术特点此时变得无足轻重。诚然，找出某人与穆彰阿清除的某位文官过于亲密，可能成为一种倾向。因此，在科举制内满人大学士新的优势地位似乎带来一股真正的紧张情绪，而罗惇衍故事的流行则给出充分的证据。[22]

如此，战后满人领袖想要确保其对外交的控制，这逐步导致对文人的攻击日益增加。尽管最初只有相对少数士大夫与春禊主战派来往，但是由于穆彰阿担心文人可能会蓄意破坏和议，于是更多人受到羞辱、折磨或被免职。更糟糕的是，此时监察机构——自 19 世纪 30 年代以来政治体制内文人集体影响的堡垒——的声望显然再度衰落。文官的恩庇结构本身受到极大改变并集中化，这令那些更加精通学术的翰林精英烦恼不已，他们认为延续仕途恩庇的机会遭到极大削弱。这些挑战将会引起一片惊恐，也许这种惊恐比战时阴谋和错失胜利良机的传言引起的惊愕甚至更加强烈。这将有助于凝聚众多的南城活跃分子一方面参与抵制和谈，另一方面抵制主和派的政治迫害。结果，那些依然甘愿继续战斗的顽固的春禊反对派此时拥有现成的支持者，等待着追随他们重返战场。然而，为了探明这场抗议运动是如何形成的，我们必须先来审视参加这场运动的政治组织结构：顾祠会祭。

顾祠会祭的政治组织

　　1844年4月12日，居住在北京的14位杰出士人和低级文官在顾亭林祠的院落中集会，这里靠近南城书市。他们的初衷是，开创每年三祭的公祭传统，向清初汉学学者顾炎武（1613—1682）表达敬意，顾炎武的肖像被摆放在祠堂内的一个小祭坛上。[23] 然而，在这40年代的后几年时间中，随着参与者越来越多，促使这些文人联合的初衷显然已经不仅仅是重燃对顾炎武之汉学流派的兴趣。在那些前来这一新建祠堂烧香祭拜的人中，我们发现只有少数几个文人此前因致力于考据而受到关注。其中一位是张穆（1805—1849），大学士祁寯藻的女婿；当然，还有何绍基（1799—1873），新近退隐的大学士阮元的门生。不过，在这一群体中，更明显的思想影响来自重视古文的春禊派，出席1844年春首次公祭的14位南城士人中有5位是春禊派成员：陈庆镛、朱琦、潘曾玮、苏廷魁和汤鹏。[24] 这些思想的奇特融合恰恰表明，顾炎武的追随者信奉某些比任何特定学派更为基础的东西，那就是捍卫学术本身对人才进入科举精英高层发挥重要作用这一原则。由于穆彰阿及其同党"沉默的"潘世恩的打压，文人政治的基本理想被视为受到威胁。为了反抗，顾祠会祭的文人打算尽其所能地提升祁寯藻的政治前途，祁寯藻在军机处是穆彰阿的有力竞争对手。为了这一目标，复兴春禊派的传统——这一群体倾向于如何讨论其行动的重要性——是最重要的第一步。

　　这里，我们需要先来更加具体地介绍准备活动，这些准备活动为最初在顾亭林祠的集会铺平道路。事实上，对1844年参加顾祠会祭前几次集会的士人所从事活动的背景的仔细探究，表明在签署《南京条约》后不久两种稍微不同的努力开始构建京城文人反对派的新联盟。在1844年顾祠会祭之始，这两种努力最终汇聚到一起。

　　在没有得到北京官僚权力集团高层支持的情况下，这一系列新活动由在战后北京仍然活跃的所剩无几的春禊派士人展开。这里，我们的老朋友姚莹和张际亮发挥重要作用，尽管姚莹挚友梅曾亮周围的古文派士人（御史朱琦是其中最著名的）似乎也在募集新成员的过程中扮演重要角色。1843年底张际亮的去世激发了复兴活动，在象征性环境中唤起中国历史上著名的早期文人抗议活动的精神。张际亮的行为（及其诗歌所带来的名望）引发京城各地的一片钦佩，受到这种钦佩的感召，他的前春禊派同伴回归象征性的抗议政治领域，首先集资为张际亮建造祠堂，而后恢复对明朝仇外英烈杨继盛的祭祀，张际亮在他人生的最后那段时间中有意与杨继盛产生共鸣。

几乎可以预见的是，四十四岁的张际亮发现了采取悲剧性举动的机会，并充分利用这个机会。由于我们早先谈到张际亮及其诗歌理想，我们会回想起一位仍然年轻的男子，被他自己的古怪感所困扰，决心通过诗文和大胆的理想主义行为找到救赎方法。然而，直到姚莹在"台湾案"中的牺牲故事震撼南城，张际亮才找到而且同时戏剧性地为这双重理想行动的那一刻。

1843年春，英国人控诉张际亮的朋友兼恩师杀害台湾监狱所押战犯的消息开始流传，此时张际亮正巧在南京附近。他随即被这种明显的不公所激怒，公开斥责一名帮助确认英国人指控的福建官员，然后跟随他的恩师前往北京，如果有必要的话，向都察院陈情。在这一过程中，他最终被更为审慎的姚莹说服，姚莹显然意识到惩罚只不过是象征性的。可是，张际亮依然坚持向姚莹承诺，如果被判流放到伊犁（正如最初被威胁的那样），他们两人将一同前往边地。[25]

此后，1843年的初冬，姚莹出狱，并获部分缓刑。据说张际亮欣喜不已；显然，他也为失去奉献自我牺牲的机会略感难过。因此，他选择最佳的下一步棋是和姚莹一起行动，此时姚莹重获自由，特别留意其处境的带有象征意义的可能性，决定暂时寄居在明朝英烈杨继盛（1516—1555）在南城的荒宅。之所以选择这个地点，是因为其与排外有关，当年杨继盛的死就是因为反对为了安抚蒙古侵略者而在北部边疆给他们开更多马市的计划。对姚莹和张际亮而言，1555年杨继盛的死谏似乎和当前的那些情形非常相似。（似乎信服姚莹的人总会在历史上找到特别类似的情况！）可是，在京城寒冷的冬天，这地方并不适合居住，特别是患肺结核或者其他严重的呼吸道疾病的人（显然张际亮便是如此）。[26]

然而，张际亮坚持追随姚莹到他的新居，坚持参加此后的一系列庆宴（下一章会描述其中一次庆宴）。寒冷和压力相交织，不久便带来恶果，正如我们根据姚莹对张际亮最后诗作的回忆获悉：

> 延医治疾，特畏寒，为制重裘，犹向阳热火自就，日夜嗽甚，痰多而腥碧。君恶之。医曰：是肺痿也。……十月五日，君忽失音，自诩

曰：是必死也。亟取近作诗稿，倩余族弟录之，亲指示篇次及所涂乙者。越四日，晨起，召余约朱伯韩侍御至卧室，出已刻诗十数卷，重自删存。伯韩执笔，逐篇举问，存者君颔之，欲去者摇其首。自辰至午，乃毕。复属身后数事，伯韩与余识之。君气益耗竭。遂以是夕亡矣。[27]

这最后时刻的改动和删节充分表明，张际亮下定决心要在诗境中离世。这将体现其"志士"的悲情观念，英雄忠于不可能成功的事业；这最终展现了诗人心象的悲壮力量；当然，这也暗指杨继盛反对蛮夷的不屈抗争。

这是一种富有浪漫主义色彩的自我放纵？也许是。然而，张际亮对举止适当的判断常常是敏锐的。（例如，他曾颇受关注地责备年迈的嘉庆朝诗歌评论家曾燠）。这里我们有理由再次怀疑，张际亮看到一种极具象征意义的需要——这次是还春禊派一个清白，洗刷其轻率的机会主义污点。因为事实是，在最初的主战派中，没有一个人战死沙场，或者为任何一个落入英人之手的城市殉城（甚至自杀）。而在满人和蒙古人指挥官中，都出现了这样的英烈。例如，蒙古族官员裕谦在镇海失陷后跳沉泮池，以身殉国；1842年年中，满人官员海龄在大运河要镇镇江失陷后自缢。[28]还有一些汉人将领光荣捐躯，如京城的浙江士大夫新近在北京建造的祠堂所示，这座祠堂用以纪念在长江下游战斗中壮烈牺牲的葛云飞和其他浙江士兵。[29]然而，在文人英雄中，却没有一位英勇献身，甚至是在极度热衷于战争的春禊派士人中也没有，毕竟是他们开始这整件事。

然而，与这种缺失相比，张际亮不顾一切的自我牺牲提供了一种答案。即使文人当中没有出现战争英雄，但至少毫无疑问的是，春禊派领袖作为个体具有足够的胆量，并能够为了原则牺牲他们的生命。此外，张际亮不惜为之献身的特殊原因——具有士人风范地忠于身处逆境的朋友——在这种情况下具有其独特的魅力。因为这表明，无论春禊派有着什么样的缺点，其成员都是能够在患难时彼此守信的人。因此，无论这些士人对于他们在鸦片战争中所扮演的角色感到如何内疚，回归最基本的文人理想——真正的友谊——能够缓解这种内疚。

张际亮的举措成功了吗？显然是成功的。因为在他过世后不久，首先再次出现一系列募集资金的活动，这促使张际亮此前的众多同人重返具有象征意义的政治抗议领域。支付这位离世诗人的丧葬费用是开端。不久之后，从往昔的春禊派士人和其他各类友人中募集捐款，于1844年初在京城为张际亮修建祭坛。三年后，张际亮的离世显然引发了另一次捐款：募集资金重修杨继盛衰败的故宅，既缅怀杨继盛反抗调和主义者的警醒，又缅怀今时今日张际亮非凡地仿照杨继盛的行为。[30]

张际亮的行为似乎还在另一领域取得成功——恢复古文派（包括姚莹）的政治自信，在张际亮离世后不久，我们突然发现古文派重新成为再次聚合在一起的反对派的领导核心。也许是因为张际亮诗歌中的"急语"（urgent words）此时再次在南城盛行？或者也许是因为当前南城名士之一——御史朱琦——是张际亮让之继承其文学衣钵之人？无论是哪种原因，我们不能不注意到，顾祠会祭不久便有众多的年轻士人参加，这些年轻士人深受古文派技艺和意识形态的影响，师从先前以春禊派闻名的梅曾亮。[31]顺便提及，我们也许还发现，这种特殊的学术联系在顾祠会祭不同地方分支征募新人时发挥了重要作用，其政治贡献在1850年该会获胜的那一刻极为重要。在文化闭塞的湖南和广西，"古文"研究沿袭时间最长，通过这种联系，顾祠会祭活跃分子主要来自这两个省份，包括著名的儒将曾国藩和一些来自（广西）桂林的勇敢文人，他们最先提醒北京政府注意发展初期的太平天国起义。不过，后来这些事情的细节将在下一章中解析。[32]此时此刻，我们仅仅需要考察，古文派的传统将从春禊派所遭受的战时逆境中挺过来，之所以能如此，在很大程度上是为了评论张际亮的行为是多么非凡。

除了受张际亮及其敬仰者感召的群体外，还有第二个在战后北京逐渐形成的反对派——该群体由地位更高的领袖领导。这位领袖便是军机大臣祁寯藻，他在同样组建京城反对穆彰阿的联盟过程中发挥了最为重要的影响，我们已经注意到，他是《南京条约》签署后军机处里唯一一位主张继续交战的军机大臣。祁寯藻的主战立场似乎是在1840年赶赴厦门执行检查防务筹备和禁烟进展的过程中形成的。在那次旅程中，与他同行的是春禊派领袖黄爵滋，祁寯藻似乎和黄爵滋发展出亲密的友谊。黄爵滋的军事观点显然给祁寯藻留下持久的印象，因为我们发现祁寯藻随后便投身于查办琦善，此后不久，他坦言支持准军事防御战方案，要将战争进行到底。无疑，1841年10月底被任命为军机大臣后，祁寯藻带着这些观点行走于军机处。因为我们有证据表明，祁寯藻和一些仰慕他的南城士人继续通信，探讨乡勇和防御问题，一直持续到1842年冬季。[33]

1840年鸦片战争期间令人印象深刻的言辞论战并非仅仅表明祁寯藻要求成为此时正在北京聚集的反对派的领袖。也许，在这方面同样重要的是他的身份，即身为精通汉学的士人们的恩师，与之相应，这能够召集他们周围众多对穆彰阿在翰林院实行铁腕统治心存愤恨的受害者。在这些士人中，最重要的人物是祁寯藻的姻亲张穆（1805—1849）、苗夔（1783—1857）和徐瀚（1835年举人）。[34]尽管他们三位都并非翰林出身，但是他们都在翰林院拥有众多拥护者，这在很大程度上是因为此前在19世纪30年代他们曾受聘于祁寯藻和其他官员担任江苏和浙江两省乡试的同考官。由于他们有过这段经历，自然他们对这些学术发达的省份当前的学术发展趋势产生了重要影响。这使得他们在翰林院热衷汉学的士人眼中声名显赫（当然，还因为他们是军机大臣祁寯藻的至交），这种声望在战后相应地获得重要的政治意义，因为在阮元隐退（1838）和谭敬昭被革职后，汉学学派在上层不再有明显的襄助者。因此，几乎不可避免的是，他们先是在19世纪40年代发现自己渐渐与张穆、苗夔和徐瀚为伍，后又通过他们进入军机大臣祁寯藻的学术环境。出于同样的原因，他们中的许多人将在反对条约运动——如果成功的话，反对条约运动有望令祁寯藻取代穆彰阿的位置，使他在京城的科举政治中发挥决定性的影响——阵营中精神抖擞。

除了祁寯藻曾经举荐的三位同考官，至少还有六位具有汉学背景、来自长江下游的士人似乎通过这条独特的路径被卷入反对派的行列。（他们是张岳孙、赵振祚、庄受祺、朱右曾、冯桂芬和吕贤基。）[35]撇开数字暂且不谈，出现如此确定的士人抵抗北京新政权的现象，并在京城官僚机构的上层拥有自己的人脉关系，就其给予新近复兴的春禊派的鼓励而言，也许甚至更为重要。因为这既扩大了已然由张际亮发起的反对条约的抵抗运动，而且同时还再次将抵抗运动嵌入军机处论战甚至可能是科甲恩庇的高层政治之中。

显然，春禊派似乎已经说服了自己。因为1844年春，春禊派突然决定和祁寯藻/汉学学派联合。这种联盟的存在第一次明显地体现于顾祠会祭仪式，祭祀仪式最初由张穆和祁寯藻一派筹划，但出席祭祀仪式的有五位前春禊派成员。同月（1844年4月）的晚些时候，一座张际亮纪念碑建于汉学反对派刚刚为表示对他们的英雄、饱学之士顾炎武的尊敬而修造的祠内，这些关联第二次得以确认。再次呈现的是，1847年，两派再次联手，这次是为了重修1843年张际亮临终之际所住的松筠庵。[36]

因此，在穆彰阿妥协派在朝堂上掌权的两年时间内，新政权的领袖设法相当彻底地疏远汉人文化精英，以至连竞争最激烈的学术派别此时都能够清楚地知道他们应该联合起来。精英曾经由于学术分歧而产生分化，此时却因共同反对在朝堂上占据优势地位的穆彰阿权力集团而联合。无论那些与新反对派中汉学学派有关联的士人是否和春禊派一样确信政府妥协政策的愚昧，那个问题在很大程度上已经变得不重要了。至少此时此刻，显然存在一个需要联合起来削弱当前亲妥协派政府的最重要理由，因为只有这样，学者才能恢复其在公共生活中的合理地位。这种意图提供了一个共同目标，这个共同目标能够凝聚南城精英，也许使之成为一体，并能确保为顾祠会祭打破皇帝时下宠臣的权势提供持久而有力的支持。唯有新建一套适宜这群相当多元的新支持者的学术象征符号和学术观念。这恰是顾祠会祭将要着手去做的事情。

礼制和学术

我们无须详细探究这新一代反对派为与官僚机构当权派竞争而建立的礼制和哲学体系的微妙之处。这里，我们遭遇的主旨是完全可以预测的——而且非常浅显。在象征符号层面，顾祠会祭注重塑造作为春禊派继承人的身份认同，此时春禊派被视为（便于追溯）代表整个文人群体的政治理念，而不仅仅是其中一部分人的政治理念。在学术领域中，主要关注点逐渐变成确立汉学和古文传统确实有某些共同的基本理念。在鸦片战争爆发前，这种主张无疑是讲不通的。然而，这是针对穆彰阿恐怖行径导致南城士人生活环境变化的适宜措施，此时能够宣布真正的士人拥有这种一元化的理想，而且一种新的综合体能够出现，这种综合体基于这样的信念，即学术的真实性只需凭借抵抗占统治地位的思想范式加以验证。

让我们先来简要评论将顾祠会祭描绘成沿袭早先春禊派思想谱系的努力，因为恰是这一主张导致需要证明前者的古文学家和后者的汉学士人确实同出一炉。

顾祠会祭的领袖希望他们承袭的脉络始自春禊派，春禊派志存高远的独立精神常常被誉为此时文人活动家的榜样，而此时是一个更为腐化的时代。我们可以从一系列顾祠会祭诗文的议论中看出这种自觉形成的认同，这些诗文由黄爵滋的两位学生叶名沣和孔宪彝在第二次重修顾亭林祠时（1856）编纂：

> 昔时，福州德高望重学者（例如黄爵滋），每逢春季在江亭举行"兰亭"雅集，这些雅集的崇高精神流失日久。现今其回忆已逾二十年，如同高耸的山峰碎化成遗忘。*

可是，叶名沣继续写道，我们中间仍有一位昔日学术大师（鲁一同）。我们能够感到自豪，这一天他和我们同在，帮助我们记起最初的仪典，那时（1826）距今已经有三十年，当时福州鸿儒举行第一次春禊雅宴。[37]

坚持保留春禊雅宴作为团体社会生活的焦点，这同样强调着这种连续性。由于缺乏早先春禊派在科举体制中发挥的重要影响，顾祠会祭的文人没有特殊理由按照科举考试的日程调整他们的雅集。尽管如此，他们却还是这样做了，将每年首场雅宴定在三月底，正如春禊派曾经那样。[38]这也许是一种不耐烦的表示——承认身为局外人毕竟不是一个理想的处境？也许是这样的。然而，这也表明，对这些人而言，通往19世纪30年代幸福时光的链条仍然完好无损。

然而，存在一种对春禊派仪式规定的重要补充——诚然，这种补充似乎专门针对这个问题，即勉强接受相对于科甲当权派而言圈外人身份的问题。那就是决定使用慈仁寺取代城郊的江亭，作为雅集和祭拜顾炎武、张际亮的地点。曾几何时，江亭是清朝科举考生雅宴的传统地点，自康熙朝中期重要的文官幕主使用此地招待1679年"仅限应邀参加"博学鸿儒科特考的考生后，江亭便成为科举考生雅宴的地方。[39]当然，这里也是春禊派每年举办春禊雅宴的地方。然而，对参与顾祠会祭的成员而言，由于讨厌的穆彰阿或者潘世恩也许会和一群阿谀奉承之徒突然出现在江亭，因此在这个地方集会的想法显然是难以接受的。于是，他们不得不找另一个地方。他们之所以特意选择这个地方——慈仁寺，是因为其历史，传说品格高尚的隐士想要逃避科考期间庸俗的社交就会去慈仁寺修行。

对熟知19世纪的文人而言，恰好坐落于宣南区内的慈仁寺会立即使人想起清朝诗歌始祖王士禛的故事，他经常为了躲避蜂拥而至的崇拜者而逃到

---

* 此处据原文直译。——译者注

这个有书市的寺庙。⁴⁰ 而更重要的是，这里还会使人想起顾祠会祭的鸿儒顾炎武于 17 世纪 60 年代后期游历北京时的那些往事。因为，如同许多后世参与顾祠会祭的成员，顾炎武已然接近当时科举政治的显贵们，包括他的外甥、南派幕主徐乾学。可是，他肯定不想利用这种恩庇关系。正如顾炎武反复解释的那样，他认为这位有影响力的亲戚对权力痴迷，不怎么关心认真治学。⁴¹ 因此，根据 17 世纪的轶事，顾炎武拒绝徐乾学提供的宿处，反而选择居住在更为破旧的慈仁寺里。何绍基是 1844 年顾祠会祭的创始人之一，在他看来，这样做完全抓住 19 世纪 40 年代反对派想要通过他们的行动所表达的精神：

当时寺宇宏，市集萃图卷。国初诸老儒，买书乘暇宴。先生结契广，侨寓更炉扇。至今双松下，仿佛见遗跰。⁴²

因此，这是对 19 世纪 40 年代文人反对派由于在科举制度中丧失影响而遭遇困境的某种评论。出于对失意情势的回应，参加顾祠会祭的士人可能做出最佳的选择，他们自视为顾炎武的后世效仿者，在慈仁寺逃避科举政治的庸俗尘世，而科举政治似乎迷住京城里的其他所有人。因此，京城中的圈外人身份（通过与追思顾炎武的联系）被赋予一种理想主义选择的外衣。而且，这种选择所代表的理想是鸿儒顾炎武在科举制威胁真正学术的世风下维护真正学术的理想。

可是，如果维护严谨治学是理想，这些愤慨的政府批评家发誓效忠这一理想，那么作为其象征，汉学名家顾炎武会做什么呢？除了他对同时代的鸿儒名士表示轻蔑外，是什么使这位特殊的士人成为所有真正的士人都能支持的学术理想的代言人？

乍一看，这种选择事实上似乎有些莫名其妙，因为顾炎武在清代被视为汉学大家，而非不同学术传统的集大成者。诚然，对张穆（他对顾炎武的毕生热忱似乎激发了选择顾炎武象征新反对派的想法）而言，特别是顾炎武对汉学经典领域——音韵学、训诂学和历史地理学的贡献使他颇受敬重。此外，顾炎武还超越了这些领域，开创了一种新的治学方法（归纳于他的《日知录》），这种治学方法强调对过去的孤立事实的持续积累和考证，这为清朝中期的汉学发展确定基调。⁴³

张穆对顾炎武的理解并非可能和备受敬重的清初士人发生联系的唯一方

式。正如参加顾祠会祭的其他一些士人普遍将会指出的那样，顾炎武的研究方法本身便是一种对与其同时代文人精英普遍习惯的抗议。在这方面，顾炎武的学术风格可以被视为极具反传统和反叛性的，而且非常不同于墨守成规和主张清静无为的价值观，此后这种价值观在清朝中期和汉学相联合。对于19世纪40年代参加顾祠会祭的大部分热切的年轻人而言，令人肃然起敬并激发出思想共鸣的恰是顾炎武学术特色的这一独特方面——也就是，成功蔑视当时的主流思想——而不是其特殊的音韵、训诂研究。因此，这里我们必须揭示顾炎武成为19世纪40年代文人效仿的英雄的更加重要的意义。

在顾炎武处理他与徐乾学的关系及他拒绝担任清朝官员时，我们也许已经隐约地感觉到顾炎武的性格中有着好争辩的一面。然而，可能需要补充的是，与其时代抗争的同一倾向促使顾炎武撰写了一系列文章，尖锐地批判了他发现的明朝和清朝初年政府对待文官阶层制度化的犬儒主义。在《亭林文集》和《日知录》中，顾炎武运用他对中国古代的了解，申斥与其同时代政权的一系列罪行。在顾炎武看来，这些帝国晚期政府的罪过是蓄意令士大夫阶层过剩，是令教育体系和科举制度的科目庸俗化，是通过削弱甚至正常的独特归属（例如，对家乡的归属，不得在家乡当官）破坏官员的心理状态。通过诸如这些辩论，顾炎武无意中预料到道光中期古文复兴运动者的情感甚至是散漫风格，古文复兴运动者同样在重建文人精英的过程中发现其使命，他们同样运用跨朝代的比较获得对当代的批判视角。[44]

那么，我们的观点是顾炎武的汉学潜存的价值观确实非常不同于18世纪汉学主张清静无为和自我批判的价值观，春禊派中的桐城古文派士人曾经特别激烈地反对18世纪汉学。而且，出于同样的原因，他们确实能够被理解为和道光中期古文派的离经叛道精神相一致。如果这尚未催生有关到底什么是学问的一致看法，那么至少提供有关什么不是学问的多数意见。于是，我们触及新反对派的核心思想：真正的士人无所不在，只要他反对时下堕落的、他人决定的思想范式，即使这种反对恰巧采取此前批判过的汉学的形式。

例如，富有奉献精神的参加顾祠会祭的古文派代表人物朱琦——他是个对语言学（philological subjects）不甚精通（甚至没有兴趣）的人——此时却能承认与顾炎武志趣相投，因此在一年一度慈仁寺举行的仪典上他发现他周围聚集着汉学士人：

回想我们王朝之初——古文研究何等辉煌！那时可敬的退隐学者（例如顾炎武）常常受邀到京城，而士风长期堕落：如何能够（仅被如顾炎武的官员）复兴呢？（顾炎武）致力于发展"朴学"是何等正确！*45

拒绝职位、热衷于改革"士风"和追求"朴学"（也就是汉学）研究在此充分融合于即使古文复兴运动士人朱琦亦能够理解和崇尚的学术理想之中。

另一方面，参加顾祠会祭的汉学士人此时也渴望发现对19世纪30年代古文复兴运动的理想此前未加察觉的支持。因此，这里又是何绍基，1844年他以诗文歌颂顾炎武向顾祠献祭，改变了对汉学士人的印象：

溯惟明代末，世苦龙蛇战。气节诚乃隆，兵将多不练。小儒独何为，俗学争相煽。语录饰陋窳，词章斗轻蒨。先生任道坚，千古系后先。研穷经史通，旷朗天人见。郁积忠孝怀，惨淡时世变。同时顾李阎，骎骎随鞅韅。余子因人成，鞭镫亦相恋。经心执圣权，首启熙朝彦。兵刑礼乐尊，九数六书衍。汉宋包群流，周孔接一线。精光烁日星，果力策雷电。自非菰中人，孰开众目眩？46

对汉学士人何绍基而言，如同对古文派士人朱琦一样，顾炎武磨砺谨慎的精神可以被视为弥合了19世纪初期敌对思想流派之间的分歧。通过仿效顾炎武的这种学术人格，勤奋的汉学士人和热情的古文派士人能够再次自视为团结在一种共同的学术理想之中。与之相应，从这种信念到顾祠会祭以某种方式代表所有重要的学术努力的信念只有跬步。正如何绍基在另一篇纪念顾祠的诗歌中所述，1844年开始的公祭吸引了所有"伟大的儒士和该领域才华横溢的学者，既有那些追求朴学的人，也有那些精通〔古文〕散文的人"47。清帝国真正的士人发现了他们的共同点；因此，所有具有反抗精神的士人都是盟友的崭新信念支撑着他们，他们此时能够一同挑战令人讨厌的穆彰阿。

寻找政治方案

那么，如何使真正的学术恢复其应有的地位？我们在本章的前些部分已

---

* 此处据原文直译。——译者注

然观察到穆彰阿对南城文人通常有望获取权力的政治制度的破坏是何等彻底。文人对翰林恩庇体系的独立控制，以及容忍对行政官员及其政策（特别是与外交事务有关的政策）进行无拘无束的监察批评——这些集体权力的来源及影响此时都消失不见了。而且，也没有什么希望扭转这种新的无能为力。因为只要道光皇帝继续麻木地害怕与英国人对抗，那就没什么可能性劝他疏远穆彰阿。此时，穆彰阿肯定不会放弃原先的主张。在仍然无力改变此前促使他们失去影响的环境——皇帝害怕外交上不负责任的代价——时，文人反对派如何能够恢复其已经失去的政治影响？

在这十年的大部分时间里，这个问题仍然无法得到根本解决。然而，在随后被迫对外交政策问题保持沉默的七年中，确实坚守一种信条，即反对派联盟最终会重新获得皇帝的恩宠。可以预见的是，这种乐观主义以某种信念为基础，而这种信念在19世纪30年代最初使文人权力扩张合法化。这种信念是清廷不敢冒险抑制文人精英的忠诚，如果清廷坚持要剥夺文人的政治参与，那么将会抑制这种忠诚。参加顾祠会祭的领袖们以庄严的语气彼此提醒，如果允许目前的朝政体制继续掌权，那么肯定会再次出现和珅和曹振镛时代麻痹精英的那种消极、墨守成规、懒散的精神状态。如果不以积极参与监察政治的振奋体验将士人和士大夫从这种心境中唤醒，那么他们会迅速变得精神萎靡。而且，在麻木的状态下，他们不会作为防御社会动乱和反叛的堡垒为朝廷效力。

在参加顾祠会祭的士人中，最具说服力地阐释这一告诫的人是广西士人朱琦——他是梅曾亮的学生，深受桐城派的影响。根据朱琦本人后来的陈述，其有关文风问题的观点在很大程度上受到1821年管同的那篇有关纠正文风的著名文章的影响——那篇文章在很大程度上促使春禊派文人支持清议的复兴。[48]回想起来，在这篇文章中，管同将越来越多的民众造反和清廷系统对学术精英特征的影响不断减弱联系起来。二十年后，当朱琦重读管同的文章时，他衷心地赞同这一结论。补救措施是什么？显然，要恢复政府中的士人参与制度。朱琦提醒道，如果不快点这样做的话，就无法及时扭转他所看到的朝向自鸣得意和墨守成规的发展趋势，就无法避免针对清王朝的另一次自下而上的重大挑战。

朱琦在另一篇文章（题为《名实说》）中对同一论题进行了详尽的阐释。他失望地批评他所见到的自穆彰阿掌权以来在精英中弥漫着的消极情绪。呆板而拘谨的官僚控制着科举考试，使义愤精神和大胆的特立独行胎死腹中。在这样的体制内寻求成功的人必然要接受其前辈的价值观，并成为纯粹的唯唯诺诺者；而具有不寻常性格的人必然会被边缘化：

> 吾闻大木有尺寸之朽而不弃，骏马有奔踶之患而可驭。世之贪者、矫者、肆者，往往其才可用。今人貌为不贪、不矫、不肆，而讫无用。……是故君子慎其名。乡曲而有大人之行者荣，大人而为乡曲之行者辱。[49]

朱琦抱怨道，这种胆怯而自满的精神占据支配地位，不能不给清王朝的延续造成极大的危险：

> 当其峨冠襜裾，从容步趋于廊庙之间，上之人不疑，而非议不加，其深沉不可测也。一旦遇大利害，抢攘无措，钳口拆舌而莫敢言，而所谓谨厚、廉静、退让，至此举无可用。[50]

那么，塑造一种更富英雄气概的精英人格的需要，为瓦解穆彰阿和潘世恩新近获得的对政府的控制以及再次"开放言路"提供了根本理由，正如朱琦在另一篇有关文风的文章中极力主张的那样。[51]

1850年初，梅曾亮的另一位门生曾国藩提出同样的观点，不过他是以一种不那么尖锐的方式提出的，这次采取的形式是向新继位的咸丰皇帝公开上书。当时，曾国藩认为，官场通病有四，皆因清朝对精英文化的早期特征矫枉过正。大率以畏葸为慎，以柔靡为恭。京官办事通病有二：退缩与琐屑。外官办事通病有二：敷衍与颟顸。敷衍者，装头盖面，但计目前剜肉补疮，不问明日。颟顸者，外面完全而中已溃烂，章奏粉饰而语无归宿。曾国藩提出，纠正这种危险颓风的唯一方法是彻底绕开京城根深蒂固的官僚恩庇系统。皇帝应该开门纳谏，倾听文人（代表全体京官，而非仅仅代表军机大臣）对当前各级官员的看法。[52]

当然，这个方案与朱琦想要恢复文化精英直言纳谏的方案有些不同，因为该方案将他们的评论局限在人事评估的范畴内。然而，从根本上讲，曾国藩的观点和朱琦的观点非常相同，并可被视为同样代表着19世纪40年代顾祠会祭内盛行的某些认同清议合理性的观点。由于多年来清廷价值观的浸染，官僚群体已经变得太过顺服、缺乏活力。力挽颓风的唯一方法是使皇帝有机会直接接触非官僚网络，作为一种精神补偿对体制施加影响。换言之，赞同文人独立的政治影响的观点再次以发现需要帮助国家抵制保守精英制造的危机为基础。体制外再次有一群真正的士人，他们不同寻常地献身于破旧立新的英雄主义价值观，人们相信他们有资格率领文人重返高层政治。

然而，这里我们暂且不论顾祠会祭的领袖，暂且不谈曾国藩的看法会给咸丰皇帝带来怎样的影响。因为，随着1850年4月曾国藩的上书，顾祠会祭寻求恢复文化精英的制度化权力，这再次将该问题带回公共决策领域。因此，接下来会发生什么，不是由文人的华丽辞藻所决定，而是由新皇帝对中央政府不断变化的需求和首要任务的评估所决定。最终，正如我们将要看到的那样，咸丰皇帝将会得出结论，文人在北京政坛上变得更有实力是最符合朝廷利益的。不过，为了充分理解催生这一决策的背景，首先我们有必要考虑朝廷以外影响皇帝的一系列发展状况，换言之，外交领域和国内控制方面的发展情况。

第七章
满人外交的终结

237 如果文化精英政治舆论领袖在道光皇帝的垂暮之年被驱逐出他的朝廷，那么在1850年2月25日道光皇帝之子、18岁的咸丰皇帝即位后他们的前途将峰回路转。同年5月11日，宫中传来消息，第一步是召回林则徐担任要职。5月16日，另一道出人意料的命令传来，召唤姚莹进京，显然同样为了复职。此后不久，消息传来，苏廷魁——这位御史热衷于组建横跨喜马拉雅山的军事联盟，以此对抗英国人，而且1843年时他还想要铲除穆彰阿——也将恢复他曾在北京担任的官职，另外还有他的两位顾祠会祭好友朱琦、陈庆镛。[1]

238 同年12月1日，新近登基的皇帝所采取的行动甚至更加令人愉悦。在一份惊人的长达数页的谕旨中，咸丰皇帝不仅罢黜了其父在海事外交方面的两位首席顾问穆彰阿和耆英，而且还进一步明确谴责两人诋毁林则徐和姚莹的所作所为，明确谴责两人以若非处处安抚英国人则后果便不堪设想的说法"恐吓"皇帝。[2] 皇帝喜好的变化意义重大。在顾祠会祭反对派的领导下被调动起来的文人雅士此时显然回归到对帝国海事关系发挥重要影响的位置。他们重新成为该领域内一支不容忽视的力量，而这直接影响到清朝体系的最高层级。

此外，所有这些异乎寻常的发展变化也是文人自身掀起的锐意进取的政治策略的结果，而不仅仅是新皇帝在外交政策方面天生好斗的表现，正如有时所宣称的那样。正如我们现在看到的那样，几乎促成所有其他现象的重要发端原来是1850年4月13日曾国藩向新即位皇帝的上书，曾国藩极力主张在重要官职候选人问题上要与京城士大夫广泛商议。无疑，这里提出的对官僚政治常态的临时中断常常（事实上，几乎是自然而然）是新皇帝的恩惠，托词是有必要通过鼓励可能被压制在僵化的政府文职机构低层的贤才开创一个新的统治时期。这在清朝前期是一种习惯做法，因此，除了稍微不太祥和的语言之外，曾国藩的上书可能在最初被公之于众之时至多具有仪式性的意义。[3] 不过，这种印象很快就消失了。因为根据曾国藩提请的调查，先是要求林则徐和姚莹官复原职（尽管穆彰阿极力反对，但是咸丰皇帝最终同意这样做），而后几乎不可避免地要求罢黜那些最初弹劾他们的满大臣。

新皇帝因此在组织有序的文人反对派提出的要求面前选择让步，从而使他的帝国再次面临外交危机，乍看起来这似乎令人惊诧。因为，毕竟，如果1842年缔结条约后清朝对外政策的方向发生任何重大变化的话，正如我们所看到的那样，对这些变化的支持来自皇帝及其在官僚机构内部亲自选出的亲信。即使英国人在1840年至1842年鸦片战争中取得的胜利没给文人留下太多印象，然而却令皇帝周围的满人权力精英充分意识到有必要重新组织管理清朝外交的审议和执行结构，并促使权力集中于同样这个小圈子里的人手中。随着这些新结构固化于适当的位置上，一种新型的，特别带有满人色彩的外交风格逐渐发展起来。这种外交的指导原则是，不惜一切代价避免实施可能引起新的军事对抗的行动。其产物是一系列条约和赔偿协议，这在激起汉族文人义愤的同时，确实有助于维持和平：1842年和1843年与英国人签订商业条约和关税条约；1844年10月与法国人（拉萼尼［LaGrene］）签订条约，同意取消对天主教的禁令；1848年签署《梅德赫斯特协议》（Medhurst settlement），在耆英的主导下，清政府同意赔偿三名擅自进入上海时受伤的英国传教士。

在新皇帝统治的最初几个月中，清廷处理外交关系方面这一意义重大的结构性变化尚未完成。而且，单凭君主政治本身也完成不了，此时它不加掩饰地试图安抚文人对满人外交要员的不满，这些满人外交要员曾经监管新体制的实施。那么，是什么情况导致突然改变态度？19世纪中叶的政治环境（国内的和国外的）有哪些因素促成对满人外交的重新评估？更具体地说，我们能从19世纪中叶君主政治本身不断变动的政治环境中发现什么因素可以解释在当初推行这些政策招致许多敌意后莫名其妙地决定放弃这些政策？

毫无疑问，一个重要因素是机遇，换言之，1850年2月一位18岁的亲王登基成为皇帝的同时，满人外交思想恰恰即将受到最严峻的考验。不过，在这个故事中，其他主要事件并非如此偶然。它们根源于清朝政治制度的结构性缺陷——此前在叙述过程中我们已经遇到这些缺陷，在19世纪中期，这些缺陷再度出现，不幸损害了皇帝遵循刚刚设定的新发展方向的能力。

第一个缺陷是缺乏控制——或者，更准确地说，缺乏倾向于施加控制——整个东南沿海地区政策实施细节的老问题。这种放纵在19世纪40年代再次导致困难重重时，其实由来已久。在此前的叙述中，我们看到它作为制定贸易政策过程中的问题妨碍皇帝将其想法强加于不情愿的两广总督卢坤。1840年至1842年鸦片战争期间，我们看到同样的情况再次出现，当时是在军事领域内，朝廷在没有遭遇多少阻力的意外情况下决定准许祁𡎴组建一支比该地区内中央政府管控的军队更强大的半私有武装力量。这种安排显然违反了传统帝国管理的精神，在帝国的北部地区或者长江腹地会是不可思议的，除非处于最极端的环境。而在广东，朝廷准许这种安排的出现，还极少下功夫控制结果。[4]

此外，避免严密控制东南地区外交和军事策略方向的同一偏好历经战争基本保持不变，尽管京城的满人主和派做出了最大的努力。然而，在这场战争结束后的十年时间内，这种持续放纵所导致的结果将成为对中央政府政策本身的一种挑战。1849年，中央政府在广东的势单力薄助长了广州的官员和士人在军事欺骗方面进行了一次非比寻常的实验，他们设法对抗准许城内设立外国公馆的条约规定，并取得了成功。面对这一令人震惊的带有战时文人在防御和外交路线方面（动员准军事组织等）所有特点的既成事实，君主政体很难不受影响。于是，两种不同的处理海事的政策不久便在朝廷有关条约执行问题的声明中流行起来：一方面是满人外交家反对挑衅的保守立场，另一方面是1849年广州"胜利"证实的汹涌的民粹主义风格。尽管皇帝没有任凭自己被迫在这两种策略之间做出选择，但事实仍然是穆彰阿曾经为其谨慎的外交政策所赢得的坚定不移的支持已然不复存在。随着这种支持的消失，支撑战后满人外交体系的一个重要支柱也消失了。

清朝政府制度的第二个缺陷于19世纪中期再度出现，削弱了穆彰阿的领导力，这个缺陷便是清帝国长江以南地区永远危险的农村暴乱现象。当然，这一威胁曾是塑造19世纪30年代清朝政治模式的力量之一，当时它促使皇帝赋予南城舆论代表前所未有的影响，以便确保汉人文化精英支持政府镇压暴乱之举。

不管怎样，如果此时汉人社会精英的能量再度有效配合官僚机构恢复控制的努力，那么南城的权力追逐者将再度在政治合作中被给予利益。这种合作所带来的筹码当然包括穆彰阿放松对科考恩庇和仕途晋升的控制。1850年春，当咸丰皇帝意识到这一点时，他不失时机地表示愿意做出必要的让步——首先，听从1850年4月曾国藩提出的建议，该建议请求特别征询精英士人对官僚机构内部人才的意见；其次，顺应多数人的愿望，即召回受穆彰阿迫害的人（林则徐和姚莹），令他们负责迫在眉睫的战役，遏制住南方的暴乱。换言之，为了重获士人阶层的忠心，咸丰皇帝表现得非常乐于将他的这位首席军机大臣革职，即使这意味着恢复文人领袖的地位，而他们对海事政策的看法颇具挑衅性。通过这种方式，第二个因素促使1842年之后的新外交走向失败。

无可否认，在这些举措中——无论是在轻率地对待反抗条约的广东典范时，还是在牺牲穆彰阿安抚南城文人的情绪时——丝毫没想在管理海事政策方面强加一套新的目标。就朝廷而论，清廷执行条约的承诺仍然有效，至少是在一般原则上。没有计划为废除已经授予的任何商业或关税特许权而战，也没有计划故意在沿海其他地区考验英国人的决心。穆彰阿失势的主要结果基本上是环境而实非政策方面的变化。诚然，政府本身将要被分化为一堆各自为政的地方政权，它们控制零散的地域对抗太平军，情况难有例外。然而，从长远观点来看，穆彰阿的对手没能提出明确取代其政策的选择，这也许不像他倒台的消息列入史书那样重要——清朝的君主政治实在是相当脆弱，国内相当不稳定，以致难以维系一种不得人心的外交政策。如果说此后清朝的统治者小心翼翼地参与这样的政策的话，那么穆彰阿失败的教训一定是他们如此谨慎的一个重要原因。[5]不过，现在我们必须更进一步地探究何以会做出这种推翻战后外交新领袖的决定。

广州人的第二次胜利

对清帝国军事脆弱性的变化着的认知导致了1850年对我们所谓的满人外交原则的背离，在这种情况下，关键的转折点必然是1849年4月英国人在广州的撤退。简要地说，事情是这样的。根据《南京条约》的规定，英国人自认为有权居住于5个特定的中国城市，此后被指定为"港口"。[6]在这5个城市中的4个，他们的这种权力最终得到承认。可是在广州，从一开始就麻烦不断。问题源自（或者是官员如此声称的）"民众"不同意外国人居住于这座重要的省会城市。英国人被这种阻力难住,五年没能解决这个问题,这主要是因为他们太过专注于沿海其他地区的贸易及与贸易相关的外交问题,以致没为在广州遇到的这个相对小的困难操心。

尽管如此,1847年春,英国驻华公使约翰·戴维斯爵士(Sir John Davis)在种种其他问题上被广州人所激怒,转而采取军事行动。英国军队再次迅速攻破清朝保护广州免于海上进攻的防御工事,使整座城市完全丧失抵抗能力。时任两广总督的耆英被英国人展现的不可抗力所折服,同意让他们在两年暂缓期满后进城。可是,1849年4月,当两年期满时,耆英不再担任原职,取而代之的是两位显然同情广州"民众"的汉人官员。随着执行1847年协定的最后时期慢慢地临近,这两位官员徐广缙和叶名琛调动广州的乡勇拼死抵抗,并下令终止所有贸易。尽管朝廷一心以为这种故作英勇的表现将会导致再一次的军事对决,而且试图在最后一刻调走徐广缙和叶名琛,但是它的声音被置若罔闻。不管怎样,此时英国人竟然非常惊人地选择屈服,并且同意不再要求进城。清廷似乎仅仅凭借促使民众对抗敌人的优势火力赢得一次漂亮的外交胜利。魏源的"海防"书中可以直接找到这个故事![7]

当然,广州所发生的事实与徐广缙和叶名琛不久后向京城通报此事时所谓民间武装力量取得完胜的夸口根本不符。不过,在某种意义上说,这没什么要紧。因为这次(不像1841年)英国人确实撤退了。1850年春,有些沮丧的英国人向上海和天津的清朝当权派发出呼吁,要求驳回广州官员的决定,这就很快打消了残存的疑虑。当英国人再次表明不愿意使用武力解决这个问题时,草率地秉持穆彰阿处理中英外交的方法——必须不惜一切代价避免惹怒英国人——又遭遇了进一步的打击。最终,这条路线的制定者也声望大损。

不管怎样,我们暂且关注第二次广州对抗的背景,而非其结果。很明显,这件事有很多需要解释的地方。我们想要知道,倘若满人主和派(显然)紧紧地掌控着政策的制定,并控制着沿海省份钦差大臣的职位,那么像徐广缙和叶名琛尝试的如此冒险的行径到底如何能够发生?此时深信最终对抗确实存在战争危险的耆英和皇帝为何没能避免对抗?简言之,朝廷对政策的操控为何如此薄弱,如此容易受到忽视?

正如我们当前所发现的那样,部分原因在于广州人在妨碍条约条款的全面执行时所展现出的那种不同寻常的斗争性。这里与其他的新港口不同,

1847年前商人和士人在不愿执行外国人进城居住条款的旗帜下联合起来。19世纪40年代，沿海其他地区都没出现过这种商业精英和学术精英的精诚合作，而这种合作关系是难以对付的，即使朝廷痛下决心想要破坏这种合作关系，因为它控制着政府日常运作所需的重要的军事资源和经济资源。然而——这是至关重要的一点——在战后的岁月里中央政府从未真正下定决心要向广州人推行其自己的想法。在耆英暂住广州的四年时间里（1843—1847），控制策略一度实现其最佳效果，而在控制策略之外，往往还并存着一种拉拢收买策略，这种拉拢收买策略旨在通过品性仁慈的汉族官吏居间调停来维系地方精英的忠诚。结果，满人外交在广州一直没得以实施，没能迫使地方民众违背意愿附和现行政策。

1849年促使徐广缙和叶名琛试着去虚张声势的环境，直接来自这种避免与广州人在外交问题上发生冲突的政策。首先，1847年底，朝廷决定恢复汉族官员对广州外交事务的全面控制。其次，因这项决定而获益的两位官员——徐广缙和叶名琛——认识到，他们能否留任完全取决于他们能否保持地方舆论领袖的爱戴。不妥协是不可避免的结果。因此，最终，并非是失察或者疏忽，而是对遥远的广州执行政府政策的松散监管这样一种根深蒂固的习惯，为战后初期开始背离妥协外交铺平了道路。

因此，我们对1849年排他主义胜利的历史分析恰恰始于这样一个问题，即朝廷为什么仍然不愿全面控制广东外交——因为，如果北京政府倾向于全面控制广东外交的话，那么便有理由怀疑该地区的舆论领袖能否如此随意地挑战中央政府执行条约条款的政策。我们在对战时军事规划的研究过程中已经发现，清政府本身对战略重点的优先考虑往往放在长江流域和北京至东北的沿海走廊地带。这是政府税收、供给资源和精锐军队最为集中的地区。相反，传统观念认为广东对中央政府的行政管理而言是微不足道的。这里只有一小部分八旗驻防，而且转交给京城和长江各省的税收主要限于海关税收。此外，在战后的环境中，连海关税收都在不断减少，因为可以预料到通过上海进行直接的长江贸易所产生的关税收益很快会超过那些绕道东南转口港广州城的税收。[8]于是，1840年鸦片战争所暴露出的长江特定的战略弱点现在和广州作为税收来源的重要性的进一步降低交织在一起，这两个因素都促使中央政府更加强调对长江流域沿海地区外交的控制，而不是对广州外交关系的管理。

诚然，当我们通读有关 19 世纪 40 年代清朝在广州的外交行为的记录时，就会发现这恰恰反映了这样一种战略边缘的假设。例如，直到南京停火几乎一整年以后，清朝首席谈判代表耆英才被派往广州——似乎主要是因为朝廷预期战后外交和军事规划的关键问题将与英国人试图经由上海渗透到长江流域有关，而非与广州有关。或者，考虑到这种观点的另一种表现，我们可以发现直到 1847 年年中，长江流域的行政管理一直由满人官员（首先是耆英，然后是璧昌）负责，这无疑表明皇帝想要看到的是，战后中外交往要在最大程度上考虑到清王朝中央想要避免战争重演，要于此受到监督。相反，在广东，对日常管理的控制常常掌握在汉人行政官们的手中，即使是在耆英作为总督名义上掌管广东的短暂的三年时间内（1844—1847）。[9]

更具体地说，在整个 19 世纪 40 年代，人们会发现，一般省级官僚机构内总督以下职位的任命模式谨慎地坚持留任至少一位具有科考精英背景并众所周知同情广州乡勇领导地位的高级汉人官员。因此，直到 1844 年辞世，总督祁𡎴——广州防御力量背后最初的指导精神——一直稳固地控制着一般民事行政机构。他过世后，一群颇富独立精神的汉族翰林被调入广州的省府衙门。首先是程矞采（1843 年初至 1845 年初在任），他在战时坦言支持准军事战略和打消耗战。[10]而后是徐广缙——一位进士出身的汉人官员，后来表现得非常热衷于对抗耆英。最后，1848 年，是叶名琛，他是一位翰林，他的弟弟（叶名沣）事实上是北京顾祠会祭的领袖之一！[11]相反，主和派在一般省级官僚机构内则立足未稳。1843 年，耆英的助手、汉族"和平主义者"黄恩彤担任按察使，负责司法事务，后来甚至一度升任广东巡抚（1845—1846）；与此同时，耆英自己能够担任总督之职三年时间（1844—1847），正如我们所提及的那样。可是，这便是全部内容了。因此，抵制地方反条约运动的官方堡垒确实非常脆弱。出于这个原因，更可能出现的情况是官员们将会容忍它或者逃避它，而非抵抗它。

当然，官方态度和缺乏来自北京的有力指导仅仅部分地解释了 1849 年在广州发生的和英国人危险的对抗。另一个重要的因素是，商人和士人对耆英和条约体制自上而下强加给广州人的新外交秩序感到深深的不满。这些不满在 1847 年英国人袭击后所造成的恐慌时期汇集到一起，促使这个地区形成一个异常强大的地方精英联盟，这个地方精英联盟下定决心阻碍条约条款的全面执行。正是这个地方精英联盟最终打倒耆英并废除 1847 年他与英国人签署的条约。

在战后广州的两个心存不满的群体中，更不稳定的那个无疑是这座城市的商人（或者，更准确地说，商人—工匠）阶层——这一群体对耆英和南京满人（占多数）的谈判团牺牲他们在中国出口贸易中先前所拥有的特权地位来换取利益的方式感到忧虑。在这些人中，反满情绪可能已经很高涨了，甚至是在战争结束前。毕竟是满人将领——奕山——将这座城市推到战争的前线，而且战败之后，他搜刮这座城市的财富去赔偿英国人索要的赔款。[12] 然而，无论这些情绪在 1842 年时是如何强烈，毫无疑问，在 1842 年清政府决定同意开放福州和长江的茶叶出口贸易中心——这些特许权为改变茶叶和丝绸出口贸易路线使之远离广州开辟了通道——后，这些情绪变得更加强烈。[13]

在战后的几年时间内，刚刚提到的这些让步所导致的不满已经在广州附近引发了一系列与官员和外国人的激烈冲突。然而，更糟糕的还在后面。由于 1845 年伦敦金融恐慌的影响逐渐蔓延到中英贸易并侵蚀广州残余的出口交易，在 1847 年初的几个月内，这座城市的经济甚至受到更多损害。随后——仿佛是为了确保愤恨之情愈演愈烈——是 1847 年 4 月爆发的入侵恐慌，这次入侵恐慌是由达圭勒（D'Aguilar）少校重新占领虎门炮台所引起的。对众多广州人而言，这次敌人重新展开军事行动的意义只能是英国人正在计划直接渗入广州的西河腹地，以便为他们自己夺取广东和长江流域之间内陆运输贸易的利润。此外，由于有消息称耆英同意向外国人出租城内的仓库，以及据情报（在这件事中，是假的）称当权者还答应向英国人出售广州内河上游郊区的土地，用于修建未加说明的附加设施，这些恐惧与日俱增。因此，在 1847 年夏季的几个月，这座城市谣言不断，谣传可恨的满人总督是同谋，他会有更多的让步。与此同时，为了筹集资金养活抵御外敌的乡勇，在没有得到政府许可的情况下，组建了商会。广州商人将为抵御更多侮辱而战，如果他们不得不这样做的话。[14]

最终，无论如何，如果这些城市领袖没有得到当地第二群抱打不平的支持者——广州学术体制中具有士人风度的乡勇领导人——的鼓励，单单广州贸易商和工匠的不满情绪是否足以迫使耆英遭到革职是值得怀疑的。因为如果没有刚刚提到的这个居间调停的群体的帮助，那么反对耆英的力量要想接触广州高官并得到其中反对总督的那些人的理解则会变得难上加难。

不管怎样，我们必须首先弄清广州士人为何要与驱逐耆英的运动共进退这个问题。这第二群人反对耆英的起因要追溯到这位不幸的满人外交官于1842年（假借其地方亲信黄恩彤之手）发起的一场削减受大佛寺绅士公局控制的乡勇力量的运动。那些尝试没能获得成功，首先是因为耆英和黄恩彤从未掌控足够多的权力迫使地方官们与他们合作，而且还因为地方官们没有心情仅仅为了实现新外交的抽象目的而去冒法律与秩序崩溃的危险。可是，这一举措本身足以激起士人们对耆英动机的诸多猜疑，在战争的最后几个月时间内，士人们逐渐参与新的准军事部队的管理。1847年，耆英在这方面的举措所招致的不满开始显现，士人们将帮助激发针对这位满人总督所作所为的抗议。

也许，起初耆英只是没有意识到地方安全需要与延续战时乡勇交织在一起的程度。或许，出于满人传统的军事偏见，他认为当该地区的政府常备军虚弱腐化时，由地方精英控制一支如此强大的武装力量是相当不明智的。[15] 无论怎样，情况显然是他和京城、广州的主和派决意要在《南京条约》签署后立即解散乡勇。

对"广州军"的打击始于1842年10月，一位新的"鞑靼"将军、74岁高龄的清朝宗室伊里布受命前往广州，取代坦言赞成乡勇的奕山。[16] 伊里布还带来了臭名昭著的和平主义者（和反对乡勇的）汉人官员黄恩彤，作为他的助手，我们先前提到过黄恩彤，他写过认为传统海防战略战术过时的小册子，这令魏源愤怒不已。[17] 没过多久，黄恩彤便积极采取行动。在他抵达广州后不久，北京的监察机构开始秘密地表达出一连串的抱怨，谴责广州防御力量滥用权力的方式。1842年9月26日，在北京，身份不明的"某人"使朝廷注意到，名义上控制广州新军的官员和乡绅允许这些乡勇"习惯性地恐吓"三角洲的船民（也就是在广州相关局授权特许的新垦地上劳作的佃户）。现在看来，这些乡勇和一群恶棍差不多，他们应被严加管束或者解散。[18] 其后，11月12日，恰恰是在伊里布抵达广州的前夕，另一位神秘的人物在北京提出有关广州乡勇行为的另一份传闻证据。人们普遍认为，乡勇的两位主要领导人黄培芳和余廷槐侵吞了购买口粮的公款；乡勇本身几乎完全由雇来的流氓和不忠（据奏折称）的乡民组成；据说广州所有知识渊博和德高望重的人都厌恶余廷槐和黄培芳，因为他们的行为给这座城市带来伤害。[19] 尽管没有令人满意的证据确切地表明这种指摘导致怎样的行动，但是这些控诉似乎至少毁掉了余廷槐和黄培芳，在这十年的余年中，他们的名字再也没在广州乡勇领导人的花名册上出现过。[20]最终轮到广州专业化的防御力量的解散——或者至少是部分地被解散。再一次，何时被解散或者多大规模被解散尚不清楚。不过，负责乡勇的广州士人梁廷枏指出，确实解散了一些乡勇，而直接结果是城郊盗贼明显增多。[21]

然而，这场运动当时遭到了地方官员的反对。原因似乎正是被梁廷枏和其他地方志作者视为解散乡勇的最初结果之一的违法行为暴增。通过削弱强制性机制，正是这一强制性机制在三角洲的沙坦地区维护着士绅眼中的法律与秩序，同时将数千失业士兵推向当地的下层社会，耆英当然极大地促成了这种情况。（尽管有人会补充说，佃户和下层社会组织的暴行激增似乎普遍存在于沿海那些发生过激烈战斗的地方，也许反映了士兵的全面溃败导致政府声名扫地、颜面无存。）[22]就当地而言，地方当局的反应是帮助士人重新组织巡逻乡勇，或许是以比从前稍微更加分散的方式。广东巡抚程矞采是在这方面迈出第一步的人，1844年，他特许在广州城的南郊和东郊成立一支所谓的沙茭（Sha-Chiao）团练总局。（名称是番禺县所辖两司——沙湾和茭塘——名称的缩写，这里的下层社会不法问题尤为严重。）此外，在接下来的两年时间内，在距珠江口更远的地区，至少又组建了五个这样的临时组织，同样得到民事当局的同意。[23]因此，耆英削减乡勇的努力并非毫无结果，不过，这些结果却让士人和持不同观点的地方官员学会培养合作对抗北京领导的习惯，以便提出他们自己关于应该如何维持地方秩序的主张。

对耆英而言，在1847年英国人夺取虎门炮台在广州城引发所谓的土地恐慌的关键时刻，刚刚提到的对法律与秩序的支持者的敌意是很成问题的。后来英国人从两广总督衙门获得的抗议布告和士人请愿书表明，沙茭局——大佛寺绅士公局的重组版本——是1847年6月和7月广州城爆发的抗议行为背后主要的组织工具。沙茭局诸绅似乎还积极地向广州西郊（上游）散布英国人激起的没收土地的恐慌，甚至在耆英公开宣布不会售卖或者签署任何协议之后，还继续散布外国人计划掠夺城内土地的谣言。可最糟糕的是，这些被查抄的记录同样表明，局绅所采取的这些对抗耆英的破坏行为得到了刚刚任命的巡抚徐广缙及其副手叶名琛的完全认同和鼓励。[24]

很难说徐广缙和叶名琛是否仅仅为了维护被他们视为开明的地方官员的利益而有所行动，或许是否还有更多原因（毕竟叶名琛的兄长是顾祠会祭的一位领袖）。可是，无论这种合作背后到底存在什么动机，这种合作给耆英及其政策带来最具破坏性的影响。最终，耆英意识到早先解散乡勇之错导致乡勇领袖产生积怨，而这些积怨达到危险的程度，此时他匆忙尝试弥补损失。6月中旬，他向皇帝上书，建议让城内和城郊"品望素重"的地方绅士直接参与未来所有与英方的谈判将是明智之举，以便防止更多不必要的谣言。然而，正如道光皇帝很快认识到的那样，如果自此以后地方外交事务的管理受到一群士大夫的监督，那么让这位不受欢迎的满人官员留在广州充当朝廷使者就变得没什么意义。毕竟，耆英在过去处理地方"舆论"时留下了非常糟糕的记录。于是，邀集士绅到督署的奏折（9月9日抵达京城）旋即使朝廷决定逐步让这位值得敬重的满人外交家退出他的权位。[25] 12月6日，一份非常不合常规的密旨被直接送到耆英的下属、巡抚徐广缙的手中，这份谕旨授权他呈报他自己对耆英的外交参谋黄恩彤的评价，如果需要的话可以取代他；与此同时，命令徐广缙，从此以后"安抚民众的情绪"（也就是安抚学绅）应该被视为比满足英方要求更为重要的事项。换言之，徐广缙开始逐步接管未来的谈判事宜。1848年2月3日，耆英受召回京"面圣"，新的形势正式得到承认。满人对广州外交的掌控从来也不那么稳固，此时却永远地失去了。[26]

一决雌雄

地方外交权力格局的突然变化留下一个关键问题有待解决：清朝仍然一定要遵守1847年耆英签署的准许1849年4月以后英国人居住于广州的协议吗？这个问题并非像徐广缙和叶名琛最初想的那样简单。因为，尽管新外交委员会向北京递交的奏折自信满满，但是皇帝及其大臣仍然固执地认为重新考验英国人的决心是愚蠢的行为。在这一点上，北京反复警告徐广缙和叶名琛，甚至在向士绅保证朝廷排外的立场不会发生任何真正的改变时，强烈要求他们给英国人做出某种保全颜面的表示（诸如散步，也许是在城内！）。[27]

结果，徐广缙和叶名琛最终却能够更强硬地对付文翰（Bonham）。首先，他们断然拒绝遵守1847年签署的协议，然后他们动员广州和城郊乡勇，表现出清廷愿意使用武力支持这种新政策。最后，他们鼓励商会组织全面的贸易抵制，以便使文翰压力倍增，迫使他放弃他的要求。[28]

地方当局之所以加快采取这种显然充满危险的挑衅做法，是因为他们认为英国人实际上不准备再次在广州湾使用武力,如同 1841 年和 1847 年他们做的那样,而美国提供的情报强化了这种观点。1848 年整年,徐广缙通过商业渠道不断接到的报告称,英国当前的商业萧条和法国七月王朝崩溃后英法关系的日趋紧张肯定使得英国更不愿意贸然在遥远的中国发动另一场战争。[29] 徐广缙认为文翰不会诉诸武力,而在这紧要关头,一份美国报告似乎进一步增强了徐广缙对这种观点的信心,美国报告称伦敦刚刚命令文翰在广州问题上不要走极端。相反,他将为更重要的问题积累外交和军事资本,这些问题诸如计划用福州和宁波交换长江流域地理位置更好的港口。[30] 有意思的是,刚刚提到的这点信息并没传到北京。可是,这显然使得徐广缙胆敢继续放手对抗文翰,甚至伪造了一道圣旨,说废除 1847 年签署的协议既是朝廷的意思也是地方政策。[31] 正如预期的那样,文翰接到不要推波助澜的命令,因此做出让步,仅在形式上对清廷的"不守信用"提出抗议。

这些情况促成广东民众抵抗运动的第二次伟大胜利。正如徐广缙和叶名琛所深知的那样,他们的虚张声势会被揭穿的可能性其实并不大——这也许是他们起初决定承担风险的原因。当然,也没有任何对准军事武装力量的真正考验。可是,这些琐碎的细节在当时似乎并未影响刚被证实的有关英国人实力和弱点的更多事实。毕竟,情况正如魏源和姚莹曾经说过的那样。英国确实是一个扩张过度的帝国主义强国,正如他们不愿再将军队调回中国所表明的那样。而且,清廷与美国人之间的合作向所有开明人士表明,蛮夷们并不团结,英国的海上对手能够被争取过来支持清帝国的防御大业。

因此,向北京呈送的奏折奏报了清廷获胜的消息,并毫不犹豫地谈及刚刚重建的这些更高的外交准则,令人颇受鼓舞。道光皇帝倾向于认为,英国的退却最终证明这个敌人害怕"民众",即使它不害怕皇帝的军队。朝廷只要能够博得臣民们的赤胆忠心(也就是,文化精英的忠诚),最终就能够"化其骄而制其命"。[32] 徐广缙和叶名琛生怕朝廷不了解刚刚在广州发生的事件的重要意义,他们在奏报文翰"退却"的奏折中附上一份 1849 年 5 月对抗前夕"广州士绅"致文翰的公启。这份公启可能受到三元里事件的鼓舞,写于 1841 年。"而为民同一心。"当时士人们委婉地询问,驻扎在香港的小小的由两三千人组成的英国卫戍部队如何胆敢对抗广州几百万等着打他们的民众呢?如果真要有场战争的话,那不意味着"若遽调各港之兵,且科众商之饷,则因小而失大"?[33]

由于耆英徒劳地对抗广州精英所产生的种种纷扰，1849年年中满人外交事业遭遇了两次严重的挫折。首先，耆英本人蒙羞并被驱逐出广东，皇帝使之处于困境，因为皇帝没把广州谈判的结果看得那么重要，没向他的首席谈判代表施以援手。其次，凭借总督徐广缙的证词，文人按图索骥再次使用魏源策略对付外国人的威胁。刚刚提到的这种发展也许更具威力，至少是站在京城中名义上仍然控制决策的保守的主和派领袖的立场而言。到此时为止，在这种复兴的文人尚武精神的影响下，君主政治看来准备退回到原先处理外交政策问题的更富机会主义色彩的方式。如果说这在1849年处理广州麻烦时还表现得不够明显，那么不久它将非常清晰地表现于1850年5月朝廷处理文翰请求时所选择的方式中。

文翰之信

1849年广州事件对穆彰阿政治前途造成的影响尽管不是决定性的，但却是非常不利的。徐广缙获胜后，1850年5月所谓的文翰之信被呈给朝廷，内容是抗议清廷在处理广州问题时所采取的政策，在有关文翰之信的短暂混乱期间，根据咸丰皇帝在声明中透露出的全新的独立风格，穆彰阿和他的政策几乎立即明显地丧失了影响力。突然之间，在对外关系上，帝国言辞开始渐渐地恢复了某些相同的缺乏谨慎和明显自信，这种情况自1842年以来大抵就不见了。诚然，在这种恢复不妥协态度的转变背后潜存着另一些也许是更为基本的内政问题，现在我们就来探讨一下。同样有准确无误的迹象表明，1849年英国人在广州问题上令人惊讶地以退为进，促使这位新皇帝对整场危机中穆彰阿一直提倡采取的绝对的安抚政策是否明智产生了深深的怀疑。简要地回顾1850年第二次惊慌是如何被处理的，我们恰恰可以发现徐广缙的成功在多大程度上改变了朝廷对中英条约问题的看法，从而使那位首席军机大臣和他的政策处于不利的境地。

事实上，文翰之信是外交大臣帕默斯顿的杰作，并在清政府撤销了1847年缔结的关于广州问题的密约这个消息抵达伦敦后，于1849年8月18日被送往香港。这封抗议信被适时地翻译成中文，并致"外务大臣"穆彰阿和耆英，帕默斯顿请求皇帝撤销徐广缙不许英国人入广州城的决定，并中止广州士绅要为总督徐广缙及其下属巡抚叶名琛建造功德碑的计划。基于无法相信徐广缙会将这些要求奏报给京城的假想，英国全权公使乔治·文翰爵士（Sir George Bonham）接到命令要亲自将之传达给上海的行政长官。如果这还无法确保将这些要求转达到北京的话，那么文翰将要带着这些要求前往白河口，在针对北京进行海军行动的含蓄（但没有后援）的威胁下，呈递给清廷。[34]

结果，单单是英国再一次从海上入侵渤海湾的威胁就足以诱导上海的"大官"将信件速递到北京，这封信于5月28日抵达北京（两天后，英船"列那狐"号［Reynard］抵达白河口，船上载有翻译家梅德赫斯特［W. H. Medhurst］和一份副本）。然而，自接到抗议至"列那狐"号和平驶离（6月11日）足足花费了两个星期的时间。在此期间，新皇帝显然担心，他要面对另外一次非常真实的战争威胁，正如从后来的谕旨里找到的一些谈及这两星期内所采取的行动的回顾性内容表明的那样。这正是文翰打算让梅德赫斯特前往白河（这暗示着1840年8月义律前往天津的决定性之旅）所要造成的印象。另外，如果文翰仅仅是在虚张声势的话——朝堂上有些人认为他的的确确是在虚张声势——那么皇帝应该在多大程度上愿意考验他呢？[35]

显然，同样在这两个星期的时间内，穆彰阿正在拼尽全力地将徐广缙描绘为盲目无知的破坏分子，尽力争取让皇帝重新任用耆英。首先，这逐渐变得明显，是因为6月18日，在剑拔弩张的情况刚刚开始有所缓和后，皇帝下令召集各位军机大臣，他要亲自熟读耆英和徐广缙此前有关广东外交奏折的所有副本，这些副本始自1847年4月达圭勒袭击虎门炮台的那刻，一直持续到文翰之信抵达京城的那刻。此时，皇帝想要知道两位对手如何看待英国人进广州城的问题吗？情况（正如穆彰阿所称）真的是耆英是两个人中更负责任的那个？此外，12月，皇帝责备穆彰阿和耆英的谕旨文本还进一步证实穆彰阿如何试图让皇帝重新征用耆英。事情甚至发展到，穆彰阿安排了一次特殊的私人谒见，目的是让皇帝知道满人对近来南方发生的这些事情的看法。[36]

然而，最终耆英没有受到重新任用。咸丰皇帝仍然决定要走他自己的路——坚持下去，拒绝立即做出任何让步，直到能够确切地知晓文翰被授权使用武力。6月3日的谕旨告诉紧张的直隶总督讷尔经额，"该夷背约而来，意主虚张声势"。如果梅德赫斯特仅仅想要再次谈论广州问题，那么他将得不到理睬，这根本没什么可谈的。当然，这些话还有些模棱两可在其中——

因为咸丰皇帝不太确信他自己是外交家。如果英国人向白河派来更多舰船，或者如果梅德赫斯特有其他更加"合理的"要求，那么谈话便可以进行。可是，无论发生什么情况，咸丰皇帝已经决定他不会否决徐广缙对英国人进广州城问题的处理，也不会鼓励英国人认为满人的亲王贝勒会比他的南方汉人臣属更加软弱。[37] 最后，"列那狐"号终于起锚，并再次驶往上海，这证实文翰一直在虚张声势，此时，欣喜的皇帝可以第一次真正摆出夸张的勇敢姿态。6月12日，在梅德赫斯特启程离开后仅一天，一份至关重要的信息重申皇帝将林则徐召回京城，并命令福建官员不要让林则徐身体虚弱的奏折成为他复职的障碍。两天后，所有沿海地区的总督和巡抚都匆忙接到一份密旨，命令他们做好适当的防御准备。清廷表现出不会因为可能发生战争而惊慌不安。[38]

那么，这意味着清廷决定要改变外交的基本方向吗？几乎不可能。因为尽管咸丰皇帝在处理文翰之信时明显表现得好斗，但是他还没有心情主动尝试任何积极的新变化。穆彰阿继续做了半年的首席军机大臣，还有好几个月，新皇帝才允许监察官员滔滔不绝地谈论他们觉得接下来应该做些什么。[39] 不过，新的信念已然扎根于这位年轻的皇帝的心中——这种信念预示着穆彰阿的外交风格前途堪忧。这种信念是，英国人不会轻易地在中国发动另一场战争，无论穆彰阿会持有什么样的相反意见。按照徐广缙在广东所做的实例，咸丰皇帝此时已经考验了敌人的决心，并发现它比预期的要更软弱。别的不说，这至少意味着咸丰皇帝不会像他父亲那样因为担心与英国再起战端而相当关注打压文人。因此，主和派政府的权力第一次遭遇沉重的打击——这一切都归功于广东乡勇。

广西的危机

如果说帝国沿海边缘地区所发生的事件发展得有些失控，致使满人外交家在北京的把持力第一次受到削弱，那么正是内陆边缘地区——动荡的长江以南省份——无法控制的状态给予了致命的一击。广西和湘南饿殍遍野的山区是自1842年以来在京城里占据优势地位的威权领导的第二个软肋——这是清帝国的第二个困境，这里的事态容易一发不可收拾，在某种程度上，将使人对这位首席军机大臣的政治智慧产生怀疑。不过这次穆彰阿及其追随者在政治上面临的困窘远比广州问题招致的困窘更加危险。在这第二个遥远的边缘地区，这里的危险在于其完全是清帝国本身的内部安全问题。在这一治理区域，不会一味地宽恕错误，不会谨慎地等着看尘埃落定。一旦警报响起，朝廷必须迅速采取行动。而仍在朝堂上把控权力的不受欢迎的满人精英集团很难轻易地实施必须使用的补救措施。这种补救措施是武装文人——这个群体执拗地敌视朝堂上的满人利益集团，恰恰热衷于利用其第二个弱点使该利益集团失势。

在某种意义上，穆彰阿对这个内陆边缘地区局势的无能为力是令人尴尬的，这起因于和 1849 年至 1850 年危机期间损害广东政府权力相同的行政管理极简主义。麻烦滋生的广西是另一个远离帝国供给和税收体系的行政区域。事实上，它比广东甚至还更边缘，通常需要从其他省份（主要是从广东）调来大量资金，维持政府的治安力量。外部资金的调配不可能来自税收匮乏的战后北京政府，战后北京政府主要关注长江流域和北部沿海地区的安全——在 1840 年至 1842 年中英鸦片战争关键的第二阶段，相较广东而言，这比以往任何时候都多。[40]

与此同时，广西——与其相邻的湘南地区相同——必须应付战后经济、社会和农业混乱不堪的问题，这些问题远比毗邻的广东政府所面临的那些问题更为严重。懒散而情绪不稳的移民大量地聚集着；稠密的当地人口充斥着对汉人移民的怨恨；糟糕的市场和运输基础设施使食物分配和价格成为一个长期存在的问题；过度依赖不稳定的第二职业，诸如鸦片走私或者搬运业——所有这些情况凑在一起使 19 世纪的广西成为一个行政管理的梦魇，甚至在最好的时候，这里都是个难以控制的地区。[41]

对广西而言，19 世纪 40 年代后期远非最好的时候。首先，1840 年至 1842 年鸦片战争及其后发生的经济变化以种种方式导致一连串新问题。一个是允许英国商人或其代理直接进入长江流域（以及福建和浙江产茶的丘陵地区）。由于这种新安排，传统上支撑该省贫农生计的大部分季节性运输工作——通过梅岭关运送武夷茶和太湖丝绸——突然中断。英国海军在东南地区海路沿线强力推行一种严酷的新治安制度也损害了广西。它使得越来越多的"刁民"——被赶走的走私者、海盗和其他歹徒——不断流入广西，此时他们定居于广西，从内陆商业牟利。[42]

可是，比这些战争引发的混乱也许甚至更具破坏性的是一系列农作物歉收，1847年，农作物歉收打击了整个长江以南地区的乡村经济，1849年至1850年冬再次打击了那里的乡村经济。1849年的最后几个月时间里，这一波自然灾害已经足以阻断湖南南部地区的粮食供应，进而促成另一场瑶族起义，这场瑶族起义的发展轨迹非常类似于1832年发生的那场。起义军（在李沅发的领导下）被当地乡勇团练和政府军队击溃，被迫逃离其湖南老家，涌入邻近的广西，广西的地方精英在军事上更为软弱，因此更容易对付。李沅发及其追随者在这片新地区安定下来，联合罗大纲的"水寇"袭击广西内陆的河运商业，并给该省带来普遍破坏。在这第二次"歹徒"侵入广西之后，到1850年初咸丰皇帝即位时，匪盗横行的地区据说已经占到该省总面积的70%。[43]

面对权力的极速瓦解——不久导致一支狂热的太平军兴起，太平军在"太平天国"的旗帜下征服并控制至关重要的长江流域——省会桂林的高官们似乎出奇地迟缓。边远乡村地方官和乡绅的抱怨毫无结果。广西巡抚郑祖琛似乎漠不关心，顽固地拒绝派兵到桂林附近以外的地区。也无法说服他向北京详尽地汇报需要更广泛的巡逻，因此也许要从湖南和广东增派援军和额外资金。为什么反应如此迟钝呢？[44]

为了回答这个问题，我们必须暂且偏离主题去探讨与广西糟糕局势出现的同时困扰京城满人改革政府的战略和财政问题。因为从根本上来讲正是中央政府的这些问题致使巡抚郑祖琛反应迟缓，阻挠他采取坚决的行动，以免北京的当权者被迫添拨本来就不多的盈余银两支持他。首先，北京政府必须维持中央政府官僚机构运转顺畅，必须保证京城驻军吃饱，必须维护大运河运输系统运转正常——所有这些再加上各省盈余银两的征缴实际上已经停止了，北京国库的库存量空前少。被迫给英国的2 000万两白银的赔款和战争期间耗用了大约同等数量白银的军费也造成损失，因为这已经耗尽了为数不多的公共和私人集中的流动资源，公共和私人集中的流动资源在战争开始时仍然是完好无损的。而且，户部盗用公款案也造成了损失，此案向惊慌的当权者表明，据信京城里存放的900万两白银其实根本就不在那里。最后是维护黄河预计所需的款项。1841年，黄河的治理工作显然有些不善，由于这一疏忽，1842年夏，黄河发生了一系列灾难性的决口。治理黄河需要省库投入更多白银，因而耗用了更多通常可以汇缴给京城的盈余银两。[45]

自然，这些损失给帝国中央政府财政的管理者造成很大的压力。诚然，

1843年春的糟糕时候，皇帝甚至不得不考虑削减负责京城防卫的八旗兵的俸禄。而且，不仅如此，朝廷决定无论如何也要加强沿海防御，或者至少是加强京城附近沿海地区的防御，以防天津再一次突然令人惊慌不安。即使在其他方面敷衍了事，穆彰阿政府确实设法拿出100万两白银给大沽炮台配备了新的重型铜炮，并为沿着平坦的直隶海岸线打运动战创建了一支新的6 500人组成的骑兵队。此外，清廷还打算重修长江下游各省（江苏、浙江和安徽）的防御工事，如果可能的话，还要加强水师的力量，以便保护运输贡粮的船只不受攻击。[46]

为了实现这两个相似的目标——恢复中央政府的财政收入，以及重整北方和长江流域的军备——战后北京的改革派领袖将表明，他们冷酷地决意要迫使华北和华中各省督抚再度接受其忽视已久的法定税收存额和每年上缴京城的法定数额。事实上，他们对这个问题非常坚决，1848年京城内阁、户部、工部特别负责各省拨用之款（成员几乎全是满人），处理文书工作并向行动迟缓的官员下发适当的罚款和惩处措施。除了曾经饱受非议的耆英（他在广州失败后此时返回京师），还应该叫谁来领衔呢？[47]

政府面对越来越严峻的广西危机所采取的政策的结果是可以预见的。正如该省更为见多识广的文人不久便意识到的那样，广西的治安对北京政府而言算不了什么，如果有了其他需要，穆彰阿及其盟友会轻易牺牲掉广西的治安。更确切地说，桂林的士人们认识到，数年来巡抚郑祖琛奉命避免进行任何可能示意需要外界帮助的行动或奏报。因为穆彰阿不想给已然运转不灵的财政机器造成更多负担——尤其是从这个偏远的帝国边角。这就是呼吁采取行动以及地方精英请求更有力地镇压"盗匪"没能产生任何效果的原因。

不过此时，我们也许最好将我们的关注点转向那些记录广西（和湖南）地方精英如何看待中央政府所表现出的这种复杂行为的文献。这里，我们之所以对这一特殊群体的观点格外感兴趣，是因为北京的反对派领袖最终将从这些资源中找到最令人信服的证据对抗穆彰阿一党。朱琦、龙启瑞和王锡振——仅列举桂林学术精英中最杰出的人物——都在顾祠会祭中非常活跃。1850年春曾国藩组织对抗穆彰阿时，他们作为梅曾亮的门生，自然和曾国藩保持密切的联系。而且，龙启瑞是杜受田的科考门生，杜受田曾是新皇帝的恩师，在新帝登基后的几年内，他在朝堂上是个举足轻重的人。[48]因此，这些广西士人开始认识到官僚机构正在隐瞒广西混乱状态的丑行，这很快引起南城反对派和皇帝本人（通过协办大学士杜受田）的关注。大部分寄往京城详细描述发生了什么的信件仍然保存下来；因此，我们应该在此暂时停顿下，先来看看这些信件告诉我们在这个关键时刻文人的观点是什么。

在这些文献中，内容最丰富的是一封龙启瑞写给他老师梅曾亮的信（日期也许是1850年底），因此我们可以从这封信所提供的有关当前事态的观点作为范例开始。当时，龙启瑞在桂林探亲休假，可是他显然对起义的进展非常感兴趣，并就巡抚郑祖琛为何如此怠惰问过许多问题。下面是他向梅曾亮叙述的内容：

> 今州县虽无权，然察一结盟聚党之奸民，固力有余也。特上之督抚，不肯担代处分，又乐以容忍欺饰为事。有一二能办之员，且多方驳饬之，使逆知吾意而不敢为。然督抚亦非真以为事之宜如此也。……又上之则有宰相风示意旨，谓水旱盗贼不当以时入告，上烦圣虑，国家经费有常，不许以毛发细故辄请动用。……为督抚者类皆儒生寒素，凤昔援引迁擢，不能不借助于宰相，如不谘而后行，则事必不成而有碍。是以受戒莫敢复言。盖以某所闻皆如是也。
>
> 金田会匪，萌芽于道光十四五年。……彼时巡抚某公方日以游山赋诗饮酒为乐，继之者犹不肯办盗，又继之者，则所谓窥时相意旨者是也。[49]

简而言之，桂林当局的无为显然被视为北京政府政策的结果。这种状况和首席军机大臣穆彰阿痴迷于税收的偏见有直接的联系。

更早些时候，龙启瑞已然和京城里其他一些朋友和老师联系。1850年初，桂林爆发瑶族起义的最后几天，他向他的恩师杜受田透露了如下看法：

> 见在诸君并力会剿，计不难尽数歼除。所虑者，此贼向由山径下剽掠。我兵居平原旷野，则无由见敌；逾山越岭，则彼得用其所长……难于取胜。尤可虑者，外府州县土匪结党，屡数千人，白昼公行劫掠村市，壮健为之裹胁，老弱尽于死徙，号哭载道，鸡犬一空。春耕之时，牛种无存，比及贼退，欲耕不得，……此等情形，大约桂林、平乐、浔州、柳州、思恩、南宁所属州县，在在有之。地方大吏，苦于兵力有限，经费无多……现在封疆大吏存心仁厚，揣度贼势，控制亦颇周详，但苦经费别无筹措，复因目前无陷城失守之事，不得以请调大兵为辞，

靡费太多，又将惩往事以为戒。此间土匪，情甚诡谲，明知攻陷城池，必为王师所不宥，故所遇皆掳掠乡井，草芥无余，复不甚与官兵对敌……大吏昼夜筹画，兵多则饷绌，分守则力单。[50]

此外，伴随着龙启瑞的这些私人信件，1850年春京城里还聚集了一系列由桂林士人从南方带来的愤怒的请愿书，这些桂林士人抵达京城参加三年一度的考试。[51]我们可以从另一位参加顾祠会祭的士人、湖南人孙鼎臣的评论中一瞥这些请愿书的效果，1850年年中，孙鼎臣回信给桂林士人，（用诗）谈到这些请愿书造成的印象多么强烈，并恳求龙启瑞立即启程前往北京帮助推进抗议运动：

> 昆仑关前新折兵，山邑豺狼犹未扫。转掠田州更贺州，哭声震野黄云浮。乡兵僵队战不得，县令刎颈无人收。咸丰圣人坐当宁，引见公卿询疾苦。群贤手诏来田间，痛哭青蒲色无怍。惜哉侍讲未就征，庐居独倚寒溪藤。君归为我语御史，必为苍生须急起。[52]

因此，仅在新皇帝登基后的几周时间内，关于朝廷的外交利益集团一直容忍着广西、湖南边界地区不断升级的混乱状态，谣言四起，南城文人怒气冲冲。尽管谣言背后不单单是地方民众对皇帝权臣的愤恨，此刻重要的是所有指控是完全准确的。显然，穆彰阿在他更大的游戏中确实选择弃卒保车，牺牲广西。他确实有意允许这种管控失灵，因为他设想，从长远来看无论是政府还是秘密社团操控广西乡野也许都无关紧要。然而，这位"首席军机大臣"没料想到的是，这种不法状态催生军事威胁的速度，而这种军事威胁能够蔓延到北方更重要的省份——这种威胁的表现形式是太平天国可怕的军队。随着新皇帝逐渐意识到这种巨大的危险，他的决心变得更加坚定。穆彰阿不得不被放弃。在某种程度上，这种放弃无疑表明皇帝决定再次和文人舆论领袖讲和。

召回林则徐

明确了截至1850年初穆彰阿政府的困境以及穆彰阿政府在对外政策和国内安全领域面临的威胁后，现在我们转过头来以稍微敏锐的洞察力探究1850年4月曾国藩上疏请求就官僚机构用人问题进行广泛公议。尽管曾国藩的上疏带有纯仪式性姿态的所有外在表征，然而其背后的动机显然是政治性的，正如我们所看到的那样。通过如此请求皇帝在继位之初表现出对文人的仁慈，曾国藩的意图是为一整套反对派计划的行动方针铺平道路，而这些行动方针的目的是从揭露穆彰阿参与隐瞒广西局势一事谋取最大的破坏。无论如何，首席军机大臣的罪行也许足以导致他被解职，而曾国藩和顾祠会祭那些愤慨的持不同政见的士人想要做的远不只是仅仅革他的职。同样，他们下定决心通过给他的对外政策披上虚伪的外衣来阻挠这些政策。因此，他们的策略开始将扭转广西局势的决定和是否继续废除首席军机大臣格外中意的不挑衅对外政策的问题尽可能紧密地（并尴尬地）结合在一起。

反对派进攻计划的第一个暗示是，为了回应4月公议而特意挑选出一批人才——表面上推荐为政府镇压广西叛乱的可能的领导。得票最多者——林则徐、姚莹和周天爵——毫无例外地是那些在外交方面最具不妥协声名的人。另外，他们都还是众所周知的对穆彰阿怀恨在心者的南城宠儿。既然如此，首席军机大臣难以静静地袖手旁观，不会允许他们得意扬扬地重新掌权——即使他能够以某种方式甘心在处理广西叛乱问题上失败。因此，能够料到他提出与外交有关的反对意见，反对任何重新任用林则徐担任高官的言辞——并以尽可能激烈的方式提出这种反对意见。可是，这样做，他当然只会令审慎的外交雪上加霜。到12月，皇帝逐渐相信，他的权臣只不过利用外交作为保存自己颜面的借口。因此，穆彰阿和他的政策都烟消云散了。

除曾国藩本人外，这一巧妙的策略显然还得到了潘世恩和杜受田的支持。至少，这是两位大臣为了回应曾国藩的《应诏陈言书》而递交的奏折所给人的印象，原文完好地保存于清政府档案中。[53]浏览这些档案时，我们发现第一次提及林则徐的地方出现于5月8日，当时潘世恩作为北京政治舞台上的前领袖提到林则徐和姚莹的名字。我们还发现，三天后大学士杜受田赞成召回林则徐——这次显然是为了派他担负剿匪之责。而且，杜受田的支持很明显是举足轻重的。因为在他支持林则徐的奏折呈递给皇帝的同一天，召林则徐回京的谕旨发出。（我们可以补充说，召见周天爵的谕旨同样如此，周天爵是另一位杜受田推荐的官员）。[54]

如同预料的一样，穆彰阿立即从这一切中感觉到对他控制对外政策的挑战，于是坚决反击。尽管他无法直接阻止林则徐复职，但他至少可以力劝皇帝谨慎地采取行动，并且考虑清楚结果。而且，这种策略显然使他暂时获得成功。在这方面，我们有皇帝本人的陈述，12月1日那天，皇帝非常痛苦地回想起穆彰阿提出的各种各样反对重新任用林则徐的理由，包括他所声称的体弱多病问题。另外，我们还有第二道召回林则徐的谕旨作为证据，这道谕旨下发于6月12日，也就是在文翰之信危机最糟糕的日子刚刚过去后不久——如果在此期间没有向各省发出优柔寡断的信号，这道谕旨大概是不必要的。[55] 那么，穆彰阿显然能够利用梅德赫斯特抵达白河所制造的恐慌感，成功说服皇帝不要立即采取行动召回林则徐。

如果说外交在6月暂时解救了穆彰阿，那么外交无法在10月再次解救他，当时这位首席军机大臣显然再次试图阻止林则徐官复原职。[56] 恰恰相反。这次，考虑帝国外交需要的恳求导致皇帝转而反对外交必要性这一想法本身。当然，最终导致这第二次阻止重新任用林则徐的努力功亏一篑的是，不断来自广西的越来越糟糕的消息。根据皇帝的观点，政府在那个省处境的持续恶化似乎强调了一点，即行动不能再被推迟。而且，这使得皇帝开始怀疑穆彰阿很可能自始至终都在利用外交问题确保他的幕僚、巡抚郑祖琛不会难堪，而且不被革职。这里我们还要补充指出，某些额外的刺激强化了刚刚提到的这种怀疑，这些刺激来自老练的对穆彰阿心怀不满的御史罗惇衍，10月17日罗惇衍对郑祖琛的弹劾是促使皇帝下定决心派林则徐前往广西的最终动力。

到此时为止，起义令顾祠会祭为之奔走忙碌，并最终促使咸丰皇帝采取行动。如果我们着眼于围绕任命林则徐担任广西钦差大臣（10月17日）而发生的种种事件的确切次序，这一事实会变得清晰起来。实际上，先是收到一系列奏折强调巡抚郑祖琛酿乱欺饰，然后才是林则徐的任命。在这些奏折揭示出的政府处境不断恶化的背景下，穆彰阿继续阻挠召回林则徐，以及他坚决拒绝承认广西确实存在危机，这肯定看起来越来越可疑。此时，皇帝逐渐相信，外交策略是首席军机大臣借以掩饰他自己不负责任的烟幕。

那么，这一计谋比5月时所能预见到的计谋更有效，也更具破坏性，5月时，召回林则徐的公议第一次浮现。到11月为止，满人的外交事业逐渐不可避免地和皇帝的受骗以及隐瞒一种危及帝国内部安全的危险威胁联系到一起。因此，必须谴责那些外交家并以最鲜明的言辞斥责，以便确保咸丰皇帝优先考虑的问题不容置疑。

决定采取这样的口头攻击显然是在12月1日谕旨颁布前几周做出的——

在执行过程中主要由于年轻皇帝的第一项行动计划脱离正常轨道而被耽搁。在匆忙地寻求设计一个反对穆彰阿和耆英对外政策的看似合理的公共案例过程中，咸丰皇帝首先想到个主意，也就是根据耆英在为 1844 年法国要求容许罗马天主教在中国传教铺平道路过程中所扮演的角色（当然，在穆彰阿的帮助下）进行谴责。问题恰恰是耆英曾是决定向这一要求让步背后的主导力量。在军机处的档案中，很容易找到这位外交家有关这个问题的行为活动的证据。而且，这些材料一旦公开，便不难在穆彰阿一党在国内"慈柔酿乱"（太平天国起义是基督教派的起义）和安抚海上的番邦蛮夷之间建立联系。然而，年轻的皇帝对怀柔天主教策略的热情似乎在他最初下令要求搜查耆英的公文后不久便在不断减弱——也许因为与此同时他发现太平天国运动在信仰方面明确秉承了基督教的谱系。有关对外政策的公开谕令中从未提及，今天我们知道这一点，恰恰是因为证明耆英在 1844 年签署《黄埔条约》时扮演的角色的文件仍然保存下来，还有汇编这些文件的命令也保存下来，这些都整齐地抄在 1850 年 10 月至 11 月军机处每月的档案中。[57]

可是，即使没有基督教问题注定将军机处的对外和对内政策联系在一起，穆彰阿的外交仍会受到公开谴责。因此，12 月 1 日，咸丰皇帝为了令他自己满意，想起"欺骗皇帝"的陈旧主题，证明穆彰阿对蛮夷的处理及其在广西行为是同一罪恶的表现。终于，咸丰皇帝宣布免除两位官员——穆彰阿和耆英——的所有职务，特别凶狠地惩处了他父皇宠臣的"欺骗"行为——此时他将这个缺点视为自 1842 年以来穆彰阿犯下的每个错误的共同原因：

> 从前夷务之兴，穆彰阿倾排异己，深堪痛恨！如达洪阿、姚莹之尽忠尽力，有碍于己，必欲陷之。耆英之无耻丧良，同恶相济，尽力全之，似此之固宠窃权者，不可枚举。……穆彰阿恃恩益纵，始终不悛。自本年正月朕亲政之初，遇事模棱，缄口不言。迨数月后，则渐施其伎俩。如英夷船至天津，伊犹欲引耆英为腹心，以遂其谋，欲使天下群黎复遭荼毒。其心阴险，实不可问！潘世恩等保林则徐，则伊屡言林则徐柔弱病躯，不堪录用。及朕派林则徐驰往粤西剿办土匪，穆彰阿又屡言林则徐未知能去否，伪言荧惑，使朕不知外事，其罪实在于此。[58]

在耆英的所作所为中，同一模式的欺骗被发现和谴责，特别是他在和英国人交涉时惯性地劝阻挑衅：

> 至若耆英之自外生成，畏葸无能，殊堪诧异。伊前在广东时，惟抑民以奉夷，罔顾国家，如进城之说，非明验乎？……赖我皇考炯悉其伪，速令来京，然不即予罢斥，亦必有待也。今年耆英于召对时，数言及英夷如何可畏，如何必应事周旋，欺朕不知其奸，欲常保禄位。是其丧尽天良，愈辩愈彰，直同狂吠，尤不足惜。[59]

这条讯息正如咸丰皇帝敢做出的那样清楚明白。这是明确的否定，既否定满人外交官，又否定他们处理外交危机时的那种欺瞒、夸大风险的风格。当然，这些谴责对清朝未来的海事政策而言会预示着什么，仍然有待确定。不过，出于安抚南城舆论领袖的考虑，其意义是确定无误的。咸丰皇帝决心要牢记从 1840 年鸦片战争的痛苦中学到的教训。清帝国的对外关系不再会被看得太过重要，以致不会受制于文人观点的变化。

第八章
结　语

我们在前一章中叙述了京城穆彰阿权力集团的倾覆，回想起来，这可被视为晚清政治史一页的终结。这段时期的显著特点——太平天国运动之后的数十年显著发展——是满蒙权贵作为改革的忠实护卫者的重要性。例如，1842年他们先是提倡军事抵抗英国要求是无用的。更值得注意的还是，正是满人亲王和朝臣而非汉人官吏认为，为了维护和平，为了后条约秩序对清廷有益，需要进行有争议的制度变革（诸如决策和财政进一步中央集权化）。

然而，穆彰阿和耆英时期朝臣精英们所展示出的这种强劲的不为舆论所动的改革领导力并非19世纪中期之后政治环境的显著特征。诚然，在19世纪大约最后三分之一时间内，在中国的外国外交家几乎都明白，满人朝廷及其食客们正在对自强的前途造成非常消极的影响。[1]虽然这种判断多少有点不公，但是我们能够觉察促成这种判断的环境。1861年后，尽管准备革新的迹象开始出现于对恢复清廷的国际前途至关重要的制度生活的近乎所有方面，然而我们绝不（可能除了外交本身）会发现，朝廷在推进必要的调整方面发挥关键的主导作用。相反，指引越来越倾向于来自汉人精英，常常是仅在官僚机构中处于边缘地位的汉人精英。此外，在一些个案中——特别是在军事和财政改革的决定性领域——朝廷的声望和权力被用以产生保守和阻滞效应。[2]于是，北京的领导层舍弃了早先积极致力于推动革新的行为，于1850年后逐渐发展成为很大程度上反对改革的力量。

基于本书所分析的种种事件，为什么会发生这种情况只是得到了部分回答。不过，我们可以认为，咸丰皇帝决定放弃外交和政治改革，有助于推动清廷进一步走向后来它将永远扮演的消极角色。

充分表明这与后来事件之间联系的一个方面是军事的现代化。在这一点上，清廷实际放弃了在对外关系中扮演积极的领导角色，这不可避免地意着使用西方武器的早期重要试验将由处于清廷权力结构边缘的军事领袖而非京师的八旗统帅来承担。考虑到获得使用外国武器——以及购买外国武器所需资金——的权力必然假定愿意公开和通商口岸的列强从事外交性的以物易物，情况绝不会倒转过来。1850年坚决放弃这项选择后，北京只能充满疑虑地坐观，而汉人军事代表们在华中身陷与太平军的激战之中，在1860年后方才绝望地求助于这样的策略。此外，在1860年后的十年时间内，这些新式军队在成功镇压起义的战斗中获得了使用新式大炮和轻武器的经验，这使他们在战斗技巧方面超过京师的八旗兵，拥有持久的优势。满人军事精英曾经提防这种优势，在1870年后日益转向骚扰战术，并阻挠进一步的现代化，以防差距拉大。[3]那么，这是1850年转折的第一个不幸的遗产，也就是，八旗军事精英转变为想要将重整军备限制到绝对最低程度的特定利益集团。

1850年领导层放弃革新之举似乎仍然发挥影响的第二个方面是，在该世纪剩余的大部分时间内清王朝自我合法化的共识基础日益明晰。这里，咸丰皇帝重新采取一种"广受欢迎的"对外政策，坚定地依靠文人的支持，显然预示着凭借反对西方的保守主义实现君主合法化的模式，保守主义在慈禧太后的长期统治（1861—1908）下逐渐盛行。事实上，几乎自1861年政变将慈禧太后推向权力巅峰的那一刻起，人们便可以发现共识政治的新用途。这里，我们暂且忽略那场错综复杂的政变的种种细节，只需注意到一点，那就是1861年慈禧太后成功夺权及其随后对权力的维系在很大程度上有赖于她协调一系列新的对外条约让步的能力，随之国内的谈判和改革问题愈加尊重文人的感受。之所以能够做到这一点，部分地是由于她联合了一位清朝皇室权贵的局外人（恭亲王奕訢）。慈禧太后将一项徒劳少功的任务托付给这位才华横溢却孤芳自赏的改革家，该任务是将1860年她被英法联军击败后中国允许外国使臣驻京的体系制度化。事实上，恭亲王对这一棘手问题的解决办法——总理衙门——从未赢得南城文人的太多认可。可是，对文人有利的是，恭亲王在政治上颇具依附性的政权显然比穆彰阿时期活跃、19世纪50年代后期尽管影响力有所衰减却又再次活跃的咄咄逼人的亲贵领导集团更胜一筹。[4]慈禧太后关注于为诸如祁寯藻这样经验丰富的文官谋职，这些文官此前与1850年重塑南城影响力的活动有关，这也进一步扩大了新权力格局的吸引力。例如，1861年慈禧太后掌权后，祁寯藻和倭仁（1850年转折的另一位英雄和受益者）均被授予京城要职，并受命担任新登基的小皇帝的老师。⁵此外，作为共识构建政策的第三个支柱，每当恭亲王为中央政府的制度改革向慈禧太后施加太多压力时，她惯于鼓励文官弹劾所谓的恭亲王离经叛道。⁶德高望重的反对派领袖（如祁寯藻）非常清晰地记得 19 世纪 40 年代后期权力的无节制滥用，谨慎地限制恭亲王的权力定会欣然唤起他们对咸丰皇帝即位伊始弹劾对权力充满渴望的穆彰阿的共鸣。

通过诸如此类的行动，慈禧太后巧妙地将咸丰皇帝恢复文人特权的先例转化为帝国自我合法化的一个持久性的新特征。无可否认，在慈禧太后的统治下，这种安抚南城舆论的政策背后潜在的理论根据不再像道光朝和咸丰朝那般直接与镇压异端叛乱时需要文人的支持相关。在这段后来的时期，更紧迫的顾虑是新兴现代军队指挥官拥有令人恐惧的权力——君主政治力图通过反向动员文人的传统主义来遏制这种权力。⁷然而，强调南城文官支持的模式显然与约十一年前咸丰皇帝"恢复"文人权力发生共鸣。这是 1850 年转折对稍后中央领导不断受到克制的趋势发挥决定性影响的第二种能力。

那么，要想研究清朝后期政治的演变，就要注意 1850 年的转折究竟何等关键，随后朝廷决定避免在引导中国适应改变了的国际环境的过程中扮演积极的领导角色。当然，这种对责任的放弃并非完全排除制度变迁。1861 年后，这也并非有意而为。不过，这足以确保此后清帝国权力结构特有的因素——皇室和满蒙权贵——会将外交和制度的现代化主要视为一种需要加以牵制或者遏制的威胁，而非一种能够加以利用以便重建日渐衰微的君主权力的力量。

穆彰阿及其在清朝内部精英中的同僚主导解决清朝对外政策的重新制定问题，结果竟然失败了，那么他们不只是将这项工作推迟到 19 世纪 60 年代。而且，尽管是不经意地，他们还可能大大地增加了未来的中央政府领导层在整个自强时期不得不面对的诸多限制。

我们简要地展望未来，便会预料到 19 世纪中期清廷改革领导层的转变将成为一件多么至关重要的事情，看来最后我们应该回顾一下在这本书中对这一转变的动因已经知悉的内容。正如我曾经试图弄清的那样，这些在本质上只是部分地应运而生。在其他某些方面，1850 年发生的事情按照逻辑甚至是不可避免地起因于清朝中央政治体制本身的特性，此时此刻我们最好去关注这些特性的影响范围。那么，这些特性是什么，其背后又隐藏着什么呢？

这显然肇始于官僚利益集团在 19 世纪初期中国对外政策的制定过程中异乎寻常的不断衰弱。当然，在清朝的政治中，在对外政策问题上没有纯粹的官方观点，至多是在国内问题上。可是，在全体管理精英中，某些官员的政策主张显然主要受到系统性或者温和派关注点的影响（一项政策有可能普遍实施吗？它会提高或者削弱中央与地方的协调吗？），其他官员往往更多地受到地方性或者共识性考虑的影响——诸如地方文人或者南城文人。在这个意义上，我们也许会谈及清朝政治体系内官僚政治（或者温和派官僚）观与其对手之间的鸿沟。同样，在这个意义上，我们可以恰当地将大部分我们已经研究过的对外政策争论描述为这种鸿沟的直接结果，例如，在 1850 年穆彰阿及其对手的激烈角逐中，咸丰皇帝刚刚即位便必须做出公断。考虑到长期存在的民族张力和管理张力将官僚中心与其他部分隔开，以及体系内权力的竞争核心，这条政治断层线的显著性是不足为奇的。[8]然而，令人惊奇的是，参加这些政策争议的官僚领袖走向失败的规律性——尽管他们常常比他们的对手更为直接地接近皇帝，尽管他们还通常享有同族同宗的身份，尽管他们的具体观点通常更具合理性。这里，我们不妨回想涉及的争论和失败的细节，即使仅仅是为了思考该模式的不同寻常的规律性。

无疑，温和派最令人震惊的失败发生在 1850 年穆彰阿和耆英遭到免职——两位政治家在对外政策上的意图围绕确保京城及其连接到长江下游地区的补给线的安全，他们实现这一意图的特定工具曾是一套由中央监管的"抚夷"制度，如果需要的话，不得不压制住心怀不满的广州发声。然而，几乎从一开始，这项政策便难以实施。正如我们所看到的那样，如果不解散仇外的乡勇，新签署条约的条款便无法生效，这是关键，而在鸦片战争的最后一年，乡勇已经成为广州城厢法律与秩序的最重要的守护者。很明显，在该地区拥有利益的官员和文人都不能接受这一措施，由此开始挑战新条约体系居留条款的执行。那么，这显然是对温和派政策和实力的考验。可是，胜利却属于他们的对手。

对于我们所研究的这个时期而言，这并非一个异乎寻常的结果。至少在另外两种情况下，官僚政治的推进力延伸到对外政策的考量，不料却被文人居间的反对派联盟施以决定性的逆转。在这些相似的挫败中，第一次受挫发生于 1836 年，当时汉人政治家（大学士阮元和三位广东官员：卢坤、邓廷桢和许乃济）的四重唱——具有讽刺意味的是——暂时主导贸易和控制鸦片问题。阮元一党试图利用这个机会,通过提出一项有限的进口合法化的计划,使清朝沿海的管控恢复某些一致性和可执行性。尽管这种改革的道德意蕴显然没有多少吸引力,但是它可能在短期内有助于抑制白银外流,当时白银外流正在严重干扰着清朝的税收管理。更重要的是,它一定会简化监视沿海各省官员行为的任务。在这两方面,它展现出对外政策中高度官僚化而非共识性的取向。可是,正如我们所看到的那样,阮元的提议非常容易受到自下而上的挑战,这主要是因为其精神完全是精英化和管理化的。

经适当变通后,这还是我们在这本书中研究的温和派第三次重大举措的弱点:1841年决定凭借广东和浙江密集的海岸攻势寻求迅速结束战争。文官和地方权贵从一开始便厌恶这个决定,因为攻击将会冲击他们的地域,但从主导朝廷军事思想的满蒙战略家们的角度看,这个决定是颇有意义的。如果成功的话,战争有可能会迅速结束;(尽管这从未被言明)如果不成功,其代价如此巨大,也许会令皇帝更快地认识到和平的好处。而且,进攻策略有利于将主要的军事行动暂时转移到远离京城和大运河的地区,也有利于将潜在危险的乡勇的作用最小化。总而言之,支持这一策略的论点相当充分。即便如此,对这一策略说不的人——在这种情况下是文人和受到威胁的地方官员的联盟——能够再次严重地损害这一计划,如果不是完全破坏掉这一计划的话。正如我们所看到的那样,奕山的广东攻势在总督祁𡋻能够展开之前几乎遭到蓄意破坏,他的军队最终仓皇逃出该省,被一群地方乡勇所取代。仅在浙江,行动才按计划进行——结果表明,为时已晚,无法阻挠英国人向大运河进逼。

于是,不同寻常的是,权力的不足似乎一再阻碍那些想将政策导向温和或者官僚主义方向的人——不论他们是满人还是汉人,是将军还是外交家。之所以不同寻常,首先是因为这并非是早期清朝统帅或者外交的特征;之所以不同寻常,还因为回顾过去王朝延续的逻辑似乎指向比以往更多而非更少的中央决策。然而,即使像穆彰阿这般坚决并处于优势地位的领袖却也没能克服19世纪初期清朝政治体制这一独到的特征。我们不得不做出如此推论,同质主义和地方主义的冲力深深地内嵌于体制之中,以致无法为了对外政策的目的而被抛之不顾。

然而,为什么会出现这样的情况呢?权力的分配为什么会如此头重脚轻,如此明显有利于那些在决策中反对温和派意愿的人呢?这样问,我们立即涉及该体制第二个持续存在的特征：贯穿我们所研究的这段时期的是，南城文人具有强烈的离心式的政治倾向。由于这种倾向以及这些南城文官所施加的影响——或者，更确切地说，否决权——地方行政或者精英利益集团在与中央发生争执时，往往能够确信"朝堂上"的支持，可以说，支持他们抵制毫不需要的新政策的努力。诚然，如何或者如何有效运用这股游说力量有着非常现实的限制。往往主要依赖于皇帝的一时兴起，依赖于他对"不切实际的"汉族文人咨政的接受程度。而且，至少在对外政策方面，有迹象表明对任何汉人的建议存在挥之不去的怀疑——这种情况也许解释了顾祠会祭的领袖为什么必须尽力揭露1850年发生在广西的隐瞒事件。然而，就此而言，在鸦片战争时期的北京，南城的声音出乎意料地一次次受到关注；每次，受益者常常是疆臣或者精英，正如随后重新审视我们此前探究过的案例将提醒我们的那样。

例如，我们想到林则徐在1841年初所遭遇的困境，以及他的南城盟友能够为他发起的游说活动是何等强劲。尽管不太好说是否应将林则徐描述为地方主义者，然而正是他拒绝考虑他的贸易封锁政策给中央权力机构带来的危险使1840年皇帝对他不满，并将琦善调到广州取代他。在这种情况下遭到革职，几乎足以使任何官员失去勇气。然而，正如我们所看到的那样，林则徐不仅能够还击，甚至还能够将他的继任者拉下马，这主要是由于黄爵滋能够在北京掀起攻击林则徐的满人强敌的污蔑个人的激战。到这场攻击成功收尾之时，至少十份出自南城的奏折呈递给皇帝——两份出自黄爵滋之手，八份多出自受黄爵滋的影响反对琦善的御史。诚然，琦善天真地低估了英国的战争意图，这使黄爵滋等人更容易找到他们的靶子。同样，胜利确实也是不完整和短暂的，因为林则徐没能如他和他的支持者所希望的那样永久性地恢复他在广州的职位。然而，从更广阔的视角看，在所有这一切中最重要的是，一位只有中等级别的资深地方官能够依靠并得到京城的有效支持，完全得益于文人的游说。

尽管广州的林则徐的继任者可能不会确保拥有此等忠诚，然而我们发现他们同样能够在斗争中充分利用京城的文人舆论，以便摆脱中央政府的控制。例如，祁𡎴曾在鸦片战争的后期以及战争结束后阻止满人控制地方军队的过程中巧妙地玩着这个游戏。仅仅列举这方面的一则实例，我们还记得，祁𡎴的士人幕僚将围攻广州城一事（1841年2月至5月）改编成地方乡勇恰恰顶住负责指挥的满将奕山及其统率的清军的懦弱取得胜利的故事。此后，经由两位与南城关系亲密的广东文人张维屏和罗平昌的转述，这场战役的故事在京城广为流传，有助于营造一种对祁㙺的下一步行动有利的舆论氛围：组建一支由地方乡绅控制的大规模的私有化军事机器。同样，接替祁㙺担任两广总督的徐广缙似乎也在1849年广州入城危机的紧要关头特别注重京城文人的支持，因为他曾经采取措施确保顾祠会祭的精神领袖张穆持续不断地收到随着与文翰的最后较量即广州事态发展的最新消息。因此，由于确保南城最欢欣地接受了他获胜的信息，徐广缙及其副手叶名琛便容易极大地提升其意义，进而将广州转变为一个此后十年实际拥有外交自主权的地区。

模式也并非局限于官僚机构内部在对外政策上的冲突。促使南城文人追随饱受非议的南方官员的同一离心倾向也能激发对个人利益的支持，特别是危及地方安全问题之时。例如，在我们从魏源和其他士人的战争纪事中总结概括出的大部分支持乡勇的传说中，帮助备受指责的广州士绅的愿望清晰可见。不过，更好地展现这种支持的案例是，咸丰即位之初顾祠会祭群体策划揭露广西政府的疏忽——这一行动在很大程度上是在回应受到威胁的广西士绅精英的恐惧与抱怨，并公开挑战地方官僚机构。桂林士绅能够利用间接的渠道让皇帝知晓他们的状况，这再次证实南城舆论对不满该秩序的非凡响应。因为，正如我们所看到的那样，曾国藩和杜受田甚至在他们或其他人知晓丑闻的始末之前便想要追究这件事，最终他们将丑闻公之于众。

因此，如果清朝中央政治体系在我们所研究的这个时期十分接受系内的离心利益集团，包括奉行冒险主义或者地方主义的地方行政官，以及负责维持法律和秩序的民间士绅，那么这似乎要在很大程度上追溯到北京文官的同情倾向，以及这些人所拥有的相当重要的影响力。这种同情在国内政策冲突中与在对外政策冲突中同样鲜活有力，正如广西事件所提醒我们的那样。不过，我们在此关心的是这种同情在对外政策领域产生的影响，它确实在对外政策领域留下深深的烙印，正如我们所看到的那样，促成了一系列对廷臣控制外交政策的成功反抗。

意识到北京文人不可或缺地充当了这种独特的向下回应式的对外政策管理（或者，也许更确切地说，政策管理不善）的维护者，我们最终面临潜在意图的问题。我们描述过的文人党派模式在更高层次的理想中寻求到多大程度的认同？超越文人反抗的纯政治维度——恐惧、嫉妒、雄心和仇恨似乎常常是他们密谋反对朝廷权贵的主要理由——我们发现这些行动背后更高目标的迹象吗？如果我们发现的话，潜在的关注点何在：外交事务抑或国内治理？换言之，我们是在此饶有兴致地探究应该如何恰当地处理与文化上落后的满族统治者之间的关系吗？或者，莫非更确切地将文人在鸦片战争时期政治中发挥的作用理解为表达国内某些政治方面更高层次的抱负——例如，想要将汉人士大夫阶层的地位恢复到诸如明朝时他们曾经一度享有的稳固集体权力那样？

很难直接回答这一问题。不过，笔者认为可以说有关内政意图的意识——时而高尚，时而不高尚——构成我们所研究的这一时期文官政治最始终如一的准则。相反，对付外国人及其麻烦的军事力量的相关备选计划在游戏中似乎出现得很晚，而且事后想来，当时可以说主要是文化精英在决策过程中发挥更大作用的第二次展示。

为了由此引申开来，我们先来探究一下南城舆论最初如何在19世纪清朝的政治中巩固其自身地位的。我们记得这发生于嘉庆在位期间，远在有任何迹象表明中外关系出现危机之前，并在有关鸦片走私的大讨论准备开始之前便早已发展出其自身独有的基础（采取类似明朝清议政治的自我赞美的形式）。我们还记得，切入点是典型的国内问题：京城门户无人监管的反抗；直到1850年，这个问题始终是文人手中最有把握的牌，是他们要求在政治上发出声音的最可靠保障。

此外，在可能的时候打出这张牌尽管具有明显的现实原因，但同样具有令人信服的逻辑原因。正如我们所看到的那样，春禊派真正的信仰者，例如张际亮或者姚莹，为了更好地使社会结构免遭道德侵染（他们将会实现），彻底将其阶层人格理想的全面转变作为最终目的。根据他们的观点，敲响社会秩序崩溃的警钟实际上是一项使命，甚至要建立他们说服同僚的新的文学信条。另外，更温和的改革建议同样常常与"山匪"问题相联系，包括要求提高地方官员的管理和财政自主权（他们主张，这将有助于更充分地打击混乱的根源，以及——另一个常见的观点——对监察检举者（可以说是监察御史）提供制度化的保护。那么，关键是有点类似一种既定的策略和议程——两者都深深地扎根于内政的土壤——在鸦片危机到来前的二十年间开始影响文人的政治参与，而且此后继续发挥作用。

相比之下，在与外交事务相关的行为中未见事先如此明确的目标或者计划。正如我们所尽力展示的那样，钦差大臣林则徐及其在京城的春禊派支持者几乎是在无意之中被卷入有关控制鸦片的讨论，直接目标则是提高林则徐在朝堂上的个人地位。直到1840年鸦片战争爆发及其给国内造成的惨淡的政治余波，诸如魏源这样有远见的文人方才开始设想并记录他们自己在所谓中外关系方面的理论。当他们这样做的时候，出现的结果是在许多方面都是国内长期以来一直存在的老调。例如，魏源自己一心想要站在政府的立场上武装百姓和征募游侠，这特别像19世纪30年代春禊派所赞成的社会控制思想的改版。他（和钦差大臣林则徐）要求英国人应该"仅仅"被当作海盗对待——在嘉庆后期文人对沿海控制的著述中这类敌人已经不足为奇——也是如出一辙。

文人对英国问题的解决方案来得太晚，内容又缺乏创意，因此甚至到了我们所研究的这段时期结束都没能或没倾向于独自思考外交事务。这并不是说这些观点丝毫没有分量，因为它们最终确实为1850年后外交态度开始变得强硬提供依据。不过，它们并没告诉我们为何如此急切地寻求这种变化。为此，我们必须注意文人活动家在19世纪20年代和30年代所设计的国内计划，只要专制的满人主和派在北京当政，其首要目标（行政的去中心化和监察言论自由）就很难实现。我们的证据表明，对交战状态最持久的刺激就在于此。

我们仅剩最后一个有待探究的问题：未曾表达的偏见或者民族张力影响文人在我们研究的这段时期对外交政策问题的观点。尽管这种感情比我们到目前为止一直探究的规划考量更难确认，但是它们同样重要，甚至更加重要。因为在一个封闭的多民族政治体系中，如果未被承认的民族或者身份群体的嫉妒在大多数重要的政策斗争中没发挥作用，那才是不可思议的。言外之意，笔者认为我们会发现许许多多这样的成见在19世纪30年代和40年代有关对外政策的争论中发挥作用，其中最重要的是某种笔者称之为汉族文人精英的"阶层沙文主义"或者"文化沙文主义"，换言之，感觉他们最能阐明和实施拯救帝国所需的变化，并且应该被准许在最少受干扰的情况下这样做。对文人友谊和师承关系作为政治恢复力的价值的巨大信心——进而催生出支持在政治上遭逢困境的翰林旧僚而几乎不考虑危如累卵的政策问题的倾向——似乎与这种"亲文人"的情感相辅相成。这些暗藏的偏见常常会对文人的观点产生戏剧性的影响，尽管这种影响是间接的，甚至还使他们仅对外交政策问题怀有无关紧要的策略兴趣。

林则徐的变化便是佐证之一，他先是主张控制贸易的强硬派，后来发展成为拒绝承认不平等条约的倡导者，笔者认为这在很大程度上受到了他和嘉庆朝文人改革派其他成员共同具有的内在阶层沙文主义的影响。我们还记得，19世纪20年代在蒋攸铦的栽培下一群联系紧密的前翰林迅速晋升为地方大官，林则徐便是其中一位，他的仕途便肇始于此。尽管这群文人改革派一般会避免公开宣称掌握特殊的领导权，但是每当坚持传统的满人主导的行政优先权有可能阻碍他们在省内推行的改良措施时，他们觉得可以不受束缚地暗中挑战这种传统的行政优先权。例如，1827年蒋攸铦和陶澍计划——并几乎成功——永久性地裁减漕运，这显然无视朝廷昭告的政策。如此，19世纪30年代林则徐本人着手一项为期五年的旨在削减清初统治者向江南腹地征缴巨额税收的改革——同样没能获得成功。这一系列饱受争议的行为很可能受到一种信念的鼓舞，即汉人文官比官僚机构内的其他人更有能力去判断改革应该在哪些方面以及如何进行——这两项动议在实施过程中所遭遇的挫败似乎恰恰强化了这种观点。

这种"亲文人"的情感已然隐含于林则徐处理国内事务的方法之中，而且几乎从他抵达广州的那一刻开始就影响着他对外交政策的看法。正如前面表明的那样，林则徐在东南方的那个港口城市尽忠职守，决心要完成远超谕旨要求他完成的任务。他不仅要将非法的鸦片贸易置于管控之下，而且还要立即并永远这样做下去——所有这一切表现出的是士大夫的热忱，并作为重新获得朝廷信任的路径。考虑到这种思想倾向，不难理解林则徐为何在控制贸易方面采取一种如此极端的态度。回顾往昔，亦不足为奇的是，他将他在战争期间遭遇的失败主要归咎于官僚机构内的满人对手：首先是琦善，其次是奕山，最后是军机大臣穆彰阿。

与此同时，一旦受到林则徐行为的激发，翰林阶层的唯我主义在未来数年内依然强烈地影响着他们有关对外政策的观点。例如，战后阮元令人费解地改投反对条约的激进派一方，这似乎只能如此解释才会比较合理，19世纪30年代当资深的翰林们仍然处于权力的巅峰时，他必然不能表现得太过同情强硬派。改变他的似乎是，战后穆彰阿试图实际控制所有文官恩庇关系及铲除能够抵抗他的所有群体，无论他们具有何等学术基础。从阮元的角度来看，这大概像是退回到了和珅时代；如果反击意味着再度与蒙羞的主战派结盟，那么他愿意成为一名激进者。一种与之类似的以阶层为中心的逻辑似乎潜存于 1850 年曾国藩与顾祠会祭的合作之中，因为恰恰在几年前他也曾对林则徐的政策主张深表怀疑。

简而言之，我们所研究的有关对外政策的讨论背后有着一套不成文的规定：从根本上讲这是由不安感造成的不言而喻的"内在"规程，这种不安感是在一个依旧为满人主导的世界中所有汉人文官在仕途升迁过程中都要遭受的。关于"内在"，笔者并非指的是"最基本的"或是"决定因素"，因为文人政治意识的这一维度——这种"翰林至上主义"——绝非南城文人抵制后鸦片战争时代条约体制的唯一或最令人折服的主张。正如我们所看到的那样，在这方面提供额外助力的是，一种侧重去集权化政策实施的传统（因此背离了新的制度安排所承诺的墨守成规的一致性），一种赞成将监管权力分散到私人手中的倾向（与现代条约外交不甚调和）。最重要的是，意识到国内持续存在的君主疑虑使得反对诸如穆彰阿这样致力于缔约的铁腕人物成为实际的政治目标。这套内在（从国内的意义上讲）规程已经非常丰富，其本身可能足以确保文人的对抗。然而，这也许并非最深层的。最终，如果不考虑汉族文化精英那受伤的阶层虚荣心，似乎便无法全面解释这种针对条约体系的非比寻常的敌意，这种虚荣心导致近乎本能地愿意相信引导新体系形成的满人政治家很坏。这些情愫如此容易发挥作用，在笔者看来，在问题存在前这场争论双方的命运已定；双方在还没有争论的理由之前便凭直觉知道他们将要和谁争。正是在这种双重意义上，我们研究的冲突似乎被正确地描述为鸦片战争期间的清朝内争。

注　释

绪论

1. See John K. Fairbank, *Trade and Diplomacy on the China Coast*, esp. pp. 464-468; "Synarchy under the Treaties," pp. 204-231, esp. pp. 216, 222, and 225; "The Early Treaty System in the Chinese World Order," and "The Creation of the Treaty System," esp. p. 217.

2. Benjamin I. Schwartz, *In Search of Wealth and Power: Yen Fu and the West*, pp. 10-18. 相关观点认为传统的精英文化与民族主义是对立的，参见 Joseph R. Levenson, *Liang Ch'i-ch'ao and the Mind of Modern China*, pp. 109-122。Chang Hao 新近的著作（*Liang Ch'i-ch'ao and Intellectual Transition in China*）表明了非常相似的观点，例如，思想"转变"的延迟解释了1895年以前改革的迟滞，以及此后的迅猛加速。特别参见第30～31页，表明直到19世纪70年代或者80年代的某个时候，新儒学所激发的为"儒学国家的正统政治目标"而奉献远胜于财富和权力作为国家政策合理目标的"边缘化"理想。

3. 这里的主要观点，见 Albert Feuerwerker, *China's Early Industrialization: Sheng Hsuan-huai (1844-1916) and Mandarin Enterprise*。

4. Michael Hunt, "Chinese Foreign Relations in Historical Perspective"; John E. Wills, Jr., "Maritime China from Wang Chih to Shih Lang."

5. 重要的是，除海关监督（hoppo）外，满人利益阵营（1800年至1850年掌权）内部的关键人物或者制度参与者都没给我们留下记载。有关18世纪满人政治最好的史料是20世纪30年代北平故宫博物院出版的《史料旬刊》。然而，该书没有多少有关 19 世纪 30 年代到 50 年代特别是满人权贵如何影响朝廷观点的非常有益的信息——再一次，海关监督是例外。20 世纪 60 年代在台湾出版的《明清史料》同样如此。存放于北京的内务府的和其他未列入目录的档案想必会帮我们填补这一空白。如果没有这些资料，就没有令人满意的方式去洞察《清实录》所提到的帝国人物众生相。

第一章　文人再度崛起

1. 有关 1800 年有功名的士人阶层的数量，参见 Chang Chung-li, *The Chinese Gentry*, p. 164。

2. Chang Chung-li, pp. 125-126，估计举人的总数为 18 000 人，每次参加会试的候选者大约为 8 000 人。法式善在他的《槐厅载笔》（2∶11a）中证实后面的这一数据。此外，还要加上两个数据，500～1 000 名功名在举人之下在京城买官为官者，以及 3 000～4 000 名同样有资格参加会试的拔贡（经特殊选拔）（Chang Chung-li, p. 129），再加上京官的子嗣。

3. 宣南是明朝一行政区划的名称；在清朝，城北是旗人的聚居区。有关这两个习语，可参见冯桂芬的《显志堂集》（5∶60a）和陈用光的《太乙舟文集》（3∶4a）。后面提到的这本书指出，需要上朝的官员要住得离圆明园更近或者在圆明园内。在诗歌中，南城常常被颠倒为城南，参见吴嵩梁的《香苏山馆全集》（10∶11 及以后）。

4. 这主要包括：翰林院；都察院；六部（吏部、户部、礼部、兵部、工部和刑部）学习之职，包括郎中、员外郎和主事；内阁中书或内阁舍人。笔者这里所说的行政职务和非行政职务的区别是上层文人自身所强调的那种区别。也许区分这两种官职最常见的模式是龚自珍所用的，他分别称之为政要和清暇。参见《龚自珍全集》，第 32 页。有意思的是，"清"的概念似乎一直与非行政职务纠合在一起，显然暗指责任往往使精神腐化或困顿。有关这后一种意义上的清暇的鲜明例证，参见林则徐：《云左山房诗钞》，2∶12a。

5. 有关 19 世纪后期政治行动集团一般性主题的杰出的文献综述，参见 Mary B. Rankin, "'Public Opinion' and Political Power: *Qingyi* in Late Nineteenth Century China", 第 460～461 页，她将这一官员阶层作为社会居间成分做了探讨。

6. J. P. Dennerline，*The Chia-ting Loyalists*，p. 18. 这和接下来对翰林角色的分析参见 Dennerline，pp. 17-20。关于明朝体制在清朝的延续，亦参见 Chang Chung-li，p. 122。

7. 关于清朝内阁，参见叶名沣：《桥西杂记》，第 24~26 页；阮葵生：《茶余客话》，第 30~31 页。要成为内阁大学士，一般需要先担任舍人之职，同样，先担任舍人才能再晋升为军机处章京，依次再成为封疆大吏。例如，参见 ECCP，第 75 页（赵翼的传记）。有关舍人是领导风尚者，参见杨钟义：《雪桥诗话》，♯2，7：71。

8. Miyazaki Ichisada，*China's Examination Hell*，p. 122. 这种方法估算生员成为进士的概率。

9. 巧合关系的概念我要非常感谢 Andrew Nathan 对清末民初政治文化中政治关系的分类法。他将之视为等同于归属关系，"由于环境和选择的结合，在年轻人仕途生涯的早期就建立起来了……[因而缺乏真正的]契约因素"。参见 Nathan，"'Connections' in Chinese Politics：Political Recruitment and *kuan-hsi* in Late Ch'ing and Early Republican China,"pp. 8ff.。

10. 例如，参见徐宝善：《壶园杂著》，8b；Wu Ching-tzu，*The Scholars*，p. 6；《桐城方植之先生全集·文录》，6：18a-20a。

11. 有关丧葬费，例如参见蒋攸铦：《绳枻斋年谱》，1：25a；张际亮：《张亨甫文集》，3：6a。有关通过同年或者科考师生关系募集的药费补贴和养老福利，例如参见徐宝善：《壶园杂著》，32b-33a。骆秉章《骆公年谱》第 31 页讲到同年同乡偿付罚金的例子。《仙屏书屋初集·年记》（19：21b-22a）、《张亨甫文集》（3：22a）讲到联省举荐阅卷和文书之职的例子。

12. 王士禛：《渔洋山人感旧集》（1：9）指出 17 世纪后期士大夫保存 333 首这种友谊的诗作。王昶《湖海诗传》（前言，1a）记载"超过六百位"同类的诗友与 18 世纪后期士大夫交换诗作。梁章钜在 1845 年写就的《师友集》（序，1a）中记录了"凡二百六十余"同类的友谊。

13. William S. Atwell，"From Education to Politics：The Fu She,"pp. 336-337；Dennerline，pp. 31，309.

14. 有关诗歌在唐朝科举制中的应用，参见梁章钜：《退庵随笔》，6：14b。有关宋朝的情况，参见李正富：《宋代科举制度之研究》，第 14 页及以后。有关明朝诗歌的废止及其被八股文所取代，参见沈兼士：《中国考试制度史》，第 150 页。有关何时再度采用诗歌，资料说辞不一。《清秘述闻》（6：22a）认为这发生于 1757 年的乡试和会试。法式善的《槐厅载笔》（2：13a）认为 1760 年乡试以下的考试开始定期测考作诗的技巧。然而，朱珪所著的《知足斋文集》（1：12a）记载，自清初起朝考一般都会测考诗歌，而乾隆皇帝本人在 1751 年的科考中开始强调测考诗歌是成为翰林的一项判据。朱珪和翁方纲（《复初斋文集》，4：11a，12a，22a）——乾隆后期两位非常重要的文臣——表示，直到 1751 年他们才开始系统研习诗歌，此后在这方面花费了许多时间。这一迹象表明，1751 年是重新强调诗歌写作的关键一年。张际亮（3：14a）回忆道，以诗"扬名"的习惯是乾隆和嘉庆时期（1736—1820）的一个特点。

15. 有关陈维崧的《箧衍集》和王士禛的《渔洋山人感旧集》的开创性影响，参见王昶：《湖海诗传》，序言（1a）。有关王士禛延迟出版的著作，参见他的《渔洋山人感旧集》（1：3-4）。

16. 例如，法式善在他的《朋旧及见录》中模仿了王昶的著作，而《朋旧及见录》似乎在 19 世纪初期的北京非常热门。参见陈康祺：《郎潜纪闻》，♯3，1.7b-8a；法式善：《存素堂文集》，附录，1：10b。吴嵩梁的《石溪舫诗话》据说写于 19 世纪 20 年代，吴嵩梁曾说该书亦以王昶的著作为基础。（参见吴嵩梁：《香苏诗话》，序言。）

17. 例如，参见 Lynn A. Struve, "Some Frustrated Scholars of the K'ang-hsi Period," p. 348; and James Polachek, "Literati Groups and Literati Politics in Early Nineteenth Century China," pp. 463-464。

18. Dennerline, pp. 308, 310.

19. 潘曾沂：《小浮山人手订年谱》，23b-24b。

20. 有关这一主题最好的研究，参见 David S. Nivison, "Ho-shen and his Accusers: Ideology and Political Behavior in the Eighteenth Century," esp. pp. 218ff.。

21. 有关乾隆皇帝与张廷玉（及其满人对手鄂尔泰）的问题，参见 Nivison, pp. 228-230；ECCP, 第 55～56 页。尚无专著研究乾隆时期汉人派系的恩庇。不过，笔者自己尝试着分析，发现随着张廷玉被迫告老，在 1750 年前后一朋党开始崛起。山东士大夫刘统勋是造成（南方人）张廷玉于 1741 年遭到第一次弹劾的主要原因（参见 ECCP, 第 55 页）。1747 年，刘统勋依次让三位年轻的北京士人"通过"其乡试：纪昀（1724—1805）、朱珪

(1731—1807)和翁方纲（1733—1818）。此后，这三位士人和他们的"恩师"刘统勋、刘统勋的儿子刘墉（1720—1805），以及其科考"门生"和翰林朋友可以被说成北方朋党。(有关刘统勋作为1747年科举考试的考官，参见《清秘述闻》，6：7a。有关刘统勋与朱珪、朱珪的弟弟朱筠的恩庇关系，参见陈康祺：《郎潜纪闻》，♯1，3：14b；♯2，7：15b-16a。还有姚永朴：《旧闻随笔》，2：2b。有关刘统勋于1747年收纳的这三位门生所发展出的亲密友谊，参见朱珪：《知足斋诗集》，8：19）。皇帝很早便开始关注刘统勋的门生（可能建立在地缘的基础上），这种关注持续了其整个统治时期，一连串殊荣与特许便是明证。(例如参见 ECCP，第120页；陈康祺：《郎潜纪闻》，♯1，3：6b-7a。）不过，皇帝赏识的最重要的标志是1773年在朱筠的建议下开设四库馆，《四库全书》在纪昀的领衔编纂下完成于1782年。（ECCP，第198～199页；姚永朴：《旧闻随笔》，2：6a。）18世纪70年代主持乡试的翰林的考核规则突然发生改变，这表明皇帝允许和珅一派在科举体系中发挥影响，用以牵制北方朋党。1777年，考核结果第一次秘而不宣，这在1779年后成为习惯做法。（陈康祺：《郎潜纪闻》，♯1，3：7b。）由于和珅很可能与帮助翰林院里不太显赫的士人有利害关系，因此这种程序是有利的。Susan Mann Jones "Hung Liang-chi" (pp. 190-193, footnote 16)，记载了和珅如何运用这种掌控安置资历不够的亲信担任乡试主考官。18世纪80年代和90年代还有许多掌故，说的是北方朋党的士人不肯乞求和珅的恩庇。例如参见姚永朴：《旧闻随笔》，2：3b；关于汤金钊，参见李岳瑞：《春冰室野乘》，第45～46页；关于潘世恩（刘墉的门生），参见陈康祺：《郎潜纪闻》，♯1，1：19b-20a。

22. Nivison, pp. 230, 232.

23. 有关研究清朝满人抑制汉族文人阶层政治影响的一般模式的现代中文学术著作的比较好的英文综述，参见 Huang Pei, "Aspects of Ch'ing Autocracy: An Institutional Study, 1644-1735," esp. pp. 5-9, 25。

24. 对这一时期满人精英政治的独到探讨是 Robert B. Oxnam, *Ruling from Horseback*, pp. 38-63。有关征服贵族的派系之争与对抗"汉"或者"明"式文人阶层政治习惯的立法之间的联系，参见第55页，特别是注释52。此外，有关陈名夏的个案和这里所说的立法，参见 Lynn A. Struve, "The Hsu Brothers and Semi-official Patronage of Scholars in the K'ang-hsi Period," p. 258。

25. 有关17世纪70年代和80年代康熙皇帝利用敌对的"北方"与"南方"汉族文人集团（然而，每个集团都处于满人的领导之下）的精妙分析，参见 Harold Lyman Miller, "Factional Conflicts and the Integration of Ch'ing Politics, 1661 - 1690," pp. 100 - 173。Silas Wu 的 *Passage to Power* (pp. 43ff.) 探究了康熙皇帝通过任命入值南书房充实南方朋党的力量，南书房是非正式的读书处，侍奉君主左右，谈论经史。Dennerline (pp. 304ff.) 支持谢国桢的观点，认为南方士人网络所依赖的关系要追溯到被称为复社的晚明科甲朋党。

26. 有关1708年至1723年持续时间较长的一系列危机，参见 Silas Wu, pp. 112 - 183；有关1712年成为转折点的内容，参见第152页及以后。有关1712年废除会推制，参见《清朝续文献通考》，第5371页；王庆云：《石渠余纪》，1：46a - 47b。关于1730年以后军机处在推荐高官方面所发挥的作用，参见《大清会典》(1818)，3：3b。

27. 例如参见《大清仁宗睿皇帝实录》，277：31。

28. 在清朝，所有监察官员均为京官，他们被共同称为科道。Charles O. Hucker, *The Censorial System of Ming China*, pp. 47 - 54，是如下两类官员的合称："给事中"（负责监察六部）和"监察御史"（名义上负责巡抚所辖各道）。此后，笔者仅仅将这两类监察官员称为资深和资浅的监察官。这更适用于清朝，当时区分两者的是资历而非职责。

29. 参见苏树蕃：《国朝御史题名》，第263页及以后。

30. 《大清高宗纯皇帝圣训》，88：4b。

31. 《大清高宗纯皇帝圣训》，89：6。

32. Nivison, pp. 226 - 227，引用了一些谕旨，这些谕旨反映出皇帝特别关心权力斗争中的失败者通过弹劾攻击其假想的加害者的可能性。这种行为似乎特别令清朝统治者烦恼，因为这意味着皇帝并非真正控制着任命权。

33. 钱沣参奏国泰的个案摘自 ECCP 第150页和 Nivison 第233～236页。然而，Nivison 的分析未能指出这件事中反对派所凭借的科甲关系网。钱沣通过两种关系与北方朋党有瓜葛。首先，他被认为是蒙古族翰林法式善 (1753—1818) 于18世纪80年代组织起来的诗社的成员。（参见吴嵩梁：《香苏诗话》，1：9；朱琦：《怡志堂文初编》，3：6b。）不过，法式善的团体（参见陈康祺：《郎潜纪闻》，#2, 7：15a）是北方朋党关系网的直接延伸。

其中，著名诗人钱载（1708—1793）和翁方纲同年（1752年）成为翰林，事实上他将成为那位后来的北方朋党领袖重要的诗歌启蒙老师和激励者。（参见翁方纲：《复初斋文集》，4：11a；姚元之：《竹叶亭杂记》，5：16b-17a。）这还包括朱珪的弟弟朱筠（陈康祺：《郎潜纪闻》，♯2，7：15a）。据说，钱沣通过他的（同省）恩师姚鼐（1732—1815）被引荐到北京，姚鼐是翁方纲另一位翰林好友。（关于姚鼐和翁方纲，参见 ECCP，第 900 页；关于钱沣是姚鼐的门生，参见梅曾亮：《柏枧山房文集》，10：13a。）法式善本人与北方朋党的关系可能源自与翁方纲隔了一代的科甲关系。（参见刘嗣绾：《尚絅堂诗集》，50：1b。）

34. 《大清高宗纯皇帝实录》，1173：17b-18a；对秦清的弹劾的第一反应，参见 1173：14b-15a。这件事发生于 1783 年。

35. 吴熊光（1750—1833）是 18 世纪后期与和珅一派关系不睦的一位经验丰富的疆臣，根据吴熊光的全面论述，和珅最经常使用的制度设计包括威胁要揭发擅自挪用存放在省级国库及其以下国库里的政府税收。1797 年，吴熊光本人被任命为山东之一地方小官，条件是让他搜集有关督抚的这些恶行的证据。（吴熊光：《伊江笔录》，1：25a。）吴熊光也声称，这种情况开始于 1780 年，当时和珅从云南省府的账目中发现他们挪用了巨额公款，通过和珅的调停，北京当局同意他们按计划还款（1：34b）。

36. 参见 Susan Jones, "Hung Liang-chi," pp. 140-141, 172-173, 176-177。

37. 北方朋党在将起义信息送到京城反对派领袖手中所发挥的作用涉及使用几套不同的人际关系网。Susan Jones "Scholasticism and Politics in Late Eighteenth Century China,"（pp. 40-41）记载了与四库馆有关的恩庇和合作关系是将这种信息上传到北京的一种工具。《四库全书》的编纂主要由两位北方朋党士大夫朱筠和纪昀负责。后来的揭发者参与的第二类北方朋党人脉关系似乎包括法式善的诗社圈，我们已经表明法式善的诗社是北方朋党恩庇关系网的衍生物。（见上，注 33。）到 18 世纪 90 年代末，这个圈子发展到包括秦瀛（1742—1821）、何道生（1766—1806）、洪亮吉（1746—1809）、龚景瀚（1747—1809）和王芑孙（1755—1818）。参见王芑孙：《惕甫未定稿》，2：13a-19a，6：6a-7a；秦瀛：《小岘山人文集》，2：51a。这些人中至少有两位对白莲教起义爆发的中国西部防线有着丰富的资料。自 1796 年至 1799 年，龚景瀚入陕甘总督宜緜军幕（ECCP，第 446 页）。王芑孙的兄弟王翼孙曾是湖北的一个地方官，曾经积极参与镇压起义军的战斗。（Jones，"Hung Liang-chi,"p. 135.）然而，在这场交锋中，也许最重要的北方朋党关系是朱珪和他的门生洪亮吉。关于这种关系，参见 Jones，"Hung Liang-chi,"p. 142；陈康祺：《郎潜纪闻》，♯1，2：17b；《龚自珍全集》，第 520 页：强调朱珪和"1790 年登第者"的亲密关系，这群人中就包括洪亮吉。

38. 总结反对观点的是罗振玉编：《皇清奏议》，续编，1：17 及以后，2：1 及以后；Susan Jones，"Hung Liang-chi,"p. 140。根据批评者提出的反驳，可以重建当权派的论点，而上述资料包含这些批评者的著作。

39. 关于洪亮吉递交弹劾书一事——洪亮吉采取非正规的形式，将弹劾书一式三份呈送给朱珪和另外两位高官（其中一位是嘉庆皇帝的哥哥成亲王）——参见 ECCP，第 374 页；Jones，"Hung Liang-chi,"pp. 167－178。显然，洪亮吉的弹劾书经其子洪饴孙手抄，私下里也被传阅。参见钱仪吉：《衎石斋记事稿》，续稿，6：30b。

40.《大清会典事例》（1899），22：17091，嘉庆四年。

41.《东华续录》，嘉庆朝，8：17b。这里，嘉庆皇帝仍旧痛斥复兴明朝监察善辩之风的危险，特别是"近来"私相抄录和传阅监察呈文的士习。

42. ECCP，第 374 页。关于扳倒和珅后清查的有限性的讨论，参见 Philip Kuhn and Susan Jones，"Dynastic Decline and the Rise of Rebellion,"pp. 108，116－117。

43. Nivison，p. 232.

44. 翁方纲：《复初斋文集》，3：4a。

45. 有关朱珪在阻挠派系清查中的作用（及原因），参见姚永朴：《旧闻随笔》，2：3a。另一则精英暗地表达出对明式理想主义派系纷争的批判的例子，引自方东树：《桐城方植之先生全集·文录》，6：10 及以后（引用罗翰昌写的一封信）。昭梿《啸亭杂录》（续编，2：55b）记述了一种对明朝文人激进主义标准批判的有趣变化，抨击其对理学的过度影响，谴责其不够重视对儒家经典与历史进行详尽的文本分析。

46. 关于正本，参见姚鼐：《惜抱轩诗文集》，第 3～4 页。有关 19 世纪初期士人对该书的引用，例如参见梁章钜：《退庵随笔》，4：7b－8a；朱琦：《怡志堂文初编》，4：13（一个未被注意到的引用）。

47. 我们也许可以将王昶的观点视为进入 19 世纪与北方朋党相关的士人们观点的代表。王昶本人与北方士人集团的联系似乎至少要追溯到 1768 年，当时他（和纪昀一同）被牵连到包庇盐运使兼藏书家卢见曾一事。参见 ECCP，第 120、806 页。陈康祺：《郎潜纪闻》（♯1，8：2a）记载 1760 年和 1761 年王昶和翁方纲在北京是邻居和挚友。翁方纲的《复初斋文集》（4：13a）也证实了这一点。吴嵩梁《香苏山馆全集·石溪舫诗话》（1：15b）记载了乾隆朝后期的某段时间内王昶曾入两淮盐运使曾燠的幕府，在那里洪亮吉和孙星衍（弹劾和珅的两位官员）成为他的同僚。有关清朝书院总志（中国台湾"中央图书馆"保留有原稿），参见《天下书院总志》全书。《天下书院总志》第 1 卷第 164～179 页用大量篇幅记述了东林书院。第 154 页谈到这多卷本提及的最后一年（例如，嘉庆四年，或者 1799 年），并记载该日期标志着王昶故乡江苏青浦的青溪书院重建。由此看来，笔者认为该书的作者就是他。严荣《述庵先生年谱》（2：22b）记述该书出版于 1802 年。秦瀛《小岘山人文集》（5：40）记载王昶请秦瀛帮他寻找有关东林书院的文献，而且秦瀛很快便这样做了。

48. 关于宣南诗社的二手文献，参见谢正光：《宣南诗社考》；谢国桢：《记宣南诗会图卷》；James Polachek, "Literati Groups," pp. 157-206；王俊义：《关于宣南诗社的几个问题》。关于 1814 年诗社的开创，参见 Polachek, "Literati Groups," pp. 169ff., 引用了胡承珙《求是堂全集》（4：23）、王俊义（第 221～222 页）。这个综述中涉及的其他文献将记录如下。

49. 在宣南诗社成立之初的五年时间内参加该诗社的十三人中，有五人曾在北京师从翁方纲学习诗歌和诗歌评论。他们是陈用光（1768—1835）、李彦章（1794—1836）、梁章钜（1775—1849）、刘嗣绾（生卒年不详）和吴嵩梁（1766—1834）。参见梁章钜：《师友集》，1：14b；王俊义，第 235 页。第六位林则徐似乎是在 19 世纪初叶第二个十年后期加入南城圈子，部分地凭借其父是朱珪之弟朱筠的门生。参见林则徐：《云左山房文钞》，2：18b；《云左山房诗钞》，2：11a。1779 年，梁章钜的岳父苏光策*在朱珪的主考下通过乡试。1799 年，梁章钜之兄亦在朱珪的主考

---

* 疑为郑光策。——译者注

下通过会试，1802 年梁章钜本人参加殿试时，朱珪也是考官。参见梁章钜：《归田琐记》，4：8a，6：2a。关于其他成员（钱仪吉、朱鉴、谢阶树、胡承珙、黄安涛、陶澍和董国华），参见 Polachek，"Literati Groups," pp. 170-171。

50. 可以确认的是，朱珪及其北方士人关系网在扳倒和珅（1799 年）后的几年时间内为嘉庆皇帝执行两种有些不合常规的任务。一个任务是通过科甲关系网搜集贤士对担任重要职位的官员的忠诚和可敬度的看法，或者考评他们。例如，有奏折提出河南巡抚景安虽然没能将白莲教起义军赶出他所管辖的地方但却应免受惩处，因为他的一个老部下恰与朱珪私交甚密，在与朱珪的密谈中，他的老部下担保他是正直之士。参见钱仪吉，1：11a-12a。费淳是赵翼（1727—1814）的门生，也是扳倒和珅后新建立起来的权力体系下第一批受到提拔的官员之一（1799 年初他升任两江总督），而赵翼则是于乾隆统治中期在刘统勋的支持下平步青云的一位北方朋党士大夫。（参见 ECCP，第 75 页；赵翼：《瓯北诗话》，第 65~66 页；《瓯北先生年谱》，12b，31b；《墓志铭》，6b。）关于皇帝对费淳的赏识，参见《东华续录嘉庆朝》，2：28b；《大清仁宗睿皇帝圣训》，27：9a（1799 年五月谕）。这些情况表明，朱珪在赵翼的影响下公开支持费淳。在某些情况下，嘉庆皇帝似乎使用非正式的以科甲关系为基础的信息渠道获取信息，以便确认低级官吏的忠信，而后通过审查高级官员对这位深受信任的低级官吏的品评，以之作为评估高级官员可信度的基础。对安徽某知县左辅（1751—1833）一事的处理便是这一方法很好的例子。左辅是朱珪先前在安徽时的门生，1799 年朱珪应召前往北京升任内阁大学士，担任该年会试主考官，而左辅却因催科不力而免官。在北京参加 1799 年会试的举人汤金钊曾从左辅的管辖范围（霍丘县）北上，根据汤金钊的描述，朱珪证实了左辅是位受欢迎、受敬仰的官员。（《国朝耆献类征初编》，196：33b。有关汤金钊是朱珪的门生，参见昭梿，续编，2：44b。有关左辅的背景，参见《国朝耆献类征初编》，196：28 及以后。）左辅官复原职，后来得到晋升。然而，曾经惩处他的名为陈用敷的巡抚不久便遭到罢黜，因为朝廷此时认为他的判断有误。1805 年，他的第二任继任者王汝璧也遭遇同样的命运，可能因为同一个原因。参见王士祯：《渔洋山人感旧集》，6：38a。

北方朋党还能帮助嘉庆皇帝的是，"确保"向省府的中级职位输送新晋的才俊（主要是翰林），他们往往是审查高级官员行为的重要平台。我们可以确认嘉庆统治初期至少有三位才俊成功地通过这条路径成为地方大员：孙尔准（1770—1832，1805 年被选为翰林）、蒋攸铦（1766—1830，1781 年被选为翰林）、阮元（1764—1849，1789 年被选为翰林）。关于孙尔准是朱珪的门生和属下，参见昭梿，7：26a。蒋攸铦参加乡试时是翁方纲的门生，参加会试时是朱筠的门生。（杨钟义：《雪桥诗话》，♯1，9：66a；蒋攸铦，1：6a。）有关蒋攸铦第一次担任地方官发挥"暗查"作用，参见蒋攸铦，1：12；《大清仁宗睿皇帝实录》，68：31a—33b。有关阮元是朱珪的门生，参见昭梿，8：27b，该书指出，由于朱珪的推荐，1799 年阮元直接从翰林院升任浙江巡抚。关于阮元是皇帝特殊的代言人，参见 Wei Peh-t'i, "Internal Security and Coastal Control: Juan Yuan and Pirate Suppression in Chekiang, 1799—1809," esp. p. 85, note 5；《大清仁宗睿皇帝实录》，68：29a—30a。给王引之作传的汪喜孙（1786—1847）记录了这种栽培北方朋党官员扮演地方监察官角色的方法的另一种变化。王引之（1766—1834，1787 年中进士）与阮元、孙星衍、张惠言是 1786 年参加科考的同窗，他们都与朱珪关系密切，都反对和珅。1807 年，可能通过其同年友人的帮助，王引之获得殊荣，在未参加通常用于遴选候选人的考试的情况下便被直接任命为河南学政。上任后，王引之向皇帝呈送若干管理不善的奏折，此后这些奏折转给地方大员，命令他们按照王引之提出的方法采取措施。参见汪喜孙：《且住庵文集》，第 7～8 页。有关当时士大夫意识到嘉庆皇帝如何利用朱珪的关系网的实录，参见吴嵩梁：《香苏山馆全集·今体诗》，4：14b。

51. 有关 1799—1805 年地方官僚机构大换血的更多细节，参见（还有此前的注释）昭梿，7：26a，特别是 8：24b—28a。有关蒋攸铦、阮元、孙玉庭和董教增成为新一代行政官员的明星，这些行政官员由于嘉庆皇帝的人事改组而处于显要地位，参见吴锡麒：《有正味斋尺牍》，2：25a。

52. 有关蒋攸铦的升迁，参见蒋攸铦，1：28b。有个例子表明汉族官员在地方官僚机构中晋升的更典型的方式，参见 ECCP，第 684 页；孙玉庭：《延釐堂集·年谱》，6b—30a。孙玉庭在嘉庆复职的这代地方大员中是最年长的，他在出翰林院任地方小吏三十年（1786—1816）后才被任命为总督，尽管我们必须从这三十年中减去他回家守丧将近三年的时间。

53. 更多细节，参见下面。

54. 有关清政府评估和惩处地方官员的标准程序的精彩综述，参见 Thomas A. Metzger, *The Internal Organization of Ch'ing Bureaucracy*, pp. 233－417。有关中央政府（例如吏部）规章和地方督抚喜欢以更灵活的方式管理执行之间的冲突，参见 Metzger, pp. 239－240，245，269－275。在乾隆统治时期和嘉庆统治初期，皇帝（或者皇帝和他的军机大臣们）似乎倾向于怀疑来自下面的免除有碍地方官晋升的惩罚的要求。参见《大清会典事例》（1899），63：3a－7a，特别是 6b－7a（嘉庆五年谕）；《大清仁宗睿皇帝圣训》，28：2a（嘉庆十一年谕）。

55. 有关这场起义的一般性研究，参见 Susan Naquin, *Millenarian Rebellion in China: The Eight Trigrams Uprising of 1813*。

56. 有关这场起义——以及调查披露的内容——对嘉庆皇帝的影响，参见 James Polachek, "Literati Groups," pp. 30－31；关于官员疏忽的问题，参见昭梿，4：44a－63a，特别是59b。关于认为过分严苛地实施行为管控容易削弱地方官揭发持不同政见的帮派和教派的积极性，参见《大清仁宗睿皇帝实录》，285：15a。关于停止评估晋升提挑一职（例如地方大员推荐候选人担任县级官职）的一项审查标准（例如因公处分的数量），参见《东华续录》，嘉庆朝，11：30b－31a；《藩司定例汇编》，嘉庆朝，19，2：15b。有关复审及减少惩罚规则数量的谕令，参见《大清宣宗成皇帝实录》，7：24b－26a。关于确实迟至1833年晋升提挑时仍不考虑因公处分，亦参见《道咸同光四朝奏议》，2：289。

57. Polachek "Literati Groups"（p. 80，表3）表明（根据朱汝珍的《词林辑略》的数据），乾隆统治期间，每年仅约3位翰林被晋升到省府的初级职位。然而，嘉庆在位后期和道光在位初期，这个数字增加到10～12。有关将最资深的京官提拔到这种初级空缺职位的趋势，以及这种任命对士气的消极影响，参见 CSWP, 13：63a－64a（蒋攸铦的回忆性文章，1813）。

58. 关于翰林出任省府行政机构重要的中级职务现象突然增多的年代，参见 Polachek, "Literati Groups," p. 80，表3。该表中搜集到的数据（例如，1736—1745年后进入省府行政机构的翰林数量）表明 1786—1795年和 1796—1805年数量增长最多。然而，编组以被选为翰林的年份为基础。由于第一次省府官员任命和后一次之间通常要用平均十年，因此政策的转变大概在1805年至1814年之间。还要注意到1799年新的翰林入职者的数量在增加（参见第 176 页表 5），这使我们有理由猜测 19 世纪第二个十年初是优先任用翰林的转折点。参见杨钟义：《雪桥诗话》，♯1，10：33a，记载了 1813 年北方士人、翰林鲍桂星颇有争议的言辞，大意是嘉庆皇帝在用汉人取代省府官僚机构高位上的满人。这种说法也许体现了我们已经注意到的这种趋势的肇始。

59. 这方面的证据是间接的。不过，根据两位官方传记作家的记录，蒋攸铦有能力让翰林们首次获得任命时担任归他管辖的职位。关于蒋攸铦任用 1801 年被选为翰林的邓廷桢，参见 ECCP，第 716 页；关于 1812 年蒋攸铦极力推荐 1796 年被选为翰林的赵慎畛出任广东惠潮嘉道道台，参见 CHLC，197：2a。通常，督抚们可以基于对属下在其监督下尽职的评价，推荐最优秀的属下。然而，在此蒋攸铦为那些连名字都不知道的南城官员作保，通过京城北方朋党士大夫同僚的引荐保全他们。在邓廷桢的个案中，宣南诗社的人脉关系是通过翁方纲的门生、诗社成员陈用光，陈用光是邓廷桢的姻亲。参见吴嵩梁：《香苏山馆全集·今体诗》，7：6a。在赵慎畛的个案中，人脉关系似乎是通过赵慎畛参加乡试时的考官钱沣，他是（参见注 33）北方朋党的活跃分子。1789 年，时任湖南学政的钱沣考选赵慎畛为拔贡。参见《中复堂全集·东溟文后集》，12：7a。显然，赵慎畛经由钱沣得识蒋攸铦的恩师翁方纲。（参见翁方纲：《复初斋文集》，6：8a。）有关陶澍、梁章钜和林则徐在身为翰林初任官职时也受益于蒋攸铦的提携，参见后面的注释。

60. Polachek, "Literati Groups," pp. 113-116, 根据 CSWP，13：62a-65a。

61. CSWP，13：64b-65a。

62. 关于曹振镛跟随翁方纲学习诗歌并是其科甲门生，参见翁方纲：《翁氏家事略记》，36a；梁章钜：《师友集》，111：18a。关于英和与翁方纲的关系，参见杨钟义：《雪桥诗话》，♯1，9：67a；陈康祺：《郎潜纪闻》，♯1，9：12a；梁章钜：《藤花吟馆诗钞》，7：21b-22a。事实上，英和可能并非翁方纲的科甲门生。不过，他似乎是翁方纲的遗嘱执行人之一，继承了翁方纲的大部分古董。英和因 1813 年镇压起义时的"英勇"表现而升任军机大臣，参见 CHLC，39：26。起义发生两天后，也就是 1813 年 10 月 10 日，曹振镛升任协办大学士，参见 CHLC，38：2a。关于英和与宣南诗社成员的科甲恩庇关系，参见吴嵩梁：《香苏山馆全集·石溪舫诗话》，2：5a；陈用光：《太乙舟诗词钞》，3：16（1935），第 3 页。

63. 关于翁方纲的门生在宣南诗社里扮演的角色，参见上注 49。关于翁方纲的门生和曹振镛之间的联系，例如，有人也许会注意到翁方纲、曹振镛、陈用光和刘嗣绾（最后提到的这位既是宣南诗社的成员，又是翁方纲的门生）在新入选的翰林（1817 年）正式面见翰林院（汉人）掌院学士曹振镛之际互作对联交换。参见陈用光：《太乙舟诗词钞》，3：3（1934），第 2 页；刘嗣绾，50：1。梁章钜《退庵随笔》（6：24a）记载道，梁章钜保存着曹振镛与英和的名帖。

64. 陶澍的个案（1802 年被选为翰林）最好地反映了翁方纲门生关系网如何运作以使蒋攸铦注意到候选者，陶澍凭借宣南诗社的关系于 1819 年第一次升任地方官（川东兵备道）。陶澍本人并非翁方纲的门生。不过，陶澍的诗社好友刘嗣绾是翁方纲的门生，而且在陶澍任职前与蒋攸铦（时任四川总督）有书信来往。参见刘嗣绾，52：2a。有关刘嗣绾可能将书末的画作（画的是身为御史的陶澍在大运河破冰）呈给蒋攸铦，参见梁章钜：《藤花吟馆诗钞》，8：1a。显然，蒋攸铦寄给刘嗣绾或者翁方纲其他门生的书信有助于陶澍全面了解四川的情况和蒋攸铦的管理目标，以便他在 1819 年任职前接受皇帝训示时给嘉庆皇帝留下好印象。参见《陶文毅公全集》，58：8a。更间接的证据表明，其他两位诗社成员，即梁章钜和林则徐，在首次获职时也借助了与蒋攸铦的人脉关系。参见梁章钜：《退庵随笔》，5：12a；林则徐：《云左山房诗钞》，4：1a–2b。对蒋攸铦在官场上恩庇角色的若干总结，参见姚永朴，2：11b；*HCSH*，♯ 4，6：26b；邵懿辰：《邵位西遗文》，60b–61a。留存下来的有关曹振镛对省府中高级官员情况了如指掌的评论体现了他在支持翁方纲的门生提供小道消息方面发挥的作用。例如，参见张际亮：《张亨甫诗集》，20：33b。

65. 例如，参见《陶文毅公全集》，53：35b，54：7a，55：35b，55：43b，60：5b–6a；梁章钜：《藤花吟馆诗钞》，8：2。

66. 关于九人雅集，参见梁章钜：《师友集》，6：2；潘曾沂：《小浮山人手订年谱》，20b–21a。科举考试期间常常在陶然亭或者江亭举行 40 人或者 50 人雅集的例子，参见吴嵩梁：《香苏山馆全集》，6：1a。

67. Yoshikawa Kōjirō, "Ko Shōkyō," in *Yoshikawa Kōjirō zenshū* 16：263；王家俭：《魏源年谱》，第 15 页，注 3；潘曾沂：《功甫小集》，7：12b；

刘嗣绾，52：3。

68. 关于纪昀（《四库全书》的总纂修官）在培养士人对考据的兴趣方面发挥的作用，参见姚永朴，2：6a。由于翁方纲的著作以更完整的形式保存下来，因此翁方纲作为汉学（例如考据）传统维护者的影响得以更好地记载下来。翁方纲和他的诗友（钱载、程晋芳和姚鼐）是通过编纂《四库全书》传播碑学研究的关键所在，参见陈康祺：《郎潜纪闻》，♯1，3：9。翁方纲的《复初斋文集》（7：6b-19a）最为详尽地讨论了翁方纲从事考据的根据。然而，应该指出的是，翁方纲将考据视为处于竞争地位的义理学术传统的补充和强化。例如，参见翁方纲，4：20b，11：14a-15b。

69. 关于苏东坡诞辰的雅集（十二月十九日），参见《陶文毅公全集》，55：43b；梁章钜：《藤花吟馆诗钞》，8：2。ECCP 第 857 页记载了翁方纲对苏东坡的热忱。关于朱彝尊作为（翁方纲的）研究主题和范本，参见刘嗣绾，43：9。关于朱彝尊作为（宣南诗社成员的）研究主题，参见陈用光：《太乙舟文集》，6：25b；张祥河：《小重山房初稿·诗》，4：1 及以后。有关王士禛同样的影响力，参见（对翁方纲而言）翁方纲：《复初斋文集》，3：5b，9a-10a；8：3a，6b；15：13b。（对宣南诗社成员而言）梁章钜：《藤花吟馆诗钞》，7：17，9：4b-5b；陈用光：《太乙舟诗词钞》，3：7（1935），第 2 页；梁章钜：《退庵随笔》，21：23b-24b。

70. 朱彝尊作为士人的声望主要缘于他勤勉地搜集训诂学的早期经典著作以及北京历史的原始资料。参见 ECCP，第 183～184 页。王士禛因其对清朝以前诗歌发展的评述和引经据典、博闻广识的诗文而备受尊敬。参见 ECCP，第 832 页。姚莹（《中复堂全集·识小录》，6：16a）记载道，在 19 世纪初期的中国，苏东坡被认为是文学爱好者，而非严肃的儒学道德家。有关苏东坡的这一普遍观点，笔者很感谢普林斯顿大学 James T. C. Liu 的指教。

71. 翁方纲在《复初斋文集》（7：15b-16b）中非常直接地阐明了非争议性人格的价值（和优越性）。

72.《中复堂全集·东溟文外集》，1：34。

杨钟义《雪桥诗话》（♯1，10：53b-54a）引述了程恩泽，程恩泽是宣南诗社的成员（参见潘曾沂：《小浮山人手订年谱》，21a）。

74. 1799 年到 1820 年在税收短缺（及如何处理）方面至少进行了三次重要的讨论。有关第一次讨论（1799 年），参见《东华续录》，嘉庆朝，7：

42b, 43b—44a；CHLC，29：36a。有关 1813 年至 1814 年发生的第二次讨论（此时集中于寻找盐政之外的另一种选择），参见许大龄：《清代捐纳制度》，第 52~53 页，引用《大清仁宗睿皇帝实录》，282：7b—9b；英和：《恩福堂年谱》，58b—64a。关于 1820 年至 1821 年的讨论，参见《大清宣宗成皇帝实录》，4：18b—10a, 5：1b—3a, 7：37a—38a, 10：12a—14a, 10：25a—27a, 10：28a—30a；孙玉庭：《延釐堂集·奏疏》，1：40a—47a。

75. 关于 19 世纪初期生态问题的精彩的英文述评，参见 Kuhn 和 Jones，第 108~113、154 页。关于没能以适当的财政改革缓解这些新压力的综述，参见 Suzuki Chūsei, "Shin-matsu no zaisei to kanryō no seikaku," pp. 191—203；Suzuki Chūsei, *Shin-chō chūkishi kenkyū*, pp. 29—83。关于 19 世纪初期士大夫如何坚决抨击政府对政府内部的行为模式而非环境压力管理乏力的范例，参见 CSWP，21：7a—8a（洪亮吉写于 1800 年的文章）。

76. 关于北方消费粮食的军事利益集团和长江下游供应粮食的士大夫精英之间的长期竞争，例如明朝的情况参见 Dennerline，第 40~41、332 页（注 80）；关于 19 世纪中央与地方在粮食供应方面的冲突，参见 James Polachek, "Gentry Hegemony：Soochow in the T'ung-chih Restoration," pp. 223—224。

77. Kuhn and Jones，pp. 109—128。

78. 关于 19 世纪初期省府和中央官僚利益集团在南北航道维护方面的冲突模式，参见 Polachek, "Literati Groups," pp. 263—271，特别是 pp. 360—364。关于筹自盐商的款项的军事用途，参见 Thomas Metzger, "Tao Chu's Reform of the Huai-pei Salt Monopoly (1831—1833)," p. 3。Metzger (p. 5) 和《仙屏书屋初集·年记》(22：6b) 表明，到了 19 世纪初期，地方大员们对其控制或者逮捕走私者的能力公开地抱着悲观的态度。

79. 19 世纪初期文化精英改革家在论述治国之道时都会涉及河运、漕运、盐税，体现了他们对监督的痴迷。例如，参见张祥河：《关陇舆中偶忆编》，3a（谈及张祥河的姻亲吴慈鹤）；楚金：《道光学术》，第 269~270 页（谈及大体上 1820 年至 1850 年士大夫改革思想）。在 1814 年至 1827 年期间，宣南诗社对监督改革的兴趣越来越浓，三位在官僚机构中处于边缘位置但与北方朋党关系网有关的士大夫在这方面撰写了大量文章。他们是陈文述（1775—1845）、包世臣（1775—1855）和魏源（1794—1856）。陈文述是阮元的门生（参见 ECCP，第 104 页），包世臣是朱珪的门生（参见胡朴安：《包世臣先生年谱》，5b-8a，16a），魏源是汤金钊的门生（参见王家俭：《魏源年谱》，第 7 页）。关于陈文述于 1810 年和 1825 年提出颇有影响的废除漕运、采用海运的建议，参见陈文述：《颐道堂集·文钞》，1：1a-18a，9：29a-36b。关于 1826 年他所撰写的有关河工和盐政改革的文章，参见上书 12：1a-12b，12：21a-26b。包世臣在这方面最富影响力的贡献是他写的一系列敦促改用海运的文章，发表于 1826 年，整理为《中衢一勺》一书。参见 ECCP，第 610 页。关于魏源的著述，漕运改革的内容，参见《魏源集》，1：398-410（1825）；盐政改革的内容，参见上书，2：421-437（1839）；削减河工费用的内容，参见上书 1：365-378（1842）。1827 年清朝尝试漕粮海运时，魏源是贺长龄和蒋攸铦的幕僚，参见下面以及魏源，1：421-425。贺长龄《耐庵诗存》3：4（1827 年诗作）表明到 1827 年时，魏源的幕主贺长龄已然致力于改革河工和盐政。

80. 根据魏源的观点（《魏源集》，1：405），辖四府一州的江南"省"——也就是苏州、松江、镇江和常州府，以及太仓州——每年生产约 160 万担漕粮，占整个帝国漕粮总数的约 40%。在道光统治初期（约 1821—1830），这和江苏、安徽的其他地区是清查的目标，清查的目的在于揭露省州国库的亏空，以及通过改进地方官员监督机制防止其复发。有关细节，参见下注。

81. 关于 1820 年改革的决策，参见《大清宣宗成皇帝实录》，4：18b-20a；5：1b-3a；7：37a-38a；10：12a-14a，25a-27a，28a-30a。自 1821 年左右起，安徽和江苏是三个最饱受赤字困扰的省份中的两个。（Suzuki，"Shin-matsu no zaisei," pp. 195，197。）Suzuki（第 212 页注 37 和第 213～214 页）记载了 1821 年朝廷命江苏（完成于 1823 年）和安徽（完成于 1824 年）将所属陋规逐一清查。随着陶澍被任命为安徽布政使，连同这场斗争，宣南诗社成员集中任职于这些省份的现象似乎肇始于 1821 年（ECCP，第 710 页）。到了 1826—1827 年，随后的社员或蒋攸铦的门生担任这些省份的地方官：江苏布政使梁章钜（ECCP，第 500 页），江苏巡抚陶澍（ECCP，第 710 页），安徽巡抚邓廷桢（ECCP，第 716 页）；道光七年五月十一日，蒋攸铦被任命为两江总督（参见《大清宣宗成皇帝实录》，117：18a）。

82. 相关内容参见魏源：《古微堂外集》，7：9a-11b；Kuhn and Jones，

p. 121; Yamaguchi Michiko, "Shindai no sōun to senshō," p. 59。

83. Kuhn and Jones（pp. 122-123）引用星斌夫（Hoshi Ayao）的研究，叙述了涉及 1803 年、1810 年和 1815 年可能使用漕粮海运路线的讨论。在这三个例子中，被讨论的建议是永久性地改变部分航运（例如参见蒋攸铦，1：24a-25b）；具体措施全被提交给相关官员，征求他们的意见；地方官员将之否决。相反，1827 年时，正如我们将在后面看到的那样，这种建议来自省府官僚机构本身，并且表面上是作为临时措施被提出的，因而避免了询问的必要。

84. 例如，有关 1700 年运河即将大修之际使用海运的计划，参见 CSWP，48：11。有关清朝上海至东北海运贸易的发展，参见 Yamaguchi Michiko，pp. 56-72。

85. 这是魏源和贺长龄在 1827 年写给蒋攸铦的书信中所支持的观点，这似乎对蒋攸铦随后采取的行动做出了解释。参见魏源：《古微堂外集》，7：41a-42a；贺长龄：《耐庵文存》，6：17。关于分别处理河工和漕运问题，以此提高并简化各自行政管理的想法，参见魏源：《魏源集》，1：324。1867 年，冯桂芬再次提出同样的观点，参见他的《显志堂集》，5：59。

86. 关于 1824 年高堰水灾，参见 Polachek, "Literati Groups," pp. 207-220。

87. 这三位是孙玉庭、琦善和张文浩，1824 年时孙玉庭任两江总督（参见 ECCP，第 684 页），琦善接替孙玉庭继任两江总督（1825 年至 1827 年在任，参见 ECCP，第 127 页），张文浩是江南河道总督，于 1825 年初被革职（参见《清代河臣传》，第 161 页）。关于 1825 年至 1827 年没能成功整治黄、运交汇处的内容，参见 Polachek, "Literati Groups," pp. 232-259。

88. 关于大学士英和（京官）首倡的所谓昙花一现的 1825 年海运计划，参见贺长龄：《江苏海运全案》，1：12a。50％的南粮经海路运往京城，另外的 50％折合成银两，并用于支付疏浚运河的款项。

89. 有关英和在 1825 年科考中发挥的作用，参见英和，105a；贺长龄：《耐庵文存》，6：5a。1827 年末，蒋攸铦门生关系网中的另一位官员贺长龄（关于他与蒋攸铦的关系，参见贺长龄：《耐庵文存》，6：14a-10a）写信给英和新提名接任军机大臣（兼科考门生）的穆彰阿，请求继续实行海运（贺长龄：《耐庵文存》，6：1a-2b）。1830 年，陶澍（《陶文毅公全集》，41：

39b）写信给他的"恩师"英和，在某种程度上，希望英和支持永久的海运计划。影响1827年改革的一个问题也许是1827年年中英和的政治生涯走到了尽头。参见英和，108b-109a。

90. 关于1827年秋蒋攸铦请求恢复海运的内容，参见《大清宣宗成皇帝实录》，125：3b-4a。关于他提醒皇帝仓促地试图治理运河所带来的危险，参见《道咸同光四朝奏议》，1：199-203；《大清宣宗成皇帝实录》，131：25b。

91. 《大清宣宗成皇帝实录》，120：3a-4a，125：26及以后。

92. 《大清宣宗成皇帝实录》，125：14及以后（道光七年九月十日谕旨），126：31a（九月三十日谕旨）。

93. 关于海运计划的终止（十一月四日），以及皇帝对蒋攸铦策略最后的谴责，参见《大清宣宗成皇帝实录》，129：12a-13b。

94. 关于黄玉林一事，参见 Metzger, "T'ao Chu's Reform," p.5；蒋攸铦，2：49b。对蒋攸铦的处罚起因于扬州地方盐政没能控制好"归降的"走私者黄玉林。黄玉林得到赦免的前提是他会帮助逮捕其他次要的走私者，可是他似乎反而迅速重蹈覆辙。

95. 关于程恩泽，参见本章注释72。关于陶澍认为海运计划激起了针对其始作俑者的"浮议"，参见《陶文毅公全集》，41：29b。邵懿辰在写于1852年的对蒋攸铦的评论中（《邵位西遗文》，61a）认为，蒋攸铦的失败是由于他太过坦率的习性对皇帝造成的负面影响。

96. 关于林则徐自我标榜为诸葛亮式的人物（例如，一位在朝堂上没有支持者的情况下不得不尽职尽责的忠臣），参见其《云左山房文钞》，4：9b-10a。

97. 林则徐（1785—1850）于1811年入选翰林，1827年宣南诗社遭遇失败时，他正好42岁。相比之下，梁章钜（1781年入选翰林）61岁，陶澍（1802年入选翰林）48岁。

98. 有关林则徐担任江苏巡抚期间（1832—1837）施政的详细论述，参见林崇墉：《林则徐传》，第9～10章。关于北方开垦计划（详情见后）的精彩论述，参见第11章。早在1832年（他上任后的第一年）林则徐便已开始运作该计划，这一点得到冯桂芬的证实，参见冯桂芬：《显志堂集》，12：25a。

99. 林则徐：《畿辅水利议》，18a-24b。

100. 关于潘曾沂的作用，参见潘曾沂：《潘丰豫庄本书》，前言，1a～4a。1834年潘曾沂发现灌溉稻作农业在山东成功的记录，这显然激励了林则徐继续执行开垦计划。关于冯桂芬（当地另一位士人）的作用，参见其《显志堂集》，12：25a；冯桂芬：《校邠庐抗议》，25a。

101. 冯桂芬：《校邠庐抗议》，26a。

102. 林则徐：《畿辅水利议》，前言，1b-2b。

103. 有意思的是，在林则徐最初计划于1836年呈递的奏折中，他非常坦率地提及他料想到的该计划招来官员、吏役、漕兵和纤夫等所有工作会受到威胁的人的反对。林则徐写道："然北米充仓、南漕改折，国家岁省经费万万，民间岁省浮费万万，此皆自蠹穴中剔出、陋规中芟除者。则举行之日，浮议阻挠必且百出。"（林则徐：《畿辅水利议》，42b）显然，林则徐考虑到这一点，只得建议慢慢转向就地解决漕粮供应。

104. 关于直隶总督琦善以及其他受影响的官员对该计划的阻挠，参见林崇墉，第157页；冯桂芬：《校邠庐抗议》，26a。依照林崇墉的观点，琦善之所以怒火中烧，是因为开垦计划将会需要林则徐接管直隶总督的权力。

第二章　春禊派的兴起

1. 王俊义（第225页）认为，1830年以前宣南诗社就已经不再聚会了。他的证据是，在那个时期之前社友之间流传的两首诗都提到了宣南诗社的集会已经结束的情况。如果必须给诗社做出一个严密的定义——例如，一个九人组成的团体每年于苏东坡诞辰之日举行聚会——那么，这些聚会看来终止于1824年。关于最后两次提及宣南诗社，参见张祥河：《小重山房初稿》，11. 1b，11：17。然而，直到1828年夏，宣南诗社成员张祥河都留在北京（参见14a）。张祥河在《关陇舆中偶忆编》（3a）中记载道，他自己尽管在山东做着一名中等省级官吏（1832—1836），却也为筹办宣南诗社聚会捐资。不过，此处和其他涉及19世纪30年代宣南诗社的内容似乎将宣南诗社与春禊派混淆。（需要注意的是，张祥河将徐宝善视为19世纪30年代宣南诗社的领导者之一，而事实上徐宝善却是春禊派两位创始人之一——关于这一点，参见下文。）

2. 参见本章注释1。

3. 有关春禊派雅集、成员等的数据摘自黄爵滋的《仙屏书屋初集·年记》。这份难得的资料完成于1849年,囊括了1816年至1846年三十年间作者收到的其师和精英朋友们的诗歌、信件和其他文学通信。关于1829年雅集,参见14:3。这是黄爵滋本人记载的第一次雅集。不过,《慈仁寺展禊诗》(14b)认为,雅集在黄爵滋的主持下始于1826年春。张际亮(9:1b,10:4b)指出,这类雅集(在徐宝善和黄爵滋的主持下)分别发生于1827年和1828年。1826年成为春禊派雅集第一年的可能的原因,参见下面注释22。

4. 不存在印刷出版的徐宝善传记。关于毕沅的幕僚是北方士人朋党的核心,参见《郎潜纪闻》,♯2,8:13a;ECCP,p.624。关于徐宝善父亲在该团体中的地位,参见王昶,2:1165;吴嵩梁:《香苏山馆全集·石溪舫诗话》,2:1;徐宝善:《壶园诗钞选》,6:2b,6a;徐宝善:《壶园杂著》,4b。徐宝善父亲参与的另一北方士人朋党集团是两淮盐运使曾燠(1760—1831,1793—1806担任两淮盐运使)召集的,相关内容参见《国朝诗人征略》,41:2a;《郎潜纪闻》,♯2,10:5a,9a;吴嵩梁,1:15b。关于徐宝善年轻时依靠其父所在的北方朋党关系网,参见徐宝善:《壶园杂著》,4b(论述了他与曾燠和吴嵩梁的关系);关于徐宝善掌握王朱学派的诗风,参见8a和23a。

5. 有关黄爵滋的叔父及其与翁方纲的关系,参见顾莼:《思无邪室文集》,4:56。关于黄爵滋年轻时所作的诗歌与这些诗歌符合翁方纲所称赞的风格,参见《传记行述汇辑》。关于黄爵滋早期与吴嵩梁的关系,参见黄爵滋:《仙屏书屋初集·年记》,1:9b。关于黄爵滋诗歌研究的记述(始自王士禛),参见黄爵滋:《仙屏书屋初集·年记》,6:1a–13a。

6. 有关李彦彬的内容,参见朱汝珍,6:4a。有关李彦章是翁方纲的门生,参见前述;黄爵滋(《仙屏书屋初集·年记》,18:14a)记载道,每年冬季李彦彬都在北京举办苏东坡诞辰之典,一直延续到1832年,显然,他从他兄长那里承继了这项任务。周仲墀(1823年被选为翰林,参见朱汝珍,6:4b)似乎是这个翰林圈中的第四位人物。参见张际亮,9:1b,10:4b;黄爵滋:《仙屏书屋初集·年记》,14:3。然而,没有资料记载周仲墀的家族背景与北方士人集团的可能联系。

7. 有关1826年黄爵滋及其诗会的肇始,参见徐宝善:《壶园诗钞选》,3:2b。关于黄爵滋与曾燠的关系,参见黄爵滋:《仙屏书屋初集·年记》,

11：3a（曾燠的贺词，日期是 1826 年）。有关徐宝善与曾燠的关系，参见本章注释 4。翁方纲是 1780 年曾燠参加顺天府乡试时的考官，是曾燠的座主；参见包世臣，14 下：8a；吴嵩梁：《香苏山馆全集·今体诗》，3：5a。曾燠也和翁方纲一样崇敬苏东坡（《郎潜纪闻》，♯2，10：5a，9a），并帮助北方朋党士大夫王昶的门生寻找出路（2：1060）。黄爵滋的座主潘世恩于 1829 年所做的一首贺诗透露出，曾燠和翁方纲的门生（兼前社友）吴嵩梁是黄爵滋敬佩的诗歌评论人。参见黄爵滋：《仙屏书屋初集·年记》，14：5a。

8. 这个问题的直接原因似乎是 1829 年吴嵩梁离开北京，以及 1831 年曾燠辞世。这两件事联系在一起，导致徐宝善和黄爵滋失去了南城文人圈中老一辈的关照。参见徐宝善：《壶园杂著》，4b-5a，33b-34a。

9. 梅曾亮和管同是姚鼐的门生，姚鼐是清代中期桐城学派的集大成者。在安徽桐城，最初是方苞（1668—1749）提倡古文研究，后来发展成桐城学派。（有关方苞和姚鼐，参见 ECCP，第 236～237 页；有关梅曾亮和管同，参见方东树：《桐城方植之先生全集·仪卫轩文集》，11：5b-6a。）有关马沅是梅曾亮和管同的忘年交，参见管同：《因寄轩文集·补遗》，6a。朱玄在《姚惜抱学记》（第 185～191 页）里的梅曾亮传记中巧妙地总结了 19 世纪初期桐城学派批判主义盛行的文学评价的功利主义和打破常规的价值观。乾隆时期古文运动和桐城学派传统的衰落似乎部分地缘于 1750 年后重新强调诗歌创作（参见本书第一章注释 14）。方苞和清代中期桐城学派对诗歌评价较低（他们认为这种方式对严肃作品而言太过于装饰性和形式主义），因此他们很少作诗，或者根本不作诗（ECCP，第 237 页；姚莹：《中复堂全集·东溟外集》，1：6a，2：7a；陈用光：《太乙舟文集》，6：7b）。衰落的另一个原因也许是乾隆皇帝嫉妒桐城学人在其父统治期间因张廷玉在朝堂上的地位而享有的政治影响力。（参见第一章。）乾隆时期古文传统的边缘化地位体现于姚鼐的修正主义学说，他教育学生要将文章、词章与考据、义理相结合，以完成全部课程。例如，参见姚鼐，第 90～91 页（致秦瀛的信）。关于管同在科举考试中的失败及他的苦楚，参见他的《因寄轩文集·二集》，3：4b-5a。虽然梅曾亮（1822 年中进士）被颇具影响力的文人王廷璋超越，但他显然是因为没能获得南城的一席之地而愤恨不已，以至辞去被授予的地方官职，远离京城和官职，直到 1831 年。（参见梅曾亮，2：5a，3：17b。）这三位——管同、梅曾亮和马沅——被安徽官衙征募纂修 1829 年省通志（参见管同:《因寄轩文集·二集》,4:5b;梅曾亮,7:18b)。1831年,经由程恩泽的引荐,梅曾亮再度入京(梅曾亮,7:7b)。程恩泽受宣南诗社社友陶澍之邀,赴南京钟山书院讲学。1831年回京之际,他带上了梅曾亮,并将梅曾亮推荐给了安徽歙县的同乡徐宝善。

10. 关于梅曾亮在北京的古文集会,参见梅曾亮,3:17b;朱琦,4:1a;孔宪彝,2:12b。重要的参与者是冯志沂、朱琦、余坤、王锡振、吴嘉宾和孔宪彝,还有梅曾亮自己。

11. 关于他与姚鼐的关系,参见《中复堂全集·识小录》,6:6b;《中复堂全集·年谱》,5b。

12.《中复堂全集·年谱》,6a。

13.《中复堂全集·年谱》,7b。

14. 关于姚莹被免职的背景,参见《中复堂全集·年谱》,10b。

15.《中复堂全集·年谱》,11a—14a。

16. 关于北京之旅,参见《中复堂全集·年谱》,12b,14a;关于其他事件,参见14a—16a。

17. 以姚莹为典型的内容,参见张际亮:《张亨甫文集》,3:1。

18. 有关姚莹对方东树的帮助,参见《中复堂全集·年谱》,15a,还有对方宗诚的栽培。有关姚莹对郑开禧的帮助(1826年,姚莹似乎将他推荐给北京的友人),参见《中复堂全集·东溟外集》,1:7;张际亮,8:12b。其他一些人也受到过姚莹的帮助,在他担任江苏地方官和两淮盐运使期间(1832—1837),他们成为幕僚或谋得教职,这些人包括李兆洛、吴德旋、潘德舆、陆继辂、毛岳生。参见姚永朴,4:20a;《中复堂全集·东溟文后集》,6:12a,9:2a;《中复堂全集·年谱》,15a。这些人中,郑开禧和潘德舆是春禊派北京雅集的参与者,参见黄爵滋:《仙屏书屋初集·年记》,14:3a,3b;15:15a;17:10。

19. 有关姚莹与张际亮相遇的背景,参见《中复堂全集·东溟外集》,2:16b—18a;《中复堂全集·东溟文后集》,11:8a。1823年,姚莹貌似通过福州鳌峰书院山长陈寿祺的引荐,结识了张际亮。

20. 有关桐城学派的古文批判主义对张际亮的早期影响,参见张际亮:《张亨甫文集》,2:1a;陈用光:《太乙舟文集》,4:2b。

21.《中复堂全集·东溟外集》,2:17b。

22. 值得注意的是，1826年姚莹凭借他与宣南诗社两位重要的长者陈用光和吴嵩梁的关系，帮助张际亮扬名。通过姚莹的推介，陈用光（姚鼐的门生）允许张际亮住在他的北京寓所之内（张际亮，8：20b，22b），并将张际亮的诗作呈递给一位名叫陆曜的人，陆曜认识1826年会试考官中的两位。吴嵩梁是通过姚莹的门生郑开禧结识张际亮的（张际亮，8：12b，17b，10a）。也许通过吴嵩梁，张际亮结识了徐宝善，徐宝善是正在形成的春禊派的两位领袖之一。徐宝善转而将张际亮的诗作呈给他的座主黄钺，黄钺努力向他的"门生们"宣传这位新的福建诗歌天才（张际亮，17：28b，18：18a）。宣南诗社和春禊派人际关系网的重叠体现于这些情节之中，有助于解释后来这两个群体为何会被混淆（参见本章注释1）。姚莹自己可能也想让张际亮给陈用光和他的宣南诗社社友们留下印象，因为姚莹显然正在为他的复职寻求蒋攸铦（1826年会试的主考官）的支持。参见张祥河：《小重山房诗续录》，12：9b-10a，15a。

23. 与曾燠的这段历史，以及张际亮受到排斥，参见《中复堂全集·东溟文后集》，11：8。

24. 有关这方面的内容，参见例如张际亮，15：28b，17：28a；潘曾绶：《陔兰书屋诗集》，2：6a。

25. 有关龚自珍的家庭背景和经历，参见吴昌绶：《定盦先生年谱》，第589～631页。关于他的学识，参见ECCP，第431～433页。有关他在会试中运气不佳（从1814年开始，他连续失败了五次，1829年他才考中"三甲"同进士出身——换言之，最低的等级），参见吴昌绶，特别是第611、618页。根据第618页的资料，1829年他之所以才中"三甲"，是因为他字写得不好。龚自珍对科举制书法流派的著名的讽刺（ECCP，第432页）此后将与对曹振镛一派的批判联系在一起。（参见迂斋：《道光朝之君相》，1：175-176。）关于龚自珍有关新疆的著述，参见ECCP，第432页；龚自珍，第618、623页。1839年，龚自珍将自己描述为"中年才俊"——这个词仍然巧妙地描述了他的思想与写作风格（龚自珍，第520页）。

26. 有关汪喜孙的传记，参见刘文淇：《青溪旧屋文集》，9：1a-5b。关于他的父亲汪中，参见ECCP，第814～815页。关于汪喜孙对财政改革的论述，参见他的1841年（出版的）《从政录》。有关汪喜孙成为新兴的反对派的"喉舌"，参见《中复堂全集·东溟文后集》，9：2b-3a（1836年为汪喜孙所写的祝贺序文)。

27. 有关魏源早期（1813 年）被视为诗人的内容，参见王家俭：《魏源年谱》，第 7 页。在魏源第一次前往京城（1814 年）以前，他显然尚未对考据问题（诸如历史地理学或者古典文献学）特别感兴趣。直到 1821 年继续留在北京居住后，他才真正沉迷于这两者。参见王家俭，第 8a 页和第 16 页及以后。魏源在 1826 年科举考试中的失败似乎让他特别痛苦，因为他的恩师刘逢禄尽力想使魏源的答卷赢得认同，但却徒劳无功。（参见李岳瑞，第 54~55 页。）有关他潜心研究历史地理学及其意义，参见 ECCP，第 851 页。

28. 1796 年，端木国瑚在考试时所作的一首诗给浙江学政（和北方朋党士人）阮元留下了深刻的印象，此后他开始步入北京文人圈。参见 1875 年的《青田县志》，10：12b。有关他后来的发展，阮元试图让他在会试（1799 年）中过关，而端木国瑚等着阮元再次试图让他通过会试则要到（直到 1833 年（这次成功了)，参见同样的资料。

29. 参见《中复堂全集·东溟文后集》，10：11。有关龚自珍（于 1839 年）觉得汤鹏和他一样也是个奇人，参见龚自珍，第 511 页。

30. 有关 1826 年姚莹和汤鹏的社会角色，参见本章注释 29；吴嵩梁：《香苏山馆全集》，12：15a；徐宝善：《壶园诗钞选》，3：7b-8a。

31. 有关曹振镛，参见本书第一章注释 62，以及第三章。

32. 有关 19 世纪晚期曹振镛作为考官的轶事，参见李岳瑞，第 59~60 页（引用文廷式［1856—1904]），这里强调曹振镛在科举制中热衷于墨守成规，全面抑制学术新锐。这种说法也许有失公允地嘲弄了曹振镛的初衷。可是，这相当准确地反映了他给科举考试施加的重要影响，以及任何享有这等权力的人都会燃起的怒火。有关将曹振镛的角色视为文官的更积极的观点，参见杨钟义：《雪桥诗话》，♯3，10：15b-16a，需要注意的是，他是清朝第一位主持过五届会试的考官。亦参见林则徐：《云左山房文钞》，1：6，2：5。这里表明林则徐认可曹振镛通过多年担任考官而对学术界产生某种集中的影响。

33. 张际亮（20：33b）认为，曹振镛能够凭借记忆列举出当时所有各省中级官员（如按察使）的情况。还需要注意的是，和 1837 年（曹振镛辞世后两年）一样，所有入直的五位军机大臣都是翰林——这是清朝前所未有的情况。（参见潘世恩：《思补斋笔记》，5：2b。)

34. 根据潘世恩之子潘曾绶的记载，1829年皇帝召回并接见阮元，这促使推断阮元不久将成为协办大学士——通常是地方大员再次进入北京政界的跳板。参见他的《陔兰书屋诗钞》，2：2a。事实上，直到1832年9月，阮元才获得如此殊荣（《大清宣宗成皇帝实录》，218：17b）。1833年年中，潘世恩成为大学士。根据潘世恩自己的观点，皇帝对他的任命是对他委以重任，他的职位高过阮元。（参见《思补老人自订年谱》，51a；《大清宣宗成皇帝实录》，235：12a。）潘世恩比他的对手发展得更好，1834年初他被任命为军机大臣，还免去了通常12个月的见习（潘世恩：《年谱》，52b）。阮元从未被任命为军机大臣。不过，1835年曹振镛辞世后，他成为一名非正式的顾问。参见下文。有关竞争的更多细节，参见潘世恩：《思补斋笔记》，1：6b。

35. 有关潘世恩是1828年考差考试（挑选乡试考官的考试）的考官，参见潘世恩：《年谱》，44b。潘世恩与黄爵滋是考官与考生的关系，1813年黄爵滋被潘世恩选为拔贡，参见潘世恩：《思补斋笔记》，6：4b；黄爵滋：《仙屏书屋初集·年记》，11：2a。有关潘世恩和黄爵滋在1828年乡试中协同促进人才发现的更多细节，参见黄爵滋：《仙屏书屋初集·年记》，13：2b—3a。

36. 有关这些咨议的间接证据，参见黄爵滋：《仙屏书屋初集·年记》，11：2a，14：4b，14：6b；潘世恩：《思补斋诗集》，3：2。这里，我们看到黄爵滋重绘了一幅他早期的画作（潘世恩曾经亲笔署名），这次加上了他在1828年江南乡试中的两个"门生"——潘德舆和曹楙坚的名字。（关于他们，参见 Huang Chih-lin，3a；孔宪彝：《韩斋文稿》，3：23a。）有理由推测，新画此后将再次呈给潘世恩，以曹楙坚和潘世恩的诗歌为例。其他还提到1829年诗会，这次诗会邀请了两位当时引领京城诗歌风尚的重要人物（吴嵩梁和张际亮），还有潘世恩的两位"门生"黄爵滋和钟昌，他们是1828年的考官。参见黄爵滋：《仙屏书屋初集·年记》，16：5a（潘德舆的信），表明黄爵滋将其"门生"潘德舆的诗作在京城未具名的高官中传阅。

37. 潘曾绶：《陔兰书屋诗集》，1：7b；黄爵滋：《仙屏书屋初集·年记》，14：3。

38. 例如，1832年黄爵滋的门生曹楙坚在会试中考中进士，被选为翰林。潘世恩是当年的考官（《清秘述闻续》，3：20a）。有关张际亮以同样的方式（可能通过黄爵滋的推荐）逐渐引起潘世恩的注意，参见张际亮，17：28b，18：18a。

39. 潘曾绶：《陔兰书屋诗集》，1∶7b；黄爵滋：《仙屏书屋初集·年记》，13∶3b。关于结果，参见 Huang Chih-lin, 3a。

40. 乔盛西：《湖北省历史上的水旱问题》，第18～19页。

41. 黄建华：《道光时代的灾荒对社会经济的影响》，第128～130页。

42. 有组织的暴力是与饥馑相关的一个变量，关于有组织的暴力出现的频率，参见 C. K. Yang, "Some Preliminary Statistical Patterns of Mass Actions in Nineteenth Century China," p. 190, Table 11, columns 7–9。所有这三列中的数据表明，1826年至1835年的十年是1795年至1911年这段时期中的分水岭。关于当时对匪患日益横行及其与饥馑的关系的评述，例如参见鲁一同：《通甫类稿》，3∶2b-36；鲁一同：《通甫诗存》，1∶8b-10a。鲁一同来自容易干旱的淮北地区，根据他的观点，爆发于1831年至1832年冬的匪患是自1786年以来最为严重的一次。

43. 有关黄爵滋的江西同僚对1831年、1833年和1834年该省一波又一波偷粮食、偷牲口事件的奏折，例如参见黄爵滋：《仙屏书屋初集·年记》，16∶2a, 18∶13a-14a, 19∶22a。关于黄爵滋就此事向皇帝提出的控诉，参见《黄爵滋奏疏》，第18～20页；《大清宣宗成皇帝实录》，238∶15a-18a。（需要注意的是，黄爵滋的家乡是这些事件的发生地宜黄县。）有关1832年年中同为江西籍的监察御史裘元俊概括地陈述了文化精英对这一问题的看法，参见《大清宣宗成皇帝实录》，213∶18a-19b。与京城有人脉联系的地方官员也可以是控诉的来源，例如，参见周天爵：《周文忠公尺牍》，下，1a-2a, 21b-22a（1832年和1833年致汤鹏的信）。

44. C. K. Yang, p. 209.

45. 纵观1800年至1840年监察御史对六省疏于逮捕和控诉罪犯的地方官员的弹劾，表明如下趋势（资料来源：《大清宣宗成皇帝实录》）：

  1800—1809 每年不超过2次

  1810—1819 同上（1814年除外：5次）

  1820—1829 同上（1822年除外：3次）

  1830—1839 每年平均7.5次（1830年10次，1831年和1832年每年8次，1839年12次）

46. 黄爵滋：《仙屏书屋初集·年记》，20∶9b。

47. 对叛乱最全面的论述是魏源的《圣武记》（7：41a-45a）。有关派禧恩前往调查的内容，参见《大清宣宗成皇帝实录》，208：9a；关于6月10日的罪己诏，参见212：10a-11b；有关裴元俊的上书和回应，参见213：18a-19a。

48. 有关李鸿宾被撤职一事，参见《大清宣宗成皇帝实录》，218：13a-14b；有关湖南其他一些官职较低的官员受到牵连和惩处，参见218：1a-2b。

49. 张际亮：《张亨甫文集》，3：5b-7a。有关春禊派揭发与叛乱相关的丑闻的其他证据，参见上书，15：13b；徐宝善：《壶园杂著》，27b。

50. 关于徐宝善的奏折，参见《大清宣宗成皇帝实录》，227：24a-25a，230：21a-22a。

51. 有关2月2日徐宝善的奏折，参见《大清宣宗成皇帝实录》，227：24a-25a。有关2月6日的谕旨，参见徐宝善：《过庭录》，6b；徐宝善：《壶园杂著》，33b-34a。

52. 潘德舆：《养一斋文集》，22：5b-6a。

53. 《大清宣宗成皇帝实录》，270：24a-25a（道光十五年八月二十四日、1835年10月15日谕旨）。

54. 迂斋：《道光朝之君相》，1：277。

55. 有关苏东坡的诞辰，参见黄爵滋：《仙屏书屋初集·年记》，18：14a。关于黄庭坚，参见上书，14：4a。有关翁方纲在清朝开始推崇黄庭坚过程中所发挥的作用，参见吴嵩梁：《香苏山馆全集·石溪舫诗话》，4：7a-8a。有关对王士禛和朱彝尊的认同，需要注意的是，春禊派用以存放其最为推崇的书法、王羲之《兰亭序》的"定武本"（参见下面注释57）的地方是枣花寺，17世纪后期王士禛和朱彝尊曾在这里种过树。（参见张祥河：《小重山房初稿》，13：3b；吴嵩梁：《香苏山馆全集·今体诗》，11：13a；黄爵滋：《仙屏书屋初集·年记》，20：13b。）

56. 名为《苏米斋兰亭考》，参见 ECCP，第857页。

57. 对最初的《兰亭序》的翻译，参见 J. D. Frodsham, "The Origins of Chinese Nature Poetry," pp. 88-93。有关其之后的历史和"定武本"，参见 *A Reproduction of the Lan-t'ing Calligraphy Scroll by Wang Hsi-chih*, pp. 9-10, 13。有关收集各种版本的兴趣，例如参见黄安涛：《诗娱室诗集》，10：18a；梁章钜：《藤花吟馆诗钞》，7：21b。

58. 龚自珍，第219、614页；黄爵滋：《仙屏书屋初集·年记》，21：

13b，17b，18b，24b。

59. 包括进京应试（公车）的举人在内的春禊雅集的时间，参见吴昌绶，第619页（在1832年条目中）；黄爵滋：《仙屏书屋初集·年记》，21：16a；黄爵滋：《仙屏书屋初集·文录》，11：13a。最初的公元353年的春禊雅宴举行于三月初三，而1829年、1836年和1838年的春禊雅集是在三月晚些时候（或者四月初）举行。参见本章表1；Frodsham, p. 90。有意思的是，当宣南诗社的诗人程恩泽和梁章钜于1815年或是1816年召集春禊雅宴时，他们选的日子更为准确。参见梁章钜：《藤花吟馆诗钞》，7：16b。

60. 参见本章注释55。

61. 有关庆祝欧阳修的诞辰（实际上是六月二十一日，但庆祝的那天是六月十六日），参见黄爵滋：《仙屏书屋初集·年记》，14：4a。有关欧阳修是古文传统的集大成者，参见刘子健：《欧阳修的治学与从政》，第88页。

62. 例如王士禛对张际亮的影响，参见张际亮：《张亨甫文集》，3：3a，3：17b；有关王士禛对黄爵滋的影响，参见黄爵滋：《仙屏书屋初集·年记》，18：15a；《仙屏书屋初集·文录》，6：1a，9b。有关朱彝尊是一位"小"汉学学究，参见徐宝善：《壶园杂著》，第8页。张际亮（3：17b）以同样的观点批评翁方纲：将卖弄学问与诗歌相混淆。

63. 有关徐宝善仿效并认同他的祖先，参见梅曾亮，7：7b；张际亮，3：16b。有关徐乾学对士人的扶助，参见Lynn A. Struve, "The Hsu Brothers," pp. 260-261。

64. 龚自珍，第479～480页；黄爵滋：《仙屏书屋初集·文录》，6：3a；宗绩辰：《躬耻斋诗钞》，7下：8b-9a。

65. 有关1679年科考的背景，参见Lawrence D. Kessler, *K'ang-hsi and the Consolidation of Ch'ing Rule*, pp. 158-166。

66. 有关坚持请求再开博学鸿儒科（仅经由举荐参加考试），参见张际亮：《张亨甫全集》，19：10b-11b（1834年七月后）。有关春禊派仿效1679年科考后举办的雅宴，参见黄爵滋：《仙屏书屋初集·年记》，21：12b（陈庆镛作序）。亦参见刘嗣绾，43：9（有关原先1679年庆祝雅宴）。有关1835年的请愿，参见《黄爵滋奏疏》，第44页。有关将1679年科考理解为默认或者试图拉拢残余的晚明科甲朋党网络，参见阮葵生，1：67；Dennerline, p. 314。

67. 有关这种倾向，例如参见梅曾亮，2：21（致孙鼎臣的信）；姚鼐，第73～74页（致翁方纲的信）、第77～78页（致汪辉祖的信），以及第90页（致鲁仕骥的信）。

68. 有关翁方纲"以考订之学平心养气"的观点，参见翁方纲：《复初斋文集》，7：15b-17b；有关他倾向于认为清朝汉学和诗歌风格有着相似的发展过程和价值，参见8：10，这里他认为王士禛对明朝诗歌空洞的形式主义的否定为清朝重视考据提供了动力。关于翁方纲将考据和诗词相融合，参见（赞赏？）吴嵩梁：《香苏山馆全集·石溪舫诗话》，1：3a；（不太赞赏）张际亮：《张亨甫全集》，3：17b。

69. 关于增进这种融合的观点，例如参见姚鼐，第90～91页（致秦瀛的信）；翁方纲：《复初斋文集》，4：20b；阮元：《揅经室集》，二集，2：30a（引用朱珪）；陈用光：《太乙舟诗词钞》（1817年诗，和翁方纲诗）。

70. 潘德舆，22：17b-18a。

71. 梅曾亮，4：16b－17a。学习内容排除考据（有意思的是，并且排除词章）的另一个例子，参见张际亮：《张亨甫文集》，2：32a。

72. 梅曾亮，5：15a，19a；潘德舆，3：7b。有关潘德舆文学理论中新儒学修身的言外之意，例如参见10：2b-4a，这里表明潘德舆以程颐或程颢的词命名其书斋。有关诚作为一种新儒学价值观，参见 Thomas A. Metzger, *Escape from Predicament*: *Neo-Confucianism and China's Evolving Political Culture*, pp. 89, 285–286。

73. 有关黄爵滋的奏折，例如参见黄爵滋：《仙屏书屋初集·年记》，19：18b（来自郭仪霄的第二封信）；潘德舆，18：12b-13a。有关潘德舆的评论，参见潘德舆，22：13b-14a。

74. 参见 Richard Lynn, "Orthodoxy and Enlightenment: Wang Shih-chen's Theory of Poetry and its Antecedents," esp. p. 248（有关神韵说）。

75. 同上，第243页。

76. 潘德舆，22：1b，22：2b（有关畅谈义理）。有关这个（新儒学）意义上的情性的另一个例子，参见潘德舆，18：13。有关姚莹运用这一标准批评翁方纲、钱载和北方朋党士人们的诗作，参见姚莹：《中复堂全集·东溟外集》，1：3a-4b（为张维屏作序）。

77. 张际亮：《张亨甫文集》，3：2a。

78. 同上，3：13b 及以后。

79. 关于翻译，参见 Metzger, *Escape from Predicament*, p. 40。

80. 有关对志士的描述，参见《张亨甫文集》，3：13b-14a；关于引文，参见 3：12b。

81. 有关引文，参见同上，3：13b-14a。对悲的共鸣的另一长篇评论，参见 2：12b-13。

82. 自此，成例用以指代更大的问题，即官僚和士人之间的权力平衡，这里的士人是受文人所青睐的士人。当然，并非说这种平衡应该以法令的形式表现出来。

83. 关于常被引证的章句（《礼记》），参见顾炎武在《皇朝经世文编》中的文章（8：23a）；方东树：《桐城方植之先生全集·文录》，6：10b。

84. 一些典型的作品，如姚莹辑：《乾坤正气集》。

85. 管同：《因寄轩文集·初集》，4：1a；方东树：《桐城方植之先生全集·文录》，6：11a。

86. 姚莹：《中复堂全集·东溟文后集》，6：1b。关于文字状态反映时代的（古文）理论，参见方东树：《桐城方植之先生全集·诗钞录》，6：20a。

87. 这一概括的基础是《中复堂全集·东溟文后集》，6：1a-3a。姚莹将志士描述为"立身有为成名，有为天下"者（同上，1a）。

88. 管同：《因寄轩文集·初集》，4：1b。

89. 同上，2a。

90. 鲁一同，2：2 及以后。

91. 同上，2：2b。

92. 上述概括自鲁一同，2：2a-5a（致潘德舆的信）。

第三章　禁烟政治

1. *The Times*, 4 July 1840, p. 5, 引自 Chang Hsin-pao, *Commissioner Lin and the Opium War*, p. 251, note 14。

2. Chang Hsin-pao, pp. 85-119.

3. Willard J. Peterson 探究了以对外贸易来解释 19 世纪初银价上涨的争议。(参见其 "Early Nineteenth Century Monetary Ideas on the Cash-Sil-

ver Exchange Ratio," pp. 23—48。）官方怀疑中断贸易的效用的更多证据将稍后在本章中谈及。不过，当时有人提出发行纸币是比中断贸易更好的政策，有关这种观点的例子，参见包世臣：《安吴四种》，卷 27（1834 年和 1837 年致王鎣的信），引自：《鸦片战争》，1：540 及以后。有关以发展国内采矿应对银荒的提议，参见英和，1：64。

4. 有关对货币体系的论述，参见 Frank H. H. King, Money and Monetary Policy in China, 1845—1895, pp. 42—90。有关尝试发行钞票（和超过其固有价值而流通的大面额硬币）的失败，参见 Jerome Ch'en, "The Hsien-feng Inflation"。有关 1814 年反对发行纸币一事的陈述，参见王庆云：《石渠余纪》，5：13（引自 Peterson, p. 34）。有关交易中银荒的影响，参见《林文忠公政书》，甲集，1：15a—22a（1833 年林则徐的奏折）；《鸦片战争》，2：140—141（1838 年林则徐的奏折）。

5. 有关货币贬值，参见 Peterson, "Monetary Ideas," p. 30。有关当时认为外国铸造的白银（例如墨西哥元）具有优势是白银外流的一个原因，参见《林文忠公政书》，甲集，1：16b—17b，这里记载了江苏巡抚林则徐和地方商人之间的谈话，地方商人支持采用中国铸造的银币。

6. 有关这一观点的例子，参见《清代外交史料》，3：23b—24a（1830 年李鸿宾的奏折）。这里，如随后在 19 世纪 30 年代对这一问题的争论中一样，本地商人归结起来涉及"分销"，与"来路"相对。

7. 有关以民事控告来确认走私者、宗教宗派主义者和其他社会罪犯是不可靠的这一普遍问题，参见《道咸同光四朝奏议》，1：360—363（1836 年监察御史王藻的奏折）；《大清宣宗成皇帝实录》，280：9a—11a。有关官方对民事控告导致错误地逮捕走私鸦片者的担心，参见《黄爵滋奏疏》，第 48 页（1835 年奏折）。

8. 本章没有充分探讨的研究领域是，在应对英国的重要关头，持续存在的新疆危机对清朝对军事和贸易管制问题的态度的影响。自 1826 年始，延续至 1832 年，清政府试图对横跨帕米尔地区的浩罕的非中国商人施加惩罚性的贸易禁运。不过，政策产生事与愿违的结果，1830 年清军遭遇悲惨的失败，付出沉重的代价，尽管此前一年抓捕并处死反叛首领张格尔。因此，1832 年清朝重新开放贸易，很快恢复了和平。研究者想知道的是，这段历史情节会不会进一步削弱尝试封锁广东贸易的吸引力。有关这段历史情节，参见 Morris Rossabi, *China and Inner Asia*, pp. 172-176; and Joseph Fletcher, "The Heyday of the Ch'ing Order in Mongolia, Sinkiang, and Tibet," pp. 360-382。事实上，Fletcher 出色的研究（第 382 页及以后）表明，浩罕的解决对 1842 年清朝沿海地区的外交而言是一个典范。不过，还必须指出，北京的文人——以及林则徐，在新疆骚乱初期，林则徐曾将职责视为提供监管——坚决反对新疆问题上的让步，正如他们此后反对 1842 年在南京所做出的让步一样。参见 Polachek, "Literati Groups," pp. 198-201；龚自珍，第 618 页；《郎潜纪闻》，♯3 10：2a；徐宝善：《壶园诗钞选》，3：8b-9a，10a-11a，5：7b-8a，7：2；《仙屏书屋初集·年记》，15：3a；魏源：《魏源集》，2：802-803；林则徐：《云左山房文钞》，2：5b-6a。

9. Gerald S. Graham, *The China Station*, pp. 48-49; Chang Hsin-pao, p. 52.

10. Graham, pp. 56-57; Chang, Hsin-pao, pp. 53-55.

11. 参见《大清宣宗成皇帝实录》，255：37。关于引文，参见 Graham, 第 57 页注释 26，引用 "A Sketch of Lord Napier's Negotiations With the Authorities at Canton," *Asiatic Journal* (London)，August 1837, p. 11。这种说法并未出现在公开的中文资料中。不过，"伊莫金"号和"安德洛玛刻"号事件的消息传抵北京的当天（道光朝十四年八月二十八日）下发的谕旨，参见《大清宣宗成皇帝实录》，255：37a。其安抚的和反军事的腔调足以表明 Graham 引用的评论是可信的。有关皇帝关心该事件的证据，亦参见骆秉章，7b。骆秉章记得，1835 年年中，皇帝就此事询问了他。

12. 《大清宣宗成皇帝实录》，255：37a。

13. Jonathan D. Spence, "Opium Smoking in Ch'ing China," pp. 150-151，认为这种顾虑是 1832 年以后转向更严格的管制政策的主要催化剂。《鸦片战争》，1：336，这里饶有趣味地叙述了 1839 年初林则徐面见道光皇帝的经过，记载了正是林则徐提出吸食鸦片即将摧毁清朝军队的观点说服了皇帝支持自己封锁进口贸易的主张。

14. 参见本书第二章。

15. Spence, p. 150, note 50，引用《大清宣宗成皇帝实录》。

16. 《清代外交史料》，3：16。

17. 《清代外交史料》，4：50a-51b（亦参见《道咸同光四朝奏议》，1：

239—241)。

18. 关于皇帝同意冯赞勋的观点，参见《大清宣宗成皇帝实录》，189：19a—21a。《上谕档方本》（道光十一年五月二十五日）记载道，皇帝在军机处呈上的草拟的谕旨上亲自添写了 24 个字，敦促李鸿宾尽力"以除后患"。这表明道光皇帝本人受到冯赞勋奏折的触动。关于李鸿宾回奏的梗概，参见《大清宣宗成皇帝实录》，205：13a—14a。

19. 《大清宣宗成皇帝实录》，218：30a—31a。《上谕档方本》表明，文中黑体部分是由皇帝亲自添加到谕旨上的。

20. 卢坤之所以会对禁止贸易的政策感到不满，首先是因为他同意广州士人吴兰修于 1833 年（？）写的一篇反对这个政策的文章；其次是因为他于 1834 年末请求皇帝考虑将鸦片有条件合法化。参见《鸦片战争》，1：133，6：7。春禊派的张际亮于 1832 年至 1833 年的冬季旅居于广东，也对两广总督卢坤实行查禁鸦片政策的忠诚度给予了非常负面的评价。（参见《张亨甫全集》，18：12a，19a；《张亨甫文集》，3：6b，8a—10a。）张际亮的信息似乎来自分巡广东粮储道郑开禧，而郑开禧也是春禊派。

21. 卢坤似乎确实受到道光皇帝怀疑的唯一一点是，律劳卑事件发生前，1834 年年中，广东籍御史曾望颜揭发并质疑卢坤在管控鸦片贸易方面实行怀柔政策。参见《大清宣宗成皇帝实录》，252：23a—24b；258：3a—5b。关于卢坤对曾望颜的指责所做出的回应，参见《明清史料》，9：809a—810b。

22. 《大清宣宗成皇帝实录》，258：3a—5b。参见道光十五年三月十四日卢坤的奏折，见《明清史料》，9：811，这里公开赞成这样的观点，即将英国货船驱逐出伶仃岛的尝试是无用的，应该集中力量监管国内的走私者。

23. 关于 1834 年末卢坤试图说服朝廷将鸦片进口合法化的内容，参见《鸦片战争》，1：133—134。关于卢坤是阮元的门生，参见梁章钜：《浪迹丛谈》，5：4b。

24. 有关阮元是两广总督，参见 ECCP，第 401 页。阮元最先考虑的事项之一是整修珠江口的海防（特别是虎门的海防）。参见《东莞县志》，98：7b。阮元对这些防御工事及其脆弱性的了解也许是 1835 年他被召回京城的一个主要原因。关于阮元的任命，参见《大清宣宗成皇帝实录》，263：5a。有意思的是，此时阮元和他的老对手潘德舆均是内阁大学士，朝廷似乎难以决定他俩的位次（《大清宣宗成皇帝实录》，263：19a）。关于阮元是京城里一位不受约束的咨政官员的实例,参见《上谕档方本》,道光十五年七月,第63~82页;道光十七年四月,第79~96页。

25. 关于卢坤是阮元的门生,以及关于阮元持有相似的贸易政策,参见梁章钜:《浪迹丛谈》,5:4b。

26. 《大清宣宗成皇帝实录》,170:24a-25a。这一谕旨被视为制度方面非常重要的里程碑,因而被录入晚清集实录、会典、则例而编成的半官方通典,该书最初编纂于1915年(参见《清朝续文献通考》,22:8870)。

27. 《大清宣宗成皇帝实录》,270:26a。

28. 关于曾望颜,参见本章注释21。

29. 有关黄爵滋先前在江苏和浙江两省的货币问题上服从了皇帝的意愿,参见《黄爵滋奏疏》,第23~24页(1833年奏折)。

30. 关于金应麟曾是一名司法专家,参见《传记行述汇辑》,1b-2a。将对他的任命解释为与法律专家相配的事实是,1839年年中金应麟突然出任直隶按察使(正当对走私鸦片即将执行死刑之际)。参见上书,3a。1835年道光皇帝组建格外宽泛的咨议机构的更多证据来自骆秉章,7b,需要注意的是,1835年年中,在款待当时所有翰林官员期间,广东籍的骆秉章也得到皇帝召见,并被问及律劳卑事件结局的详情。这里的假设显然是翰林门生,像骆秉章一样,有着他们自己的信息渠道。

31. 有关学海堂的最好的英文论述是 Benjamin A. Elman, "The Hsueh-hai T'ang and the Rise of New Text Scholarship in Canton",还有 Kuhn and Jones,第158~160页;ECCP,第401、510页。关于1800年前福建和广东这样的东南省份知识分子生活的闭塞(至少就第一章中讨论过的以北京和江南为中心的文学和汉学风尚而论),参见张际亮:《张亨甫文集》,1:16b-17a,2:9a。关于学海堂是将考据引入广东的媒介,例如参见宗绩辰:《躬耻斋诗钞》,8下:12b,需要注意的是,一位名叫严杰(1763—1843)的人,曾在浙江协助阮元编纂文献典籍(《经籍纂诂》[1800]),后来被阮元带到广东,主持纂修阮元所热衷的经解工作。关于阮元离开广东后他与学海堂弟子之间持续的通信,参见阮元:《揅经室续集》,2下:31b,5:6a(吴兰修和曾钊)。另一位可能在阮元的关系网中有着重要地位并与学海堂有联系的是仪克中(1796—1838),这位山西籍的士人于阮元在广东任职期间来到广东,1832年考取生员。(参见《广州府志》,45:26a;《鸦片战争》,6:7。)19世纪 20 年代北方朋党圈子中活跃的政治家、督府幕僚包世臣记载了 1826 年在北京从仪克中那里得来有关新加坡情况的信息（包世臣，35：1a）。此外，1832 年仪克中在广东参加乡试中举，典试官便是阮元的好友程恩泽。转年，仪克中进京赶考，似乎希望得益于阮元充任 1833 年会试考官。（参见《雪桥诗话》，♯1，11：30b。）

32. 有关学海堂的商业支持基础，参见 Elman，第 76 页注释 29，引用 Okubo Eiko, *Min-shin jidai shoin*, p. 337; Hamaguchi Fujio, "Hō Tō-ju no Kangaku hihan ni tsuite," pp. 174-176; 杜维运：《学术与世变》，第 135 页。根据上述内容，行商（垄断对外贸易）伍秉鉴（1769—1843）的鸦片走私活动资助了阮元的藏书楼，可能还资助了他的其他善举，包括学海堂。显然，1821 年阮元设法抓住了伍秉鉴从事鸦片贸易的把柄，并迫使他为学海堂和其他活动捐资，以之作为封口费。参见《鸦片战争》，1：137；阮元，5：28a-30b。1835 年至 1836 年黄爵滋和姚元之呈递的对伍秉鉴的弹劾书反映了这两者的联系，一方面是伍秉鉴和学海堂的仇敌，另一方面是北京的春禊派（参见下文）。只是谁帮他们获得了这份资料尚不清楚。一个可能的来源是桐城派士人方东树，19 世纪 30 年代他穿梭往返于安徽、扬州和广东，却总与在学海堂占据支配地位的汉学影响相处不睦。在 1842 年的一篇文章中，方东树有些愤怒地追溯行商在促进鸦片贸易中所扮演的角色。在同一篇文章中，他引用了 1831 年安徽士人叶钟进为英国人在广东活动的历史写的短文，其观点似乎同样是反对行商的。（参见《鸦片战争》，5：589。）此外，需要注意的是，黄爵滋与两位显然敌视学海堂的广东士人保持着密切的联系，一位是温训，另一位是黄钊；而他的春禊派同人、曾与他一同弹劾伍秉鉴的姚元之似乎与另一位士人关系甚好，那就是陈鸿墀。关于温训和黄爵滋，参见黄爵滋：《仙屏书屋初集·年记》，22：1，4a；《仙屏书屋初集·文录》，11：7b。（温训与学海堂的竞争对手粤秀书院素有来往，后来还向黄爵滋抨击吸食鸦片的计划献出"核心"秘方，参见《鸦片战争》，4：341；林昌彝：《射鹰楼诗话》，2：18a。）关于黄爵滋和黄钊，参见《仙屏书屋初集·年记》，18：16a，20：14a。姚元之于 1805 年与陈鸿墀、李可琼一起被选为翰林，与陈鸿墀、李可琼有年谊，而陈鸿墀、李可琼是反对鸦片合法化的总督邓廷桢的重要幕僚（参见《鸦片战争》，6：7）。另一位可能协助阻碍鸦片贸易合法化的广东籍（来自东莞）士人是黎攀镠，1836 年争论期间，他在北京任御史之职。关于黎攀镠反对鸦片贸易合法化，参见《东莞县志》，70：11。

33. 关于义律的任命（事实上，1836 年他接替了前任威廉·罗便臣爵士）参见 W. C. Costin, *Great Britain and China*, pp. 31–34。义律得悉合法化策略及阮元支持该策略，参见 Chang Hsin-pao, 第 88、190、150 页（注释 14），引用 *Parliamentary Papers (Blue Books): Correspondence Relating to China* (1840), p. 389。更多证明阮元支持鸦片贸易合法化的观点，参见梁章钜：《浪迹丛谈》，5：5a–6a，这证实梁章钜（阮元的故交和朱珪的门生）赞同这种措施。关于邓廷桢的乐观，参见 Chang Hsin-pao, 第 88 页。

34. 关于许乃济的上疏，参见 Chang Hsin-pao, 第 85～87 页。

35. 有关吴兰修对许乃济上疏的影响，参见 Chang Hsin-pao, 第 88 页；《鸦片战争》，6：6–7（引用梁廷枏的《夷氛闻记》）。关于吴兰修和阮元的关系，参见阮元：《揅经室续集》，2 下：31b，3：15a–16a。

36. 有关伍秉鉴的活动，参见本章注释 32。关于怀疑阮元采取怀柔措施，参见 Elman, p. 76, note 29。广东士人梁廷枏认为，英国人在伶仃岛存放货物始于 1821 年至 1822 年，当时阮元任两广总督。（参见《鸦片战争》，6：5。）而且，1837 年广东御史黎攀镠为此向皇帝上书，称伶仃岛自 1821 年始便被用于走私活动。（参见《筹办夷务始末》，道光朝，1：20b。）

37. 《鸦片战争》，6：6–7，引用梁廷枏摘录的吴兰修的文章（题为《弭害篇》）。显然，吴兰修认为这些弊端更多地源自控制力本身而不是毒品——一个奇怪的现代观点。这里，可能需要补充的是，监察管控经销商的官员们广泛表达出监察体系内部对弊端的关注（完全依赖于民众的控诉）。例如参见贺长龄于 1838 年（？）发表的观点，概括如：Spence, 第 159 页注释 119（引用薛允升：《读例存疑》，22：62b–63）；《大清宣宗成皇帝实录》，324：10b–12a。出于这个原因，控制鸦片的新法明确否定民众有权指控所谓的走私者，并包括严厉制裁失察之该管官（例如士兵）的内容。参见薛允升：《读例存疑》，第 326～327 页；《鸦片战争》，1：396，562–564。

38. 有关将许乃济的鸦片贸易合法化的奏折移交给邓廷桢妥议，以及邓廷桢的具奏，参见《大清宣宗成皇帝实录》，282：28a；《筹办夷务始末》，道光朝，1：5b–11b。不过，从许乃济上疏（1836 年 6 月 10 日，或者道光十六年四月二十七日）到宣布交给邓廷桢（四月二十九日）的两天时间内，这项提议显然在朝堂遭遇到激烈的反对,尽管阮元明显支持它。根据张馨保的观点(第88页),9月7日(七月二十七日)邓廷桢从广东呈送出他的答复。然而,9月19日(八月初九)皇帝或多或少接受了两位反对鸦片贸易合法化的京官(许球和朱嶟)的评论——对此,参见《大清宣宗成皇帝实录》,287:8a——这表明在邓廷桢的上疏抵达北京之前皇帝已经有了决定。

39. 关于黄爵滋的奏折,参见《黄爵滋奏疏》,第49～50页。不过,可能这份奏折在最后一刻被撤回:参见《仙屏书屋初集·年记》,20:11(王弼的信)。关于姚元之的奏折和邓廷桢的回复,参见《大清宣宗成皇帝实录》,284:29a-30a,288:1b-3a。

40. 例如参见《大清宣宗成皇帝实录》,287:8(回复许球和朱嶟所奏)。

41. Chang Hsin-pao,第91页。

42. 同上,第91页。亦参见《鸦片战争》,6:209,这里记载了拒绝许乃济的鸦片贸易合法化方案引起想要和朝廷新政策保持同步的疆臣的一系列请求。

43. 关于龚自珍(向林则徐提出)的建议,参见龚自珍,第169～170页。关于能够影响春禊派观点的文人支持这种方式的其他例子,参见夏宝晋:《冬生草堂文录》,致林则徐的信(1839);《仙屏书屋初集·年记》,23:10a(陈方海写给黄爵滋的信,1838);《鸦片战争》,1:535-539,特别是第538～539页(1820年包世臣所写的文章);管同:《因寄轩文集·初集》,2:6b-8a(约1820年)。

44. 关于集体撰写6月2日上疏,参见《鸦片战争》,1:338,4:341;林昌彝,2:18a。亦参见林崇墉,第216页。这些资料表明,黄爵滋的奏折实际上是由春禊派士人和一些在北京准备参加1838年会试的举人(包括广东人士温训)草拟的。

45.《黄爵滋奏疏》,第69～72页。

46. 6月2日黄爵滋所上的奏折中有一年延期和支付戒烟药品的内容(《黄爵滋奏疏》,第71～72页)。1838年黄爵滋与其春禊派友人的通信及同一时期其他文人私下交流表明,想要增强官僚机构逮捕鸦片相关人员的自信心,是促使决定关注更容易确认的消费者的重要因素。参见《仙屏书屋初集·年记》,23:10a(陈方海致黄爵滋,1838);《鸦片战争》,1:321(吴嵩梁,约1838年);林崇墉,第223页(1838年林则徐的上疏)。

47. 在林则徐和春禊派之间优先安排林则徐去广东赴任的证据是间接的，但却是重要的。《史料旬刊》（第750页）谈及1838年一位军机大臣（未具名）的密奏，该奏折请求将总督邓廷桢革职，并由皇帝决定代替他的人。上书者似乎是潘世恩，他被认为至少自1840年始便在军机处的讨论中支持林则徐（ECCP，第607页）。优先任命林则徐的其他表征是，皇帝要求各督抚就6月2日黄爵滋所上的奏折发表观点，而林则徐极其迅速地答复了。7月10日，林则徐的奏折抵达北京，这是很少数对死刑观点给予绝对支持的答复之一。相比之下，长江流域其他总督或巡抚是在7月30日前回奏的——要对如此复杂的问题做出结论，这个时间更正常。（北京和长江流域重要城市之间往返书信要20~30天。）参见《筹办夷务始末》，道光朝，2：20及以后（关于林则徐）。关于林则徐的下属湖北巡抚张岳孙和安徽巡抚色卜星额（非常迟地）回奏北京，参见3：1及以后，3：7及以后。而且，在这段时间内，林则徐与他的儿子林汝舟（在北京）经常保持联系，而林汝舟的信包括来自北京林则徐其他好友的信。（参见《林则徐集·日记》，第289~290页，道光十八年闰四月十六日、二十一日和二十七日。）

48. Chang Hsin-pao, p. 34, p. 241, note 61, 引用包世臣，26：5。

49. 此后，魏源在1842年发表的一篇有关控制鸦片贸易的文章（《圣武记》，14：31a）中建议，内地所有（其他?）17个省设控制鸦片贸易的钦差。不过，1838年黄爵滋和林则徐上疏时完全没有提及这种观点。关于向福建和广东派遣钦差，参见《仙屏书屋初集·年记》，24：1；《大清宣宗成皇帝实录》，329：18a-29b（关于福建），316：16a（关于任命林则徐为钦差大臣前往广东）。林崇墉详尽地考察了林则徐自愿赴广东任职的细节（第232~242页）。关于林则徐（事后）在这方面的表现，参见《鸦片战争》，1：336-338；本书第五章。根据前两种资料，道光十九年十二月二十一日（或者十二月二十二日）黄爵滋和江苏学政祁寯藻受命前往厦门查办御史杜彦士——他本人就是当地人——呈递的有关厦门和福建南部沿海地区大规模走私鸦片的奏议。

50. 关于官员反对死刑的提议，参见《筹办夷务始末》，道光朝，2：13a-5：12a，这表明东北与内地的26位疆臣就此想法进行了商议，其中19人完全反对，5人支持，2人有条件地支持。《黄爵滋奏疏》（第72页）表明黄爵滋及其追随者预料到会有这种反对，因为黄爵滋再次请求皇帝考虑，传统官僚机构过于谨小慎微,不会在如此重大的行动中提供任何有益的指导。关于陶澍反对该主张,参见《鸦片战争》,1：338。关于琦善的强烈反对,参见《鸦片战争》,1：515及以后,5：410。后者重复黄恩彤对鸦片论争的叙述,指出林则徐和周天爵(漕运总督)是其中仅有的两个特别支持该主张的人。

51. 有关奖励上缴鸦片和以有权在广州从事合法贸易作为谈判筹码的计划,参见《鸦片战争》,2：92,97。关于销烟及林则徐认为销烟给广州的外商社群造成的影响,参见 Arthur Waley, *The Opium War through Chinese Eyes*, pp. 49, 51(引用《鸦片战争》,2：155,160)。关于渣甸被吓得逃离广州的奏折,参见《鸦片战争》,2：143。

52. 《鸦片战争》,5：584-585。根据齐思和的观点(《鸦片战争》,6：533),这篇文章最初写于1838年,旨在敦促两广总督邓廷桢批准黄爵滋和林则徐提出的反对吸食鸦片的立法(此时方东树是邓廷桢的幕僚)。关于这个观点的另一个例子,参见徐继畲：《松龛先生全集·文集》,1：9。

53. 例如参见林则徐：《信及录》,第12~13页。

54. 关于细节,参见本章注释47。

55. 有关黄爵滋的奏折被讨论期间林汝舟与其父林则徐之间的通信往来,参见《林则徐集·日记》,第289~290页。

56. 《史料旬刊》,第683~684页。

57. 林则徐和春禊派之间密切配合的其他证据是,在黄爵滋的奏折被发交林则徐和其他人讨论后不久,张际亮便来到林则徐的武昌(湖北)衙门留居。道光十八年五月十四日,张际亮抵达武昌,转天前往林则徐的官衙,并留居于此,成为与南城文人的联络人,直到林则徐重新前往广东赴任。参见《林则徐集·日记》,第291、293、303页(道光十八年五月十四日、六月七日、八月十一日和八月十三日)。

58. 《大清宣宗成皇帝实录》,320：14b。参见林崇墉,第157、160页。

59. 《大清宣宗成皇帝实录》,324：5b-6a；关于北京的垦荒计划,参见《林文忠公政书》,乙集,7：1及以后(特别是18a-20b),这准确地概括了林则徐于1836年提出的建议(参见本书第一章注释99)。资料显示,林则徐确保垦荒计划对帝国有利,这惹恼了直隶总督琦善,显然琦善认为他的职位受到了威胁。参见《鸦片战争》,1：338。

第四章 广东胜利的神话

1. 有关文人对这些问题的看法，参见本书第五章。

2. 对1849年至1850年中国人重新敌视新约规定的外国公馆的迹象，例如帕默斯顿将问题简单地归结为失忆。"这些半文明的政府……每隔八年或十年就要规制一下，以便维持秩序。它们的思想太过浅薄，记性无法持续比这更长的时间。"(Costin, p. 150。)

3. 张馨保，第193～194页，追溯封锁长江/大运河的计划始于1839年10月至11月间，当时从事对华贸易的商人的游说赢得帕默斯顿的支持，帕默斯顿支持与中国开战，而且同样支持进攻华中的建议。更多有关所谓渣甸战争计划的内容，参见 Peter Ward Fay, *The Opium War*, p. 215; and Jack Beeching, *The Chinese Opium Wars*, p. 111。

4. 参见《林则徐集·日记》，第334～335页（道光十九年二月九日、二月二十一日和二月二十八日）。关于这些人的学术地位，参见刘伯骥：《广东书院制度》，第230页及以后。除非特别说明，有关这里引用到的教职的所有数据均来自这一资料。关于姚华佐，参见《番禺县续志》，19：12b-13b。

5. 有关大佛寺绅士公局的机构职能，参见林则徐：《信及录》，第12、18、44～45页。

6. 有关林则徐关心经销商的识别问题，参见《鸦片战争》，6：13，需要注意的是，1839年年中，林则徐令地方乡绅进行一系列考察，以便给这些士人提供机会暗地识别主要的中间商和毒贩。还要注意林则徐带到广东的商人名录，（显然）是以京城里的广东士人搜集到的信息为基础，参见《信及录》，第9～11页。关于1838年引起广东官府关注的轰动一时的错捕案件，参见《鸦片战争》，1：381，385。

7. 当地士人的传记常常夹带着反汉学的情愫或（更少地）反学海堂的情愫，却并未阐明这种不满的思想基础。例如参见《南海县志》，14：11a，关于朱次琦（19世纪20年代他本人就读于学海堂）。

8. 广州白云山学派的历史似乎始于冯敏昌（1747—1806，1778年被选为翰林），1765年翁方纲在担任广东学政期间发现并擢拔了这位广州诗人。（参见翁方纲：《复初斋文集》，4：11b；王昶：《湖海诗传》，2：1009；吴嵩梁：《香苏山馆全集·石溪舫诗话》，1：13a。）根据姚莹的观点（《中复堂全集·东溟外集》，1：4），正是冯敏昌将翁方纲的诗歌审美观引入广州的文人文化。我们可以推断，创建白云山学派就是为了更好地实现这个目标。冯敏昌的两位门生黄培芳和谭敬昭出现在白云山学派的雅集中。甚至可能是冯敏昌本人于1801年至1803年担任广州粤秀书院山长期间创建了白云山学派。（参见《清史列传》，73：30。）始终与该学派有联系的第四位人物是张维屏，1807年至1808年他在北京深受翁方纲的赏识，独领诗坛风骚（《雪桥诗话》，♯1，11：4a）。白云山学派最初称为云泉诗社，于1812年或1813年正式形成（ECCP，第58页；《国朝诗人征略》，54：3b)，包括张维屏、黄培芳和林伯桐（1775—1845）。不过，谭敬昭属于另一个人员交叠的学派（《重修香山县志》，15：14b；《阳春县志》，10：24a）。根据刘伯骥列举的书院山长名录，1839年前黄培芳和谭敬昭在广州城外的一系列书院任职，不过直至此时仍未在更有声望的省会的任何书院任职。

9. 《番禺县续志》，26：11a-12a。陈鸿墀的传记资料也基于这本书。关于陈鸿墀没能成为北京文人的细节，参见《雪桥诗话》，♯2，7：71a。

10. 以上有关方东树的信息，参见 ECCP，第238～240页。当时，方东树的学术声望基于一本广为传读的批判汉学的小册子，这本小册子写于1824年方东树在学海堂教书之际。（参见 ECCP，第239页。）关于邓廷桢（在他担任安徽巡抚期间，1825—1835）对桐城学派的支持，参见梅曾亮，7：18；张际亮，《张亨甫文集》，3：5a；方东树：《考槃集》，3：21b-23a。

11. 有关和陈鸿墀商议鸦片贸易合法化问题和家塾一事，参见《鸦片战争》，6：7，12。有关陈澧和陈鸿墀的其他学生，参见《番禺县续志》，26：11b-12a。关于任命陈澧担任学海堂学长，参见《学海堂志》，23a；Waley，第126页。需要注意的是，此时陈澧是张维屏之子的老师，陈澧可能是张维屏的幕僚。

12. Waley，第60页。关于林则徐对考生的限制，参见《鸦片战争》，6：13；《林则徐集·日记》，第347～349页（道光十九年六月十五日、六月二十七日、七月二日和七月六日）。关于林则徐的行辕，参见 Waley，第20页。

13. 《学海堂志》，第22页。

14. 《林则徐集·日记》，第334页（道光十九年二月九日）、356页（九月八日)、390 页（闰三月十三日）。

15.《鸦片战争》，6：19。

16.《林则徐集·日记》，第 373~374 页。

17. 同上，第 374 页。

18. 在此我综合了林则徐有关策略的多种看法，这将在下文中详述。要想简要地了解林则徐的策略观点，参见《鸦片战争》，6：22-24；《筹办夷务始末》，道光朝，14：41a，16：20a，16：40b。亦参见 Waley，第 113 页，这里谈到林则徐认为英国人为了支付作战的军费不得不贩卖鸦片。林则徐的"奏折"未及详陈他对英国海上战略（及其软弱性）的看法的历史渊源。然而，包世臣透露了更多内情，他是林则徐在策略上的顾问之一，根据包世臣和其他人的评论，我们能够发现与倭寇及与郑成功的联系。有关包世臣是顾问，参见 Waley，第 137~138、153 页。在他的《安吴四种》中（35：6a，8a），包世臣两次将英国人比作倭寇。同样，他推荐了一篇有关打击海盗的著名文献（郑若曾写于 1561—1562 年的《筹海图编》）。有意思的是，方东树在 1841 年末所作的一首诗中提到这部文献在倭寇问题上的论述，记载了相似的策略困境（《考槃集》，5：6a），而且这部文献甚至成为 1841 年殿试的论题（《大清宣宗成皇帝实录》，351：20a）。显然，林则徐的战略设想是在抗倭中形成的方法，它强调一旦交战区域消除贸易机会，敌人便容易受到经济和供应问题的影响。关于《筹海图编》的由来，参见 Merrilyn Fitzpatrick, "Local Interests and the Anti-pirate Administration in China's Southeast, 1555 - 1565," p.30. 关于 16、17 世纪海防问题精彩的概述，参见 Wills。

19. 有关义律决定遵照要求交出伶仃岛上存储的鸦片，参见张馨保，第 165~172 页。关于林则徐与义律在担保（"自愿监禁"）问题上的谈判，参见张馨保，第 179~185 页。有关朝廷在这个问题上没能全力支持林则徐的内容，亦参见《鸦片战争》，2：106-107；《大清宣宗成皇帝实录》，320：41-42a。关于授权林则徐使用禁运这一武器（终止茶和大黄的出口），参见《大清宣宗成皇帝实录》，326：30b-31a（1839 年 10 月 29 日）。1839 年 12 月 13 日，朝廷批准了林则徐请求下令授权他永远终止对英贸易并将英国人驱逐出广州的奏折（《大清宣宗成皇帝实录》，328：7a-9a）。然而，这项命令仅限于对英国执行禁运。Frederic Wakeman, Jr., "The Canton Trade and the Opium War," pp. 193-195，详述议会战争派如何能够利用林则徐显然漠视英国在广州的商业权和财产权去激化下议院的战争情绪。

20. 有关林则徐认为尽管众所周知英国人擅长于公海作战，但是防御战和消耗战会使英国人处于劣势，参见 1840 年 4 月 8 日林则徐有关策略的奏折（《筹办夷务始末》，道光朝，10：4a-7b，特别是 5b）。这份奏折和后来的若干份奏折报告了广州谣传英国人正向中国派遣一支大规模的海上远征军，并敦促皇帝不要对这样的谣言太过在意。（参见 Waley，第 98~100 页。）林则徐还认为广州固若金汤。有关这些观点，参见《鸦片战争》（6：22，24）中梁廷枏对林则徐策略的评论。后面的引文还指出，当时（例如 1840 年）林则徐尚未意识到英国的战争金融体系。然而，Waley（第 72 页）指出，林则徐对中英船只第一次海上冲突的奏折对清廷的表现充满难以置信的热情——事实表明林则徐并不认为他能轻易说服皇帝同意他本人推崇的被动防御策略。

21. 有关林则徐在珠江口修建的防御工事，参见《林则徐集·日记》，第 359 页（道光十九年九月二十九日和十月九日）；《云左山房诗钞》，5：15-16。亦参见宗绩辰：《躬耻斋文钞》，7：13b。宗绩辰是林则徐的支持者，也是春禊派士人，他事后评论道，林则徐最初的防御计划并不包括任何在广州或者其他地区积极反击英国军队的内容。直到 1840 年秋，林则徐并未明确地提醒朝廷，攻势真有可能沿着海岸北上。（对比《筹办夷务始末》，道光朝，10：5——林则徐第一次贬损地提及英国重要海军攻势的可能性；11：23b-25a［1840 年 8 月 3 日］——第一次向朝廷承认中部沿海地区或者京畿可能会受到攻击。）亦参见《鸦片战争》，3：363-364，此处证实林则徐的警示直到同年 8 月 1 日——在英国海军占据舟山群岛的定海将近三周后——才抵达浙江。替林则徐说句公道话，1840 年秋冬，林则徐认识到有必要采取更积极的军事反应，尽管这种认识有些滞后，于是他购买了约 200 口径的外国大炮和带有 34 挺枪的船（"切萨皮克"号）。参见 Gideon Chen, *Lin Tse-hsu*, pp. 2-6, 11-23；魏源：《增广海国图志》，80：2b-3a。

22. 有关英军的规模，参见 Jack Beeching, pp. 112-113。所有军事行动的日期（除非另外注明）基于郭廷以编《近代中国史事日志》。有关为时过晚地命令琦善备防，参见《大清宣宗成皇帝实录》，336：7a-8b；《筹办夷务始末》，道光朝，12：7a。有关奥脱洛尼的记录，参见 John Ouchterlony, *The Chinese War*, p. 57。

23. 有关琦善谈判及他弹劾林则徐的背景的出色研究，参见夏鼐：《鸦片战争中的天津谈判》。从他后来（寄自广州）弹劾林则徐的奏折可以窥见1840年8月天津危机期间琦善呈递给道光皇帝的奏折的种种蛛丝马迹。（参见《鸦片战争》，4：73-5。）

24. 有关林则徐的上疏和皇帝的反应，参见《筹办夷务始末》，道光朝，14：40b-44b。

25. 有关林则徐的上疏，参见《筹办夷务始末》，道光朝，16：17b-22a；Waley，pp. 118-121。（Waley认为奏折是9月24日呈上的。）关于10月11日（道光二十年九月六日）的奏折，参见《林则徐集·日记》，第371页。

26. 直到10月20日，林则徐方才接到革职的谕旨（参见《林则徐集·日记》，第372页，九月二十五日）。有关林则徐的革职、琦善的任命及这些变化背后的根据，参见《大清宣宗成皇帝实录》，338：29a，339：1b-2a，339：9。有关我们所引用的皇帝的评论，参见《筹办夷务始末》，道光朝，16：21a（皇帝亲手在林则徐的奏折上写下朱批）。

27. 有关致裕谦的信，参见《鸦片战争》，2：563-566。这封信被放在"家书"条目下，因为是寄给身在苏州的林则徐之子（林汝舟）。然而，这封信显然是为裕谦而写的。在这一点上，参见《鸦片战争》，第566页（编者注释）；林崇墉，第496页。笔者采用林崇墉记载的日期。

28. 有关沈维鐈的信，参见《鸦片战争》，2：570-571，此处值得注意的是，这封信的一个版本落款"雨水节日"，即一月二十七日。

29. 黄爵滋及其京中盟友在蓄意阻挠琦善试图谈判过程中所扮演的角色，可以根据两种不同的证据加以确认。一种是天津开始预备交涉之际黄爵滋及其厦门"御史"同僚公开进行反对谈判的游说。参见《筹办夷务始末》，道光朝，12：11b-14a，这里留有一份由黄爵滋及其厦门同僚呈上的1840年8月11日抵京的奏折——预料到英国人会逼近京城，力劝清廷准备收复定海，而非谈判。参见《筹办夷务始末》，道光朝，17：34b-37a，这里记载了黄爵滋、祁寯藻对谈判计划的批评，这份奏折于11月26日自杭州抵京。在此，黄爵滋和祁寯藻借用浙江巡抚刘韵珂提供的材料提出，英国人加强了定海的防御工事，因此与琦善所称的英国人表示愿意撤离该岛截然相反。在剩下的和平间歇期，（随着黄爵滋最先提出这种观点，）种种批评继续围绕敌人逗留定海的意图，力劝朝廷迅速采取军事行动阻挠敌人的图谋。第二种证据是，大部分上奏折支持采取军事行动而非进行谈判者均是江西籍的御史。他们是：万启心（参见道光二十年八月六日奏折［《筹办夷务始末》，道光朝，13：28b-32a］，九月三十日奏折［16：5a-6b］，十二月十五日奏折［18：40b-41a］），曹履泰（参见十一月二十七日奏折［16：19b-32b］，十一月十日奏折［16：43b-44a］），蔡家玕（参见十一月二十九日奏折［17：44b-45a］，十一月三十日奏折［17：45b-48b］），石景芬（参见十二月十日奏折［18：18a-21b］）。这四人均来自江西（参见苏树蕃，第411～413页）。由于江西并非战场，当地没有海港，因此这些御史仅能通过江西同僚——归根结底是通过黄爵滋，黄爵滋是江西人——获得有关定海情况的信息。

30. 有关裕谦的作用，参见《鸦片战争》，3：514-517。1841年初福建按察使曾望颜（在福州）写给黄爵滋的一封信表明，反对琦善的势力集团希望裕谦也许会被任命为"粤帅"。（参见《仙屏书屋初集·年记》，26：7b。）

31. 有关怡良与林则徐（鸦片战争爆发前他曾是一位广受赞许的江苏巡抚）此前的亲密关系，参见林则徐：《云左山房诗钞》，5：6a—7a；《鸦片战争》，6：27；林崇墉，第153页。显然，怡良因琦善对他保密与义律谈判内容而不满，这种不满平添了怡良对林则徐的同情（《鸦片战争》，4：209）。有关怡良弹劾琦善及对英国人在香港张贴的伪示的揭露，参见《筹办夷务始末》，道光朝，23：2b-4b。

32. 有关皇帝反对割让领土及将琦善革职的谕旨，参见《筹办夷务始末》，道光朝，18：17a，23：5。

33. 1841年4月15日，林则徐受命前往浙江（《大清宣宗成皇帝实录》，349：18a），不过，直到6月10日才抵达前线（郭廷以，1：108）。

34. 对抗议及其背景的叙述基于梁廷枏，参见《鸦片战争》，6：33。

35. 有关邓淳加入白云山学派及他与黄培芳的关系，参见《东莞县志》，71：1b。

36. 祁壎自1833年至1838年出任广东巡抚。有关这一点和其他细节，参见张穆撰写的祁壎传，再版于《鸦片战争》，6：389-391。有关祁壎初期信赖当地士人仪克中的建议，参见《鸦片战争》，第7、35页。不过，在一封1835年写给祁寯藻的信中，广东学政李棠阶抱怨祁壎"利害太明"，无法以林则徐的方式赢得广东士人的心（《鸦片战争》，5：527）。有关祁壎的翰林亲属，参见朱汝珍，5：30a。1841年2月10日，祁壎受命前赴广东办理粮台事务，协助靖逆将军奕山（参见下一条注释和《大清宣宗成皇帝实录》，345：8a）。2月26日，他抵达广州，4月13日被晋升为总督。

37. 有关清廷决定派奕山前往广东及调动外省兵力投入战争，参见《鸦片战争史实考》第72页魏源的叙述。有关外省军队的规模，我借用王庭兰（广东按察使）的估计，参见《鸦片战争》，4：25。这不包括地方雇用的乡勇和广东常规驻军。为了支付这场战役的费用，朝廷最初命令从其他省份拨给广东200万两银子（《筹办夷务始末》，道光朝，21：26b）。

38. 有关奕山的任命及他之前的经历，参见《大清宣宗成皇帝实录》，344：16；ECCP，第391页。有意思的是，唯一一位即将一同被派往广东的汉族将军（杨芳，1770—1846）还是新近平定新疆的英雄。参见ECCP，第885页。

39. 有关围攻广州的背景及情势的发展，笔者采用Peter Fay的说法（pp. 278-302）。

40. 有关1840年梁廷枏被选任为越华书院监院，参见刘伯骥，第259页。在祁𡎴赴任之前，梁廷枏是林则徐的军事顾问（参见《鸦片战争》，6：9, 19）。有关余廷槐，参见《新宁县志》，5：18b。关于祁𡎴任用这三位顾问的内容，参见《鸦片战争》，4：599，6：35。还需要注意的是，1841年春，祁𡎴为广州城各书院的学生们举办了特科，以此标志其任期的开始，学海堂的学生除外。

41. 有关李可琼的军队（由其他两位佛山士绅吴荣光、吴锡光联合统领），参见《鸦片战争》，6：35；《筹办夷务始末》，道光朝，331：7a。

42. 有关林福祥的水勇的来源及其与祁𡎴、黄培芳的联系，参见《鸦片战争》，4：599。林福祥的《平海心筹》（1843）被收录于《鸦片战争》，5：588-605，尽管其作者名字有误。林福祥（1814—1862）是香山生员，年少时曾在澳门待过一段时间。参见Wakeman, *Strangers at the Gate*, pp. 39-40。

43. 例如泥城，守护珠江的战略要地，邻近增浦。参见林福祥，见《鸦片战争》，4：599。

44. 有关奕山的行为，参见《鸦片战争》，6：83；有关书呆子的评论，参见4：27。

45. 有关奕山对广州人的态度，参见《史料旬刊》，第696页；《鸦片战争》，4：353；《鸦片战争史实考》，第88页。有关决定在广州附近招募"水勇"及其未至，参见《鸦片战争》，4：332-333。

46. 在璞鼎查爵士（新任英国全权代表）抵华解除了义律的指挥权后，1841年8月英军开始发动第二次北上攻势。这次有着比第一次更多的人力和船只——特别是轮船，从而有助于实现扩大战事的目标。大体而言，有25艘战舰、14艘轮船、9艘支援船（运兵船）和约10 000名步兵。参见Wakeman,"The Canton Trade," p. 203。

47. 上述内容摘自Wakeman, *Strangers*, pp. 14-21。对乡勇军事行动的心理学分析，参见上书，pp. 52-58。Wakeman在较靠后的这部分中强调，湖南军队和来自内陆的其他精锐部队的"涌入"唤起了乡民仇外情绪。

48. 有关三元里村民（据推测）真实的告示，参见《鸦片战争》，4：21-22；《鸦片战争文学集》，2：785-786。书面语断断续续地夹杂着口语，这表明这份告示作者真正的民众性。如此，英国人遭到痛斥，因为他们没有停止敌对行动，"乃尚不知感恩"。同样，用语言描述"饱德之义士"和农民面对英国人的挑战所表现出的无所畏惧，会使人想起街头争吵。"岂怕夷船坚厚？"这是他们回答义律所谓将为三元里的遭遇雪耻的警告（《鸦片战争》，4：22）。尚无关于这篇告示的确切作者的细节，不过有一些线索。《鸦片战争》编者发现两种相关材料提及，在大佛寺绅士公局的官绅开始关注这篇告示后，6月8日（四月初九）为这些据推测编写了这篇告示的团练士绅们举办了雅宴（《鸦片战争》，4：21）。在受邀者中，我们没有找到比举人级别更高的士人。而且，《鸦片战争》收录的另一篇文章（为一位身份不明的官员准备的有关广州情势发展的密报，参见《鸦片战争》，3：542）证实这次集会的举办，并确认其中一位客人是番禺县慕德里司一位叫何玉成的举人。由于慕德里司是番禺的乡野，在三元里活跃着的团练以此为基地，因此我们的结论是这篇文章的作者确实是团练的领袖们。

49. 笔者暂时将之确认为城市书院精英所写的三份告示是：

（1）《广州乡民于十三行口晓谕英夷示》，见《鸦片战争》，4：22-23；亦见《鸦片战争文学集》，2：783。

（2）《鲛泣录》，见《鸦片战争》，3：37；亦见《鸦片战争文学集》，2：779。

（3）《尽忠报国全粤义民申谕英夷告示》，见《鸦片战争》，4：18-21；

亦见《筹办夷务始末》，道光朝，31：15b-20b（梁章钜奏折，1841年8月31日抵京）。

（1）的作者可以根据告示的题目推断为广州居民，因此不可能是领导三元里乡勇的同一群人。（2）的作者是匿名的。可是，这篇告示的意图（近文末部分）是在北京或者广州之外其他地区的文人雅士中流传。至于三元里的领袖们为何希望他们的告示以这种方式流通，我们不得而知；而对于大佛寺绅士公局的士绅而言，促使北京的舆论反对正规军及其将领，这对他们非常有益。因此，笔者认为（2）同样是城市学者所为。最难归类的是（3）。不过，其文本提及建造一支（清朝）深水舰队的计划，如果英国人愚昧得继续开战，就用这支深水舰队对付他们。这并非乡村领袖们可能关心的事，因为建造船只（即使被认为是必要的）的经费将会从城市募集。不过，建造先进战舰是林则徐和（大佛寺绅士公局）水勇头目林福祥都非常热衷的主题。（《鸦片战争》，4：596。）因此，笔者强烈地怀疑（3）同样是大佛寺绅士公局的士绅们编写的，可能还是和祁墳联合编写的。

50.《鸦片战争》，4：22。

51.《鸦片战争》，3：37-38。

52.《鸦片战争》，4：20。

53.《鸦片战争文学集》，2：781。在这一点上，我们也许会注意到林福祥（乡勇的领袖）公开支持将"客兵"撵出珠江三角洲。参见《鸦片战争》，4：591。

54. 关于这首诗，参见《鸦片战争》，4：712。有关其流行程度，参见林昌彝，2：7b-8a。另一位与大佛寺绅士公局有联系的当地士人是梁信芳（1808年举人），他的三元里诗似乎也广泛流传。参见《鸦片战争文学集》，2：929-930（关于这首诗）；《国朝诗人征略》，55：22a（关于其引用）。（有关梁信芳与林则徐组织的乡勇领导层的关系，参见《林则徐集·日记》，第374页。）

55. 关于骆秉章的归乡之旅、他的观察及他将所搜集的该省歌曲和民谣带回北京，参见《鸦片战争》，4：617-619（特别是第619页）。有关骆秉章谴责驻扎在广州前线的湖南军队的劫掠，参见《筹办夷务始末》，道光朝，28：24b-25a，30：8b-9b。

56. 有关方东树的诗（引用本章注释49中提到的第三份广州告示），参见《考槃集》，5：3b。从次序来看，作这首诗的日期似乎早于道光二十一年九月。作者谈到告示警告如果英人制造更多暴行，狂风和闪电将以死亡惩罚他们，据此可以推断出作者引用上述城里告示。这种情绪出现于上述文章的中部，见《鸦片战争》，4：20。这并未出现在其他告示中。有关孙衣言的诗——同样提到期盼神灵降怒于外国人——参见《鸦片战争文学集》，1：58。除了三元里告示的这一版本，其他版本显然后来才被编写出来并传播出去。《鸦片战争》，3：173，记载了一位生活在江苏南通名为刘长华的士人看到一套印出来的"广东人"的告示。他对内容的描述似乎表明我们引用的告示并未包括在内。显然，他看到的是钱江和何大庚于1842年底搜集出版的。(参见《鸦片战争文学集》，2：781-784，特别是第784页，这里记载了小字版印刷传递各省。)钱江和何大庚关于三元里告示的文本和背景出现于《鸦片战争》，3：353及以后，4：23。

57. 关于1841年秋华中之战的爆发及清廷的反攻（将12 000名外省精锐部队调到浙江），参见 Waley, pp.158及以后。关于闽浙总督颜伯焘反对这些军事调动的内容，参见《筹办夷务始末》，道光朝，30：15及以后。(道光二十一年六月十三日的奏折)，特别是30：18a。1841年年中梁章钜（从广西）被调到苏州—上海前线，奉命署理两江总督，办理浙江粮台。在1841年秋梁章钜和他的一位幕僚朱鉴往来的一系列诗歌中，他直率地表达出在上海任职期间时常对（在扬威将军奕经统领下的）外省常规军感到反感。(参见黄安涛：《息耕草堂诗集》，16：11b-12a。)浙江巡抚刘韵珂对外省军队的问题感到有些更加矛盾。1841年至1842年的初冬，在英国人开始取得胜利后，事实上刘韵珂强烈要求朝廷调集更多这样的军队到浙江（《筹办夷务始末》，道光朝，37：20及以后）。然而，一旦奕经的军队开始在浙江横冲直撞，他很快改变了论调，转为反对这个主意。清廷在浙江抗击失败后的数周时间内（1841年2月至3月），刘韵珂甚至不同意奕经的撤退部队进入省会杭州（《筹办夷务始末》，道光朝，3：200）。大约与此同时，他还力劝皇帝下令将奕经的所有剩余人马撤出浙江。(参见《筹办夷务始末》，道光朝，44：27及以后，特别是44：29。)

58. 《鸦片战争》，4：25-29。

59. 有关王庭兰呈给颜伯焘的函，参见《筹办夷务始末》，道光朝，30：15b；提及此函的有关颜伯焘的奏折，参见30：15a-19b；有关梁章钜的回复（以及所附告示），参见 31：13b-15b，15b-19b。

60. 有关祁墳的奏请，参见《筹办夷务始末》，道光朝，32：15a-17a（奏折于道光二十一年八月七日、1841年9月21日抵京）。

61. 有关奏请向南方派遣更多军队的内容，参见《筹办夷务始末》，道光朝，35：30b-33a，特别是35：32（海龄的奏折）。

62. 有关拒绝奏请从东北调更多军队南下的内容，参见《筹办夷务始末》，道光朝，35：33a。皇帝的理由是，军队需要用以防御奉天和山海关！道光二十一年七月十九日，皇帝同意再次从内地调集一支6 000人的精锐部队到天津，这进一步表明皇帝越来越想在天津和东北南部集结剩余部队。（参见《筹办夷务始末》，道光朝，35：33b-35a；需要注意的是，计划书后还附有有待筹集一支6 000人的精锐部队的南方及内陆各省的名录。亦参见《大清宣宗成皇帝实录》，357：29，这里记载道光二十一年七月九日谕旨，将一些前往浙江的北方军队改为调到天津。）有关11月5日谕旨，参见《大清宣宗成皇帝实录》，358：12a-15a。

63. 有关广州乡勇的规模，参见《筹办夷务始末》，道光朝，32：16a；《大清宣宗成皇帝实录》，384：23b。这两则资料估测，"军队"约有36 000人。魏源（《鸦片战争史实考》，第93页）也采用了这一数据。驻扎在广东的绿营兵的定额是68 263人（参见《筹办夷务始末》，道光朝，33：35b）；不过，这个数字无疑远多于通常情况下的实际数量。

64. 《鸦片战争史实考》，第87~88页。要撤到该城东北一个叫小金山的地方。

65. Wakeman 强调了1841年5月清廷的失败导致三角洲大量走私者、骗子和其他"土匪"猖獗（*Strangers*, p.62）。大佛寺绅士公局的水勇头目林福祥在写于1843年有关地方防御的文章中也明确指出这一点；参见《鸦片战争》，4：589。很难准确说出这种情况到底有多糟糕。不过，官员们肯定认为这个问题特别严重，以之作为扩充义勇的正当理由。根据梁廷枬的观点，匪患源自遣散部队围城时召募的兵勇；如果没有工作，他们便转向犯罪（《鸦片战争》，6：46）。

66. 有关疍家壮汉和敲诈者如何被纳入沙坦的防卫组织的精彩讨论，参见 Sasaki Masaya, "Juntoku-ken kyōshin to Tōkai jūrokusa," pp.186-210。

67. 有关对英国人进攻的恐惧，参见《筹办夷务始末》，道光朝，40：

27a（道光二十一年十一月二十一日奕山的奏折）。根据一则史料，恰在英军撤退后不久，用石头填塞珠江主道以此阻碍英国舰船的行为始于1941年五月，这完全由统领乡勇的乡绅们资助和管理。（参见《鸦片战争》，3：20；亦参见《筹办夷务始末》，道光朝，29：40a。）《鸦片战争》，4：264-265，这里记载了一些有关费用的不太完整的信息，投放石头的四个地区中仅一个地区就花费了10 000两白银。

68.《鸦片战争》，4：338（引用1872年南海县档册），这里特别记载了1841年七月（为了应对英国人声称的战争威胁），广州绅士公局的士绅们开始为组建"20 000人或30 000人"的乡勇筹集资金。在一份于道光二十一年八月七日抵京的奏折中，奕山和祁𡎴已经禀呈皇帝，义勇不足以应对即将到来的流动防御战，他们需要一支专业化的军队。（《筹办夷务始末》，道光朝，32：16b。）

69. Sasaki Masaya, "Juntoku-ken," pp. 186-210.

70.《筹办夷务始末》，道光朝，32：16b。

71.《筹办夷务始末》，道光朝，40：25b-30a（特别是40：29）。这里祁𡎴清楚区分了地方乡绅筹集的50 000名乡勇和广州军事机构直接招募的30 000名壮勇之间的区别。

72. 有关最初的许可证计划的最佳来源是梁廷枬（《鸦片战争》，6：45-6）。他的叙述中穿插着对开始筹划的描述，根据顺序判断，该体制于1841年秋开始运行。证实这一点的是《大清宣宗成皇帝实录》，379：24b-25b（道光二十二年八月二十二日），这里记载了道光二十一年十月在顺德县垦区劳作的疍家和一队被描述为"省城乡勇"之间发生的战斗。当乡勇试图向劳作者征收保护费时，冲突爆发了，这里的劳作者指的是从事开垦或者耕作的佃户或者擅自占用者。

73. 有关虎门外的围垦计划（呈递于道光二十三年七月十三日）的第一份也是唯一一份全面的记载保存于《筹办夷务始末》，道光朝，67：33b-39a。其他有关该计划的由来的信息见《雪桥诗话》，♯4，6：39；《番禺县续志》，26：15b-16a；《鸦片战争》，6：390。两位学海堂的士人曾钊和樊封似乎是想出这个主意的人。根据梁廷枬的观察，即170 000亩（大约30 000英亩）最终归绅士公局管辖，可以大致估算出新机构所管控的沙坦的规模（《鸦片战争》，6：45-46），占广东省所有征税沙坦总额的约三分之一（参见

《中复堂全集·东溟文后集》，12：9，据估计19世纪20年代广东省所有征税沙坦总额为530 000亩）。

74. 例如，皇帝对1841年9月21日（道光二十一年八月七日）祁𡒃和奕山奏折的反应，参见《大清宣宗成皇帝实录》，355：20a-21a。这里，皇帝根据祁𡒃告诉他的情况得出结论，即广州的防御部队能够加入针对英国人的总攻。

75. 有关浙江开始反攻的情况，参见《鸦片战争史实考》，第117页及以后；亦参见Waley，第158页及以后。

76. 例如，参见《大清宣宗成皇帝实录》中的谕令，354：9a-10a（道光二十一年八月四日）。

77. 《筹办夷务始末》，道光朝，37：8a-10a；45：25及以后，特别是26a。

78. 有关耆英受命前往杭州（然而，事实上试探谈判的可能性——尽管这并未公之于众），参见《大清宣宗成皇帝实录》，368：5b。然而，以战败的（前）将军伊里布随他前往（《大清宣宗成皇帝实录》）的谕旨表明任命的意图并非是发动战争。

79. 《鸦片战争》，4：262。

第五章　有关战争的争论

1. 有关姚莹的《康𨊻纪行》（1846），参见本章注释64。有关魏源的《海国图志》（1844），参见 John K. Fairbank, *Trade and Diplomacy*, pp. 178-183；Suzanne W. Barnett, "Wei Yuan and the Westerners: Notes on the Sources of the *Hai-kuo t'u-chih*"；Jane Kate Leonard, "Wei Yuan and Images of the Nan-yang;"以及本章注释40。目前任一家图书馆的出版物藏品里都没有黄爵滋的《海防图表》，该书以手稿的形式流传，从未被公开出版。有关其编纂的细节，参见《仙屏书屋初集·年记》，26：5b-6b。《鸦片战争文学集》，2：926，这里记载了1841年底黄爵滋将一份书稿寄给浙江前线的藏纡青。有关徐继畬的《瀛环志略》（首次出版于1848年）的权威性研究是 Fred W. Drake, *China Charts the World: Hsu Chi-yü and his Geography of 1848*。有关魏源的《道光洋艘征抚记》（内容见《鸦片战争史实考》）和黄恩

彤的《抚远纪略》的写作背景及写作日期，参见《鸦片战争》，6：505-506（有关魏源），5：409及以后，6：513-514（有关黄恩彤）。对1840年至1860年"海防"和西方地理学的著作的有益考察，参见 Hao Yen-p'ing and Wang Erh-min, "Changing Chinese Views of Western Relations, 1840—1895," pp. 145-153。

2. 《鸦片战争》，4：531。

3. Masataka Banno, *China and the West, 1858—1861: The Origins of the Tsungli Yamen*, p. 7.

4. 参见本书第四章。

5. 《鸦片战争》，2：570。

6. 据梁廷枏所述，林则徐通过一个名叫周彦才的人的密报获知英国会从印度派遣一支大规模海军舰队，周彦才曾是一名中国商人，还当过雇佣兵，久居安南，与外商素有联系。1840年初春，周彦才将这一消息告诉梁廷枏，梁廷枏又将之转告给林则徐（《鸦片战争》，6：22）。林则徐将之仅仅作为传闻汇报给京城。（参见《筹办夷务始末》，道光朝，10：5a。）此后，梁廷枏进一步证实（《鸦片战争》，6：24），林则徐希望广州禁运会使英国人失去他们需要供给军队的贸易利润和物资补给，林则徐并没想到敌人能够以"国款"支付军费。将这两件事实放到一起，我们会得出这样的结论，即林则徐相信他此时无须急切地向北方发出警示。有关1839年英国进攻计划的缘起，即所谓的渣甸计划，参见 Fay, p. 215; and Beeching, p. 111。

7. 夏燮：《中西纪事》，5：13a。

8. 同上，5：13a-b。

9. 王锡振：《龙壁山房文集》（1881），2：2b。

10. 朱琦：《怡志堂诗初编》，4：4a。有关林则徐、琦善的这一故事版本如何巧妙地留存于文人圈子的口口相传的例子，参见葛士濬编：《皇朝经世文续编》，101：6a，这里引用了19世纪70年代初南城中级官员殷兆镛（1806—1883）呈递的一份奏折。

11. 吴嘉宾：《求自得之室文钞》，4：17b-18b。有关1842年底或者1843年初的某个时候这份文件作为奏折呈递的依据，参见《大清宣宗成皇帝实录》，390：3a。

12. 姚莹是1838年支持以死刑管控鸦片走私的一批地方官员之一。而且，他与黄爵滋在这一主题上的通信表明，他不仅非常清楚这个计划并不受欢迎，而且知道林则徐将会支持这个计划。参见《仙屏书屋初集·年记》，24：9a-10a。

13. 有关这一内容，参见（除了本书第二章）《中复堂全集·东溟文后集》，8：1a-2a（1843年致方东树的信）。姚莹经常与方东树通信，方东树在写于1842年年中有关战争政策的文章中甚至更加有力地论述这种对榜样和"疾言"的力量的信奉，参见《鸦片战争》，5：591，594。

14. 《筹办夷务始末》，道光朝，41：25a-31b（端华、穆清阿和徐有壬的奏折，道光二十一年十二月九日抵京）。下面的叙述中提到的所有战斗日期，脚注中提到的资料中没有提到的，都引自郭廷以，第1页。

15. 《筹办夷务始末》，道光朝，38：1a-8a（姚莹和达洪阿的奏折，道光二十一年十月十一日抵京）。

16. 同上，47：10b-13b（姚莹和达洪阿的奏折，道光二十二年四月五日抵京）。

17. W. D. Bernard, *Narrative of the Voyages and Services of the 'Nemesis,'* p. 301.

18. 《筹办夷务始末》，道光朝，63：42a（道光二十二年十一月二十一日怡良的奏折）。

19. 同上，41：19b-20a，31b-32a。

20. 同上，38：b-9a（道光二十一年十月十一日谕旨）。

21. 《中复堂全集·年谱》，第186页。

22. 夏燮：《中西纪事》，10：4a。

23. 有关璞鼎查的控告及耆英的反应，笔者采纳夏燮的叙述，10：4a；《鸦片战争》中梁廷枏的叙述，6：80-81；《鸦片战争史实考》中魏源的叙述，第156页及以后。然而，所有这些资料都对耆英存有严重的偏见。耆英对这件事的最终汇报（《筹办夷务始末》，道光朝，64：18a-19a）有助于稍微调整一下平衡，正如Bernard的叙述一样（pp.291-301）。

24. 《大清宣宗成皇帝实录》，386：16a。

25. 《鸦片战争》，6：396（吴嘉宾为姚莹所做的传记）。

26. 有关姚莹的自我辩护，参见他于1843年年中写给刘鸿翱和方东树的信，见《中复堂全集·东溟文后集》，7：14a-17b，8：1a-2a。

27. 同上，7：15。

28. 同上，1：1a。

29. 同上，8：1a。1841年底，方东树（在安徽）赋诗向姚莹致敬，这表明由于姚莹为台湾设防所做出的不懈努力——据说足以抵挡英国人的进攻，甚至在"安音"号和"纽尔布达"号事件发生之前，他已在文人圈中被视为英雄人物。参见《考槃集》，5：3b-4a。亦参见《鸦片战争文学集》，2：926，这里记录了1841年底黄爵滋写给臧纡青（当时身处浙江前线）的一首诗，在这首诗中，姚莹被描绘为赢得胜利的宝岛卫士。

30. 《中复堂全集·东溟文后集》，8：1b。

31. 《鸦片战争》，6：596。

32. 夏燮：《中西纪事》，10：8a。

33. 同上，10：4a。

34. 鲁一同，4：34b。

35. 有关文人对姚莹事件看法的其他表达方式（都赞同这里所描述的观点），例如参见邵懿辰：《半岩庐遗集》，第62a页；吴嘉宾，10：1b-2a；汪喜孙，(1881)，2：2及以后。

36. 姚永朴，4：20b。

37. 冯桂芬：《显志堂集》，12：5。有关姚莹被释放后的活动的更多记载，亦参见林昌彝，2：4a；朱琦：《怡志堂诗初编》，4：10a-11b。

38. 有关魏源和姚莹（以及其他评论战争的文人）颇受16世纪论述军事组织和战略的作者们的启发，参见《鸦片战争》，5：434。这里，耆英在广州的外交助手黄恩彤强烈地批评了倚重这些文献的行为。（有关魏源的辩驳，亦参见同上，5：556。）有关频繁提及郑若曾的著作（《筹海图编》），参见本书第四章注释20。有关戚继光抗击倭寇的战略，参见 Philip A. Kuhn, *Rebellion and its Enemies in Late Imperial China*, pp. 124-126; and Ray Huang, *1587: A Year of No Significance*, pp. 163-174。

39. 在描述魏源的海防思想时，笔者不同意费正清和其他一些学者的观点（诸如中国学者齐思和），他们将魏源视为将在自强时期（约1865年至1895年）蓬勃发展的现实主义外交策略的始祖。特别是参见 Fairbank, *Trade and Diplomacy*, pp.179-182。费正清的分析主要依托于魏源和自强论者提倡采用西式军备的相似性。不过，笔者个人的理解强调魏源决心要表明反对缔约的主战外交的可行性。这一点——对魏源而言是核心,因为他的代表作《海国图志》勉强算作主战派的作品——在后一派的思想中根本不存在。出于这一原因,笔者的论述几乎完全关注于魏源著作的那些方面,那些方面表明魏源毫不妥协。

40. 魏源的《海国图志》的初版日期仍然是个谜。王家俭:《魏源年谱》,第 82 页(引用未经确认的前言),表明该书完成于道光二十二年十二月十三日(约 1843 年 1 月)。不过,ECCP 记载的初版(50 卷)日期是 1844 年。朱琦于 1844 年底所作的一首诗提到该手稿,这可能证实了后面的这个日期。朱琦是顾祠会祭的领袖人物,是北京官僚机构中的一名御史,魏源曾经请求他将手稿的一部分上奏给皇帝。可是,根据朱琦自己的说法,他拒绝了,并指出这本书无论如何都将要被印刷出来。(参见朱琦:《怡志堂诗初编》,4:13b-14a。)有关魏源和朱琦计划将该书一起呈奏给皇帝的进一步证据,参见林昌彝,24:13b-14a,这里保存了一份 1843 年完成的清朝军事成就的诗史。最后一节显然摘自《海国图志》的四篇开篇文章。根据这两点证据判断,魏源著作的开篇似乎被写成主战派立场的某种宣言,并将在出版之前呈奏给皇帝。因此,只有政治考虑使之无法直接上达天听后,这本书连同佐证材料才真正地出版。1847 年,该书加以扩充,并以 60 卷的形式再次出版,可能以此作为对姚莹此前一年出版《康輶纪行》的回应(参见王家俭:《魏源年谱》,第 118 页)。关于《道光洋艘征抚记》的出版背景,参见齐思和(?)的信息量大的评论,《鸦片战争》,6:505—506。根据后者的叙述,《道光洋艘征抚记》最初作为《圣武记》的最后一章,而《圣武记》是魏源于 1842 年出版的著作,1844 年和 1846 年再版。姚薇元(《鸦片战争史实考》,"序言")声称,它最先被囊括进 1844 年的版本中。可是,《鸦片战争》(6:506)认为,它最先被载入 1875 年的版本中。不管怎样,显然,对官方消极反应的担忧与魏源推迟出版有着很大的关系。

41. 对比《海国图志》的开篇《筹海篇》(见《鸦片战争》,5:555—556)和黄恩彤的《抚远纪略》中"剿夷"的文章(同上,5:434—435),我们可能会发现魏源在写富有批判性的《筹海篇》之前,读过黄恩彤批评主张继续作战者的文章。在这部分,魏源明确谈及黄恩彤批评主战派没能觉察中国海军无可挽回的不利境地,以及太过依赖往昔"稗史"作为行动指南。黄恩彤(1846?)的《抚远纪略》(第 434 页)还包括一篇后序,抱怨主战派妄图利用法国人和美国人的反英情绪以及广州人的排外情绪，作为对抗敌人的额外军事力量源泉，大肆指责广州人"彪悍轻浮，难与争锋，亦难与持久"。魏源对三元里乡勇的维护似乎亦是回应黄恩彤的这一观点。

42. 有关黄恩彤在南京谈判中担任助手及 1842 年底在耆英的授意下调赴广东的内容，参见 Fairbank, *Trade and Diplomacy*, pp. 106, 187。

43.《鸦片战争》，5：442。

44. 有关钱江——收服乡勇过程中最引人注目的牺牲者——参见《鸦片战争》，4：34-37；Wakeman, *Strangers*, pp. 68-70。钱江是一名来自浙江的投机商人，他和大佛寺绅士公局的领袖的关系从来都不算好。他在广州参与煽动了一场不成功的反对当局（包括黄恩彤）的示威和告示风波后，遭到逮捕和流放。（参见《鸦片战争》，6：83-84。）

45.《鸦片战争》，5：434。

46. 姚薇元：《鸦片战争史实考》，第 90 页。在三元里附近的僵局中，郭富将军的副军需官比彻少校死于中暑虚脱（Fay, p. 300）。戈登·布雷默爵士（Sir Gordon Bremer）是 1840 年从印度派来的第一海军中队的指挥官（同上，第 213 页）。这里笔者采用姚薇元在《鸦片战争史实考》中对魏源文本错误的详尽研究。

47. 姚薇元：《鸦片战争史实考》，第 92 页；有关整个故事，参见第 90~99 页。

48. 姚薇元：《鸦片战争史实考》，第 93 页。这里魏源所引用的告示显然是第四章注释 49 中已经讨论过的（城市士人的）第三份告示（关于原文，见《鸦片战争》，4：18-19）。我们不得不认为，对一位有着严肃的历史学家名声的士人而言，魏源极其草率地支持他的信息来源。如果他如此对待与在中国本土发生的事件有关的证据，那么我们倾向于怀疑他检视关于英国和其他列强的材料时是否更可能带有类似客观性的东西，从他的研究中学习任何东西都需要这种客观性。

49. 姚薇元：《鸦片战争史实考》，第 164 页。

50. 同上。

51.《海国图志》的海防文章（例如前四篇）被再版于《鸦片战争》，5：545-582。魏源对广东和浙江乡勇的称赞，参见该书第 547、557、559~562 页。"浪战"一词出现于姚薇元的《鸦片战争史实考》，第 164 页，尤其是作为对奕山的批评。不过，有关批评裕谦决定争夺舟山群岛的内容，亦参见《鸦片战争》，5：547。有关魏源在浙江东部暂时入裕谦幕府（1841年初）的内容，参见王家俭：《魏源年谱》，第75～76页。

52. 与包世臣的调换（参见《安吴四种》，35：12a-14b；魏源：《魏源集》，2：510）表明，魏源已经就在长江流域各口岸边战边退的可行性向裕谦提出建议。然而，裕谦似乎非常固执地认为，长流下游是清朝防御体系中需要采取进攻策略的地方。参见裕谦，第842页。（关于对奕山的批评，参见姚薇元：《鸦片战争史实考》，第164页。）

53. 《鸦片战争》，5：559。

54. 同上。

55. 有关消耗战策略，参见《鸦片战争》，5：575（"义战"一文的结尾）。有意思的是，魏源在另一点上探讨了相同的看法，其主要的历史模型并非倭寇的溃败，而是俄国击败拿破仑和其他侵略军（第558页）。事实上，在这篇文章的开篇（第552页），魏源甚至认为，如果采取纵深防守策略，英国人会比倭寇更加脆弱，因为他们的军事技术与16世纪的海盗相比更善于海战（可能在陆地上不太管用）。

56. 《鸦片战争》，5：596-571，573-574。有关彼得大帝试图学习西洋船厂、火器局工艺（第571页），魏源提出南怀仁（Ferdinand Verbiest 的中国名字，1623—1688；魏源实际上指的是蒋友仁［Michel Benoist］，1715—1774）的前例，魏源认为他在水利工程学方面教过乾隆皇帝。（关于蒋友仁，参见 Harold Kahn, *Monarchy in the Emperor's Eyes*：*Image and Reality in the Ch'ien-lung Reign*, pp. 124-125.）还需要注意的是，1842年姚莹研究过南怀仁的地图。（《中复堂全集·东溟文后集》，7：14a。）这也许是魏源弄混淆的原因。

57. 《鸦片战争》，5：575及以后。

58. 有关魏源认为清朝的军事策略可以利用反对殖民主义的起义，参见《鸦片战争》，5：565。这里魏源认为，如果第二次中英战争爆发，清朝应该联合尼泊尔和俄国盟军进攻英属印度。有关姚莹的书的日期，参见王家俭：《魏源年谱》，第113～114页。

59. Bernard, pp. 291-292.

60. 有关审问的情况，参见 Bernard, pp. 296, 298；《中复堂全集·东溟文后集》，7：14a，姚莹在此明确指出（在一封于1842年写给方东树的信中），他对英国在印度的弱点的估量，基于审问德纳姆和其他战俘时所了解到的内容。根据《康輶纪行》（3：4b，5：1a），从对德纳姆的审问中搜集到英国在印度的弱点的细节被呈奏给皇帝，而后北京索要印度边界英俄关系情况的信息。

61. 有关姚莹与怡良的联系，参见《中复堂全集·东溟文后集》，7：7b-8b。姚莹收集的文档中有这封信的副本，日期是1842年7月1日（五月二十三日）。根据姚莹的叙述，5天后（7月6日或者五月二十八日）姚莹以急奏的形式向北京送出与尼泊尔联合以延长战争的类似建议，但是在向大陆航运的途中被截获。有关廓尔喀人在与"孟加拉人"（指的是为英国人服务的印度土著）作战过程中请求清朝援助的内容，参见《筹办夷务始末》，道光朝，17：12a-14b（道光二十年十一月初七奏折，清廷驻藏大臣孟保）；关于姚薇元的阐释，参见姚薇元：《鸦片战争史实考》（第158页）。有关孟保随后的密报（道光二十一年一月二十六日抵京），密报指出廓尔喀人的敌人——"孟加拉人"——实际上也许是英国人，亦参见《筹办夷务始末》，道光朝，22：27b-28b。

62. 对文人再一次出谋献策的回应能够证明这一点，这次献策同样基于对印度所发生的事件的误读（正如澳门的出版物中记载的那样）。当时澳门流传谣言，即中国的战争消耗了印度的卫戍部队，从而导致英国人在孟加拉遭遇困境，这显然促使广东籍的监察御史苏廷魁于1842年5月22日（四月十三日）向皇帝奏报，"孟加拉人"已经开始反抗英国人，英国舰船不久将撤出中国战争去镇压起义。在此基础上，他坚持认为，清朝应该拒绝谈判。然而，当这件事被提交给广州的奕山时，奕山否认英国海军在广东沿海的活动有任何减少的迹象，这件事便到此为止了。参见《筹办夷务始末》，道光朝，47：40b-42a（有关苏廷魁的奏折）；50：39b-40a，51：1a-4a（有关奕山的奏折）。《大清宣宗成皇帝实录》，372：36b-37a，373：1a-2a（有关皇帝的反应）。

63. 姚莹在四川和西藏任职期间与友人关于英国在南亚的统治权的弱点问题的通信往来，参见《中复堂全集·东溟文后集》，8：16a-17b，19b-20b，22b-23a（致梅曾亮、于琨和林则徐的信）。根据这些资料，姚莹这部著作的最后推动力似乎是英国再次施压想要打开西藏大门以便从印度进行直接贸易（1846年）。这种要求引起尼泊尔人的强烈不满，因为这威胁他们自己对跨越喜马拉雅的运输贸易的控制。(See Fletcher, p. 404；《大清宣宗成皇帝实录》，437：32。）根据姚莹的观点，这是促使廓尔喀人反对英国人的另一次机会。显而易见的是，姚莹的许多有关英国在印度的军事地位不稳的想法源自魏源早先出版的《海国图志》，这本书从澳门报纸中摘引了一些关于英俄在阿富汗关系紧张的报告。有关魏源观点的影响，参见《康輶纪行》，3：4b-5a；有关澳门报纸，参见《鸦片战争》，2：492-494。

64. 姚莹反复指出，他对英帝国主义扩张史的了解得益于魏源的60卷的《海国图志》（最终出版于1847年）。参见《康輶纪行》，作者序，1a，5：1a，8：3b，12：2b。有关英国政府及国内制度的少量信息源自魏源使用的同一种资料，即 Hugh Murray 的 *Encyclopedia of Geography*（London, 1832），这是新教徒写的半宗教性著作，1840年在林则徐的支持下被翻译成中文，书名是《四洲志》。参见《康輶纪行》，12：6a-8b，特别是8a-b。陈述外界的信息时所带有的中国中心论充分体现了姚莹著作中所隐含的那种顽固的偏狭。姚莹所探讨的第一个显然位于清帝国边界之外的国家是印度（3：2b-7a）。接着是俄国（5：1b-2a），俄国与印度、克什米尔——在这里也许可以利用俄国的影响威胁英国人——是放在一起的。在姚莹著作的四分之三篇幅后，我们才会第一次看到对欧洲的详细介绍（9：5，10：2b-3a）。姚莹对英国地理和制度的探讨放在全书十二章的最后一章（12：6及以后）。

65. 有关陈澧的批评，参见王家俭：《魏源对西方的认识及海防思想》，第151～153页，这里引用《东书集》（1892），2：25-26。陈澧批评魏源没能意识到，廓尔喀人请求联合对付"孟加拉人"，因为他们认为清廷已经在中国沿海地区打败了这些人。有关魏源对《海国图志》的补充，参见《海国图志》，13：4b-11b，16b-56b。后面（特别是42a-56b）以相当长的篇幅详细阐述利用廓尔喀人和俄国军队进攻英国在印度的守备部队的可行性。尽管这里没有特别提及姚莹的《康輶纪行》，但在1847年出版的修订本中经常引用这本书，我们可以据此推断该书的影响。（参见王家俭：《魏源对西方的认识及海防思想》，第50页。）有关姚莹影响了林则徐对亚洲内陆和南亚局势的理解，参见《中复堂全集·东溟文后集》，8：17b（1847年的信）。

第六章　顾祠会祭

1. 费正清颇有说服力地探究了促使穆彰阿地位提高及军事考虑（特别是担心英国的征服）产生影响的那些事件，参见 Fairbank, *Trade and Diplomacy*, pp. 84-86。对费正清的分析，需要特别指出的是，穆彰阿本人不久会暂时奉旨商办外交事宜，1842年春他受命驰往天津负责备防，当时普遍认为天津将会是下一个受到攻击的目标（《大清宣宗成皇帝实录》，367：28a）。1842年6月，他再度崛起为中央政府的领袖人物，特别被授权署理户部（《大清宣宗成皇帝实录》，373：35a）。他继续对财务计划发挥主导作用，直到1850年遭到革职。

1842年中战争结束后，除了穆彰阿，至少还有三位满蒙官吏享有道光朝调停者的尊荣，这主要是因为他们在战争期间的从军经验——以及这可能促使他们认为清朝需要更为严格的纪律——使得他们有资格受到皇帝的完全信任。他们是赛尚阿、定亲王和耆英。1841年，蒙古权贵赛尚阿（1816年中举，死于1875年）时隔四年后再次被任命为军机大臣，1841年至1842年两次被派往天津办理设防事务。（顺便说一句，他之所以受到任命，原因之一是他会说蒙古骑兵的母语，皇帝依靠这些蒙古骑兵进行最终防御；*ECCP*，第108页；《大清宣宗成皇帝实录》，373：36b。）战后，他是调查1843年户部银库亏空案的钦差大臣之一，有关这些内容我们后面还会谈及。（参见《中国近代货币史资料》，1：166；《大清宣宗成皇帝实录》，390：32b-33a。）道光朝后期，他还参与许多财政事务的处理。第五代定亲王载铨（死于1854年）在战争期间没有从军的记载，但他是道光朝末期参与北京财务计划的官员中最常被提及的人物之一。（原因也许是，他是唯一一位袭爵前在京城有过大量从政经验的皇帝宗室。）他还参与处理了户部银库亏空案及此后的其他案件（例如参见《大清宣宗成皇帝实录》，466：14）。耆英（死于1858年）是清朝宗室，1840年至1842年前已在北京数部任过职。战争期间，他受命负责东北沿海防务（*ECCP*，第131页）。在战争的最后几个月时间里，他受命前去谈判——先是去浙江，然后去南京。1843年，他从那里又赶赴广东担任钦差大臣，1844年升任两广总督（直至1848年初）。被召回北京后，他立即在几乎所有重要的财政和军队部署事务中发挥主导作用。（例如参见《大清宣宗成皇帝实录》，464：9a；《史料旬刊》，第 688～689 页。）关于潘世恩和王鼎的免职，参见《鸦片战争》，5：530（第 6 条）和 531（第 10 条）。钦差大臣一职始于 1839 年林则徐受命前往广东，兼具（此后该职位将继续有）当场与外国人谈判及指挥地方军队的权力。耆英是第一位在战后被授予这些权力的官员（Fairbank, *Trade and Diplomacy*, p. 91），1842 年年中他受命前往南京；随后不久，1842 年 10 月，另一位满人权贵伊里布被任命为广州将军、钦差大臣（当时空缺）（第 106 页）；1843 年 4 月 6 日，耆英接替去世的伊里布到广州担任钦差大臣。1842 年年中，赛尚阿似乎在天津担任钦差大臣（参见《筹办夷务始末》，道光朝，51：26a，52：6a），他接替穆彰阿。不过，天津的钦差大臣一职并未延续到战争结束。

2. 关于阮元与何绍基、张穆的关系，参见何绍基：《东洲草堂文钞》，1：39，115；张穆：《斋文集》，3：1a。阮元答应为顾祠会祭的第一次雅集献词表明了他对顾祠会祭的支持（杨钟义：《雪桥诗话》，♯1，12：6a）。顾祠会祭花名册记载了其子的会员身份（参见《顾先生祠会祭题名第一卷子》），1887 年这本花名册最先完完整整地出版于苏州。所有有关顾祠会祭成员的叙述均以这本书为基础。

3. 例如，来自两位早期的英国代表（戴维斯和博纳姆）有趣的引述，参见 H. B. Morse, *The International Relations of the Chinese Empire*, 1：279。亦参见 Fairbank, *Trade and Diplomacy*, pp. 84, 197。

4. 《鸦片战争》，5：530（第 9 条）。

5. 有关林则徐和其他人活动的信息，以郭廷以的记载和《鸦片战争》（6：463-477）中疆臣表（表 4 和表 5）为基础。1840 年 8 月 17 日，琦善成为广东的钦差大臣，直到 1841 年 2 月 26 日遭到革职。有关伊里布（1842—1843）和耆英（1843—1848）的接任，参见 Fairbank, *Trade and Diplomacy*, pp. 106, 109。

6. 道光十九年三月初九，周天爵接替林则徐调署湖广总督；随着战争的压力与日俱增，六月初二受命前往福州担任闽浙总督。然而，在正式赴任之前，他又被莫名其妙地调回武昌。此后，转年二月十七日，他因暂留举人江开（春禊派）而遭到弹劾；十一月二十八日，他的湖广总督之职被免。（参见《大清宣宗成皇帝实录》，323：33a，331：13b-14b，341：37a。）他之所以遭遇困难，部分原因是他非常支持林则徐以死刑处治吸食鸦片者的计划。(参见《鸦片战争》,5:410。)

7. 有关周天爵受命前往广东及他在那里的作为,参见《大清宣宗成皇帝实录》,348:1a;《鸦片战争》,6:39。(翰林)安徽巡抚程矞采力荐重新任用周天爵,程矞采是战争期间除林则徐和周天爵之外第三位杰出的汉人军事领袖。(参见《筹办夷务始末》,道光朝,25:4。)有关1842年重新任用周天爵的复议及传言,参见《鸦片战争》,3:157,171。

8. 对耆英和伊里布受命前往浙江的宏观背景的敏锐分析,参见 Fairbank, *Trade and Diplomacy*, pp. 91-92。在朝廷最初开始考虑谈判时(1842年2月或者3月),耆英任盛京将军,负责东北沿海防务。3月28日,他受命南调,名义上署理杭州将军。然而,4月7日,他重新被任命为钦差大臣,两位先前因没能在浙江抵抗而备受指责的满人官员(伊里布和咸龄)复职成为其助手。不过,这项新任务最重要的一点是,它并未安排与浙江巡抚刘韵珂共同协商,也没安排与在长江下游指挥作战的奕经将军共同协商。这种安排导致耆英和刘韵珂之间的关系变得特别紧张——而具有讽刺意味的是,正是刘韵珂最先请求北京派调停者南赴浙江。(《筹办夷务始末》,道光朝,44:33a-35b,1842年3月28日奏折。)然而,耆英一抵达,便将和谈转往南京(与刘韵珂在浙江谈判的想法截然相反),刘韵珂因而强烈反对这几位钦差大臣。1842年8月20日,他竟然公开致函这几位钦差大臣,当时他们才开始与英国人进行和谈,刘韵珂强烈警告他们不要做出"危险的"让步。(《鸦片战争》,3:112-113,359-362。)这种机会主义也是刘韵珂在战争初期采取的政策的特征。(对比《筹办夷务始末》,道光朝,17:25b-29b,36:18a-19b。)一定是这种行为使刘韵珂受到怀疑,这种怀疑促使皇帝绕开他任命局外人与敌方谈判。顺便说一句,需要注意的是,耆英和刘韵珂在战后继续相互争斗——此时争的是在浙江提名低级官吏担任与外国人联系的地方大员。(See Fairbank, *Trade and Diplomacy*, pp. 188-191.)

9. 有关祁𡎴致力于广东"民众"政府的内容,参见1843年李棠阶(写给祁寯藻)的多少带些讽刺意味的报告,《鸦片战争》,5:527。有关伊里布被任命为广东钦差(1842年10月17日),参见 Fairbank, *Trade and Diplomacy*, p. 106。伊里布死于1843年3月4日。道光二十三年二月二十二日,祁𡎴的奏折抵京(《筹办夷务始末》,道光朝,65:45ff.),这份奏折表明祁𡎴自己想要成为钦差。然而,三月初七,耆英请求并拿到了钦差印(《大清宣宗成皇帝实录》，390：6b-8b）。在南京接替他的职务（钦差和总督）的是时任福州将军的璧昌，这和以前一样。

10. 鲁一同：《通甫类稿》，4：17a；林崇墉：《林则徐传》，第546页；《大清宣宗成皇帝实录》，350：10a-11a；《鸦片战争》，5：530（第8条）；杨钟义：《雪桥诗话》，♯1，11：23b-24a。有关汤金钊是阮元的门生，参见何绍基：《东洲草堂文钞》，1：39-40。

11. 有关王鼎的行为及其革职，参见 Fairbank, *Trade and Diplomacy*, p.84。有关王鼎之死的传闻著述，参见冯桂芬：《显志堂集》，7：14a；陈康祺：《郎潜纪闻》，♯1，1：17a-18b；杨钟义：《雪桥诗话》，♯2，8：2b-3a；《鸦片战争》，5：531（第10条）。

12. 有关户部银库亏空案的背景，参见《中国近代货币史资料》，1：166-167，引自欧阳昱：《见闻琐录》，5：6-7。有关调查情况，参见《大清宣宗成皇帝实录》，390：32b-34a，36b-37a；391：7，16，25a-27a。

13. 有关汤金钊先前在压下户部银库亏空案过程中所发挥的作用，参见《中国近代货币史资料》，1：166-167。有关文人抗议政府对该案件的处理的内容，参见丁晏：《颐志斋文钞》，7a-9b；《史料旬刊》，第710页。

14. 有关黄爵滋受到牵连的内容，参见《仙屏书屋初集·年记》，28：1a。有关曾望颜（福建布政使）遭到免职的内容，参见魏秀梅编：《清季职官表》，第762页。有关罗平昌在战争中的活动及支持三元里的游说，参见《史料旬刊》，第708页；《鸦片战争》，4：617-619；《筹办夷务始末》，道光朝，36：1a-3b；有关他受到牵连的内容，参见《罗公年谱》，第31页。

15. 有关苏廷魁是黄爵滋的门生，参见孔宪彝，3：23a。有关苏廷魁的奏折，参见《清史》，第4590页；《大清宣宗成皇帝实录》，390：2b-3b；大英博物馆东方写本部所藏清代邸报，邸报的日期是道光二十三年三月初九至初十。

16. 《大清宣宗成皇帝实录》，390：2b-3b。

17. 《清史》，第4590页。

18. 《鸦片战争》，5：529（第1条）。

19. 同上，5：530（第6条）。

20. Polachek, "Literati Groups," p.481, Table 3（基于《大清宣宗成皇帝实录》）。

21. 李岳瑞：《春冰室野乘》，第 62～63 页。亦参见罗椝编：《罗文恪公（惇衍）年谱》，7a。有关穆彰阿先前担任考官的清单，参见杨钟义：《雪桥诗话》，♯4，7：2b。关于穆彰阿削弱士人恩庇理想的看法，19 世纪中期的一位名叫李扬华的学者后来回想起听其兄说过，穆彰阿建立起一种以堕落的科举门生"污化"官僚机构的传统，这种传统最先由和珅开始，后由曹振镛继承！（《鸦片战争》，1：215。）在科甲精英的心中，将穆彰阿与曹振镛联系在一起，这表明让"公众"真正愤慨的是穆彰阿当权派不留余地的因循守旧，完全不赏识更"离经叛道"的学术模式。

22. 因与士人恩庇有关而处于不利地位的感觉似乎在 1835 年、1836 年、1838 年和 1840 年贡士会试中特别强烈，他们的座师（分别）包括何凌汉（阮元的挚友）、阮元本人和汤金钊。有关对此的直接评论，参见庄受祺：《枫南山馆遗集》，1：2a，这里描述了 1835 年翰林们所感受到的不安。对 1844 年至 1848 年参加顾祠会祭的贡士的统计分析也有助于确证前述三位考官的孤立无援的门生在顾祠会祭中的重要性。1835 年、1836 年和 1840 年贡士中分别有 7 位、5 位和 6 位参加顾祠会祭，而此前的贡士人数更少（基于《顾先生祠会祭题名第一卷子》）。

23. 《顾先生祠会祭题名第一卷子》，3b。根据这一资料，祭坛完工于道光二十三年十月，向顾炎武献祭的第一次雅集发生于道光二十四年二月二十五日，也就是 1844 年 4 月 12 日。（有关对顾祠竣工日期的确认，亦参见何绍基：《东洲草堂文钞》，3：917。）不过，1844 年何绍基为纪念顾祠竣工而写的诗谈到第一次雅集发生于二月十四日，也就是 4 月 1 日（参见杨钟义：《雪桥诗话》，♯1，12：5b-7b）。

24. 有关张穆和何绍基是汉学士人，参见 ECCP，第 47～48、287 页。在车持谦先前成果的基础上，张穆于 1844 年修订出版了顾炎武年谱。何绍基是一位热心的收藏家和古典文献学家。（例如参见何绍基：《东洲草堂文钞》，1：183，200。）有关祁寯藻与张穆的亲属关系，参见庄受祺，7：3b-4a。有关张穆与江苏一些显赫的书香世家的更多姻亲关系，亦参见 Polachek，"Literati Groups，" p. 466。有关这五位春禊派文人先前的成员身份，参见陈庆镛：《籀经堂类稿》，12：10b；黄爵滋：《仙屏书屋初集·年记》，14：3a，16：7a，21：15a，23：18a。并没有直接证据表明朱琦加入了春禊派，这也许是因为 1839 年后他才在北京定居，当时春禊派已经终止了其活动。不过，他以梅曾亮的古文雅集为中心形成了其在北京的社会关系，19世纪30年代梅曾亮的古文雅集是春禊派活动的中心。(参见朱琦，4：1a；梅曾亮，3：17b。)

25.《中复堂全集·东溟文后集》，11：8a-9a，14：2a。

26. 杨继盛由于直言不讳地批评权臣严嵩（1480—1568）而入狱被害。当时，严嵩以慷慨的商业特权安抚蒙古人，特别是开马市，这是他缓和明朝与蒙古之间紧张关系的政策核心（ECCP，第864页）。奇怪的是，18世纪末杨继盛在北京的故居（松筠庵）成为忠烈祠，部分原因是乾隆皇帝公开表示钦佩杨继盛。(Harold Kahn, pp.130-131；朱琦，5：3a-4a；陶澍：《陶文毅公全集》，59：6a。) 1829年，在新疆西部是否应该保有清朝驻军的争论达到白热化（参见本书第三章注释8），春禊派将这一空宅作为集会地点，抗议政府此时偏离了与反叛的浩罕进行强硬的军事对抗的政策。(徐宝善：《壶园诗钞选》，5：7b-8b。) 1847年，顾祠会祭的两位创建者之一何绍基募捐重建松筠庵，结果它显然可用于顾祠会祭雅集（何绍基：《东洲草堂文钞》，2：687）。

27.《中复堂全集·东溟文后集》，14：2b-3a。

28. 有关裕谦在镇海战时自杀，参见 ECCP，第940页。有关海龄之死，参见 Waley, p.209。需要注意的是，中国的文献资料并未给海龄一个很好的评价（例如参见《鸦片战争》，3：81），这主要是因为在1842年7月短暂的围城期间他妄杀可疑的中国内奸。而对裕谦的评价更好，也许是因为他先前在战争中协助过林则徐。例如参见鲁一同：《通甫诗存》，2：14a-15a。

29. 葛云飞是浙江山阴县（今绍兴）人，1841年10月1日在英军第二次夺取定海时牺牲。1842年6月16日，另一位绍兴人杨庆恩（地方小吏）在上海附近的吴淞炮台陷落时牺牲。1842年，前春禊派士人宗绩辰在北京的绍兴会馆附近修建正气阁，1846年落成。(参见梅曾亮，11：10b-11a；朱琦：《怡志堂文初编》，5：3；宗绩辰：《躬耻斋文钞》，11：12a。) 有意思的是，正气阁也用于纪念一些忠于明朝的绍兴名人，诸如倪元璐（1599—1644）和刘宗周（1578—1645）——这两者均在明朝覆灭后自杀殉节。然而，这两位都是进士出身和鸿儒——当19世纪40年代的抗议者们回顾1840年至1842年的战争时，这种情况只会强化他们的自觉，那时没有此等声望的人做出牺牲。

30. 为张际亮的葬礼捐资的名单，参见《中复堂全集·东溟文后集》，11：9。有意思的是，最初的六位捐资者中有三位是前春禊派士人（陈庆镛、苏廷魁和汤鹏），两位（王锡振和朱琦）是梅曾亮的门生。道光二十四年三月，张际亮的祭坛被安置于顾祠会祭（《顾先生祠会祭题名第一卷子》，3b），提供资助的似乎是张际亮的一些拔贡友人，他们曾经参加了1832年的会试，其中最著名的是徐瀚。有关杨继盛故居的重建（1847年），参见何绍基：《东洲草堂文钞》，2：687。

31. 有关姚莹对被张际亮的"自杀"所激发的北京文人运动感兴趣（并显然感到喜悦），参见他于1844年写给朱琦的信（《中复堂全集·东溟文后集》，8：5b-6a）。这里他赞赏地列出他刚刚留在京城的青年才俊（主要的）：梅曾亮、邵懿辰、汤鹏、陈庆镛、苏廷魁、何绍基、吕贤基、王锡振、龙启瑞。这些人后来都参加了顾祠会祭，这并非巧合。在同一卷中，姚莹在1847年写给朱琦的信中同样表现出他对顾祠会祭的支持——这次是为了陈庆镛，他因为请求完全赦免林则徐而失去御史之职（同上，8：17b-18b）。顾祠会祭中梅曾亮的门生包括：朱琦、邵懿辰、孔宪彝、冯志沂、王锡振、曾国藩、龙启瑞、孙鼎臣、边浴礼、何秋涛——仅举出比较出名的。参见《顾先生祠会祭题名第一卷子》，各处；朱琦，4：1a，6：7b；王锡振，1881：5：2a，1883：1：26b；孙鼎臣：《苍筤诗文集》，3：10a，12：14；孔宪彝：《韩斋文稿·诗》，2：12b，4：4a。

32. 湖南分支包括曾国藩和孙鼎臣（参见前一条注释）。梅曾亮的门生（大部分参加了顾祠会祭）中来自广西的是王锡振、朱琦、彭昱尧、龙启瑞和唐启华。（参见孙鼎臣，6：2a；王锡振，[1881] 5：2a。）关于桐城学派古文研究对广西的独特吸引力，有意思的一点是，它相对较晚地扩散到帝国的这部分地区（19世纪30年代中期）。在桂林倡导桐城学派的代表人物是吕璜（1778—1838）。吕璜是广西人，曾在杭州师从姚鼐和吴德旋（1767—1840）——当时古文研究的另一位大师。1835年左右，吕璜成为桂林秀峰书院的山长。他似乎给他的学生们留下了非常深刻的印象，其中他第一个和最杰出的学生是朱琦。吕璜通常让这些学生带着他给梅曾亮的介绍信前往北京。参见朱琦：《怡志堂文初编》，6：1a，2b；朱琦：《怡志堂诗初编》，2：13b；王锡振，（1883）4：10b。

33. 有关1840年下半年祁寯藻与黄爵滋在厦门任职期间结成的联盟，

参见《筹办夷务始末》，道光朝，12：11b-14a，17：34b-37a。在是否应该与英国人展开谈判的争论中，这两人都站在林则徐一边反对琦善。另外，陈康祺：《郎潜纪闻》，♯1，1：19b-20a，这里记载了祁寯藻与黄爵滋后来合奏的一份关于防御工事的奏折，旨在展现中国的炮台能够抵挡住英国的炮弹。黄爵滋：《仙屏书屋初集·文录》，6：9a，这里记载了祁寯藻在被任命为军机大臣之前已经成为他在北京最亲密的诗友。有关祁寯藻接受主战派文人提出的建议，参见王锡振，2：1a-11a（注意王锡振是祁寯藻的门生）；包世臣，35：22a-24a；张穆：《㐱斋文集·年谱》，21b-22b。

34. 1838年，张穆以同考官或书吏的身份陪同祁寯藻前往江苏。（张穆：《㐱斋文集·年谱》，15a-17a；《㐱斋诗集》，1：3b。）有关祁寯藻让张穆帮他阅卷的记载翔实的例子，参见张穆：《㐱斋文集·年谱》，第23页。1843年，回到北京，祁寯藻资助出版张穆编纂的注释详尽的清初士人顾炎武的传记（同上，25a）。1837年至1839年，祁寯藻在江苏担任学政期间，苗夔是另一位替祁寯藻阅卷的人。（参见曾国藩：《曾文正公文集》，4：26b；《诗》，1：3b。）接着，祁寯藻资助出版了苗夔对《说文》的众多研究著述之一。参见苗夔：《说文建首字读》，自序，1b。徐瀚是擅长考证的安徽士人，也是汤金钊的挚友。1832年至1833年，他在何绍基之父（时任浙江学政）的手下阅卷，因而成为何绍基的好友。（《㐱斋诗集》，2：19b。）第四位接着参加顾祠会祭的汉学学者是俞正燮（1775—1840），1839年祁寯藻为他谋得江苏江阴一家书院的教职。（《㐱斋诗集》，3：21；ECCP，第936~937页。）

35. 参见庄受祺，1：2a，7：3b-4a；张穆：《㐱斋文集》，祁寯藻序，第1页。

36. 有关1847年松筠庵的重建，参见何绍基：《东洲草堂文钞》，2：687；有关张际亮的新祭坛，参见《顾先生祠会祭题名第一卷子》，3b。

37. 孔宪彝、叶名沣编：《慈仁寺展禊诗》，15b-16a。孔宪彝：《韩斋文稿》，2：5b，3：23a，这里记载了1837年孔宪彝应顺天乡试考中举人，因而成为考官黄爵滋的门生。孔宪彝（同上，1：9a）也记载了叶名沣同年中举，因而也是黄爵滋的门生。

38. 有关顾祠会祭的日期，参见《顾先生祠会祭题名第一卷子》，各处。1856年春禊派的卷轴中有一首诗附加了注释，其中特别谈到当年在第一轮会试之后举办了雅集，以便鼓励来京参加会试的各省举人们参加。参见孔宪彝、叶名沣编：《慈仁寺展禊诗》，7a。

39. 有关万柳堂（或同一院落的江亭），参见刘嗣绾，43：9；黄爵滋：《仙屏书屋初集·年记》，21：12b。

40. 参见吴嵩梁：《香苏山馆全集》，8：6b；潘曾绶：《陔兰书屋集》，4：12a；Takahashi Kazumi, O shishin, introduction, p. 14。

41. 有关顾炎武与徐家特别是与徐乾学的关系，参见 Willard Peterson, "The Life of Ku Yen-wu (1613-1682), Part 2," pp. 224-226。顾炎武是徐乾学的舅父，徐乾学帮助消除了对顾炎武顽固地效忠于明朝的怀疑。不过，正如 Peterson 所指出的那样（第 225~226 页），顾炎武很讨厌他的外甥，急于与之保持距离。

42. 林昌彝，8：23b-24a。有关另一则论及顾炎武隐居于慈仁寺的说法，参见陈庆镛，10：3a。有关朱琦充满钦佩地评说顾炎武拒绝参加 1679 年科考的邀请，参见孔宪彝、叶名沣编：《慈仁寺展禊诗》，第 14 页。

43. 在为顾祠落成而作的题文中，张穆表达了他对顾炎武的看法，参见《䒱斋文集·年谱》，27b-28a。在 1843 年或 1844 年张穆写给陈庆镛的一封有意思的信中，张穆展现出对顾炎武的著述特别推崇，在方法论上受到许多启发，这封信为放浪的陈庆镛提出"匡正"之法：择其切于实用者一二端，穷原竟本，单心研贯。（参见《䒱斋文集》，3：4。）

44. 有关顾炎武政治思想观点的问题，参见 Philip A. Kuhn, "Local Self-Government under the Republic," esp. pp. 263-264。有关顾炎武对教育体制和科举制度的批判，参见他的《日知录》，17：34b；《顾亭林诗文集》，1：15a。有关地方精英被排除在地方管理之外的问题，参见《日知录》，8：9a；《顾亭林诗文集》，1：14b（顾炎武反思了这种排除的军事意涵）。在《顾亭林诗文集》中，顾炎武甚至进一步建议以世袭为基础任命地方官员，以便更好地将他们的地方主义感情纳入行政管理。顾炎武在"功名之路乃狭"方面写过的最著名的文章，参见《顾亭林诗文集》，1：15a 及以后。在顾祠会祭中，这些文章的效仿者包括：（1）王柏心（1799—1873：参见他于 1834 年出版的《枢言》及其于 1844 年完成的续篇）；（2）汤鹏（1801—1844：参见他的《浮邱子》，1844）；（3）孙鼎臣（1819—1859：参见 1860 年出版的《初言》）；（4）冯桂芬（1809—1874：参见他于 1861 年出版的《校邠庐抗议》）。

45. 孔宪彝、叶名沣编：《慈仁寺展禊诗》，2b。朱琦在未注明日期的题为《辩学》的文章中以更长的篇幅详细阐述了同一观点，朱琦：《怡志堂文初编》，1：2b-3a。朴学是19世纪40年代文人学术话语中用以指代实证研究的常用词汇。

46. 杨钟义：《雪桥诗话》，♯1，12：6。

47. 何绍基：《东洲草堂文钞》，3：917。

48. 有关朱琦受益于管同的文章，参见朱琦：《怡志堂文初编》，6：8b-9b。影响朱琦的管同的原文，参见《因寄轩文集·初集》，4：1a-3b。

49. 朱琦：《怡志堂文初编》，2：1b-2a。

50. 同上，2：1b。

51. 同上，4：13a。

52. 曾国藩：《曾文正公全集·奏稿》，1：7a-13b。

第七章 满人外交的终结

1. 有关召回林则徐，见《大清文宗显皇帝实录》，6：21；有关姚莹，见7：8b；有关陈庆镛，见7：2b；有关苏廷魁，见6：3a；有关朱琦，14：7b。刚好在1845年秋朝廷宣布从伊犁召回林则徐之后，1845年底，由于要求惩处最初诬告林则徐的官员（琦善？），陈庆镛被革除了御史之职。（张穆，3：9b；《大清宣宗成皇帝实录》，423：5；陈庆镛，9：5b。）1844年中，苏廷魁似乎致仕（名义上丁忧），而后决定将丁忧期延长到1850年（参见《顾先生祠会祭题名第一卷子》，3b-4a）。1847年初，朱琦显然对京城的政治局势感到心灰意冷，选择致仕。参见梅曾亮，2：18a；《顾先生祠会祭题名第一卷子》。

2. 《大清文宗显皇帝实录》，20：28b-31a。

3. 葛士濬，11：4b，这里有一份吕贤基于1852年呈奏的奏折，其中列出所有号召文人对官员和政策建言献策的特殊的谕旨（就职或其他）；吕贤基将之追溯到清初。

4. 通过比较广东对乡勇所采取的自由的战时政策，我们会发现长江下游前线的政策更加保守。例如参见1841年年中敦促裕谦在武装舟山群岛民众时要谨慎行事的诏书（《筹办夷务始末》，道光朝，29：34a）；1841年浙江巡抚刘韵珂对该省使用"水勇"的评论（《筹办夷务始末》，道光朝，35：14b-15a）。

5. 以穆彰阿的倒台作为警示，以遏制那些想要将清朝外交政策合理化的人，这在19世纪60年代初似乎变得尤为经常，当时南城文人正在挑战恭亲王的领导权。京官蒋琦龄在一次这样的情况下对恭亲王和穆彰阿做出明确的类比。（参见葛士濬，13：19b-20a。）关于这一点，也许应该注意的是，1864年恭亲王的主要攻击者蔡寿祺是顾祠会祭的资深成员。参见《顾先生祠会祭题名第一卷子》，咸丰七年三月初三的会议名册。

6. 这一授权条款是1843年10月8日在珠江口附近的虎门签署的补充条约的第6款。参见 Fairbank, *Trade and Diplomacy*, p. 121。

7. 英文著述出奇地全面探究了进广州城的争论。参见 Wakeman, Strangers, pp. 71-80, 91-105；有关中方的，John J. Nolde, "The 'False Edict' of 1849" and "Xenophobia in Canton"；有关英方的，Costin, pp. 120-141, and Graham, pp. 239-253。上述概括浓缩了这些资料。

8. 1843年至1855年的关税收入表（见 Fairbank, *Trade and Diplomacy*, p. 262）展现了广州（1844年至1845年以后有所下降）和上海（在太平天国占据长江流域摧毁贸易之前，到1852年几乎赶上广州）相互交叉的税收趋势线，根据林则徐的观点（《林文忠公政书》，乙集，4：20b），1821年至1843年广东每年征收到约150万两白银的关税。到1852年，上海几乎赶上了这个数字。与此同时，到19世纪90年代初，整个帝国的关税收入约增至每年2 200万两白银，其中大部分都是在长江流域征集的。（参见 Albert Feuerwerker, "Economic Trends in the late Ch'ing Empire, 1870–1911," p. 63, Table 2.）广东海关的重要性日趋减弱，而其另一特征是，户部按照惯例将其大部分关税作为国家收入来源。这进一步限制了其关税的可处置性。

9. 有关耆英后来转任广东（接替伊里布），参见本书第六章注释9。这里需要进一步补充的是，清廷新的外交使团的首席耆英在和璞鼎查就补充条约谈判完后，并不想留居广东。相反，他的计划是回到南京（《大清宣宗成皇帝实录》，390：13b-14a）。直到1844年3月，他才离开两江总督任上（《大清宣宗成皇帝实录》，402：2）。而且，甚至在他被授任两广总督之后，他的继任者福州将军璧昌只是"署两江总督"而已，这表明皇帝仍然想让耆英尽快回到南京(《大清宣宗成皇帝实录》,402∶2,412∶14)。因此,显然皇帝和他的亲信在处理外交关系和防务时将南京和长江流域视为更加重要的场所。1847年璧昌的奏折和皇帝的谕旨(《大清宣宗成皇帝实录》,438∶18a,442∶22)表明了之所以如此的一些端倪,暗示北京的军事策略家们正在谋划着一份秘密的计划,目的是让英国舰船无法驶过长江,并希望避免将细节泄露给这一地区的汉族大臣。黄恩彤的宦海生涯阐释了耆英在任命合意的人担任广东地方要员方面遭遇的困境。正如前面所述,黄恩彤是耆英在南京谈判时的助手之一,1842年10月随伊里布南赴广东,协助即将展开的补充条约的谈判。可是,直到1843年夏初,耆英才能够为黄恩彤在当地谋得与其在江苏担任的同等级别的官位(《大清宣宗成皇帝实录》,391∶3a)。尽管黄恩彤此后不久便升任巡抚,接替非常支持乡勇的主战派程矞采(《大清宣宗成皇帝实录》,413∶5a),但他在巡抚任上只待了不到两年时间,就被北京以看起来非常像借口的理由突然降职(《大清宣宗成皇帝实录》,437∶1,道光二十六年十二月初二谕旨)。而且,就在黄恩彤失去巡抚之职的同一天,黄爵滋的门生叶名琛被任命为新的广东布政使。

10. 有关程矞采的任命和调任,参见《大清宣宗成皇帝实录》,387∶19b,413∶5a。在1840年至1841年的冬季罢黜琦善运动的高潮期间,程矞采支持那些力劝皇帝地方乡勇可被用于作战的人的观点(《鸦片战争》,4∶552)。1842年9月,他呈送一份长篇奏折,支持延长战争的观点,而这曾被道光皇帝视为笑柄(《筹办夷务始末》,道光朝,60∶10及以后)。

11. 自1847年初至年末,徐广缙(死于1858年)担任广东巡抚,此后接替耆英升任两广总督。徐广缙的父亲徐瀚是1811年进士,他的兄长徐广绂是1829年翰林。徐广缙本人是1820年翰林(参见《鹿邑县志》,14∶14,15a)。有关徐广缙与其属下叶名琛合谋弹劾耆英,参见下文,以及 J. Y. Wong, *Yeh Ming-ch'en: Viceroy of Liang-Kuang*, pp. 37, 209 (notes 1, 5)。有关叶名琛的背景,参见 Wong, pp. 1–21。叶名琛出自翰林世家,他本人是1835年翰林——与参加顾祠会祭的许多士人是同期翰林。他的父亲叶志诜曾是祁寯藻的同事,通过这种联系,叶名琛似乎与这位京城里倒穆联盟后来的领袖交好(Wong, p. 8)。他的弟弟叶名沣是黄爵滋的门生,在春禊派和顾祠会祭群体中都非常活跃。道光二十六年九月二十五日,他升任布政使(《大清宣宗成皇帝实录》,434∶22a)。然而,三天后,任命便被撤回,叶名琛改任京官。直到 7 个月以后，他才真正开始在广东任职（《大清宣宗成皇帝实录》，434：26a）。不同寻常地收回起初的任命，也许反映了穆彰阿和耆英在任命某些可能同情反对派观点的人时的尴尬。不过，出于同样的原因，皇帝最终决定继续这样做，恰恰表明了耆英的控制事实上是多么有限。

12. Wakeman, *Strangers*, pp. 97–101，这里指出了衰退的贸易和广州商人昂扬的斗志之间的联系。Fairbank, *Trade and Diplomacy*, pp. 292–293，这里提出有意思的一点，为了防止茶叶出口运输路线改道，帝国的官僚机构在福建的新通商口岸福州秘密地禁止茶叶出口（直到 1854 年或 1855 年才解除禁运）。据推测，采取这项措施是为了减少贸易路线的改变对广州经济的影响。这至少表明，当局非常担忧内地居民突然丧失生计而可能导致的危险（就失业和犯罪而言），这些内地居民将福建的茶经由传统的陆路运往广州，以此谋生。（参见吴文镕：《吴文节公遗集》，9：1a–4b。）有关广州商人因 1841 年的赔款负担而憎恨奕山的佐证，参见《鸦片战争》，3：37。

13. 有关 1842 年 10 月至 11 月广州人张贴告示抗议《南京条约》的内容，参见 Nolde, "Xenophobia," p. 6。

14. 有关伦敦金融恐慌的影响，参见 Wakeman, *Strangers*, pp. 100–101。第 382、391、392 和 395 份资料（广州城的告示）表明对达圭勒袭击后英国人渗入广州上游地区的担忧，这些资料收录于 Sasaki Masaya, *Ahen*。有关与不动产恐慌相关的细节和文档，参见 Wakeman, *Strangers*, pp. 85，186（引用 Public Records Office [London], F. O. 228/73）。号召组建城市民防的告示，参见 Sasaki, *Ahen*, items 366–370。需要注意的是，恰恰是在招募开始之后清廷才允许组建民防（5 月 20 日，或者四月初七）。

15. 有关满人对乡勇的军事偏见，参见本章注释 4。

16. 有关奕山后来转而支持乡勇的内容，例如参见《鸦片战争》，4：262。

17. 从黄恩彤的《抚远纪略》（1846）的若干篇文章中，我们可以窥见黄恩彤充满敌意地反对乡勇的观点：参见《鸦片战争》，5：410，419，特别是 442 页。最后一篇是他于 1843 年写给当时在京城担任御史的友人江鸿升的一封信。这封信显然鼓励江鸿升通过监察机构向皇帝控诉广州乡勇领袖的秘密行动。

18. 《大清宣宗成皇帝实录》，379：24b–25a。

19.《大清宣宗成皇帝实录》，384：23。

20. 1842年后，许祥光、陈其锟、樊封、曾钊最经常地充当乡勇领袖和广州省府之间的中间人。参见《筹办夷务始末》，道光朝，78：15a，79：1a；《鸦片战争》，6：95，390；《番禺县续志》，26：15b-16a。笔者能够找到的最后一次提及黄培芳的是，1842年10月至11月他参与关于如何建设乃至全面重建虎门炮台的讨论。

21.《鸦片战争》，6：46。

22. 遣散巡逻乡勇对激发滩田的动荡浪潮产生的影响，见《重修香山县志》，22：52b-53a，这里描述了1844年至1847年香山县北部和东北部发展起来的复杂的收保护费制，在当地垦田是经济的重要部分。1847年，一位名叫张斗的人——以前曾是乡勇——在当地建起非法的"屯营"，管理他的10 000多名武装人员。显然，这个名字本身源自1841年广州乡勇建立的组织式样。有关这种秘密社会控制滩田的更多报告，参见《东莞县志》，17：15b，这里描述了东莞县万顷沙地区出现的对士绅秩序的挑战，名义上是由西北隅社学掌控。亦参见 Public Records Office（London），"Canton Archive,"（F. O. 682），138/3/21；《道咸同光四朝奏议》，2：676-681。我们在浙江也可以发现清廷在军事上的失败所导致的社会底层反击当局和地方精英的类似例子。《鸦片战争》，4：433-434，这里记载了1841年秋余姚县种棉佃农的拒租运动；《仙屏书屋初集·年记》（26：6b）记载了乍浦重镇同一阶层的人为了从地主们手里获取钱米而组建勒索保护费的组织。

23. 程矞采的奏折于道光二十四年三月初二抵京，这份奏折记载了组建一个新的"三平"社学公所，包括东平、南平和隆平，这些都以三元里传说的升平社学公所为榜样（《鸦片战争》，4：199-200）。然而，仔细探究程矞采的奏折，我们会发现这些新的团练以番禺县的新造和燕塘墟为中心，这里是开垦密集的沙湾和茭塘的传统行政管理中心（《鸦片战争》，4：200）。有关自18世纪70年代以来沙茭地区（包括新造、南村和钟村）便盛行收保护费活动的历史，参见吴熊光：《伊江笔录》，1：25b；《大清高宗纯皇帝实录》，1109：3a-5a，1130：3b-6a。有关19世纪40年代末和50年代沙茭团练的细节，参见 Public Record Office（London），F. O. 682, items 1971/3, 13, 14; and 279A/6/43。有关1847年危机中这同一沙茭"18区"（或"48区"）团练的活动，参见 Sasaki, Ahen, items 361, 366, and 382。有关1844

年后对新增加的团练的批准，参见《东莞县志》，17：15b（有关东莞县）；《粤东省例新纂》，5：38a（有关顺德和香山交界的容桂乡勇）；Sasaki, *Ahen*, item 391（有关1847年组建的顺德、龙山乡勇）。

24. 部分问题似乎是耆英最初挑选的可能租或卖给英国人的地点之一（河南岛上的一块地）恰恰位于双州书院，后者具有团练性质，是沙茭团练总局的成员之一。（参见 Sasaki, *Ahen*, item 361, 366, 368, 370；梁廷枏的叙述，参见《鸦片战争》，6：88-91。根据后一资料，这直接威胁着家族财产和祖坟，因此首先激起河南岛财产所有者的愤怒。）5月14日、20日和21日，双州书院的主事与沙茭团练总局的代表会面抗议此事。此后，5月25日，他们面见巡抚徐广缙（参见 item 372），据说徐广缙告诉他们他对耆英的看法和他们一致。因此，这似乎鼓励了他们去散播英国人和耆英打算在西郊征用更大片土地的传言（参见 item 377, 382, and 386）。有关7月2日的游行示威，参见 item 378。

25. 有关耆英请求皇帝允许士人参与外交谈判，参见《大清宣宗成皇帝实录》，442：25b-26a。有关耆英奏报邀集士绅到署（1847年9月9日抵京），参见《筹办夷务始末》，道光朝，78：14a-15b。北京在应该如何处理广州外交事务方面论调的变化首先体现在9月9日的谕旨中（《大清宣宗成皇帝实录》，445：2b-3a），这里第一次提到要求地方政府支持民众对官员的声援。

26. 有关1847年12月6日（道光二十七年十月二十九日）的谕旨，参见《上谕档方本》收录的关于广州问题的密谕和奏折摘要列表，道光三十年五月（第131～134页）。我们将在下文中讨论这份资料的背景。《大清宣宗成皇帝实录》和《筹办夷务始末》（道光朝）中却没有这份谕旨的记载。有关召回耆英的内容，参见《大清宣宗成皇帝实录》，450：45b。Wakeman, *Strangers*, pp. 86-88，这里认为之所以召回耆英，是因为他在处理1847年12月6日黄竹岐村谋杀案（六名英国士兵在广州郊外毙命）过程中过于热衷安抚英国人。然而，耆英处理这件事的消息直到12月28日才传到北京，这是在道光皇帝已经开始让徐广缙充当事实上在广州负责处理外交事务的全权代表若干周之后的事。因此，初秋时节转而邀集士绅之举似乎更好地解释了耆英离职的原因。

27. 有关这些内容，参见 Wakeman, *Strangers*, p. 102，引用《筹办夷

务始末》，道光朝，79：39b-40b；Nolde, "False Edict," p. 310。

28. 《鸦片战争》，6：92-100；Wakeman, *Strangers*, pp. 91-96；Nolde, "Xenophobia," pp. 17-20。

29. 徐广缙的大部分奏折都被送抵京城，参见《筹办夷务始末》，道光朝，79：15a-16b，17b-19a，23a-24a，特别是31a-32b。

30. 有关所谓的美国人的作用，参见Wakeman, *Strangers*, p. 103，脚注，引用Public Record Office, F. O. 17/188 (Bowring-Granville, Despatch 1, 19 April 1852)。有关限制文翰的政策背景，参见Wakeman, p. 91, and Costin, p. 138。

31. 有关这份伪造的谕旨——希望数周后北京会积极地回应，赞同拒绝英国人入城的请求，参见Nolde, "False Edict"。

32. 《筹办夷务始末》，道光朝，80：9a。

33. 同上，6b-7a。

34. Costin, pp. 141-143; Fairbank, *Trade and Diplomacy*, pp. 375-378.

35. 让咸丰皇帝对英国人的意图感到担忧的这一派显然是两江总督陆建瀛，出于对他在战争期间努力加强天津防御的认可，他被调往长江流域任职。陆建瀛将文翰的信经陆路呈送到北京（四月初七抵京），一同呈送的还有一份奏折，这份奏折阐明他不想给文翰留下进军天津的借口。（《筹办夷务始末》，咸丰朝，1：9b-10b；关于信件，亦参见第10b-13b页。）后一份奏折表明，他非常怀疑京畿之地清军的防御实力。（《筹办夷务始末》，咸丰朝，3：5及以后。）这大概是他想要讨文翰欢心的原因之一。直到抵京后的第二天，咸丰皇帝才对陆建瀛转呈的信件做出回复，这表明咸丰皇帝最初是小心翼翼的。而且，四月十八日，当咸丰皇帝最终决定做出第一反应时，他命令他的"外务大臣"穆彰阿和耆英（这封信原是给他们的）准备回复，在回复中适当提及收到来信（而非立即拒绝），并仅仅规劝英国人去和上海地方政府交涉他们的不满。（有关穆彰阿回复的原文，参见《上谕档方本》，道光三十年四月，第265～268页。）最终，6月3日，在大沽传来英船"列那狐"号已然抵达的消息后，咸丰皇帝给直隶总督讷尔经额下达详细的谕旨，确保不会草率地拒绝英国人，而且清朝的士兵不要先开火（《大清文宗显皇帝实录》，8：18a-19a）。

36. 综述有关广州政策及耆英在其中扮演的角色的谕旨，以及相关奏折和谕旨的概要，参见《上谕档方本》，道光三十年五月，第 131~134 页（大约初九或者初十）。穆彰阿遇事谨小慎微及欲引耆英为腹心以遂其谋，参见《大清文宗显皇帝实录》，20：29a（十月十九日谕旨），当时咸丰皇帝对这两个人在 6 月危机中的表现感到特别不满。

37.《大清文宗显皇帝实录》，8：18a-19a。

38.《大清文宗显皇帝实录》，9：9b-10a，13a-15a。

39. 在文翰信件危机期间，咸丰皇帝不让御史和文人参与商议外交政策。此后，御史袁三甲在 8 月 5 日的奏折中忧心忡忡地谈到这一点。（参见《项城袁氏家集·端敏公集》，奏议，1：1b。）

40. 简又文：《太平天国全史》，1：187，这里引用 19 世纪中期士人严正基的一篇文章，这篇文章阐释了广西行政地位的重要背景。根据他的观点，单单该省绿营军的维系每年要花费 420 000 两白银，而全省税收总额只有 400 000 两白银。此外，名义上其关料税约有 100 000 两。可是，这要用于高级文官和武官的养廉。因此，每年需要从其他省调用白银，特别是战后几年，完纳不过十之五六。Wong, p. 126 (Table 14)，这里表明广东不得不背负补充广西税收不足这一重担的大部分。严正基还声称，总督郑祖琛"惮于奏拨"，因为他知道这些年其他省份的负担也很重。

41. 有关太平天国运动爆发前广西不断恶化的社会形势，参见 Philip A. Kuhn, "The Taiping Rebellion," esp. pp. 264-266；简又文，1：175-188。关于 19 世纪广西农民的移民流动性的有趣概览，参见 Ella S. Laffey, "The Making of a Rebel：Liu Yung-fu and the Formation of the Black Flag Army," pp. 87-90。

42.《大清宣宗成皇帝实录》，383：17，这里概述了 1842 年底江西籍御史黄赞汤奏报广东、江西挑夫大量失业，他们一向依靠通过梅岭关的茶运贸易为生；这一群体必定包括江西人。有关流离的海盗和走私者转向内地所导致的问题，参见简又文，1：179-183。有关更全面的研究，参见 Laai I-fa, "The Part Played by the Pirates of Kwangtung and Kwangsi Provinces in the T'ai-p'ing Insurrection"。

43. 1847 年、1849—1850 年湖南和广西饥荒引发的问题及其与新宁的李沅发起义的关系，参见 Kuhn, *Rebellion and its Enemies*, pp. 107-109, and Kuhn and Jones, p. 185。有关这次起义的更多背景，参见《清代档案史

料丛编》，2：1—163。有关这些年湖北水稻生产中心洪水泛滥的影响，亦参见乔盛西，第15页。有关1849—1850年广西饥荒的情况，参见简又文，1：179。简又文（1：177）引述了1850年年中袁三甲的一份奏折，据袁三甲估计，该省70％的人口受匪盗的侵扰。

44. 有关广西士人斥责郑祖琛的不作为，参见龙启瑞：《经德堂集》，6：4b—5b。

45. 有关赔款，参见《鸦片战争》，5：316。有关清廷战时军需总额的估计，参见《大清宣宗成皇帝实录》，391：5b。有关对1842年黄河决堤后的维修费用的估计（逾500万两白银，或者每年支出总额的25％），参见《大清宣宗成皇帝实录》，382：22b—23a，384：16b—18a。北京在试图筹集并安全运输用于这些花销的资金过程中遭遇的拖延，参见《大清宣宗成皇帝实录》，407：14a，409：8a—9a，455：6a。

46. 有关几近决定削减薪俸的内容，参见《大清宣宗成皇帝实录》，390：33b—34a，391：16，26b—27a。1848年，一名户部官员的奏折表明，1843年是各直省地丁杂税等项岁入、岁出两抵创新低的一年：那一年只收到360 000两（比1838年上缴数额的7％还少）。（参见《中国近代货币史资料》，1：172。）有关天津的骑兵和武力支持，参见《大清宣宗成皇帝实录》，383：8，392：15a。1842年至1843年冬耆英在吴淞炮台着手铸造新炮（保卫长江入口），试图造出万斤新炮（《大清宣宗成皇帝实录》，386：15a—16a）。耆英暂时充当在长江组建舰队的协调者，参见 John L. Rawlinson, *China's Struggle for Naval Development，1839-1895*，p. 27。

47. 甚至早在1848年财政危机前，在内阁和户部的主导下，中央数次尝试加强对各省报拨银两的控制。例如参见《大清宣宗成皇帝实录》，400：20b—21b，401：21b—22b，405：12b—13b，436：19b—23b，443：15b—16b，446：25b—27a，450：24b—25b。耆英似乎早在1846年就开始成为增加税收计划的策划人，当时他（从广州）呈递了一份全面的计划，即削减现有军队的花销和规模以备操练之需。（《大清宣宗成皇帝实录》，400：18a—19a，433：9a—11b。）1848年查明应追款项的内阁和工部有权提出新的征税措施，其于道光二十八年十一月十五日呈递了第一份奏折（《大清宣宗成皇帝实录》，461：9b—13a）。负责此事的大臣包括军机大臣（在穆彰阿的领导下）、定亲王和耆英。然而，耆英偶尔单独直接向皇帝呈递奏折，这表明了他的特殊影响。（例如，参见道光二十八年十二月二十七日他对1848年计划提出重要的修订，这是他在山东巡察时呈递的，现存于大英博物馆馆藏邸报，道光二十九年二月条目下。）该追款有趣的后续行动是道光三十年三月初十（参见《外纪档》该日期条目）耆英的奏折，这份奏折力劝新即位的咸丰皇帝重新讨论上缴北京的银款不断减少的问题。

48. 龙启瑞于1841年考中状元，随后进入翰林院。于是，杜受田是他的"座师"，他是杜受田的门生。

49. 龙启瑞，3：21b-22a。

50. 同上，6：5。

51. 1850年上半年，有关广西局势的两份奏折均被递交给监察机构，一份由（湖南籍）御史黄兆麟呈递（道光三十年五月初五：参见《大清文宗显皇帝实录》，9：18a-19a），另一份由候补四品京堂李莼呈递（道光三十年五月十九日：参见《大清文宗显皇帝实录》，10：4a-5a）。有关巡抚郑祖琛的复奏，亦参见15：3a-4a。第三份奏折呈于八月二十九日（参见《大清文宗显皇帝实录》，16：15）。道光三十年十二月初一一次，咸丰元年二月初八再次，还有两份类似的奏折经由内阁大学士杜受田呈递（《大清文宗显皇帝实录》，23：1a-3a，27：13a-14a）。王锡振（[1883] 2：6），相当详细地奏报了1850年至1851年冬季这位广西士人领袖与京城高官特别是与杜受田磋商的情况；王锡振还谈到，杜受田同意向皇帝奏报他草拟的处理广西局势的计划。

52. 孙鼎臣，6：2b。这首诗大概写于道光三十年五月十六日前，因为这一天龙启瑞被召回京城。

53. 推荐书的清单（还有推荐者的姓名、概述、先前的职位等等）被收录于《上谕档方本》，道光三十年四月，第401～421页。

54. 推荐书条目日期不明，尽管按照时间先后排列。不过，《大清文宗显皇帝实录》（6：16b）特别指出，潘世恩推荐姚莹的奏折是三月二十七日（5月8日）被收到的。推荐林则徐的奏折可能是同时。《大清文宗显皇帝实录》（6：21b）记载了召回林则徐的谕旨；需要注意的是，这里特别提到最后一名保奏林则徐的官员是杜受田。《上谕档方本》（道光三十年四月，第417页）引述杜受田推荐林则徐和姚莹的详情，称赞他们成功地控制住叛乱和匪盗，却丝毫没有涉及他们在外交政策上的立场。

55. 有关12月1日对穆彰阿的谴责，参见《大清文宗显皇帝实录》，20：29b-30a；有关6月12日第二次召回林则徐的情况，参见9：9b-10a。

56. 有关这些内容，参见《大清文宗显皇帝实录》，20：29b-30a。

57. 参见《上谕档方本》，道光三十年十月，第11~31页。某些针对耆英的言辞在后来的一份谕旨（咸丰元年二月二十八日）中再次出现，控诉英国在广州的传教活动是中国秘密社会和宗教教派活动不断增多的原因——但在后者中，没有明确提到太平天国（参见《大清文宗显皇帝实录》，28：15b-16a）。

58.《大清文宗显皇帝实录》，20：29a-30a。

59. 同上，20：30。

第八章　结语

1. 例如参见 John K. Fairbank, et al., ed., *The I. G. in Peking: Letters of Robert Hart*, letters 994, 1024; and Liu Kwang-ching, et al., "The Military Challenge: The Northwest and the Coast," p. 209，这里引用了查尔斯·戈登的一封信。

2. 对国内制度改革模式（特别是军事和财政领域内的）的精辟评论，参见 Liu Kwang-ching, "The Military Challenge," and Rawlinson, pp. 64ff.。Liu, p. 206, and Rawlinson, pp. 72-73，这两处记录了一些有趣的例子（发生于1867年和1878年），中央政府财政官员以航道养护和救灾需要为名从军事现代化者的手中转走了提前调拨的税款。

3. Liu Kwang-ching, "The Military Challenge," pp. 204-206，这里表明1862年至1870年清廷曾昙花一现地训练北京的神机营使用西方武器，但随后就放弃了。执掌神机营的醇亲王（1840—1891）成为反对国内改革的满人领袖。

4. 这里笔者采纳帕克对1861年政变的精彩论述，参见 Jason H. Parker, "The Rise and Decline of I-hsin, Prince Kung, 1858-1865," esp. pp. 132ff.。帕克（第197页及以后）令人信服地论证，1865年慈禧太后鼓励都察院批评恭亲王，以此向官僚机构发出她想要限制他的权力的信号。1863年抨击恭亲王的另一位批评者明确地将他比作穆彰阿（Parker, chapter 7,

note 5)。

5. ECCP，第 125、862 页。有关倭仁在 1850 年罢黜耆英过程中所扮演的角色，参见 Polachek, "Literati Groups," pp. 507-509。

6. 最著名的例子发生于 1867 年，当时恭亲王支持总理衙门关于新成立的专习西文和西艺的洋务学堂毕业生获授品阶的计划。在这种情况下，指责者是倭仁，他的两份抗议奏折在北京广为流传，从而在北京激起一连串的抗议活动。有关这一事件的记载，参见 Liu Kwang-ching, "Politics, Intellectual Outlook, and Reform: The T'ung-wen Kuan Controversy of 1867," esp. p. 94。恭亲王的回应是出版了一大卷表明新儒学公正无私治国理念的散文集《乐道堂文钞》，帕克在他的书中对此有分析，参见第 250～318 页。

7. 有关这一观察，参见 Lloyd Eastman, *Throne and Mandarins: China's Search for a Policy During the Sino-French Controversy*, 1880-1885, pp. 212-213。慈禧太后支持清议（看透南城有关外交政策和国内改革的观点）所带来的影响也许比伊士曼在这里的阐释更加微妙。最重要的成果似乎是，诱使处于领导地位的军事改革家们通过使其政策看起来比其对手的更符合文人的观点，来争夺他们在北京的影响力。这肯定影响了湖南将领左宗棠，他强调需要恢复清王朝对其中亚领土的"祖制"——这一策略将挪走李鸿章的大量海防库银——以此在京城中赢得支持。（参见 Immanuel C. Y. Hsu, "The Great Policy Debate in China, 1874: Maritime Defense vs. Frontier Defense"。）同一论题的变体是两广总督张之洞在 1889 年提出的修建一条连接北京和汉口的内地铁路计划背后的阵营。干线计划在北京赢得了保守派的支持，因为保守派不想让李鸿章通过其京津铁路计划全权控制从京城到南方的运输线。参见 Daniel H. Bays, *China Enters the Twentieth Century: Chang Chih-tung and the Issues of a New Age*, 1895-1909, pp. 8, 224 (note 4)。

8. 这里笔者所指既包括北京宫廷官僚机构内部满人官员格外众多，又包括常常受到批评的清朝体制过于集权——也就是说，其倾向于不让底层管理机构拥有行动的连续性或独立性，而有效的地方控制是需要这种连续性或独立性的（萧公权有关清朝地方政府的名著强调了这一点，并且近来 F. W. Mote 对清朝前现代政治体制的剖析也强调这一点：参见 Hsiao, *Rural China: Imperial Control in the Nineteenth Century*; and Mote, "Political

Structure")。Zelin 对 18 世纪初期中国财政管理的研究，不认为过于集权是影响清政府的长期因素，他反而认为 18 世纪后半叶及此后清政府才开始削弱地方政府财政。（参见 Madeleine Zelin，*The Magistrate's Tael：Rationalizing Fiscal Reform in Eighteenth-century Ch'ing China*。）尽管如此，萧公权的评论似乎和我们在本书中讨论的这一时期高度相关，而且有助于解释温和派和地方主义者立场（后者常常在官僚机构外享有强有力的支持）之间的张力为何在我们探讨的这个时期内不断表现于高层的政策讨论中。

参考文献

Atwell, William S. "From Education To Politics: The Fu She." In Wm. Theodore de Bary, *The Unfolding of Neo-Confucianism*, pp. 333-365.

Banno, Masataka. *China and the West, 1858—1861: The Origins of the Tsungli Yamen*. Cambridge: Harvard University Press, 1964.

Barnett, Suzanne W. "Wei Yuan and the Westerners: Notes on the Sources of the *Hai-kuo t'u-chih*." *Ch'ing-shih wen-t'i* 2. 4: 10-14 (1970).

Bays, Daniel H. *China Enters the Twentieth Century: Chang Chih-tung and the Issues of a New Age, 1895—1909*. Ann Arbor: University of Michigan, 1978.

Beeching, Jack. *The Chinese Opium Wars*. New York: Harcourt, Brace, Jovanovich, 1975.

Bernard, W. D. *Narrative of the Voyages and Services of the 'Nemesis' from 1840 to 1843, and of the Combined Naval and Military Operations in China*. 2 vols. London, 1844.

CCS: K'ung Hsien-i 孔宪彝 and Yeh Ming-feng 叶名沣, comps. *Tz'u-jen-ssu chan-ch'i shih* 慈仁寺展禊诗 (Spring Purification ceremony poems written at the Tz'u-jen Temple in 1856). 1 chüan. 1861.

CFSLI: Lin Tse-hsu 林则徐. *Chi-fu shui-li i* 畿辅水利议 (A plan for water conservancy in Chihli). 1 ts'e. Foochow, 1876.

CFTCC: Yao Ying 姚莹. *Chung-fu-t'ang ch'üan-chi* 中复堂全集 (Complete works of Yao Ying). Includes *Tung-ming wen-chi* 东溟文集, and supplements; and separately paginated *Nien-p'u* 年谱 (Chronological biography) by Yao Chün-ch'ang 姚濬昌. 98 chüan. 1867. Reprint Taipei: Wen-hai, 1974.

Chang Chi-liang 张际亮. *Chang Heng-fu ch'üan-chi* 张亨甫全集 (Complete works of Chang Chi-liang). 27 chüan. Foochow, 1867.

Chang Chung-li. *The Chinese Gentry: Studies on Their Role in Nineteenth-Century Chinese Society.* Seattle: University of Washington Press, 1955.

Chang Hao. *Liang Ch'i-ch'ao and Intellectual Transition in China, 1890-1907* Cambridge: Harvard University Press, 1971.

Chang Hsiang-ho 张祥河. *Hsiao-chung shan-fang ch'u-kao* 小重山房初稿 (Collected belletristic works of Chang Hsiang-ho). 5 ts'e. 1826.

——. "Kuan-lung yü-chung ou-i pien" 关陇舆中偶忆编 (Memoirs of Chang Hsiang-ho). 1 chüan. In Wang Wen-ju, comp., *Shuo-k'u* 说库 (Anecdotes). Shanghai, 1915.

Chang Hsin-pao 张馨保. *Commissioner Lin and the Opium War.* Cambridge: Harvard University Press, 1964.

Chang Mu 张穆. *Yin-chai wen-chi* 厈斋文集 (Collected poetry and prose of Chang Mu). 4 chüan. 1858.

Chao I 赵翼. *Ou-pei shih-hua* 瓯北诗话 (Discussions on poetry by Chao I). 12 chüan. Peking: Jen-min wen-hsueh, 1963.

Chao-lien 昭梿. *Hsiao-t'ing tsa-lu* 啸亭杂录 (Miscellaneous notes on Ch'ing history). 8 chüan; Supplement, 2 chüan. Taipei: Wen-hai, 1968.

Chen, Gideon. *Lin Tse-hsu: Pioneer Promoter of the Adoption of Western Means of Maritime Defense in China.* Peking: Yenching University, 1934.

Ch'en Ch'ing-yung 陈庆镛. *Chou-ching-t'ang lei-kao* 籀经堂类稿. 24 chüan. 1883.

Ch'en Jerome. "The Hsien-feng Inflation," *Bulletin of the School of Oriental and African Studies* 21: 578-586 (1958).

Ch'en Wei-sung 陈维崧. *Ch'ieh-yen-chi* 箧衍集 (Short biographies of poets whose works are found in my old papers).

Ch'en Wen-shu 陈文述. *I-tao-t'ang chi* 颐道堂集 (Complete works of Ch'en Wen-shu). 78 chüan. 1828 (?).

Ch'en Yung-kuang 陈用光. "T'ai-i-chou shih-tz'u ch'ao" 太乙舟诗词钞 (Poems of Ch'en Yung-kuang), *Ch'ing-bo* (Shanghai) 3：1—24 (16 November, 1934—1 November, 1935), with interruptions.

——. *T'ai-i-chou wen-chi* 太乙舟文集 (Collected prose of Ch'en Yung-kuang). 8 chüan. 1843.

Chiang Yu-hsien 蒋攸铦. *Sheng-i-chai nien-p'u* 绳枻斋年谱 (Chronological biography of Chiang Yu-hsien). 2 chüan. Reprint, Taipei：Wen-hai, 1968.

Ch'iao Sheng-hsi 乔盛西. "Hu-pei-sheng li-shih-shang ti shui-han wen-t'i chi ch'i yü t'ai-yang huo-tung to-nien pien-hua ti kuan-hsi" 湖北省历史上的水旱问题及其与太阳活动多年变化的关系 (The hisotircal problem of floods and droughts in Hupei province and their long-term relationship with solar activity), *Ti-li hsueh-pao* (Peking) 29．1：14—23 (1963).

Ch'ien I-chi 钱仪吉. *K'an-shih-chai chi-shih kao* 衎石斋记事稿 (Collected occasional papers of Ch'ien I-chi). 10 chüan, 1934；Supplement, 10 chüan. 1881.

Ch'in Ying 秦瀛. *Hsiao-hsien shan-jen wen-chi* 小岘山人文集 (Collected works of Ch'in Ying). 34 chüan. 1817.

Ch'ing-pi shu-wen 清秘述闻 (Civil-service-examination registers under the Ch'ing). 33 chüan. Reprint, Taipei：Wen-hai, 1968.

Ch'ing-shih 清史 (History of the Ch'ing dynasty). 8 vols. Taipei：Kuo-fang yen-chiu-yuan, 1961—1962.

Ch'ing-shih lieh-chuan 清史列传 (Biographies from the history of the Ch'ing). 80 chüan. Taipei：Chung-hua, 1962.

Ch'ing-tai ho-ch'en chuan 清代河臣传 (Biographies of river officials of the Ch'ing). Comp. Wang Hu-chen 汪胡桢 and Wu Wei-tsu 吴慰祖. Taipei：Wen-hai, 1972.

Ch'ing-tai tang-an shih-liao ts'ung-pien 清代档案史料丛编 (Source materials from the Ch'ing archives). Volume 2. Peking：Chung-hua, 1978.

Ch'ing-t'ien hsien-chih 青田县志 (Gazetteer of Ch'ing-t'ien county). 18 chüan. 1935 revision of 1875 edition.

CHLC: *Kuo-ch'ao ch'i-hsien lei-cheng ch'u-pien* 国朝耆献类征初编 (Biographies of eminent figures of the Ch'ing, collected according to categories, first series). 294 ts'e. 1884–1890.

Chou T'ien-chueh 周天爵. *Chou Wen-chung-kung ch'ih-tu* 周文忠公尺牍 (Letters of Chou T'ien-chueh). Reprint, Taipei: Wen-hai, 1968.

Chu Ch'i 朱琦. *I-chih-t'ang wen ch'u-pien* 怡志堂文初编 (Collected writings of Chu Ch'i, first series). 6 chüan. N. d.

Ch'u Chin (pseud.) 楚金. "Tao-kuang hsueh-shu" 道光学术 (Scholarship of the Tao-kuang period). In *Chung-ho yueh-k'an shih-liao hsuan-chi*.

Chu Hsuan 朱玄. *Yao Hsi-pao hsueh-chi* 姚惜抱学记 (The scholarship and influence of Yao Nai). Taipei: Hsueh-sheng, 1974.

Chu Ju-chen 朱汝珍, comp. *Tz'u-lin chi-lueh* 词林辑略 (List of Han-lin scholars). 11 chüan. Nanking: Nan-ching chung-yang k'e-ching yuan, Republican period.

Chu Kuei 朱珪. *Chih-tsu-chai shih-chi* 知足斋诗集 (Collected poetry of Chu Kuei). 1805 preface.

——. *Chih-tsu-chai wen-chi* 知足斋文集 (Collected prose of Chu Kuei). 6 chüan. In *Chi-fu ts'ung-shu* 畿辅丛书 (A collection of writings by authors from the metropolitan region). 1879–1892.

Chuan-chi hsing-shu hui-chi 传记行述汇辑 (Collection of biographic materials). Columbia University Library rare book collection.

Chuang Shou-ch'i 庄受祺. *Feng-nan shan-kuan i-chi* 枫南山馆遗集 (Remaining works of Chuang Shou-ch'i). 8 chüan. Kuang-hsu period (1875–1908).

Chung-ho yueh-k'an shih-liao hsuan-chi 中和月刊史料选集 (Collection of historical materials from the *Sino-Japanese Monthly*). Compiled by Shen Yunlung 沈云龙. 2 vols. Taipei: Wen-hai, 1970.

Chung-kuo chin-tai huo-pi shih tzu-liao 中国近代货币史资料 (Historical materials on monetary policy in modern China). 2 vols. Peking: Chung-hua, 1964.

Costin, W. C. *Great Britain and China, 1833–1860*. Oxford: Oxford

University Press, 1937.

CSWP: Ho Ch'ang-ling 贺长龄, ed. *Huang-ch'ao ching-shih wen-pien* 皇朝经世文编 (Our august dynasty's writings on statecraft). 120 chüan. 1826. Reprint, Taipei: Shih-chieh, 1964. 8 vols.

De Bary, William Theodore, ed. *The Unfolding of Neo-Confucianism.* New York: Columbia University Press, 1975.

Dennerline, Jerry. *The Chia-ting Loyalists: Confucian Leadership and Social Change in Seventeenth Century China.* New Haven: Yale University Press, 1981.

Drake, Fred W. *China Charts the World: Hsu Chi-yü and His Geography of 1848.* Cambridge: East Asian Research Center, Harvard University, 1975.

Eastman, Lloyd. *Throne and Mandarins: China's Search for a Policy During the Sino-French Controversy: 1880-1885.* Cambridge: Harvard University Press, 1967.

ECCP: Arthur Hummel, ed. *Eminent Chinese of the Ch'ing Period (1644-1912).* 2 vols. Washington, D.C.: U.S. Government Printing Office, 1943-1944.

Elman, Benjamin A. "The Hsueh-hai T'ang and the Rise of New Text Scholarship in Canton," *Ch'ing-shih wen-t'i* 4. 2: 51-82 (1979).

Fa-shih-shan 法式善. *Huai-t'ing tsai-pi* 槐厅载笔 (Random notes from the Huai-t'ing Studio). 20 chüan. Reprint, Taipei: Wen-hai, 1968.

———. *P'eng-chiu chi-chien lu* 朋旧及见录.

———. *Ts'un-su'-t'ang wen-chi* 存素堂文集 (Collected prose of Fa-shih-shan). 4 chüan, 1807; Supplement, 2 chüan, 1811.

Fairbank, John K. "The Creation of the Treaty Port System." In Fairbank et al., *The Cambridge History of China*, Volume 10 Part One, pp. 213-263.

———. "The Early Treaty Port System in the Chinese World Order." In his, ed., *The Chinese World Order* (Cambridge: Harvard University Press,

1968), pp. 257-275.

——. "Synarchy Under the Treaties." In his, ed. , *Chinese Thought and Institutions* (Chicago: University of Chicago Press, 1957), pp. 204-231.

——. *Trade and Diplomacy on the China Coast : The Opening of the Treaty Ports, 1842-1854*. 1953; reprint, 2 vols. in one, Cambridge: Harvard University Press, 1969.

——et al. , ed. *The Cambridge History of China , Volume* 10: *Late Ch'ing , 1800-1911, Part One*. Cambridge: Cambridge University Press, 1978.

——. *The Cambridge History of China , Volume* 11: *Late Ch'ing, 1800-1911, Part Two*. Cambridge: Cambridge University Press, 1980.

——. *The I. G. in Peking : Letters of Robert Hart, Chinese Maritime Customs, 1868-1907*. 2 vols. Cambridge: Harvard University Press, 1975.

Fan-ssu ting-li hui-pien 藩司定例汇编. (Compendium of directives compiled by the provincial financial commissioner of Kiangsi province). 1905. Held at Harvard-Yenching Library.

Fay, Peter Ward. *The Opium War , 1840-1842 : Barbarians in the Celestial Empire in the Early Part of the* 19*th Century and the War by Which They Forced Her Gates Ajar*. Chapel Hill: University of North Carolina Press, 1975.

Feng Kuei-fen 冯桂芬. *Chiao-pin-lu k'ang-i* 校邠庐抗议 (Essays of protest from the Chiao-pin Cottage). 1 chüan. 1897. Reprint, Taipei: Hsueh-hai, 1967.

——. *Hsien-chih-t'ang chi* 显志堂集 (Collected works of Feng Kuei-fen). 12 chüan. 1876. Reprint, Taipei: Hsueh-hai, 1966.

Feuerwerker, Albert. *China's Early Industrialization : Sheng Hsuan-huai (1844-1916) and Mandarin Enterprise* . Cambridge: Harvard University Press, 1958.

——. "Economic Trends in the Late Ch'ing Empire, 1870-1911." In John K. Fairbank, et al. , *The Cambridge History of China , Volume* 11, pp. 1-69.

Fitzpatrick, Merrilyn. "Local Interests and the Anti-pirate Administration in China's Southeast, 1555 – 1565", *Ch'ing-shih wen-t'i* 4. 2: 1 – 50 (1979).

Fletcher, Joseph. "The Heyday of the Ch'ing Order in Mongolia, Sinkiang, and Tibet." In John K. Fairbank, et al., *The Cambridge History of China*, Volume 10, pp. 351 – 408.

Frodsham, J. D. "The Origins of Chinese Nature Poetry," *Asia Major*, n. s. 8. 1: 68 – 103 (1960).

Graham, Gerald S. *The China Station: War and Diplomacy, 1830 – 1860*. Oxford: Oxford University Press, 1978.

Hamaguchi Fujio 浜口富士雄. "Hō Tō-ju no Kangaku hihan ni tsuite" 方東樹の漢學批判について (On a critique of Fang Tung-shu's Han Learning), *Nihon Chûgoku gakkaihō* 30: 165-178 (1978).

Hao Yen-p'ing and Wang Erh-min. "Changing Chinese Views of Western Relations, 1840 – 1895." In John K. Fairbank et al., *The Cambridge History of China*, Volume 11, pp. 142 – 201.

HCSH: Yang Chung-hsi 杨钟义. *Hsueh-ch'iao shih-hua* 雪桥诗话 (Poetry anecdotes of the Snowy Bridge). Series 1, 12 chüan; series 2, 8 chüan; series 3, 12 chüan; series 4, 8 chüan. 1913. Reprint, Taipei: Wen-hai, 1975.

HCTTS: Huang Ta-shou 黄大受 ed. *Huang Chueh-tzu tsou-su* 黄爵滋奏疏 (Memorials of Huang Chueh-tzu). Taipei: Ta-chung-kuo, 1963.

HHHC: *Ch'ung-hsiu Hsiang-shan hsien-chih* 重修香山县志 (Gazetteer of Hsiang-shan county). 1879 edition, 22 chüan; 1923 edition, 16 chüan. Reprinted, together Taipei: Hsueh-sheng, 1968. 8 vols.

HNHC: *Hsin-ning hsien-chih* 新宁县志 (Gazetteer of Hsin-ning county). 26 chüan. Reprint, Taipei: Hsueh-sheng, 1968.

Ho Ch'ang-ling 贺长龄 et al., comps. *Chiang-su hai-yun ch'üan-an* 江苏海运全案 (Complete records of the Kiangsu sea shipment). 12 chüan. Tao-kuang period (1821 – 1850).

——. *Nai-an tsou-i ts'un-kao* 耐庵奏议存稿 (Memorials and other writings of Ho Ch'ang-ling). 22 chüan. Reprint, Taipei: Wen-hai, 1968.

HPSW: Huang Chueh-tzu 黄爵滋. *Hsien-p'ing shu-wu ch'u-chi nien-chi* 仙屏书屋初集·年记 (Chronological anthology from the Hsien-p'ing Studio, first series). 31 chüan. 1849. Reprint, Taipei: Hua-wen, 1968.

Hsia Hsieh 夏燮. *Chung-hsi chi-shih* 中西纪事 (A record of Sino-Western affairs). 24 chüan. 1865. Reprint, Taipei: Wen-hai, 1962.

Hsia Nai 夏鼐. "Ya-p'ien chan-cheng chung ti T'ien-chin t'an-p'an" 鸦片战争中的天津谈判 (Tientsin negotiations during the Opium War), *Wai-chiao yueh-pao* 4. 4: 43–56 (15 April, 1934); 4. 5: 95–123 (15 May, 1934).

Hsia Pao-chin 夏宝晋. "Tai-chu-t'ing wen-ch'ao ch'u-chi" 待珠亭文钞初集 (Collected writings of Hsia Pao-chin, first series). 1812. Unpaginated manuscript, Harvard-Yenching Library.

——. *Tung-sheng ts'ao-t'ang wen-lu* 冬生草堂文录 (Record from the Tung-sheng Studio). 1839.

Hsiao Kung-chuan. *Rural China: Imperial Control in the Nineteenth Century*. Seattle: University of Washington Press, 1960.

Hsieh Cheng-kuang 谢正光. "Hsuan-nan shih-she k'ao" 宣南诗社考 (A study of the Hsuan-nan Poetry Club), *Ta-lu tsa-chih* 36: 4. Reprinted in *Ta-lu tsa-chih yü-wen ts'ung-shu* 大陆杂志语文丛书, second series, Volume 6. Taipei, 1970, pp. 119–126.

Hsieh Kuo-chen 谢国桢. "Chi Hsuan-nan shih-hui t'u-chüan" 记宣南诗会图卷 (Notes on an illustrated volume of poems from the Hsuan-nan Poetry Club). In *I-lin ts'ung-lu* 艺林丛书 (Connoisseur's anthology). Hong Kong: Commercial Press, 1974.

Hsu Chi-yü 徐继畬. *Sung-k'an hsien-sheng ch'üan-chi* 松龛先生全集 (Complete collected writings of Hsu Chi-yü). 6 vols. 1915. Reprint, Taipei: Wen-hai, 1977. 2 vols.

Hsu, Immanuel C. Y. "The Great Policy Debate in China, 1874: Maritime Defense vs. Frontier Defense." In his, ed., *Readings in Modern Chinese History*, pp. 258–271.

——, ed. *Readings in Modern Chinese History*. New York: Oxford University Press，1971.

Hsu Pao-shan 徐宝善. *Hu-yuan ch'üan-chi* 壶园全集（Complete works of Hsu Pao-shan）. 25 chüan. N. d.

Hsu Ta-ling 许大龄. *Ch'ing-tai chüan-na chih-tu* 清代捐纳制度（The system of purchased offices during the Ch'ing period）. Peking：Harvard-Yenching Institute Monograph ♯ 22，1950.

Hsueh-hai-t'ang chih 学海堂志（Gazetteer of the Hsueh-hai-t'ang Academy）. 1 chüan. In Lin Po-t'ung 林伯桐，comp.，*Hsiu-pen-t'ang ts'ung-shu* 修本堂丛书. Canton：Tao-kuang period (1821−1850).

Hsueh Yun-sheng 薛允升. *Tu-li ts'un-i* 读例存疑（Questions on reading the penal regulations）. 54 chüan. Peking, 1905. Typeset edition，Taipei：Chinese Research Aids Service Center，1970.

Hu Ch'eng-kung 胡承珙. *Ch'iu-shih-t'ang ch'üan-chi* 求是堂全集（Collected works of Hu Ch'eng-kung）. 32 ts'e. 1837.

Hu P'u-an 胡朴安. *Pao Shih-ch'en hsien-sheng nien-p'u* 包世臣先生年谱 （Chronological biography of Pao Shih-ch'en）. 1 chüan. 1923. Reprint，Taipei：Wen-hai，1968.

Huang An-t'ao 黄安涛. *Hsi-keng ts'ao-t'ang shih-chi* 息耕草堂诗集 （Collected poems of Huang An-t'ao），first series.

——. *Shih-yü-shih shih-chi* 诗娱室诗集（Collected poems of Huang An-t'ao），second series.

Huang Chien-hua 黄建华. "Tao-kuang shih-tai ti tsai-huang tui she-hui ching-chi ti ying-hsiang" 道光时代的灾荒对社会经济的影响（The influence of natural catastrophes on the society and economy of the Tao-kuang period），*Shih-huo yueh-k'an*, n. s. 4. 4：127−148 (1974).

Huang Pei. "Aspects of Ch'ing Autocracy：An Institutional Study, 1644−1735," *Tsing Hua Journal of Chinese Studies*，n. s. 1：1−2 (1967). Reprinted in Immanuel Hsu, *Readings in Modern Chinese History*，pp. 105−148.

Huang, Ray. *1587, A Year of No Significance：The Ming Dynasty in Decline*. New Haven：Yale University Press, 1981.

Hucker, Charles O. *The Censorial System of Ming China*. Stanford: Stanford University Press, 1966.

Hunt, Michael. "Chinese Foreign Relations in Historical Perspective." In Harry Harding, ed., *China's Foreign Relations in the 1980s*. New Haven: Yale University Press, 1984.

IWSM: *Ch'ou-pan i-wu shih-mo* 筹办夷务始末 (A complete account of our management of barbarian affairs). 1929–1931. Reprint, Taipei: Wen-hai, 1970–1971. 36 vols. *IWSM-TK*: Tao-kuang reign. *IWSM-HF*: Hsien-feng reign.

Jen Yü-wen (Chien Yu-wen) 简又文. *T'ai-p'ing t'ien-kuo ch'üan-shih* 太平天国全史 (Complete history of the Taiping Heavenly Kingdom). 3 vols. Hong Kong: Meng-chin, 1962.

Jones, Susan Mann. "Hung Liang-chi: The Perception and Articulation of Political Problems in Late 18th Century China." PhD dissertation, Stanford University, 1971.

———. "Scholasticism and Politics in Late Eighteenth Century China", *Ch'ing-shih wen-t'i* 3. 4: 28–49 (1975).

Juan K'uei-sheng 阮葵生. *Ch'a-yü k'o-hua* 茶余客话 (Compendium of anecdotes on the Ming and Ch'ing periods). 2 vols. Peking: Chung-hua, 1959.

Juan Yuan 阮元. *Yen-ching-shih chi* 揅经室集 (Juan Yuan's literary works). 63 chüan. In Juan Yuan, comp., *Wen-hsuan-lou ts'ung-shu* 文选楼丛书. 100 ts'e. 1842.

Kahn, Harold. *Monarchy in the Emperor's Eyes: Image and Reality in the Ch'ien-lung Reign*. Cambridge: Harvard University Press, 1971.

Kessler, Lawrence D. *K'ang-hsi and the Consolidation of Ch'ing Rule, 1661–1684*. Chicago: University of Chicago Press, 1976.

King, Frank H. H. *Money and Monetary Policy in China, 1845–1895*. Cambridge: Harvard University Press, 1965.

Ko Shih-chün 葛士濬, comp. *Huang-ch'ao ching-shih-wen hsu-pien* 皇

朝经世文续编 (Continuation of our august dynasty's writings on statecraft). 120 chüan. Shanghai, 1897. Reprint, Taipei: Kuo-feng, 1964.

KTM: *Ku hsien-sheng-tz'u hui-chi t'i-ming ti-i chüan-tzu* 顾先生祠会祭题名第一卷子 (First roster of the Ku Yen-wu Shrine Association). 1 chüan. Soochow, 1887. Facsimile reproduction, 1908. Held by Library of Congress.

Ku Ch'un 顾莼. *Ssu-wu-hsieh-shih wen-chi* 思无邪室文集 (Collected belletristic writings of Ku Ch'un).

Ku Yen-wu 顾炎武. *Jih-chih lu* 日知录 (Record of daily learning). In Huang Ju-ch'eng 黄汝成, comp., *Jih-chih lu chi-shih* 日知录集释 (Record of daily learning and collected commentaries). 36 chüan. Reprint, Taipei: Chung-hua, 1968.

——. *Ku T'ing-lin shih-wen chi* 顾亭林诗文集 (Collected poetry and prose of Ku Yen-wu). Facsimile of K'ang-hsi period (1661–1721) edition; Shanghai: Commercial Press, 1929.

Kuan T'ung 管同. *Yin-chi-hsuan wen-chi* 因寄轩文集 (Collected writings of Kuan T'ung). 18 chüan. Reprint, 1879.

Kuang-chou-fu chih 广州府志 (Gazetteer of Kuang-chou prefecture). 163 chüan. 1879.

Kuhn, Philip A. "Local Self-government under the Republic: Problems of Control, Autonomy, and Mobilization." In Frederic Wakeman, Jr., and Carolyn Grant, *Conflict and Control in Late Imperial China*, pp. 257–298.

——. *Rebellion and Its Enemies in Late Imperial China: Militarization and Social Structure, 1796–1864*. Cambridge: Harvard University Press, 1970.

——. "The Taiping Rebellion." In John K. Fairbank et al., *The Cambridge History of China*, Volume 10, pp. 264–317.

——, and Susan Mann Jones. "Dynastic Decline and the Rise of Rebellion." In John K. Fairbank et al., *The Cambridge History of China*, Volume 10, pp. 107–162.

Kung Tzu-chen 龚自珍. *Kung Tzu-chen ch'üan-chi* 龚自珍全集 (Complete works of Kung Tzu-chen). Shanghai: Shang-hai jen-min, 1975.

K'ung Hsien-i 孔宪彝. *Han-chai wen-kao* 韩斋文稿 (Collected works of K'ung Hsien-i). 12 chüan. Hsien-feng period (1850–1861).

Kuo T'ing-i 郭廷以, comp. *Chin-tai chung-kuo shih-shih jih-chih* 近代中国史事日志 (A calendar of events in modern Chinese history). 2 vols. Taipei: Cheng-chung, 1965.

Laai I-fa. "The Part Played by the Pirates of Kwangtung and Kwangsi Provinces in the T'ai-p'ing Insurrection." PhD dissertation, University of California, Berkeley, 1962.

Laffey, Ella S. "The Making of a Rebel: Liu Yung-fu and the Formation of the Black Flag Army." In Jean Chesneaux, ed., *Popular Movements and Secret Societies in China, 1840–1950*. Stanford: Stanford University Press, 1972, pp. 85–96.

LCCW: Ch'en K'ang-ch'i 陈康祺. *Lang-ch'ien chi-wen* 郎潜纪闻 (Miscellany of anecdotes). 3 series. 40 chüan. Ningpo, 1884.

Leonard, Jane Kate. "Wei Yuan and Images of the Nan-yang," *Ch'ing-shih wen-t'i* 4.1: 23–57 (1979).

Levenson, Joseph R. *Liang Ch'i-ch'ao and the Mind of Modern China*. Cambridge: Harvard University Press, 1953.

Li Cheng-fu 李正富. *Sung-tai k'o-chü chih-tu chih yen-chiu* 宋代科举制度之研究 (The examination system of the Sung). Taipei: National Political Science College, Institute of Educational Research, 1963.

Li Yueh-jui 李岳瑞. *Ch'un-ping-shih yeh-ch'eng* 春冰室野乘 (Unofficial record from the Ch'un-ping Studio). Shanghai: Commercial Press, 1926.

Liang Chang-chü 梁章钜. *Kuei-t'ien so-chi* 归田琐记 (Anecdotes remembered in retirement). 8 chüan. Taipei: Kuang-wen, 1969.

———. *Lang-chi ts'ung-t'an* 浪迹丛谈 (Collection of random memories and anecdotes). 19 chüan. Shanghai: Chin-pu, n.d.

———. *Shih-yu chi* 师友集 (Collected poetic biographies of mentors and friends). 10 chüan. 1845.

———. *T'eng-hua yin-kuan shih-ch'ao* 藤花吟馆诗钞 (Collected poetry of Liang Chang-chü).

———. *T'ui-an sui-pi* 退庵随笔 (Miscellaneous notes of Mr. T'ui-an). 22 chüan. Taipei: Wen-hai.

———. *T'ui-an tzu-ting nien-p'u* 退庵自订年谱 (Chronological autobiography). 1875. Reprint, Taipei: Wen-hai, 1968. 2 vols.

Lin Ch'ang-i 林昌彝. *She-yin-lou shih-hua* 射鹰楼诗话 (Poetry anecdotes from the She-yin-lou). 24 chüan. 1851.

Lin Ch'ung-yung 林崇墉. *Lin Tse-hsu chuan* 林则徐传 (Biography of Lin Tse-hsu). Taipei: Commercial Press, 1967.

Lin Tse-hsu 林则徐. *Hsin-chi-lu* 信及录 (Record of anti-opium enforcement in Kwangtung). Reprint, Taipei: Hsueh-sheng, 1973.

———. *Yun-tso shan-fang shih-ch'ao* 云左山房诗钞 (The poetry of Lin Tse-hsu). 10 chüan. 1886.

———. *Yun-tso shan-fang wen-ch'ao* 云左山房文钞 (Prose writings of Lin Tse-hsu). 4 chüan. Taipei: Te-ch'u, 1963.

Liu Kwang-ching. "Politics, Intellectual Outlook, and Reform: The T'ung-wen Kuan Controversy of 1867." In Paul Cohen and John Schrecker, eds. *Reform in Nineteenth Century China*. Cambridge: East Asian Research Center, Harvard University, 1976, pp. 87–114.

——— and Richard J. Smith. "The Military Challenge: The Northwest and the Coast." In John K. Fairbank et al., *The Cambridge History of China*, Volume 11, pp. 202–273.

Liu Po-chi 刘伯骥. *Kuang-tung shu-yuan chih-tu* 广东书院制度 (The academy system of Kwangtung). Hong Kong: Chi-sheng, 1958.

Liu Ssu-wan 刘嗣绾. *Shang-chiung-t'ang shih-chi* 尚䌵堂诗集 (Collected poems of Liu Ssu-wan). 1869.

Liu Tzu-chien 刘子健 (James T. C. Liu). *Ou-yang Hsiu ti chih-hsueh yü ts'ung-cheng* 欧阳修的治学与从政 (The scholarly and political activities of Ou-yang Hsiu). Hong Kong: Hsin-ya yen-chiu-so, 1963.

Liu Wen-ch'i 刘文淇. *Ch'ing-ch'i chiu-wu wen-chi* 青溪旧屋文集 (Collected writings of Liu Wen-ch'i). 11 chüan. 1883.

Lo Chen-yü 罗振玉, comp. *Huang-Ch'ing tsou-i* 皇清奏议 (Memorails of the Ch'ing dynasty). 68 chüan; Supplement, 4 chüan. 1936.

Lo Chü 罗椇, comp. Lo Wen-k'o-kung (Tun-yen) nien-p'u 罗文恪公（惇衍）年谱 (Chronological biography of Lo Tun-yen). 1 ts'e. N. d.

Lo Ping-chang 骆秉章. *Lo-kung nien-p'u* 骆公年谱 (Chronological autobiography). Taipei: Wen-hai, 1968.

LTHJC: *Lin Tse-hsu chi*: *jih chi* 林则徐集・日记 (Works of Lin Tse-hsu: diary). Peking: Chung-hua, 1962.

Lu-i hsien-chih 鹿邑县志 (Gazetteer of Lu-i county [Honan]). 1896.

Lu I-t'ung 鲁一同. *T'ung-fu lei-kao* 通甫类稿 (Works of Lu I-t'ung arranged by category). 13 chüan. 1863.

Lung Ch'i-jui 龙启瑞. *Ching-te-t'ang chi* 经德堂集 (Collected writings of Lung Ch'i-jui). 8 chüan. 1879.

LWCKCS: *Lin wen-chung-kung cheng-shu* 林文忠公政书 (Collected memorials of Lin Tse-hsu). Shanghai: Commercial Press, 1925.

Lynn, Richard John. "Orthodoxy and Enlightenment: Wang Shih-chen's Theory of Poetry and Its Antecedents." In Wm. Theodore de Bary, ed., *The Unfolding of Neo-Confucianism*, pp. 217–269.

MCSL: *Ming-Ch'ing shih-liao* 明清史料. (Historical materials from the Ming and Ch'ing dynasties). Jen-pien 壬编 (series 8). Taipei: Academia Sinica, 1967.

Mei Tseng-liang 梅曾亮. *Po-chien shan-fang wen-chi* 柏枧山房文集 (Collected works of Mei Tseng-liang). 1856. Reprint, Taipei, 1969. 2 vols.

Metzger, Thomas A. *Escape from Predicament: Neo-Confucianism and China's Evolving Political Culture*. New York: Columbia University Press, 1976.

——. *The Internal Organization of the Ch'ing Bureaucracy*. Cambridge: Harvard University Press, 1973.

——. "T'ao Chu's Reform of the Huai-pei Salt Monopoly (1831–1833)," *Papers on China* (Harvard) 16: 1–39 (1962).

Miao K'uei 苗夔. *Shuo-wen chien-shou tzu-tu* 说文建首字读. Included in *Miao-shih shuo-wen ssu-chung* 苗氏说文四种 (Mr. Miao's four studies on the Shuo-wen). 8 ts'e. 1851.

Miller, Harold Lyman. "Factional Conflicts and the Integration of Ch'ing Politics, 1661-1690." PhD dissertation, George Washington University, 1974.

Miyazaki Ichisada. *China's Examination Hell*. Tr. Conrad Shirokauer. Tokyo: Weatherhill, 1976.

Morse, Hosea B. *The International Relations of the Chinese Empire*. 3 vols. London: Longman, Green and Co., 1910-1918.

Mote, F. W. "Political Structure." In Gilbert Rozman, ed. *The Modernization of China*. New York: Free Press, 1981.

Naquin, Susan. *Millenarian Rebellion in China: The Eight Trigrams Uprising of 1813*. New Haven: Yale University Press, 1976.

Nathan, Andrew J. "'Connections' in Chinese Politics: Political Recruitment and *kuan-hsi* in the Late Ch'ing and Early Republican China." Paper prepared for the 1972 meeting of the American Historical Association.

NHHC: *Nan-hai hsien-chih* 南海县志 (Gazetteer of Nan-hai county). 26 chüan. 1910. Reprint, Taipei: Hsueh-sheng, 1968.

Nivison, David S. "Ho-shen and his Accusers: Ideology and Political Behavior in the Eighteenth Century." In D. S. Nivison and Arthur F. Wright, eds, *Confucianism in Action*. Stanford: Stanford University Press, 1959, pp. 209-243.

Nolde, John J. "The 'False Edict' of 1849," *Journal of Asian Studies* 20. 3: 299-315 (1961).

——. "Xenophobia in Canton," *Journal of Oriental Studies* 13. 1: 1-22 (1975).

Ou-pei hsien-sheng nien-p'u 瓯北先生年谱 (Chronological biography of Chao I). 1 chüan. Hong Kong: Chung-wen, 1974.

Ouchterlony, John. *The Chinese War: An Account of All The Opera-*

tions of the British Forces from the Commencement to the Treaty of Nanking. London, 1844.

Oxnam, Robert B. *Ruling from Horseback: Manchu Politics in the Oboi Regency, 1661-1669.* Chicago: Universtiy of Chicago Press, 1975.

P'an Shih-en 潘世恩. *Ssu-pu-chai pi-chi* 思补斋笔记 (Anecdotes from the Ssu-pu Studio). In P'an Tsu-yin, *P'an-k'o wu-chung.*

P'an Te-yü 潘德舆. *Yang-i-chai chi* 养一斋集 (Collected writings of P'an Te-yü). 51 chüan. 1872.

P'an Tseng-i 潘曾沂. *Hsiao-fu shan-jen shou-ting nien-p'u* 小浮山人手订年谱 (Chronological autobiography). 1 chüan. N. d.

——. *Kung-fu hsiao-chi* 功甫小集 (Collected poems of P'an Tseng-i, first series). 11 chüan. N. d.

——. *P'an Feng-yü chuang pen shu* 潘丰豫庄本书 (Manual of the P'an clan estate). Tao-kuang period (1821–1850).

P'an Tseng-shou 潘曾绶. *Kai-lan shu-wu chi* 陔兰书屋集 (Collected writings of P'an Tseng-shou). 17 chüan. 1828.

P'an Tsu-yin 潘祖荫, comp. *P'an-k'o wu-chung* 潘刻五种 (Five works by members of the P'an family). 6 ts'e. Kuang-hsu period (1875–1908).

——. *Ssu-pu-chai shih-chi* 思补斋诗集 (Selected poems of P'an Shih-en). 6 chüan. 1850 preface.

——. *Ssu-pu lao-jen zi-ting nien-p'u* 思补老人自订年谱 (Chronological autobiography of P'an Shih-en). 1 chüan. In P'an Tsu-yin, *P'an-k'o wu-chung.*

Pao Shih-ch'en 包世臣. *An-wu ssu-chung* 安吴四种 (Complete works of Pao Shih-ch'en). Reprint, Taipei: Wen-hai, 1868.

Parker, Jason H. "The Rise and Decline of I-hsin, Prince Kung, 1858–1865: A Study of the Interaction of Politics and Ideology in Late Imperial China." PhD dissertation, Princeton University, 1979.

Peterson, Willard J. "Early Nineteenth Century Monetary Ideas on the Cash-Silver Exchange Ratio," *Papers on China* (Harvard) 20: 23 – 48

(1966).

———. "The Life of Ku Yen-wu (1613-1682), Part 2," *Harvard Journal of Asiatic Studies* 24: 201-247 (1969).

Polachek, James M. "Gentry Hegemony: Soochow in the T'ung-chih Restoration." In Frederic Wakeman, Jr., and Carolyn Grant, *Conflict and Control in Late Imperial China*, pp. 211-256.

———. "Literati Groups and Literati Politics in Early Nineteenth Century China." PhD dissertation, University of California at Berkeley, 1976.

PYHC: *P'an-yü hsien hsu-chih* 番禺县续志 (Revised gazetteer of P'an-yü county). 44 chüan. 1931. Reprint, Taipei: Hsueh-sheng, 1968.

Rankin, Mary B. "'Public Opinion' and Political Power: *Qingyi* in Late Nineteenth Century China," *Journal of Asian Studies* 41. 3: 453-484 (1982).

Rawlinson, John L. *China's Struggle for Naval Development, 1893-1895*. Cambridge: Harvard University Press, 1967.

A Reproduction of the Lan-t'ing Calligraphy Scroll by Wang Hsi-chih. Taipei: 1961.

Rossabi, Morris. *China and Inner Asia: From 1368 to the Present Day*. New York: Pica Press, 1975.

Sasaki Masaya 佐々木正哉, comp. *Ahen sensōgo no Chū-Ei kōsō: shiryō henkō* 鴉片戰爭後の中英闘爭：資料編稿 (Anglo-Chinese conflict after the Opium War: documents). Tokyo: Kindai Chūgoku kenkyū iinkai, 1964.

———. "Juntoku-ken kyōshin to Tōkai jūrokusa" 順德縣鄉民と東海十六沙 (The scholar-gentry of Shun-te county and the "sixteen shoal fields of Tung-hai"). In *Kindai Chūgoku kenkyū*, Volume 3, pp. 162-232. Tokyo: Tokyo University Press, 1959.

Schwartz, Benjamin I. *In Search of Wealth and Power: Yen Fu and the West*. Cambridge: Harvard University Press, 1966.

SCTI: *Tao Hsien T'ung Kuang ssu-ch'ao tsou-I* 道咸同光四朝奏议 (Memorials from the four reigns of Tao-kuang, Hsien-feng, T'ung-chih, and

Kuang-hsu). 12 vols. Reprint, Taipei: Commercial Press, 1970.

Shang-yü-tang fang-pen 上谕档方本 (Grand Council monthly logbook of imperial edicts). Grand Council archives, National Palace Museum, Taipei.

Shao I-ch'en 邵懿辰. *Pan-yen-lu i-chi* 半岩庐遗集 (Remaining works of Shao I-ch'en). 2 chüan. 1908.

——. *Shao Wei-hsi i-wen* 邵位西遗文 (Remaining essays of Shao I-ch'en). 1 ts'e. 1875.

SH-CC: *Ta-Ch'ing Jen-tsung Jui Huang-ti sheng-hsun* 大清仁宗睿皇帝圣训 (Sacred edicts of the Chia-ch'ing reign of the Ch'ing). 100 chüan. Kuang-hsu period (1875–1908).

SH-CL: *Ta-Ch'ing Kao-tsung Ch'un huang-ti sheng-hsun* 大清高宗纯皇帝圣训 (Sacred edicts of the Ch'ien-lung reign of the Ch'ing). 300 chüan. Kuang-hsu period (1875–1908).

Shen Chien-shih 沈兼士. *Chung-kuo k'ao-shih chih-tu shih* 中国考试制度史 (A history of the civil-service examinations of imperial China). Taipei: Examination Yuan, 1960.

SJCL: Chang Wei-p'ing 张维屏. *Ch'ing-ch'ao shih-jen cheng-lueh* 国朝诗人征略 (Anthology of Ch'ing poets). 124 chüan. Reprint, Taipei: Ting-wen, 1971.

SL-CC: *Ta-Ch'ing Jen-tsung Jui huang-ti shih-lu* 大清仁宗睿皇帝实录 (Veritable records of the Chia-ch'ing reign of the Ch'ing dynasty). 8 vols. Reprint, Taipei: Hua-wen, 1964.

SL-CL: *Ta-Ch'ing Kao-tsung Ch'un huang-ti shih-lu* 大清高宗纯皇帝实录 (Veritable records of the Ch'ien-lung reign of the Ch'ing dynasty). 1500 chüan. Reprint, Taipei: Hua-wen, 1964.

SL-HF: *Ta-Ch'ing Wen-tsung Hsien huang-ti shih-lu* 大清文宗显皇帝实录 (Veritable records of the Hsien-feng reign of the Ch'ing dynasty). 8 vols. Reprint, Taipei: Hua-wen, 1964.

SL-TK: *Ta-Ch'ing Hsuan-tsung Ch'eng huang-ti shih-lu* 大清宣宗成皇帝实录 (Veritable records of the Tao-kuang reign of the Ch'ing dynasty). 12

vols. Reprint, Taipei: Hua-wen, 1964.

SLHK: *Shih-liao hsun-k'an* 史料旬刊 (Historical materials published every 10 days). 40 ts'e. National Palace Museum, 1930–1931. Reprint, Taipei: Kuo-feng, 1963.

Spence, Jonathan D. "Opium Smoking in Ch'ing China." In Frederic Wakeman, Jr., and Carolyn Grant, *Conflict and Control in Late Imperial China*, pp. 143–173.

——, and John E. Wills, eds. *From Ming to Ch'ing: Conquest, Region, and Continuity in Seventeenth Century China*. New Haven: Yale University Press, 1979.

SSK: Yao Wei-yuan 姚薇元. *Ya-p'ien chan-cheng shih-shih k'ao* 鸦片战争史实考 (A history of the Opium War). 1931. Reprint, Taipei: Ku-t'ing, 1975.

Struve, Lynn A. "The Hsu Brothers and Semi-official Patronage of Scholars in the K'ang-hsi Period," *Harvard Journal of Asiatic Studies* 42.1: 231–266 (1982).

——. "Some Frustrated Scholars of the K'ang-hsi Period." In Jonathan D. Spence and John E. Wills, Jr., *From Ming to Ch'ing*, pp. 321–365.

Su Shu-fan 苏树蕃, comp. *Kuo-ch'ao yü-shih t'i-ming* 国朝御史题名 (List of censors during the Ch'ing period). Reprint, Taipei: Wen-hai, 1967.

Sun Ting-ch'en 孙鼎臣. *Ts'ang-lang shih-wen chi* 苍筤诗文集 (Poetry and prose of Sun Ting-ch'en). 18 chüan. Hsien-feng period (1850–1861).

Sun Yü-t'ing 孙玉庭. *Yen-li-t'ang chi* 延釐堂集 (Collected works of Sun Yü-t'ing). 8 chüan. 1872.

Suzuki Chūsei 鈴木中正. *Shin-chō chūkishi kenkyū* 清朝中期史研究 (Studies in the history of the middle Ch'ing). Toyohashi: Aichi daigaku kokusai mondai kenkyūjō, 1952.

——. "Shin-matsu no zaisei to kanryō no seikaku" 清末の財政と官僚の性格 (The nature of the financial administration and the bureaucracy of the late Ch'ing period). In *Kindai Chūgoku kenkyū*, Volume 2. Tokyo: Tokyo University Press, 1958, pp. 189–282.

Ta-Ch'ing hui-tien (t'u-shuo, shih-li) 大清会典，图说，事例 (Statutes of the Great Ch'ing, with illustrations and precedents). 1818 edition, 920 chüan. 1899 edition, 1220 chüan. Reprint, Taipei: Hsin-wen-feng, 1976.

Takahashi Kazumi 高桥和己. *O Shishin* 王士禎 (Wang Shih-chen). Toyko: Iwanami Shoten, 1962.

T'ang P'eng 汤鹏. *Fu-ch'iu-tzu* 浮邱子. 12 chüan. 1824.

TCFC: Fang Tung-shu 方东树. *K'ao-p'an-chi* 考槃集 (Retirement collection). 3 chüan. 1848. In his *T'ung-ch'eng Fang Chih-chih hsien-sheng ch'üan-chi* 桐城方植之先生全集 (Complete collected works of Fang Tung-shu). Kuang-hsu period (1875–1908).

TCT: Ho Shao-chi 何绍基. *Tung-chou ts'ao-t'ang wen-ch'ao* 东洲草堂文钞 (Collected writings of Ho Shao-chi). 16 chüan. Reprint, Taipei: Wen-hai, 1974. 3 vols.

THHL: *Tung-hua hsu-lu Chia-ch'ing ch'ao* 东华续录嘉庆朝 (Continuation of the Tung-hua records, Chia-ch'ing reign). 50 chüan. Shanghai, 1909.

T'ien-hsia shu-yuan tsung-chih 天下书院总志 (Register of the academies of the empire). 12 chüan. Reprint, Taipei: Kuang-wen, 1974. 3 vols.

Ting Yen 丁晏. *I-chih-chai wen-ch'ao* 颐志斋文钞 (Writings of Ting Yen). In *I-chih-chai ts'ung-shu* 颐志斋丛书 (Collected works of Ting Yen). 16 ts'e. 1861.

TKHC: *Tung-kuan hsien-chih* 东莞县志 (Gazetteer of Tung-kuan county). 1926—1927. Reprint, Taipei: Hsueh-sheng, 1968.

Tsung Chi-ch'en 宗绩辰. *Kung-ch'ih-chai shih-ch'ao* 躬耻斋诗钞 (Collected poetry of Tsung Chi-ch'en). 14 chüan. 1859.

———. *Kung-ch'ih-chai wen-ch'ao* 躬耻斋文钞 (Collected prose of Tsung Chi-ch'en). 16 chüan. 1857.

Tu Wei-yun 杜维运. *Hsueh-shu yü shih-pien* 学术与世变 (Scholarship and Change). Taipei: Huan-yu, 1971.

TWC: Tseng Kuo-fan 曾国藩. *Tseng Wen-cheng-kung ch'üan-chi* 曾文正公全集 (Complete works of Tseng Kuo-fan). 1876. Reprint, Taipei: Wen-hai, 1974.

TWIK: T'ao Chu 陶澍. *T'ao Wen-i-kung ch'üan-chi* 陶文毅公全集 (Collected works of T'ao Chu). 64 chüan. 1840 preface.

Wai-chi tang 外纪档 (Outer court record book). Ch'ing archives, National Palace Museum, Taipei.

Wakeman, Frederic, Jr. "The Canton Trade and the Opium War." In John K. Fairbank et al., *The Cambridge History of China*, Volume 10, pp. 163-212.

——. *Strangers at the Gate: Social Disorder in South China, 1839-1861*. Berkeley: University of California Press, 1966.

—— and Carolyn Grant, eds. *Conflict and Control in Late Imperial China*. Berkeley: University of California Press, 1976.

Waley, Arthur. *The Opium War through Chinese Eyes*. 1958. Reprint, Stanford: Stanford University Press, 1968.

Wang Ch'ang 王昶. *Hu-hai shih-chuan* 湖海诗传 (Poetic biographies of friends of Wang Ch'ang). 46 chüan. Reprint, Taipei: Commercial Press, 1968. 2 vols.

Wang Ch'i-sun 王芑孙. *T'i-fu wei-ting kao* 惕甫未定稿 (Incomplete collection of the works of Wang Ch'i-sun). 16 chüan. 1804.

Wang Chia-chien 王家俭. *Wei Yuan nien-p'u* 魏源年谱 (Chronological biography of Wei Yuan). Taipei: Academica Sinica, Institute of Modern History, 1967.

——. *Wei Yuan tui hsi-fang ti jen-shih chi ch'i hai-fang ssu-hsiang* 魏源对西方的认识及海防思想 (Wei Yuan's knowledge of the West and his concept of maritime defense). Taipei: Taiwan University, Institute of Literature, 1964.

Wang Ch'ing-yun 王庆云. *Shih-ch'ü yü-chi* 石渠余纪 (Topics in Ch'ing institutional history). 6 chüan. Reprint, Taipei: Wen-hai, 1967.

Wang Chün-i 王俊义. "Kuan-yü Hsuan-nan shih-she ti chi-ko wen-t'i" 关于宣南诗社的几个问题 (Several questions concerning the Hsuan-nan Poetry Club). In Jen-min ta-hsueh, Ch'ing-shih yen-chiu so, comps., *Ch'ing-*

shih yen-chiu chi 清史研究集 (Essays on Ch'ing history), Volume 1, pp. 216–242. Peking, 1980.

Wang Hsi-chen 王锡振. *Lung-pi shan-fang wen-chi* 龙壁山房文集 (Collected writings of Wang Hsi-chen). 1881 edition, 8 chüan; 1883 edition, 5 chüan.

Wang Hsi-sun 汪喜孙 (Wang Hsi-hsun 汪喜荀). *Ch'ieh-chu-an wen-chi* 且住庵文集 (Collected prose of Wang Hsi-sun). Taipei: Shih-chieh, 1971.

——. *Ts'ung-cheng lu* 从政录 (Essays on governance). 4 chüan. 1841. Reprinted in *Chiang-tu Wang-shih ts'ung-shu* 江都汪氏丛书 (Collectanea of the Wang family of Chiang-tu). Shanghai: Chung-kuo, 1925, ts'e 14–17.

Wang Po-hsin 王柏心. *Shu-yen* 枢言. 1 chüan. 1834. Supplement, 1 chüan. 1844.

Wang Shih-chen 王士禛. *Yü-yang shan-jen kan-chiu chi* 渔洋山人感旧集 (Poetic memoirs of old friends of Hermit Yü-yang). 16 chüan. 1752. Reprint, Taipei: Kuang-wen, 1985. 2 vols.

WCSL: *Ch'ing-tai wai-chiao shih-liao* 清代外交史料 (Historical materials on Ch'ing foreign relations). Volume 2, 4 chüan, Tao-kuang reign. 1932–1933. Reprint, Taipei: Ch'eng-wen, 1968.

Wei Hsiu-mei 魏秀梅, comp. *Ch'ing-chi chih-kuan piao* 清季职官表 (Table of officials of the late Ch'ing). 2 vols. Taipei: Academia Sinica, Institute of Modern History, 1977.

Wei Peh-t'i, "Internal Security and Coastal Control: Juan Yuan and Pirate Suppression in Chekiang, 1799–1809," *Ch'ing-shih wen-t'i* 4. 2: 83–112 (1979).

Wei Yuan 魏源. *Hai-kuo t'u-chih* 海国图志 (Illustrated gazetteer of the maritime countries). 60 chüan. 1847. Reprint, Taipei: Ch'eng-wen, 1967. 7 vols.

——. *Ku-wei-t'ang wai-chi* 古微堂外集 (Exoteric collection of the writings of Wei Yuan). 1878.

——. *Sheng-wu chi* 圣武记 (A military history of the Ch'ing). 14 chüan. Completed 1842. Reprint, Taipei: Chung-hua, 1962. 2 vols.

——. *Tseng-kuang hai-kuo t'u-chih* 增广海国图志 (Expanded edition of illustrated gazetteer of the maritime countries). 125 chüan. Taipei：Kuei-ting，1978.

——. *Wei Yuan chi* 魏源集 (Collected works of Wei Yuan). 2 vols. Peking：Chung-hua，1976.

Weng Fang-kang 翁方纲. *Fu-ch'u-chai wen-chi* 复初斋文集 (Collected writings of Weng Fang-kang). 25 chüan. Reprint，Taipei：Wen-hai，1968. 3 vols.

——. *Weng-shih chia-shih lueh-chi* 翁氏家事略记 (Brief history of the Weng family). Appendix to *Fu-ch'u-chai shih-chi* 复初斋诗集. 70 chüan. 1814 (?). Held at Harvard-Yenching Library.

WHC：*Ya-p'ien chan-cheng wen-hsueh chi* 鸦片战争文学集 (Collected literary materials on the Opium War). 2 vols. Peking：Ku-chi，1957.

WHTK：*Ch'ing-ch'ao hsu wen-hsien t'ung-k'ao* 清朝续文献通考 (Compendium of documents from the Ch'ing dynasty, second compilation). 400 chüan. Compiled，1915. Published，Shanghai：Commercial Press，1936. Reprint，Taipei：Hsin-hsing，1965，as part of *Shih-t'ung* 十通. 24 vols.

Wills, John E., Jr. "Maritime China from Wang Chih to Shih Lang：Themes in Peripheral History." In Jonathan Spence and John E. Wills, Jr., *From Ming to Ch'ing* . New Haven：Yale University Press，1979.

Wong，J. Y. *Yeh Ming-ch'en：Viceroy of Liang Kuang, 1852–1858* . Cambridge：Cambridge University Press，1976.

Wu Ch'ang-shou 吴昌绶. *Ting-an hsien-sheng nien-p'u* 定盦先生年谱 (Chronological autobiography of Kung Tzu-chen). Reprinted in Kung Tzu-chen, *Kung Tzu-chen ch'üan-chi*.

Wu Chia-pin 吴嘉宾. *Ch'iu-tzu-te-chih-shih wen-ch'ao* 求自得之室文钞 (Collected works of Wu Chia-pin). 14 chüan. 1866.

Wu Ching-tzu 吴敬梓. *The Scholars*. Tr. Yang Hsien-yi and Gladys Yang. New York：Grosset and Dunlop，1972.

Wu Hsi-ch'i 吴锡麒. *Yu-cheng-wei-chai ch'ih-tu* 有正味斋尺牍 (Letters of Wu Hsi-ch'i). 2 chüan. 1909.

Wu Hsiung-kuang 吴熊光. *I-chiang pi-lu* 伊江笔录 (Anecdotes on administration). 2 chüan.

Wu, Silas. *Passage to Power: K'ang-hsi and His Heir Apparent, 1661-1722*. Cambridge: Harvard University Press, 1979.

Wu Sung-liang 吴嵩梁. *Hsiang-su shan-kuan ch'üan-chi* 香苏山馆全集 (Complete works from the Hsiang-su Retreat). 58 chüan. 1843.

——. *Shih-ch'i-fang shih-hua* 石溪舫诗话 (Notes on poetry from the Shih-ch'i-fair). 2 chüan. In his *Hsiang-su shan-kuan ch'üan-chi*.

Wu Wen-jung 吴文镕. *Wu Wen-chieh kung i-chi* 吴文节公遗集 (Remaining works of Wu Wen-jung). Reprint, Taipei: Wen-hai, 1968.

Ya-p'ien chan-cheng shih-ch'i ssu-hsiang-shih tzu-liao hsuan-chi 鸦片战争时期思想史资料选辑 (Selected materials on the history of thought in the period of the Opium War). Peking: Chung-hua, 1963.

Yamaguchi Michiko 山口廸子. "Shindai no sōun to senshō" 清代の漕運と船商 (Maritime transport and shipping merchants in the Ch'ing period), *Tōyōshi kenkyū* 17. 2: 56-72 (1958).

Yang, C. K. "Some preliminary Statistical Patterns of Mass Actions in Nineteenth Century China." In Frederic Wakeman, Jr., and Carolyn Grant, *Conflict and Control in Late Imperial China*, pp. 174-210.

Yang-ch'un hsien-chih 阳春县志 (Gazetteer of Yang-ch'un county). 11 chüan. 1949. Reprint, Taipei, 1971.

Yao Nai 姚鼐. *Hsi-pao-hsuan shih-wen chi* 惜抱轩诗文集 (Collected poetry and prose of Yao Nai). 26 chüan. Taipei: Commercial Press, 1968.

Yao Ying 姚莹. *K'ang-yu chi-hsing* 康輶纪行 (Record of a mission to Tibet). 16 chüan. 1867 postface. Reprint, Taipei: Kuang-wen, 1969.

——. comp. *Ch'ien k'un cheng-ch'i chi* 乾坤正气集. 1848. Reprint, Taipei: Huan-chiu, 1966.

Yao Yuan-chih 姚元之. *Chu-yeh-t'ing tsa-chi* 竹叶亭杂记 (Random notes from the Chu-yeh Pavilion). 8 chüan. 1893.

Yao Yung-p'u 姚永朴. *Chiu-wen sui-pi* 旧闻随笔 (A miscellany of old anecdotes). 4 chüan. Taipei: Wen-hai, 1968.

Yeh Ming-feng 叶名沣. *Ch'iao-hsi tsa-chi* 桥西杂记 (Random jottings from west of the bridge). Taipei: Commerical Press, 1966.

Yen Jung 严荣. *Shu-an hsien-sheng nien-p'u* 述庵先生年谱 (Chronological biography of Wang Ch'ang). 2 chüan. 1807.

Ying-ho 英和. *En-fu-t'ang nien-p'u* 恩福堂年谱 (Chronological autobiography). 1 chüan. ca. 1840.

Yoshikawa Kōjirō 吉川幸次郎. *Yoshikawa Kōjirō zenshū* 吉川幸次郎全書 (Complete works of Yoshikawa Kōjirō). 20 vols. Tokyo: Chikuma, 1970.

YPCC: *Ya-p'ien chan-cheng* 鸦片战争 (The Opium War). 6 vols. Shanghai: Shen-chou kuo-kuang she, 1954.

Yü-chai 迂斋 (pseud.). "Tao-kuang-ch'ao chih chün-hsiang" 道光朝之君相 (The ruler and his ministers in the Tao-kuang reign). In *Chung-ho yueh-k'an shih-liao hsuan-chi*, pp. 274–278.

Yü-ch'ien 裕谦. *Yü-ching-chieh-kung i-shu* 裕靖节公遗书 (Remaining works of Yü-ch'ien). 3 vols. Reprint, Taipei: Ch'eng-wen, 1969.

Yuan Chia-san 袁三甲. *Hsiang-ch'eng Yuan-shih chia-chi* 项城袁氏家集 (Works of the Yuan family of Hsiang-ch'eng). Comp. Ting Chen-to 丁振铎. 1911. Reprint, Taipei: Wen-hai, 1966. 8 vols.

Yueh-tung sheng-li hsin-tsuan 粤东省例新纂 (Revised compendium of Kwangtung province administrative statutes). 8 chüan. 1846. Reprint, Taipei: Ch'eng-wen, 1968.

Zelin, Madeleine. *The Magistrate's Tael: Rationalizaing Fiscal Reform in Eighteenth- Century Ch'ing China*. Berkeley: University of California Press, 1984.

索 引[*]

Americans 美国人,252,253,358n30

Amoy 厦门,110,139,157,186—187,188,192,202,222,325n49,330n29,350n33

Andromache "安德洛玛刻"号,107,111,319n11

Anhwei 安徽,55,56,68,75,261,300n50,306nn80,81,311n9,322n32,325n47,327n10,351n34

Ann "安音"号,187,190,201,339n29

Ao-feng Academy 鳌峰书院,313n19

Becher,Major 比彻少校,341n46

Benoist,Michel 蒋友仁,342n56

Bonham Letter 文翰之信,254-265,267,270,358n35,359n39

Bonham,Sir George 乔治·文翰爵士,252,253,254-265,281,345n3,358nn30,35

Bremer,Sir Gordon 戈登·伯麦爵士,197,341n46

Canton 广州:anti-foreignism in 排外主义,6,8,10,341n41;trade in 贸易,15,105-108,109,115,116,117,118,120,121,122,125,126,130,131,134,139;defense of 防御,15,139-141,149,152,161,171,182,184,185,210,329n20;academy circles in 学术界,118-119,120,121,123,133,141,142,144,145,146,149,158,159,172,244,248,251-252,254,281,282,322n32,327n8,333n49,341n48;claims of Ch'ing victory at 宣称清朝胜利,138-141,241,281;1841 siege of 1841年的包围,142,159-169,172,197,281,332n39;embargo at 停止通商,151,338n6;ransom at 赔款,166,247,355n12;paramilitary forces at 乡勇,169-175,180,195,197,240,248,249-250,252,253,257,281,335n63,336nn66,67,68,337n74,356nn14,

---

[*] 页码为原书页码,即本书边码。——译者注

22, 357n23; demobilization of forces at 遣散乡勇, 196, 250, 356n22; 1849 British retreat at 1849 年英军的撤退, 241, 242–252, 254, 281; and treaty concessions 和条约特许权, 242, 247, 278; merchants in 商人, 244, 247, 248, 355n12; customs collections at 征收关税, 245, 353n8; 1847 British raid at 1847 年英军的突袭, 247, 248, 251, 252, 256, 270. See also Bonham Letter 亦参见文翰之信

Catholicism, toleration of 容许信仰天主教, 239, 269

Censorate 都察院, 32–38, 65, 80, 81, 82, 83, 95, 99, 116–117, 213, 215, 216, 296n28, 315n45

Chan-ch'un chi 湛春集, 63. See also Spring Purification circle 亦参见春禊派

Chang Chi-liang 张际亮, 13, 312nn20, 22, 313n33, 314n38, 316n62, 320n20, 326n57; and Spring Purification circle 和春禊派, 70–71, 78, 81, 224, 226, 283, 309n3, 311n19, 312n23, 320n20; and poetry 和诗歌, 91, 92, 93–94, 97, 219–220, 294n14, 314n36; death of 去世, 218, 220, 221, 222, 224, 349n30, 350n31, 351n36

Chang Chih-tung 张之洞, 363n7

Chang Fei 张芾, 215

Chang Hsiang-ho 张祥河, 309n1

Chang Hsin-pao 张馨保, 2, 103, 323n38

Chang Hui-yen 张惠言, 300n50

Chang Mu 张穆, 208, 217, 223, 224, 228, 281, 331n36, 345n2, 348n24, 351n34, 352n43

Chang Shao 张芍, 148

chang-tan i-li 畅谈义理, 317n76

Chang T'ing-yü 张廷玉, 30, 294n21, 311n9

Chang Tou 张斗, 356n22

Chang Wei-p'ing 张维屏, 143, 146, 148, 166, 167, 281, 327n8

Chang Wen-hao 张文浩, 307n87

Chang Yueh-sun 张岳孙, 224, 325n47

Chao Chen-tso 赵振祚, 224

Chao I 赵翼, 299n50

Chao Shen-chen 赵慎畛, 302n59

Ch'ao-chou (Kwangtung) 潮州（广东）, 172

ch'ao-k'ao 朝考, 294n14

索 引

Chekiang 浙江, 167, 182, 183, 223, 259, 313n28, 321n29, 346n8, 356n22; defense of 防御, 140, 158, 174, 175, 198, 199, 279, 329n21, 331n33, 334n57, 337n75, 341n51; governors-general of 督抚, 188, 300n50, 330n29. See also Yangtze region 亦参见长江流域

chen 真, 90

Chen-hai (Chekiang) 镇海（浙江）, 221, 349n28

Chen-k'ou 镇口, 151

Ch'en Chi-k'un 陈其锟, 143, 356n20

Ch'en Chin-fang 程晋芳, 304n68

Ch'en Ch'ing-yung 陈庆镛, 217, 237, 349n30, 350n31, 352n43, 353n1

Ch'en Fang-hai 陈方海, 80

Ch'en Hui-tsu 陈辉祖, 35

Ch'en Hung-ch'ih 陈鸿墀, 147, 322n32, 327nn9, 11

Ch'en Li 陈澧, 147, 203, 327n11, 344n65

Ch'en Shou-ch'I 陈寿祺, 312n19

Ch'en Wei-sung 陈维崧, 27, 294n15

Ch'en Wen-shu 陈文述, 306n79

Ch'en Yung-fu 陈用敷, 300n50

Ch'en Yung-kuang 陈用光, 44, 47, 69, 70, 299n49, 302n59, 303n63, 312n22

Cheng-ch'i ko Shrine 正气阁, 349n29

Cheng Hsuan 郑玄, 49, 84, 86

Cheng Jo-tseng: *Ch'ou-hai t'u-pien* 郑若曾:《筹海图编》, 194, 328n18, 339n38

Cheng K'ai-hsi 郑开禧, 69, 311n18, 312n22, 320n20

Cheng Tsu-ch'en 郑祖琛, 260, 262, 263, 268, 359n40, 360n44, 361n51

cheng-yao 政要, 292n4

ch'eng 诚, 90

Ch'eng En-tse 程恩泽, 51, 58, 305n73, 311n9, 316n59, 322n31

Ch'eng Hao 程颢, 317n72

Ch'eng 工程颐, 317n72

ch'eng-p'ing chih t'ien-hsia 承平之天下, 97

Ch'eng, Prince 成亲王, 298n39

Ch'eng Yü-ts'ai 程矞采, 246, 250, 346n7, 354nn9, 10, 356n23

chi-shih-chung 给事中, 296n28

Chi Yun 纪昀, 49, 295n21, 297n37, 298n47, 300n50, 304n68

ch'i 奇, 70

Ch'i Chi-kuang 戚继光, 196, 339n38; *True Record of Troop Training* 《练兵实记》, 194

Ch'i Chün-tsao 祁寯藻, 179, 184, 217, 218, 222, 223–224, 275, 276, 325n49, 330n29, 331n36, 347n9, 348n24, 350n33, 351n34, 355n11

Ch'i Kung 祁墐, 141, 166, 168, 210; as governor of Kwangtung 担任广东巡抚, 159, 162, 169, 211, 246, 279, 331n36, 332n40, 333n49, 335n60, 347n9; and local militia 和地方乡勇, 160, 161, 168, 171, 172, 173, 174, 240, 281, 332n42, 336nn68, 71, 337n74

Ch'i-shan 琦善, 82, 130, 141, 223, 307n87, 326n50, 329n22, 331n32, 346n5; vs. Lin Tse-hsu 对决林则徐, 61, 139, 149–159, 160, 181, 185–186, 210, 280–281, 286, 309n104, 326n59, 329n23, 330n26, 331nn30, 31, 32, 338n10, 354n10; and Tientsin negotiations 和天津谈判, 156, 157, 181–185

Ch'i Ssu-ho 齐思和, 339n39, 340n40

Ch'i-ying 耆英, 6, 191, 192, 239, 243, 244, 248–249, 252, 261, 339n38, 341n42, 344n1, 347n9, 357n25, 360nn46, 47, 361n57; and reform 和改革, 15, 274; in Hangchow 在杭州, 175, 337n78, 346n8; and peace negotiations 与和谈, 189, 195, 210, 211, 245, 339n23; fall of 倾覆, 206–207, 238, 256, 269, 270, 278, 357n26, 362n5, 355n11; and Canton defense 和广州防御, 246, 247, 248–249, 250–251, 254, 354n9, 359n36; and Canton real-estate panic 和广州不动产的恐慌, 251, 357n24; and Bonham Letter 和文翰之信, 255, 358n35

Chia-ch'ing emperor 嘉庆皇帝, 19, 36–37, 38, 42, 44–46, 298n41, 299n50, 301nn51, 56, 302n58, 303n64

Chiang Ch'i-ling 蒋琦龄, 353n5

Chiang Hung-sheng 江鸿升, 196, 356n17

Chiang K'ai 江开, 346n6

Chiang-t'ing Pavilion (Peking) 江亭（北京）, 48, 226, 304n66, 351n39

Chiang Yu-hsien 蒋攸铦, 43–47, 300n50, 301nn51, 52, 303n64; downfall of 倾覆, 51, 54–55, 58, 59, 308n94, 95, 97; and sea shipment 和海运, 56–59, 286, 306n79, 307nn83, 85, 90, 308n93; protégés of 其门生, 285, 302n59, 306n81, 307n89, 312n22

chiao-yü hsing-wen 教育兴文, 149

chien-nan chih t'ien-hsia 艰难之天下, 97, 98

Ch'ien Chiang 钱江, 196, 334n56, 341n44

Ch'ien Feng 钱沣, 34, 35–36, 296n33, 302n59

Ch'ien-lung emperor 乾隆皇帝, 19, 27, 30, 33, 34, 35–36, 38, 85, 294n21, 342n56, 349n26

Ch'ien Tsai 钱载, 296n33, 304n68, 317n76

chih-ch'i 志气, 93

chih-jen chih shih 志人之诗, 92

chih-shih 志士, 93–94, 98, 220, 317n80

Chihli 直隶, 61, 81, 82, 130, 156, 181, 182, 255, 256, 261, 321n30, 326n59, 358n35

chih-shih 进士, 75, 76, 146, 246, 293n8, 300n50, 355n11

Chin Ying-lin 金应麟, 117, 118, 321n30

ch'in-ch'ai ta-ch'en 钦差大臣, 210, 345n1, 347n9

Ch'in Ch'ing 秦清, 34–35, 297n34

Ch'in Ying 秦瀛, 297n37, 299n47, 311n9

Ching-an, governor of Honan 景安, 河南巡抚, 299n50

ch'ing 清, 292n4

Ch'ing-ch'i Academy 青溪书院, 299n47

ch'ing-hsia 清暇, 21, 292n4

ch'ing-hsing 情性, 92

ch'ing-i 清议, 95–99, 131, 233, 234, 362n7

Ch'ing-shih 《清史》, 214

Chinkiang 镇江, 221

Ch'iu Yuan-chün 裘元俊, 81, 315nn43, 47

Chou Chung-hsi 周仲墀, 310n6

Chou T'ien-chueh 周天爵, 210, 211, 266, 267, 325n50, 346nn6, 7

Chou Yen-ts'ai 周彦才, 338n6

chü 局, 142

Chu Ch'i 朱琦, 185, 265, 350nn31, 32, 352nn45, 48, 353n1; and Spring Purification circle 和春禊派, 217, 218, 348n24; and Chang Chi-liang 和张际亮, 220, 222, 349n30; and Ku Yen-wu Shrine Association 和顾祠会祭, 230, 231, 232–234, 237, 262, 311n10, 340n40, 352n42

Chu Chien 朱鉴, 335n57

Chu I-tsun 朱彝尊, 49, 50, 66, 83, 86, 304nn69, 70, 315n55, 316n62

chü-jen 举人, 21, 120, 223, 292n2, 334n54, 344n1

Chu-ko Liang 诸葛亮, 59, 308n96

Chu Kuei 朱珪, 37, 294n15, 298nn39, 45, 299nn49, 50, 300n50, 301n50, 323n33; and northern scholar group 和北方士人集团, 38, 42, 210, 295n21, 296n33, 297n37; protégés of 其门生, 146, 306n79

chu-shih 主事, 292n4

Chu Shou-ch'ien 车持谦, 348n24

Chu Ts'un 朱噂, 323n38

Chu Tz'u-ch'i 朱次琦, 327n7

Chu Yu-ts'un 朱右曾, 224

Chu Yun 朱筠, 42, 295n21, 296n33, 297n37, 299n49

Ch'ün, Prince 醇亲王, 362n3

Chuang Shou-ch'i 庄受祺, 224

chuang-yung 壮勇, 172

Chung Ch'ang 钟昌, 314n36

chung-nien ts'ai-tzu 中年才子, 312n25

Chung-shan Academy 钟山书院, 311n9

chung-shu 中书, 292n4. See also *she-jen* 亦参见舍人

Chusan islands 舟山群岛, 152, 153, 182, 329n21, 341n51, 353n4

Costin, W. C. 柯士丁, 2

Coxinga (Cheng Ch'eng-kung) 国姓爷（郑成功）, 150, 328n18

D'Aguilar, Major 达圭勒少校, 247, 256, 355n14

Davis, Sir John 约翰·戴维斯爵士, 243, 345n3

Denham, Captain 德纳姆上校, 201, 342n60

East India Company 东印度公司, 106

Elliot, Captain Charles 义律上校, 120, 124, 138, 151, 152, 155, 160, 170, 186, 189, 322n33, 328n19, 332n46; northern campaign of 北方战役, 153, 156, 157, 181, 182, 184, 256; and San-yuan-li incident 和三元里事件, 163, 165, 332n48

Examination system 科举制, 4, 12, 20–23, 50, 76, 84, 206, 226–227, 228, 292n2; and career patronage 和仕途恩庇, 23–29, 41–47, 48, 64, 66, 74, 95, 117, 224, 293nn9, 11, 12, 296n33, 348n22; and poetry 和诗歌, 27, 294n14, 314n36; and cliques 和派系, 30, 35, 40, 75; metropolitan exam 会试, 71, 87, 134, 312nn22, 25; Mu-chang-a's control of 穆彰阿的掌控, 208, 209, 211, 215, 216, 227, 241, 348n21; and bureaucracy 和官僚机构, 233, 241, 265

Fa-shih-shan 法式善, 296n33, 297n37

Factionalism 宗派, 12–13, 37, 38, 39, 48, 50, 96, 295n24

Fairbank, John K. 费正清, 2, 4, 339n39, 344n1, 355n12

Fan Feng 樊封, 148, 336n73, 356n20

Fang Pao 方苞, 310n9

Fang Tung-shu 方东树, 96, 167, 322n32, 325n52, 327n10, 328n18, 334n56; and Yao Ying 和姚莹, 69, 132, 147, 191, 311n18, 338n13, 339nn23, 29, 342n60

Fatshan 佛山, 161, 170, 171, 197, 332n41

Fei Ch'un 费淳, 299n50

fen-hsiao 分销, 319n6

Feng Chih-i 冯志沂, 311n10, 350n31

Feng Kuei-fen 冯桂芬, 193, 224, 307n85, 308n100, 352n44

feng-liu 风流, 28

Feng Min-ch'ang 冯敏昌, 327n8

Feng Tsan-hsun 冯赞勋, 109–110, 111, 117, 320n18

feng-wen 风闻, 32

feng-ya 风雅, 28, 88

Fletcher, Joseph 弗莱彻, 319n8

Foochow 福州, 70, 188, 247, 253, 312n19, 346n6, 347n9, 354n9, 355n12

fu-i 浮议, 308n95

Fukien 福建, 69, 130, 138, 162, 167, 187, 188, 190, 210, 257, 259, 321n31, 325n49, 331n30

Gough, General 郭富将军, 164, 165, 341n46

Grand Canal 大运河, 174, 221, 260, 279, 303n64, 307nn84, 87, 88, 326n3

Grand Council (Chün-chi-ch'u 军机处), 31–32

Grand Secretariat (Nei-ko) 内阁, 22, 23, 71, 292n4, 293n7

Great Britain 英国: and "opening of China" 和"中国的开放", 19–20; northern campaign of 北方战役, 139–140, 152–158, 181–183, 198; attack on Canton 进攻广州, 152–153, 155, 159–162, 183–185, 252–253; vulnerability in South Asia 在东南亚的弱

点，200–203，253，342nn60，61，343nn63，64. See also Canton; Trade; Treaties 亦参见广州、贸易、条约

hai-k'ou 海寇，140

Hai-ling 海龄，168–169，221，349n28

Han Chinese 汉人，33，34，179，209，210，259，274，278，280，285; vs. Manchus 对抗满人，12，224，244，302n58; and examination system 和科举制，35，211，246; and censorate 和监察机构，212–213

Han Learning 汉学，49，71–72，84，86，89，119，123，223，317n68，321n31，348n24; and Hsueh-hai-t'ang 和学海堂，145，147，322n32; opposition to 反对，148，230，327nn7, 10; and Ku Yen-wu 和顾炎武，217，224，225，228，229–230

Han-lin Academy 翰林院，37，38，64，69，82，161，166，183，193，212，292n4，310n6，313n33，321n30，355n11，361n48; and examination elite networks 和科甲精英网络，22，23，314n38，348n22; and official appointments 和任官，32，43，45，55，75，159，246，300n50，301n52，302nn57, 58, 59; Mu-chang-a's control of 穆彰阿的掌控，215，216，217，223，232; chauvinism of 沙文主义，285，286，287; examinations for 考试，294n14，295n21

Han Yü 韩愈，148

Hangchow 杭州，118，175，330n29，335n57，350n32

Ho Ch'ang-ling 贺长龄，306n79，307nn85, 89，323n37

Ho Ch'iu-t'ao 何秋涛，350n31

Ho-chou (Kwangsi) 梧州（广西），264

Ho Kuei-ch'ing 何桂清，215

Ho Ling-han 何凌汉，348n22

Ho Shao-chi 何绍基，208，217，227，230，231，345n2，348nn23, 24，349n26，350n31，351n34

Ho-shen 和珅，36，49，232，295n21，348n21; opposition to 反对，30，34，38，39，42，297n35，298nn42, 47，299–300n50

Ho Ta-keng 何大庚，334n56

Ho Tao-sheng 何道生，297n37

Ho Yu-ch'eng 何玉成，333n48

Honam Island 河南岛，357n24

Honan 河南，299n50，301n50

Hong Kong 香港，155，157，158，160，169，174，175，178，254，255

Howqua II 伍秉鉴，121，124，322n32

Hsi-en 禧恩，80，82，109，315n47

Hsia Hsieh 夏燮，184，192

Hsiang-shan county (Kwangtung) 香山县（广东），172，356n22，357n23

Hsiao Kung-chuan 萧公权，363n8

Hsien-feng emperor 咸丰皇帝，234，235，237，265，269－271，274，275，360n47；and Mu-chang-a 和穆彰阿，238，241，266，267，268，269，277；and Bonham Letter 和文翰之信，255，256－257，358n35，359n39

Hsien-ling 咸龄，346n8

hsing-ch'ing 性情，92，317n76

hsing-t'ien 情天，92

hsing-wen 兴文，144

Hsiu-feng Academy 秀峰书院，350n32

Hsu Chi-yü: *Ying Huan chih lueh* 徐继畲：《瀛环志略》，178

Hsu Ch'ien-hsueh 徐乾学，86，87，227，229，316n63，351n41

Hsu Ch'iu 许球，323n38

Hsu Han 徐瀚，223，350n30，351n34，355n11

Hsu Hsiang-kuang 许祥光，356n20

Hsu Hung-ch'ing 徐鏴庆，66，309n4

Hsu Kuang-chin 徐广缙，243，244－245，257，282，355n11，358nn26，29；and Ch'i-ying 和耆英，246，251－252，256，357n244；and Bonham Letter 和文翰之信，253，254，255，281

Hsu Kuang-fu 徐广绂，355n11

Hsu Nai-chi 许乃济，120，122，124，278，323nn34，35，38，324n42

Hsu Pao-shan 徐宝善，66，82，109，309n4，311n9，316n63；and Spring Purification circle 和春禊派，64，65，67，78，80，81－82，86，87，309nn1，3，312n22

Hsu T'ing-k'uei 余廷槐，249－250

Hsuan-nan Poetry Club (Hsuan-nan shih-she) 宣南诗社，29，39－61；as a literati faction 作为一文人派别，39－41；as a bureaucratic clique 作为一官僚集团，41－47；as a brotherhood of connoisseurs 作为审美鉴赏家，47－50，73，87；decline of 其衰落，63－64，309n1；and Spring Purification circle 和春禊派，64－66，83，84，85，86，95，312n22，316n59；and literary style 和文学风格，88，89；members of 其成员，299nn48，

49，302n59，303nn62，63，64，304n69，305n73，312n22；and reform 和改革，305n79，306n81

hsueh 学，89，92

Hsueh hai-t'ang 学海堂，119，120，123，143，146，147，161，321n31，322n32，332n40；and drug traffic 和鸦片走私，121，122；and Han Learning 和汉学，145，148，327nn7，10

hsueh-hsi 学习，292n4

hsueh-jen chih shih 学人之诗，93

Hsun-chou (Kwangsi) 浔州（广西），264

Hu Ch'eng-kung 胡承珙，49

Hu-Kuang 湖广，127

Huai River 淮河，56，57，78

Huang Chao 黄钊，322n32

Huang Chao-lin 黄兆麟，361n51

Huang Chien-hua 黄建华，79

Huang Chueh-tzu 黄爵滋，66–67，157，281，314n35，315n43，316n62，339n29，347n14；and Spring Purification circle 和春禊派，64，65，72，75，76，78–79，80，83，85，87，91，117，213，222–223，309n3，310nn6，7，323n3；on currency problems 关于货币问题，117，321n29；and control of opium trade 和管控鸦片贸易，118，119，123，124，125，126–128，130，133，134，323n39，324nn44，46，47，325nn49，50，52，326n57，338n12，350n33；*Hai-fang t'u-piao* 《海防图表》，178；pupils of 其门生，226，314nn36，38，347n15，351n37，354n9，355n11；vs. Ch'i-shan 对抗琦善，330n29，331n30

Huang En-t'ung 黄恩彤，195–196，246，248，249，252，326n50，339n38，341nn42，44，354n9；*Fu-yuan chi-lueh* 《抚远纪略》，178，340n41，356n17

Huang Hsi-yuan 黄锡缓，66，67，310n5

Huang-Hsu clique 黄徐派，65，74，77

Huang P'ei-fang 黄培芳，146，148，159，161，249–250，327n8，331n35，332n42，356n20

Huang T'ing-chien 黄庭坚，83，85，315n55

Huang Tsan-t'ung 黄赞汤，359n42

Huang Yu-lin 黄玉林，308n94

Huang Yueh 黄钺，312n22

hui-t'ui 会推，31，296n26

Hunan 湖南, 80, 81, 109, 143, 210, 222, 262, 263, 265, 315n48, 332n47, 334n55; famine in 饥荒, 258, 259, 260, 359n43

Hung I-sun 洪饴孙, 298n39

Hung Liang-chi 洪亮吉, 37–38, 39, 297n37, 298nn39, 47

Hunt, Michael 韩德, 7

Hupeh 湖北, 60, 79, 297n37, 325n47, 326n57, 346n6, 360n43

I-ching 奕经, 199, 334n57, 346n8

I-ching《易经》, 72

I-hsin (Prince Kung) 奕䜣（恭亲王）, 275, 276, 353n5, 362nn4, 6

I-huang county (Kiangsi) 宜黄县（广西）, 315n43

I K'o-chung 仪克中, 321n31, 331n36

i-li 义理, 89, 90, 91, 92, 93

I-li-pu 伊里布, 210, 211, 249, 337n78, 345n1, 346n8, 347n9, 354n9

I-liang 怡良, 157, 158, 159, 181, 187, 188, 189, 191, 192, 193, 202, 210, 331n31, 342n61

I-mien 宜緜, 297n37

i-min 义民, 165

I-shan 奕山, 170, 247, 249, 286, 332nn44, 45, 343n62; as commander-in-chief in Kwangtung 广东统帅, 141, 160, 161, 162, 165, 166, 168, 174, 175, 197, 198, 199, 279, 281, 331nn36, 37, 38, 336n67, 337n74, 341n51, 356n16

Imogene"伊莫金"号, 107, 111, 319n11

India 印度, 201-202, 203, 342nn58, 60, 61, 343nn62, 63, 344nn64, 65; and opium trade 和鸦片贸易, 15, 151; British forces from 来自印度的英军, 139, 183, 338n6, 341n46

Jahangir 张格尔, 319n8

Jardine, Matheson & Co. 怡和洋行, 131, 325n51

Jardine war plan 渣甸作战计划, 326n3, 338n6

Juan Fu 阮福, 208

Juan Yuan 阮元, 43, 115–116, 148, 300n50, 301n51, 313n28, 320nn23, 24, 321nn25, 31, 322n32, 323nn35, 36, 345n2; protégés of 其门生, 72, 113, 147, 211, 217, 306n79, 348n22; rivalry with P'an Shih-en 与潘世恩的对抗, 74, 75, 76, 313n34, 321n24; and legalization of opium 和鸦片合法化, 119, 120, 278–279, 323nn33, 38;

and opium trade 和鸦片贸易, 121, 123, 124, 126; and Han Learning 和汉学, 145, 208, 223; opposition to treaties 反对条约, 286–287

k'ai-ch'uang chih t'ien-hsia 开创之天下, 97

kan 感, 93, 94

kang-chih 刚直, 99

kang-k'ou 港口, 242

K'ang-hsi emperor 康熙皇帝, 31, 32, 86, 90, 227, 295n25

k'ao-ch'ai 考差, 314n35

k'ao-cheng 考证, 96, 351n34

k'ao-chü 考据, 49, 89, 90, 304n68, 311n9, 317nn68, 71

Keelung (Taiwan) 基隆（台湾）, 187, 190

Kiangnan 江南, 54, 55, 59, 60, 75, 78, 134, 286, 306n80, 321n31

Kiangpeh 江北, 54, 134

Kiangsi 江西, 66, 315n43, 330n29, 359n42

Kiangsu 江苏, 55, 56, 59, 69, 75, 117, 223, 306nn80, 81, 307n87, 311n18, 321n29, 351n34; and opium control 和鸦片管控, 127, 325n49; defense of 其防御, 140, 199, 261

ko-yun 恪韵, 92

Ko Yun-fei 葛云飞, 221, 349n29

k'o-ping 客兵, 334n53

k'o-tao 科道, 296n28. See also Censorate 亦参见都察院

Kokand 浩罕, 319n8, 349n26

ku-wen school 古文派, 68, 69, 70, 72, 148, 208, 218, 222, 225, 229, 231, 311n10, 316n61; and Spring Purification circle 和春禊派, 84, 86, 90, 91, 97, 217, 230, 348n24; and T'ung-ch'eng school 和桐城派, 147, 186, 310n9, 312n20, 350n32

Ku Yen-wu 顾炎武, 217, 224, 225, 227, 228, 230, 231, 351n41, 352nn42, 43, 44; *Jih-chih lu*《日知录》, 228–229, 352n44; *T'ing-lin wen-chi*《亭林文集》, 229, 352n44; Chang Mu biography of 张穆编著的年谱, 348n24, 351n34

Ku Yen-wu Shrine Association 顾祠会祭, 16, 205–235, 238, 264, 266, 268, 280, 281, 282, 287; political organization of 政治组织, 217–225; ritual and scholastic philosophy of 礼制和学术, 225–231; search for political program 寻求政治纲领, 232–235; members of 成员, 237, 246, 251, 262, 340n40, 345n2, 350n31, 353n5, 355n11; gatherings of 雅集，348n23，349n26，351n38

kuan-ping 官兵，166

Kuan T'ung 管同，68，96，98，233，310n9，352n48

Kuang-shou 广州，164

Kulangsu Island 鼓浪屿，187，188

K'un-lun Pass 昆仑关，264

kung-ch'e 公车，76，316n59

Kung Ching-han 龚景瀚，297n37

Kung, Prince, 恭亲王，see I-hsin 参见奕䜣

Kung Tzu-chen 龚自珍，71–72，85，126，293n4，312n25，313n29，324n43

K'ung Hsien-i 孔宪彝，226，311n10，350n31，351n37

Kuo-t'ai 国泰，34–35，36，37

Kwangsi 广西，43，115，168，210，222，258–265，266，280，282，350n32；social conditions in 社会环境，259–260，359nn40，41，42，43，360n44，361n51；defense of 防御，260，359n40；Lin Tse-hsu's appointment to 林则徐的任命，268，270

Kwangtung 广东，5–6，9，110，117，118，139，247，253，258，259，260，279，321n31；scholar officials in 士绅，5–6，167，327n8，331nn30，36，37；myth of victory in 胜利的迷思，15，137–175；governors-general of 总督，43，81，115，192，210，211，254，256，345n1，354n9，355n11；anti-drug campaign in 反对鸦片的战役，111，123，124，125，127，128–129，130，133，138，325nn47，49；First Opium War in 第一次鸦片战争，138，141，152–153，154，157，159–160，167，168，169，174，194，195，196；defense forces in 防御力量，140，141，169，174，182，183–184，198，199，240，241，245，246，335n63，337n73，353n4，354n40．See also Canton 亦参见广州

Kweichow 贵州，75，115

Kweilin 桂林，222，260，261，262，263，264，282，350n32

lai-lu 来路，319n6

lang-chan 浪战，198，341n51

lang-chung 郎中，292n4

Leichow Peninsula 雷州半岛，110

Li Chao-lo 李兆洛，311n18

Li Ch'un 李莼，361n51

li-hsueh 理学，298n45

Li Hung-chang 李鸿章, 363n7

Li Hung-pin 李鸿宾, 81, 109, 110, 111, 117, 315n48, 320n18

Li K'o-chiung 李可琼, 161, 322n32, 332n41

Li P'an-liao 黎攀镠, 322n32, 323n36

Li T'ang-chieh 李棠阶, 331n36, 347n9

Li Yang-hua 李扬华, 348n21

Li Yen-chang 李彦章, 67, 299n49, 310n6

Li Yen-pin 李彦彬, 67, 85, 310n6

Li Yuan-fa 李沅发, 259, 359n43

Liang Chang-chü 梁章钜, 167, 168, 263, 299n49, 303nn59, 63, 64, 306n81, 316n59, 323n33, 334n57, 335n59

Liang Hsin-fang 梁信芳, 334n54

Liang-Kiang 两江, 55, 57, 129, 130, 134, 306n81, 308n87

Liang-Kuang 两广, 5, 8, 81, 109, 110, 115, 117, 118, 119, 120, 187, 240, 251, 281, 320n24, 325n52, 354n9, 363n7

Liang T'ing-nan 梁廷枏, 160, 162, 323nn36, 37, 331n34, 336nn72, 73, 338n6, 357n24; and Lin Tse-hsu 和林则徐, 148–149, 152, 161, 183, 329n20, 332n40; on cession of Hong Kong 对割让香港的态度, 158; on demobilization at Canton 对解散广州乡勇的态度, 250, 336n65

Lin Ch'ung-yung 林崇墉, 309n104

Lin Fu-hsiang 林福祥, 161, 332n42, 333n49, 334n53, 335n65

Lin Ju-chou 林汝舟, 134, 325n47, 326n55, 330n27

Lin Po-t'ung 林伯桐, 327n8

Lin Tse-hsu 林则徐, 182–185, 214, 285, 287, 299n49, 303nn59, 64, 319nn5, 8, 344n65, 345n1; northern reclamation plan of 北方开垦计划, 59–61, 133, 308nn96, 97, 98, 103, 104, 326n59; and Spring Purification circle 和春禊派, 102, 127, 313n32, 326n57; and anti-opium campaign 和禁烟运动, 128, 129, 130–131, 133–135, 138, 141–149, 284, 286, 320n13, 324n47, 325nn49, 50, 51, 52, 326n6, 346n6; defense planing of 防御计划, 139, 140, 180, 194, 195, 199, 203, 208, 328nn18, 19, 329nn20, 21, 333n49, 338n6; exile of 其流放, 148, 209, 210, 211, 330n26, 350n31; vs. Ch'i-shan 对抗琦善, 149–159, 181, 185–186, 280–281, 331nn30, 31, 33, 338n10, 350n33, 353n1; and siege of Canton 和围攻广州, 161, 197; recall of 其起用, 237, 238, 241, 257, 265–271, 353n1, 361n54

索 引

Lintin Island 伶仃岛，110，320n22，323n36，328n19

Literati 文人，10-16，20-23；and ideals of career patronage 和仕途恩庇观，23-29；and constraints on clique politics 和对派系政治的限制，29-39

Liu Ch'ang-hua 刘长华，334n56

Liu-chou (Kwangsi) 柳州（广西），264

Liu Feng-lu 刘逢禄，313n27

Liu Hung-kao 刘鸿翱，190，339n26

Liu Po-chi 刘伯骥，327n8

Liu Ssu-wan 刘嗣绾，299n49，303n64

Liu Tsung-chou 刘宗周，349n29

Liu T'ung-hsun 刘统勋，34，294n21，299n50

Liu Yun-k'o 刘韵珂，167，210，330n29，335n57，346n8，353n4

Liu Yung 刘墉，34，295n21

Lo Ping-chang 骆秉章，166，167，213，281，319n11，321n30，334n55

Lo Ta-kang 罗大纲，259-260

Lo Tun-yen 罗惇衍，215，216，268

Lu Chi-lo 陆继辂，311n18

Lu Chien-tseng 卢见曾，298n47

Lu Chien-ying 陆建瀛，358n35

Lu Hsien-chi 吕贤基，224，350n31，353n3

Lu Huang 吕璜，350n32

Lu I-t'ung 鲁一同，96，98-99，192，226，315n42

Lu K'un 卢坤，81，82，107，108，109，117，208，240，321n25；and opium control 和鸦片控制问题，110-111，112，113，116，119，278，320nn20，21，22，23

Lu Ping-chang 卢秉纯，33

Lu Yen 陆曜，312n22

Lung Ch'i-jui 龙启瑞，262-264，265，350nn31，32，361nn48，52

Lung-wen 隆文，162

Lynn, Richard 理查德·林恩，91

Ma Yuan 马沅，68，310n9

Macao 澳门，107，343n63

Manchuria 满洲（东北），56，168，169，210，245，307n84，325n50，335n62，*394*

345n1, 346n8

Manchus 满人, 52, 159, 160, 161, 179, 181, 194, 195, 206, 319n8, 363n8; and scholar-officials 和士大夫, 14, 15, 16, 18, 19, 20, 29, 30–31, 32, 58–59, 151, 238, 239, 251–252, 295n23, 302n58; peace diplomacy of 其和议外交, 16, 209–210, 215, 216, 239–241, 242, 244, 248, 249, 254, 257, 258, 268, 270, 273, 279, 285, 344n1; bias against militia 对乡勇的偏见, 249, 353n4, 356n15; reform leadership of 其改革领袖, 273–274, 286; and modernization 和现代化, 275, 276–277, 362nn2, 3

Mao Yu-sheng 毛岳生, 311n18

Medhurst, W. H. 梅德赫斯特, 255–257, 267

Mei Tseng-liang 梅曾亮, 68, 90, 191, 310n9, 311n10, 348n24; pupils of 其门生, 218, 222, 232, 234, 262, 349n30, 350nn31, 32

Meiling Pass 梅岭关, 259, 359n42

Miao K'uei 苗夔, 223, 351n34

Ming dynasty 明朝, 7, 22, 26, 38, 51, 196, 229, 231, 349n26; politics of 政治, 29, 30, 31, 34, 35, 37, 63, 65, 78, 84, 87, 95, 99, 283, 298nn41, 45, 317n66; Tung-lin party 东林党, 39, 40, 63, 96; Restoration Society (Fu-she) of 复社, 296n25; loyalists of 效忠者, 349n29, 351n41

Mongols 蒙古人, 219, 221, 273, 276, 279, 296n33, 344n1, 349n26

Morse, H. B. 马士, 2

Mu-chang-a 穆彰阿, 209–217, 218, 234, 274, 275, 280, 286, 307n89, 344n1; fall of 倒台, 15, 16, 206, 237, 238, 241, 242, 243, 254, 257, 258, 265, 269–270, 273, 276, 277, 278, 344n1, 353n5; and debate on war 和有关战争的讨论, 179, 192; opposition to 反对, 207, 208, 222, 223, 224, 225, 227, 231, 232, 233, 267, 268, 269, 287, 348n21, 355n11, 362n4; and Bonham Letter 和文翰之信, 255, 358n35; and Ch'i-ying 和耆英, 256, 359n36, 360n47; and Kwangsi 和广西, 261–265, 266, 269

Mukden 奉天, 335n62, 346n8

nan-ch'eng 南城 (Southern City or Hsuan-nan) set 群体, 21–23, 42, 43–47, 86–87, 88, 95, 203, 280, 283, 353n5; and opium control 和控制鸦片问题, 114, 115, 125, 129, 155, 181, 185, 186, 191, 192, 193, 196, 205, 281–282; and post-war diplomacy 和战后外交, 206, 209, 212, 214, 215, 216, 217, 218, 222, 223; and Manchu diplomacy 和满人外交, 232, 241, 242, 262, 266, 271; influence in 1850 在 1850 年的影响力, 275, 276, 277. *See also* Hsuan-nan Poetry Club 亦参见宣南诗社

Nan-ning (Kwangsi) 南宁（广西），264

Nan-tang (Southern clique) 南党（南方文人小集团），86–87

Nanking 南京，186，189，192，195，210，219，245，311n9，345n1，346n8，347n9，354n9，358n35；defense of 其防御，168，174，202．See also Treaty of Nanking 亦参见《南京条约》

Napier, Baron William John 律劳卑勋爵，106–107，111，112，114，120，321n30

Nei-ko 内阁，see Grand Secretariat 参见内阁

nei-ko 内阁

nei-ko she-jen 内阁舍人，23，71，292n4，293n7

Neo-confucianism 新儒学，90，91，92，93，208，231，291n2，317nn72，76，362n6

Nepal 尼泊尔，202，203

Nerbudda "纽尔布达"号，187，188，190，339n29

Ni Yuan-lu 倪元璐，349n29

nien-po 年伯，24

nien-ti 年弟，24

Ningpo 宁波，188，253

Norjinga 讷尔经额，256，358n35

Northern Clique 北方朋党，38，42–43，48–49，51，67，298n47，300n50，302n59，310n6，317n76，322n31；leaders of 其领袖，38，295n21，296n33；patronage network of 其恩庇网络，45，47，57，297n37，309n4，310n7

Opium 鸦片：legalization of 合法化，113–124，279，320n20，322n32，323n38；and Ch'ing military 和清朝军事，106，107–108，109，111，112，113．See also Trade：smuggling 亦参见贸易：走私

Orchid Pavilion scroll《兰亭序》，316nn55，56，57

Ou-yang Hsiu 欧阳修，84，86，316n61

Ou-yang Hsun 欧阳询，85

Ouchterlony, John 约翰·奥脱洛尼，153，329n22

pa-kung 拔贡，292n2，303n59，314n35，350n30

pa-pen sai-yuan 拔本塞源，111

Palmerston, Viscount 帕默斯顿子爵，17–18，19，151，183，184，255，326nn2，3

P'an Shih-en 潘世恩，64，65，125，133，206，267，310n7，361n54；and Spring Purification circle 和春禊派，74，75–77，78，83；and Juan Yuan 和阮元，75，123，313n34，

321n24; and examinations 和科举制, 75, 314nn35, 36, 38; and Mu-chang-a 和穆彰阿, 215, 216, 218, 227, 234; and Lin Tse-hsu 和林则徐, 267, 270, 324n47

P'an Te-yü 潘德舆, 82, 89–90, 91, 92, 98, 311n18, 314n36, 317n72; *Shih-hua* 《养一斋诗话》, 92, 93

P'an Tseng-i 潘曾沂, 29, 60, 308n100

P'an Tseng-shou 潘曾绶, 75, 78, 313n34

P'an Tesng-wei 潘曾玮, 218

P'an Tseng-ying 潘曾莹, 75

P'an-yü county (Kwangtung) 番禹县（广东）, 250, 333n48, 357n23

Pao Kuei-hsing 鲍桂星, 302n58

Pao-Shih-ch'en 包世臣, 306n79, 318n3, 321n31, 328n18, 341n52

Pearl River estuary 珠江口, 6, 110, 163, 184, 334n53; defense of 其防御, 107–108, 139, 141, 159, 160, 162, 168, 170, 250, 320n24, 329n21

Pei-ho 白河, 255, 256, 257, 267

Peking 北京, 6, 21, 60, 70, 85, 95, 153, 260–261

p'eng-tang 朋党, 12, 29, 30, 37–39. See also Factionalism 亦参见宗派

P'eng Yu-yao 彭昱尧, 350n32

Pescadores 澎湖列岛, 187, 188

Pi-ch'ang 璧昌, 246, 347n9, 354n9

Pi Yuan 毕沅, 66, 309n4

Pien Yu-li 边浴礼, 350n31

Ping-lo (Kwangsi) 平乐（广西）, 264

Pottinger, Sir Henry 璞鼎查, 175, 189, 332n46, 339n23, 354n9

Pu-hsing-e 色卜星额, 325n47

p'u-hsueh 朴学, 352n45

Rebellions 起义, 2–3, 6, 8, 9, 44, 98, 241, 301nn55, 56, 303n62. See also Taiping Rebellion 亦参见太平天国运动; White Lotus Rebellion 白莲教起义; Yao Rebellion 瑶族起义

Reform 改革, 5, 9, 15, 52, 291n2, 305n79, 306n81, 307n89; and literati 和文人, 41, 47, 51, 54, 58, 60–61, 273–277, 286, 291n2, 305n79

Reynard "列那狐"号, 255, 256, 257, 358n35

Robinson, Sir George 威廉·罗便臣爵士, 322n33

Russia 俄国, 342n55, 344nn64, 65

Sa-ha-liang 萨哈谅, 33

Sai-shang-a 赛尚阿, 213, 344n1

San-yuan-li incident 三元里事件, 163－169, 195, 196, 201, 213, 254, 332n48, 333n49, 334nn54, 56, 341nn41, 46, 357n23; effect on war strategy 对战争策略的影响, 171, 172, 180, 194, 197, 198

Schwartz, Benjamin 史华慈, 4

Secret societies 秘密社会, 6, 173, 265, 361n57

Sha-Chiao league 沙茭团练, 250, 251, 357nn23, 24

sha-t'an 沙坦, 171

Shanghai 上海, 56, 243, 245, 255, 257, 307n84, 334n57, 349n29, 353n8, 358n35

Shansi 山西, 33

Shantung 山东, 34, 297n35, 308n100, 360n47

Shao I-ch'en 邵懿辰, 308n95, 350n31

she 社, 26, 47–48

she-jen 舍人, 23, 71, 292n4, 293n7. *See also* Grand Secretariat, 亦参见内阁

shen-chiao 慎交, 28

shen-chiao she 慎交社, 28

Shen-shih kung-chü 绅士公局, 326n5

Shen Wei-ch'iao 沈维鐈, 156, 182

shen-yun 神韵, 91–92

sheng-yuan 生员, 293n8

Shensi 陕西, 36, 297n37

Shih Ching-fen 石景芬, 330n29

shih-ta-fu 士大夫, 11, 286

shih-wu 时务, 91

shih-yu 师友, 25, 27

shu-jen 庶人, 96

Shuang-chou Academy 双州书院, 357n24

Shun-te county (Kwangtung) 顺德县（广东）, 172, 336n72, 357n23

Shun-t'ien (Chihli) 顺天（直隶）, 310n7, 351n37

Silver famine 银荒, 103–105, 108, 109, 279, 318nn3, 4, 5

Sinkiang 新疆, 72, 319n8, 331n38, 349n26

Soochow 苏州, 28, 60, 127, 157, 215, 334n57

Southern City 南城, see nan-ch'eng set 参见南城群体

Spence, Jonathan D. 史景迁, 320n13

Spring Purification circle 春禊派, 15, 40, 59, 63-99, 157, 216, 316n59, 322n32, 348n24, 349n26, 355n11; as personal network 作为个人网络, 66-73, 312n22; as political faction 作为政治派别, 73-83; ritual and symbol in 仪式和象征, 83-87; literary and scholastic philosophy 文学和哲学, 87-99; and foreign trade policy 和对外贸易政策, 102, 103, 106, 125, 126, 127, 128, 135; and legalization of opium 和鸦片合法化, 113, 117, 118, 119, 121, 123, 124; and anti-drug laws 和禁烟令, 129, 130, 131, 132-133, 144, 284; and debate on war 和有关战争的讨论, 180, 186, 191, 192, 194, 203, 205-206, 213, 214, 216; and Ku Shrine Association 和顾祠会祭, 207, 208, 217, 218, 220, 221, 222, 223, 224, 225, 226, 227, 230, 233; purpose of 其意图, 283-284

Ssu-k'u ch'üan-shu《四库全书》, 49, 51, 295n21, 297n37, 304n68

Ssu-en (Kwangsi) 思恩（广西）, 264

Su Kuang-ts'e 苏光策, 299n49

Su T'ing-k'uei 苏廷魁, 213-214, 217, 237, 343n62, 347n15, 349n30, 350n31, 353n1

Su Tung-p'o 苏东坡, 49, 50, 64, 83, 85, 304nn69, 70, 315nn55

Sun Erh-chun 孙尔准, 300n50, 301n51

Sun Hsing-yen 孙星衍, 298n47, 300n50

Sun I-yen 孙衣言, 167, 334n56

Sun Ting-ch'en 孙鼎臣, 264, 350nn31, 32, 352n44

Sun Yü-t'ing 孙玉庭, 43, 55, 301n52, 307n87

Sung dynasty 宋朝, 26, 51, 83, 84, 85, 86, 90-91, 92, 231

Sung-yun 松筠, 29

Sung-yun-an villa 松筠庵, 224, 351n36

Szechuan 四川, 36, 189, 202, 303n64, 343n63

Ta-an harbor (Taiwan) 大安港（台湾）, 187, 190

Ta-fo-ssu Bureau 大佛寺绅士公局, 142-143, 144, 148, 158-159, 166, 172-173, 326n5, 333nn48, 49, 334n54; and local self-defense 和地方自卫, 160-162, 165, 169, 171, 196, 197, 248, 251, 335n65, 341n44

Ta-hung-a 达洪阿，189，190，269

Ta-ku 大沽，153，181-182，183，261，358n35

Tainan (Taiwan) 台南（台湾），187，201，219

Taiping Rebellion 太平天国运动，2，5，6，8，10，222，242，260，263，265，269，273，274，353n8，359n41，361n57

Taiwan 台湾，69，181，185-193，198，201，219，339n29

Tan-shui (Taiwan) 淡水（台湾），190

T'an Chin-chao 谭敬昭，146，327n8

T'ang Ch'i-hua 唐启华，350n32

T'ang Chin-chao 汤金钊，211-212，213，223，300n50，306n79，347n13，348n22，351n34

T'ang dynasty 唐朝，7，26，84，85，148

T'ang P'eng 汤鹏，72，214，215，217，313nn29，30，349n30，350n31，352n44

tao 道，296n28

Tao-kuang emperor 道光皇帝，19，74，81，114，244，270，330n23；and literati 和文人，55，58，82，87，214，232，237，251，253，358n26；and opium trade 和鸦片贸易，103，110，112，115，116-117，118，120，123，124，125，131，134，135，320nn13，18，21，321n30；and Lin Tse-hsu 和林则徐，154-155，157-158；and San-yuan-li 和三元里，168，169；and debates on conduct of war 和对战争行为的讨论，174，175，182，188，189，337n74，354n10

T'ao Chu 陶澍，58，68，130，134，286，303nn59，64，306n81，307n89，308nn95，97，331n9，325n50

T'ao-jan-t'ing Pavilion 陶然亭，64，304n66

Temples 寺庙，142，217，226-228，230，315n55，348n23，352n42

Teng Ch'un 邓淳，158，331n35

Teng Shih-hsien 邓士宪，143

Teng T'ing-chen 邓廷桢，68，147，148，161，187，302n59，306n81，327n10；and opium legalization 和鸦片合法化，113，115，119，120，123，124，322n32，323n38，324n39；and anti-opium campaign 和禁烟运动，125，133，278，325n52；removal of 其免职，184，210，211，324n47

t'i-tiao 提挑，301n56

tiao-ping 调兵，199

Tibet 西藏，202，343n63

T'ien-chou (Kwangsi) 田州（广西），264

t'ien-hsia p'ing 天下病，97

Tientsin 天津，110，206，243，256，270，330n23；defense of 其防御，140，152，153，169，261，335n62，344n1，358n35，360n46；negotiations at 谈判，156，157，181–185，330n29

Ting-hai (Chekiang) 定海（浙江），153，154，157，158，183，188，199，329n21，330n29，349n29. See also Chusan islands 亦参见舟山群岛

Ting, Prince 定亲王，213，344n1，360n47

Trade 贸易：and China's monetary system 和中国的货币体系，2，18，103–105，118，120；1839 cut-off of 1839 年终止，15，103–113，151–152，318n3，319n8，355n12；coastal shipping 沿海航运，56–59，306n79，307nn83，84，85，88，89，90，308nn93，95；smuggling 走私，101–102，105–106，109–111，115，122，126，128，140，144，259，283，319n7，322n32，323nn36，37，325n49；debates on 相关争论，103–113，115，120，121. See also Silver famine 亦参见银荒

Treaties 条约，6，10，239，269，275，278；resistance to 抵抗条约，16，138–139，217，239，241–242，244，246–247，255，286，287，326n2

Treaty of Nanking《南京条约》，5，138，177，179，185，206，209，218，222，242，247，249，341n42，355n13

Tributary system 朝贡体系，4，7

Ts'ai Chia-k'an 蔡家玕，330n29

Ts'ai Chin-chuan 蔡锦泉，143

Ts'ai Shou-ch'i 蔡寿祺，353n5

Tsang Shu-ch'ing 臧纡青，339n29

Tsao-hua-ssu (temple) 枣花寺，316n55

Ts'ao Chen-yung 曹振镛，46，47，71，74–75，83，232，303nn62，63，304n64，312n25，313nn31，32，33，348n21；death of 其去世，114，115，116，314n34

Ts'ao Lu-t'ai 曹履泰，330n29

Ts'ao Mao-chien 曹楙坚，314nn36，38

Tseng Chao 曾钊，148，336n73，356n20

Tseng Kuo-fan 曾国藩，222，234，235，239，241，262，266，267，282，287，350nn31，32

Tseng Wang-yen 曾望颜，117，167，168，213，320n21，331n30，347n14

Tseng Yü 曾燠，67，70，220，298n47，309n4，310nn7，8，312n23

索引

Tso Fu 左辅, 300n50

Tso Tsung-t'ang 左宗棠, 362n7

Tsung Chi-ch'en 宗绩辰, 329n21, 349n29

Tsung-li Yamen 总理衙门, 275, 362n6

Tu Shou-tien 杜受田, 262, 263, 267, 282, 361nn48, 51, 54

Tu Yen-shih 杜彦士, 325n49

Tuan-mu Kuo-hu 端木国瑚, 72, 313n28

Tuan Yü-ts'ai 段玉裁, 71

t'un-ying 屯营, 356n22

Tung Chiao-tseng 董教增, 43, 301n51

Tung-kuan county (Kwangtung) 东莞县（广东）, 172, 356n22

Tung-lin Academy 东林书院, 39, 40, 63, 96, 98, 299n47

T'ung-ch'eng school 桐城派, 65, 68, 69, 90, 132, 147, 186, 232, 310n9, 312n20, 322n32, 327n10, 350n32; and Spring Purification circle 和春禊派, 71, 230; and Hsuan-nan Club 和宣南诗社, 88, 89. See also *ku-wen* school 亦参见古文派

t'ung-hsiang 同乡, 33

tz'u-chang 词章, 311n9, 317n71

Tz'u-hsi, Empress Dowager 慈禧太后, 275–276, 362nn4, 7

Tz'u-jen Temple (Peking) 慈仁寺（北京）, 217, 226, 227–228, 230, 352n42

Wakeman, Frederic, Jr. 魏斐德, 5, 164, 329n19; *Strangers at the Gate*《大门口的陌生人》, 5, 332n47, 335n65, 355n12, 358n26

Wan Ch'i-hsin 万启心, 330n29

Wang Ch'ang 王昶, 28, 38–39, 294n16, 298n47, 310n7

Wang Ch'i-sun 王芑孙, 297n37

Wang Chung 汪中, 72, 312n26

Wang Hang 王沆, 212

Wang Hsi-chen 王锡振, 184, 185, 262, 311n10, 349n30, 350nn31, 32, 361n51

Wang Hsi-chih 王羲之, 84, 85, 316n55

Wang Hsi-sun 汪喜孙, 71, 72, 192, 300n50, 312n26

Wang I-sun 王翼孙, 297n37

Wang Ju-pi 王汝璧, 300n50

Wang Lin-wang 王亶望, 35

Wang Liu 王鎏, 318n3

Wang Po-shin 王柏心, 352n44

Wang Shih-chen 王士禛, 49, 50, 146, 227, 304nn69, 70, 310n5, 316n62, 317n68; *Kan-chiu chi* 《渔洋山人感旧集》, 27, 294n15; and Spring Purification circle 和春禊派, 66, 83, 86, 91, 92, 315n55

Wang Ting 王鼎, 206, 212, 347n11

Wang T'ing-chen 王廷璋, 311n9

Wang T'ing-lan 王庭兰, 167, 168, 213, 331n37, 335n59

Wang Yin-chih 王引之, 300n50

Wei Yuan 魏源, 72, 202, 284, 306nn79, 80, 307n85, 313n27, 325n49, 331n37, 335n63, 339n38, 341n48; *Tao-kuang yang-sou cheng-fu chi* 《道光洋艘征抚记》, 178, 195, 197–198, 200, 340n40; *Hai-kuo t'u-chih* 《海国图志》, 178, 195, 197–198, 200, 202, 203, 340nn39, 40, 41, 341n51, 343nn63, 64, 344n65; and strategy of defensive war 和防御战策略, 194–200, 201, 243, 249, 253, 254, 282, 342nn52, 55, 56, 58, 339n39; *Sheng-wu chi* 《圣武记》, 340n40

wen-chang 文章, 89, 90, 91, 311n9

Wen Hsun 温训, 322n32, 324n44

wen-jen 文人, 86

wen-she 文社, 26, 31, 32

wen-tzu chih chiao 文字之交, 25

Weng Fang-kang 翁方纲, 27, 43–44, 85, 88–89, 91, 145–146, 304nn68, 69, 305n71, 310n5, 316n62, 317n68; and northern clique 和北方朋党, 38, 49, 295n21, 296n33, 298n47; student network of 其门生网络, 42, 46, 66, 67, 75, 299n49, 300n50, 303nn59, 62, 63, 64, 304n64, 310nn6, 7; and Hsuan-nan Club 和宣南诗社, 44, 47, 50, 51, 83, 84, 315n55; and poetry 和诗歌, 294n14, 317n76, 327n8

West River (Canton) 西河（广州）, 247

Whampoa 黄埔, 107, 153, 173

White Cloud Mountain (Pai-yun-shan) school 白云山学派, 145–146, 148, 158, 166, 327n8, 331n35

White Lotus Rebellion 白莲教起义, 36, 41, 43, 297n37, 299n50

Wills, John 卫思韩, 7

Wo-jen 倭仁, 276, 362n5

wo-k'ou 倭寇, 150, 199, 328n18, 342n55

索 引

Wong, J. Y. 黄宇和，5，6

Woosung forts 吴淞炮台，349n29，360n46

Wu Chia-pin 吴嘉宾，214，311n10

Wu Hsiung-kuang 吴熊光，297n35

Wu Jung-kuang 吴荣光，332n41

Wu Lan-hsiu 吴兰修，120，122-123，320n20，323nn35，37

Wu Pi-kuang 吴锡光，332n41

Wu Ping-chien 伍秉鉴，322n32

Wu Sung-liang 吴嵩梁，44，47，66-67，294n16，299n49，309n4，310nn5，7，8，312n22，314n36

Wu Te-hsuan 吴德旋，311n18，350n32

Wuchang (Hupeh) 武昌（湖北），326n57，346n6

Xenophobia 仇外情绪，5，6，8，9，10，219，332n47

Yang-ch'eng Academy 羊城书院，143，148

Yang Chi-sheng 杨继盛，218，219，220，221，349n26，350n30

Yang Ch'ing-en 杨庆恩，349n29

Yang Fang 杨芳，160，162，331n38

yang-lien 养廉，359n40

Yangchow 扬州，69，298n47，308n94，309n4，311n18，322n32

Yangtze region 长江流域，8，74，187，194，195，198，211，221，246，259，324n47，346n8，353n4；literati of 其文人雅士，27，67-68，78，117，118，224；grain shipments in 漕运，54，56，60，305n76；British threat to 英国人的威胁，138，139，163，174，247，253，326n3；defense of 其防御，140，152，158，167，168，169，240，245，258，261，278，342n52，354n9，358n35，360n46. *See also* Taiping Rebellion 亦参见太平天国运动

Yao Rebellion 瑶族起义，80，81，109，259，263，315nn47，49

Yao Hua-tso 姚华佐，143

Yao Nai 姚鼐，38，68，296n33，304n68，310n9，311n11，312n22，350n32

Yao Ying 姚莹，68-71，178-179，283-284，311nn11，14，17，313n30，338nn12，13；and literati 和文人雅士，51，72-73，78，96，97-98，210，218，222，311n18，312n22，317n76，327n8，350n31，361n54；and Fang Tung-shu 和方东树，132，147；*K'ang-yu chi-hsing*《康輶纪行》，178，201，340n40，342n60，343n64，344n65；and Taiwan case 和台湾案, 185–193, 201, 219–220, 339nn26, 29, 35, 37, 38; and defensive war 和防御战, 194, 195, 198, 208; and British vulnerability in South Asia 和英国人在南亚的弱点, 200–203, 253, 342nn60, 61, 343nn63, 64; recall of 其起用, 237, 238, 241, 266, 267, 269

Yao Yuan-chih 姚元之, 124, 322n32, 324n39

Yeh Chih-shen 叶志诜, 355n11

Yeh Chung-chin 叶钟进, 322n32

Yeh Ming-ch'en 叶名琛, 5, 8, 243, 244, 246, 251, 252, 254, 255, 282, 354n9, 355n11

Yeh Ming-feng 叶名沣, 226, 246, 351n37, 355n11

Yellow River 黄河, 56, 57, 58, 214, 260, 307n87, 360n45

Yen Cheng-chi 严正基, 359n40

Yen Chieh 严杰, 321n31

yen-kuan 言官, 32, 33

yen-lu 言路, 32, 34

Yen Po-t'ao 颜伯焘, 167, 168, 210, 213, 334n57, 335n59

Yen Sung 严嵩, 349n26

Yen Yü: *Ts'ang-lang shih-hua* 严羽:《沧浪诗话》, 91–92

Yin Chao-yung 殷兆镛, 338n10

Yin-jeng 胤礽, 31

yin-kung ch'u-fen 因公处分, 301n56

Ying-ho 英和, 46, 47, 55, 57, 303nn62, 63, 307nn88, 89

Yü Pao-shun 余保纯, 164

Yü Cheng-hsieh 俞正燮, 351n34

Yü-ch'ien 裕谦, 155, 157, 158, 183–184, 198, 221, 330n27, 331n30, 341n51, 342n52, 349n28, 353n4

yu-chih chih shih 有志之士, 90

yü-ch'ing 舆情, 81

Yu K'un 余坤, 311n10

Yü T'ing-kuei 余廷槐, 161

Yü-yao county 余姚县, 356n22

Yuan Chia-san 袁三甲, 359n39, 360n43

Yuan dynasty 元朝, 51, 72

yuan-wai-lang 员外郎, 292n4

Yueh-hsiu Academy 粤秀书院, 322n32, 327n8

Yueh-hua Academy 越华书院, 143, 146, 147, 148, 161

yung 勇, 99

Yung-cheng emperor 雍正皇帝, 19, 31

yung-ping 用兵, 199

Yunnan 云南, 75, 115, 297n35

Zelin, Madeline 曾小萍, 363n8

Zen (Ch'an) Buddhism 禅宗, 91, 92

The Inner Opium War
By James M. Polachek
Copyright © 1992 by the President and Fellows of Harvard College
Published by arrangement with Harvard University Asia Center
through Bardon-Chinese Media Agency
Simplified Chinese version © 2020 by China Renmin University Press.
All Rights Reserved.

图书在版编目（CIP）数据

清朝内争与鸦片战争/（美）詹姆斯·M.波拉切克（James M. Polachek）著；李雯译. --北京：中国人民大学出版社，2020.6
（海外中国研究文库）
ISBN 978-7-300-28225-1

Ⅰ.①清… Ⅱ.①詹… ②李… Ⅲ.①鸦片战争（1840—1842）-研究 Ⅳ.①K253.07

中国版本图书馆CIP数据核字（2020）第105170号

海外中国研究文库
清朝内争与鸦片战争
[美] 詹姆斯·M.波拉切克（James M. Polachek） 著
李雯 译
Qingchao Neizheng yu Yapian Zhanzheng

出版发行	中国人民大学出版社		
社　　址	北京中关村大街31号	邮政编码	100080
电　　话	010-62511242（总编室）		010-62511770（质管部）
	010-82501766（邮购部）		010-62514148（门市部）
	010-62515195（发行公司）		010-62515275（盗版举报）
网　　址	http://www.crup.com.cn		
经　　销	新华书店		
印　　刷	北京联兴盛业印刷股份有限公司		
开　　本	720 mm×1000 mm　1/16	版　次	2020年6月第1版
印　　张	21.25 插页3	印　次	2024年6月第3次印刷
字　　数	340 000	定　价	79.00元

版权所有　侵权必究　　印装差错　负责调换